PERSONA A PERSONA

2

Zenia Sacks Da Silva

Macmillan Publishing Co., Inc.
New York
Collier Macmillan Publishers
London

ACKNOWLEDGMENTS

Grateful appreciation is expressed by the author to Mrs. Rosa María Pérez del Río and the students of Martin High School, Laredo, Texas; to Mrs. Deborah Schoman of Oldfield Junior High School, New York; and to Ms. Georgian Kreps of Old Bethpage-Plainview Junior High School.

Illustrations by:
Bob Cram, Allan Eitzen, Bob Jackson, Bill Ogden, Yasemin Tomakan, Lane Yerkes.

Photography by:
PETER ARNOLD, INC.: © Jacques Jangoux, 177tl. BLACK STAR: © John Launois, 33cr; © Art Seitz, 47bl. © Lee Boltin, 31bl. © Chris Brown, 58br, 81cr, 160b, 221tr, 285cr, 286tl. © COLOUR LIBRARY INTERNATIONAL, 30tl, 355bl, 355br, 357tr. © C.P. CORPORATION, 20tl. © Zenia Da Silva, 56bl, 98tr, 177br, 355tl, 357tl, 357br, 359tr, 359cr, 360cl. © EDITORIAL PHOTOCOLOR ARCHIVES, 30bl; © Sipa-Press, 159tl. © Victor Engelbert, 1tr, 195bl, 220br. FLORIDA DEPARTMENT OF COMMERCE: © Ozzie Sweet for Florida News Bureau, 31tr. © FOCUS ON SPORTS, 140bl. © FOLGER SHAKESPEARE LIBRARY, 32cl. © Carl Frank, 193tl, 223br, 361tr. © Jerry Frank, 30tr, 143tr. © Robert Frerck, 284, 285tl, 285tr. © GAMMA-LIAISON PHOTO AGENCY, 10bl, 10br, 47tl; © Michel Artault, 14ltr. © GEMINI SMITH, INC., 32cr. © GLOBE PHOTOS, INC., 47tr. © Beryl Goldberg, 137br. © Joel Gordon, 139tr, 143tl. © GURTMAN & MURTHA ASSOCIATES, 99tl. THE IMAGE BANK: © Larry Dale Gordon, 137t. © Helena Kolda, 114br. © Katherine A. Lambert, 161tl. LAMINOGRAF, 142l. © Jane Latta, 3b, 31tl, 176tr, 195tl, 291tl, 291cl, 291bl, 361tl. © Bernard Levere, 137bl. © Ingeborg Lippman, 355tr. © Sharon Mears, 361br. © Peter Menzel, 161bl. MONKMEYER PRESS PHOTO SERVICE: © Mimi Forsyth, 57tr; © Hugh Rogers, 287tl, 287ct. MOVIE STAR NEWS, 20cl, 20tr. © Richard Neff, 220bl. © Louis Peres, 99br. Rosa María Pérez del Río, 34tr, 34cl, 35tl, 35cr, 35cl. PHOTO RESEARCHERS, INC.: © Joe Bilbao, 221tl; © Roger A. Clark, Jr., 58tl; © Wolf Von dem Bussche, xb; © Carl Frank, 220tr, 361bl; © Georg Gerster, 33tr, 161cr; © F. B. Grunzweig, 356t; © Dana Hyde, 360bl; © Jan Lukas, 58tr; © Susan McCartney, 223bl, 357bl; © Hans Namuth, 57tl; © Mathias T. Oppersdorff, 356bl; © Porterfield-Chickering, 56tl, 80tr, 97br, 194bl, 284br; © H. W. Silvester, 194tr; © Bradley Smith, 222br; © Sabine Weiss, 222bl. © Selma Pundyk, 5b. SHOSTAL ASSOCIATES, INC.: © Eric Carle, 358bl, 359tr; © David Forbert, 80br; © Hector Herrera, 358tl; © Karl Kummels, 358br, 359tl, 359bl. STOCK, BOSTON, INC.: © Jeff Albertson, 219bl; © Donald Dietz, 195tr; © Owen Franken, 80tl, 138tr, 138br. SYGMA: © Diego Goldberg, 10tr; © Ken Hawkins, 160tr; © Steve Schapiro, 10tl, 47br. © UNIVERSAL PICTURES, 20cr, 20br. © Joseph F. Viesti, 1tl, 81tl, 81bl, 97tl, 97tr, 98b, 99tr, 114tl, 114tr, 136, 140tl, 140tr, 139br, 139cl, 141bl, 159b, 176tl, 176br, 177tr, 193br, 218, 219tr, 219br, 221bl, 222tr, 223tl, 224tr, 242tl, 242cr, 258tl, 258tr, 285bl, 286tr, 288tl, 288tr, 288bl, 289tl, 289cr, 289bl, 308tr, 356br.

Parts of this work were published in the *En español, por favor* series.

Macmillan Publishing Co., Inc.
866 Third Avenue, New York, New York 10022
Collier Macmillan Canada, Ltd.

Pupil Edition: ISBN 02-270320-9
Teacher's Edition: ISBN 02-270330-6

Printed in the United States of America

1 2 3 4 5 6 7 8 9 0   9 8 7 6 5 4 3 2 1

Para Albert,
con todo mi amor

CONTENTS

¿Recuerda Ud.?

Primera parte

Segunda parte

¿ Recuerda Ud. ?

1 El gusto es mío.
The pleasure is mine.

Dígame:

¿Cómo se llama Ud.?
(What's your name?)
—Me llamo . . .
—Mucho gusto.
—El gusto es mío.

Ahora preséntese (introduce yourself)
a la persona a su derecha:
Me llamo . . . ¿Cómo se llama Ud.?, etc.
Y a la persona a su izquierda.
Y a la persona delante de Ud.
Y a la persona detrás de Ud.

Y una cosa más:
¿Cómo se llama su madre? ¿y su padre?
¿Cómo se llaman sus hermanos?
¿Cómo se llama su profesor(a) de español?

Realmente, el gusto es nuestro.

"Permítanos presentarnos. . . .   Encantado de conocerlos."

"Tanto gusto." Observe cómo las mujeres se dan la mano (shake hands).

Y los hombres se abrazan (embrace) afectuosamente.

 ## ¿Sabía Ud.?

La cortesía es muy importante para los hispanos. Y sus expresiones de cortesía frecuentemente son más dramáticas que las nuestras. Comparemos, por ejemplo:

En inglés decimos: "Thanks a lot." En español decimos: "Mil gracias." (A thousand thanks.) Pues bien, si queremos exagerar, en inglés decimos: "Thanks a million!" ¿Y qué dicen los hispanos? "¡Infinitas gracias!" ¿Infinitas? ¡No hay más!

Presentamos a un amigo a una señorita. "I'd like to introduce. . . ." "Permítame presentar. . . ." En inglés, la joven contesta: "Delighted." En español, dice: "Encantada." (I'm enchanted.) ¿Y qué responde el señor? "¡A sus órdenes!" (At your orders.) "Para servirla." "Servidor." (At your service. I'm your servant.)

Hay muchas maneras de decir "Please" en español: "Por favor . . .", "Hágame el favor . . .", "Tenga la bondad (kindness) de . . .", y numerosas otras. Y hay varias maneras de decir "You're welcome": "De nada." "Por nada." (I did nothing at all.) "No hay de qué." (There's no reason for you to thank me.)

Finalmente, si una persona viene a visitar nuestra casa, en inglés le decimos: "Welcome." Pero los hispanos ponen una cosa más: "Bienvenido. Mi casa es su casa." "Ésta es su casa." (This is your house.) Y se abrazan fuertemente (They embrace warmly).

1

A repasar

■ **A.** The definite article: "the"

el niño the boy		**la** niña the girl	
los niños the boys, the children		**las** niñas the girls	

Recuerde: **a** + **el** becomes **al**, "to the"; **de** + **el** becomes **del**, "of, from the."

We use the definite article much more in Spanish than in English. For example, we use it when we talk about something in general — about the "whole thing."

¿Le gusta **el** béisbol?	Do you like baseball?
Sí, me gustan mucho **los** deportes.	Yes, I like sports very much.

In fact, we leave the article out only if we mean "some" or "any."

¿Quieres arroz?	Do you want (some) rice?
—No, gracias. **El** arroz tiene muchas calorías.	No, thanks. Rice has a lot of calories.

■ **B.** The indefinite article: "a, an"

un niño a boy	**una** niña a girl

Unos, unas mean "some" or "several":

unos niños, **unas** niñas   some children

We use the indefinite article much less in Spanish than in English. For example, we *don't* use it when we simply tell what a person is.

¿Es médico su padre?	Is your father a doctor?
—No, es dentista.	No, he's a dentist.
¿Es americano?	Is he an American?
—No, es español.	No, he's a Spaniard.

─── Práctica ───────────────────────────────

1 *Ahora díganos:*
1. ¿Qué deporte le gusta más, el fútbol o el béisbol? ¿el tenis? ¿el básquetbol? ¿el golf? ¿Es popular aquí el sóquer?
2. ¿Le gusta más el cine o la televisión? ¿la música popular o la música clásica? ¿Le gustan los conciertos de "rock"?
3. En su opinión, ¿cuáles son mejores, los coches americanos o los coches japoneses? ¿los coches grandes o los coches pequeños? ¿Cuáles son más económicos?
4. Finalmente, ¿le gusta mucho la escuela? ¿Le gustan las ciencias? ¿Le gusta el español?

2

2 Complete usando **el, la, los** o **las**, si son necesarios:

1. _____ ropa moderna es muy variada. Por ejemplo, _____ camisas hoy son de muchos colores. _____ faldas son largas o cortas. Y _____ pantalones no son sólo para _____ hombres. Pero hay un problema. _____ precios son muy altos, y yo no tengo mucho _____ dinero. ¡Qué cosa, eh!

2. _____ escuelas aquí tienen un plan nuevo este año para _____ cursos de ciencia. _____ lunes, miércoles y viernes, _____ estudiantes van al laboratorio. Sólo _____ martes y jueves van a _____ clase normal. ¿Qué piensa Ud. de esta idea?

3 Complete ahora usando **un** o **una**, ¡sólo si son necesarios!

1. Uds. son _____ chilenos, ¿verdad? —No. Mi padre es _____ mexicano, mi madre es _____ argentina, mis abuelos son _____ puertorriqueños y yo soy _____ francesa. —¡Dios mío! ¡Uds. son las Naciones Unidas!

2. ¿Sabes? Tengo _____ idea maravillosa. _____ día de esta semana, ¿por qué no vamos al campo? Tengo _____ coche nuevo, y . . . —Yo tengo _____ idea mejor. ¿Por qué no vamos hoy?

El patio es el centro, ¡y el corazón!, de la casa hispana.
"Bienvenidos. Mi casa es su casa."

2 ¿Qué hay en un nombre?

¿Conoce Ud. a este señor? Su nombre completo es *Pablo Diego José Francisco de Paula Juan Nepomuceno María de los Remedios Cipriano de la Santísima Trinidad Ruiz Picasso.* Pero Ud. puede llamarlo simplemente *Pablo Picasso*, como todo el mundo llama al artista más importante de nuestro tiempo.

¿Qué hay en un nombre? Hay el **reflejo** del carácter de una nación. Por ejemplo, los hispanos generalmente son muy religiosos. Así, los padres frecuentemente dan a los hijos los nombres de sus santos favoritos. (En el caso de Pablo Picasso: Francisco de Paula, María de los Remedios, y Cipriano de la Santísima Trinidad.) Y les dan nombres bíblicos como Jesús, Ángel, Javier, Concepción, Resurrección, etc. **Hasta** un hombre puede tener entre sus varios **nombres de pila** el nombre de la Virgen María.

El nombre revela también la historia de una familia. Cuando una mujer hispana se casa, no pierde su **nombre de soltera**. Sólo **le añade** "de" y el nombre de su esposo. Por ejemplo, si Elena González se casa con Jorge García, **su nombre de casada** es Elena González de García. Y los hijos de Elena y Jorge van a conservar el nombre de la madre también. Así, si Elena González de García tiene un hijo José, el nombre completo del muchacho es José García y González (o José García González). La **gente** lo va a llamar "Sr. García", pero el nombre de su madre queda siempre como parte de su nombre legal.

(A propósito, el nombre de Pablo Picasso tiene otro aspecto curioso. En realidad, su nombre debe ser "Pablo Ruiz", porque Ruiz era el nombre de su padre. Pero el artista decidió usar profesionalmente el nombre de su madre.)

Imagínese ahora que Ud. es hispano (hispana), y díganos: ¿Cuál es su nombre completo?

A repasar

A. Here is the present tense of all regular verbs.

The present tense means: "I speak, am speaking, do speak," etc.

	hablar	comer	vivir
(yo)	hablo	como	vivo
(tú)	hablas	comes	vives
(él, ella, Ud.)	habla	come	vive
(nosotros, as)	hablamos	comemos	vivimos
(vosotros, as)	*habláis*	*coméis*	*vivís*
(ellos, ellas, Uds.)	hablan	comen	viven

Verbs that end in **–ger** or **–gir** have a slight change in spelling. The **g** becomes **j** before **o** or **a**. Can you tell us why? (Clue: The secret is in the pronunciation.)

coger (to catch): cojo, coges, coge, cogemos, *cogéis*, cogen
dirigir (to direct): dirijo, diriges, dirige, dirigimos, _____, _____

Práctica

Escriba la forma correcta del presente:

1. Mis hermanos _____ francés. Yo no _____ nada. (estudiar)
   —¡Caramba!
2. ¿Quiénes _____ en esta casa?   —Mi tío y yo _____ aquí. (vivir)
3. (Nosotros) _____ día y noche. (trabajar)   —¿Y cuándo _____ Uds.?
   (descansar)
4. María, ¿a dónde _____ (tú)? (caminar)   —Al cine.   —Si deseas,
   (yo) te _____ en coche. (llevar)
5. Yo siempre _____ el tren de las ocho. (coger) ¿A qué hora lo _____
   Ud.? (tomar)
6. Pepe y yo _____ hoy. (cocinar)   —¿Y quiénes _____ la cocina?
   (limpiar)
7. Chicos, ¿me _____ Uds.? (ayudar)   —Más tarde. (Nosotros)
   _____ ahora. (comer)
8. ¿_____ Ud. muchas invitaciones? (recibir)   —Sí, pero _____ muy
   pocas. (aceptar)   (Yo) _____ todo el tiempo. (viajar)
9. Ud. _____ la orquesta, ¿verdad?   —No, yo _____ la banda.
   (dirigir)
10. Linda y yo _____ el autobús cerca de nuestra casa. (coger)
    —Entonces, ¿Uds. nunca _____? (caminar)

B. With some verbs, the **yo** form is irregular in the present tense. Almost all of these verbs fall into two groups.

- The **–go** group

    hacer (to make, do): **hago**, haces, hace, hacemos, hacéis, hacen
    poner (to put, place): **pongo**, pones, pone, ____, ____, ____
    salir (to go out, leave): **salgo**, sales, ____, salimos, ____, ____
    valer (to be worth, cost): **valgo**, ____, ____, valemos, ____, ____
    traer (to bring): **traigo**, traes, ____, ____, ____, ____
    caer (to fall): **caigo**, caes, ____, ____, ____, ____

—— Práctica ———————————————————————————————

1 Complete con *las formas correctas de cada verbo:*

1. (poner) ¿Dónde _____ (yo) esta oll _ ?   —(Tú) la _____

con la ja _ _ _ nueva.

2. (hacer) ¿Saben? Yo no _____ _____ para nadie.
   —¿Ah, sí? Entonces nosotros no lo _____ para ti.

3. (salir) ¿Ud. _____ temprano o tarde mañana? —Yo _____ a _____.

Los otros _____ a _____.

4. (traer) ¿Qué _____ (tú) en la m _ _ _? —(Yo) _____ fl_ _ _ _ para mamá.

5. (caer) ¡Cuidado con la esc_ _ _ _ _ _ o (Ud.) _____!
   —Yo no _____ nunca. ¡Ayyyy!

2 *Ahora vamos a contestar:*

1. Chico (Chica), ¿a qué hora sales normalmente de casa?
2. ¿Haces una cosa importante esta tarde? 3. ¿Cuántos cuadernos traes hoy? 4. ¿Vales un millón de dólares? 5. En tu opinión, ¿qué vale más, el carácter de una persona o su dinero?

● The **–zco** group

conocer (to know a person or a place, to be familiar with):
      conozco, conoces, conoce, conocemos, conocéis, conocen
parecer (to seem): **parezco**, pareces, parece, ____, ____, ____
nacer (to be born): **nazco**, naces, ____, ____, ____, ____

And all verbs that end in **–ducir** (English –*duce* or –*duct*)
producir: produzco, produces, ____, producimos, ____, ____
conducir: conduzco, ____, ____, ____, ____, ____

How many more can you think of?

——— Práctica ————————————————————————————————

Complete ahora, usando siempre el verbo más lógico:

1. Yo no ____ muy joven, pero tengo sólo veinte y dos años.
   (conducir, parecer) —¡Dios mío! ¿Qué le pasó?
2. Una persona no ____ sólo para trabajar. (nacer, producir) —¡Olé!
3. Yo ____ discos fonográficos. (producir, parecer) ¿Y qué hace Ud.?
4. ¿A dónde ____ este camino? (conducir, nacer) —Al camino principal.
5. El Japón ____ muchos televisores y coches. (producir, conocer)
   —Sí, pero me ____ que nosotros todavía somos el Número Uno.
   (parecer, conocer)

■ **C.** What's the difference between **saber** and **conocer**?

Saber (sé, sabes, sabe, sabemos, *sabéis*, saben) means to *know a fact* or *to know how to do something*.

¿Sabes cuándo vienen?	Do you know when they're coming?
—No sé nada.	I don't know anything.
¿Sabe Ud. cocinar?	Do you know how to cook?
—Un poco.	A little.

Conocer means *to know a person or a place* or *to be familiar with something*.

¿Conoces Chicago?	Do you know Chicago?
—No, pero conozco a muchas personas que viven allí.	No, but I know many people who live there.

— Práctica ——————————————————————

1 *Díganos:*

1. ¿Conoce Ud. a una persona muy famosa?   2. ¿A quién conoce Ud. mejor en este mundo (world)?   3. ¿Qué ciudad (city) conoce Ud. mejor?   4. ¿Sabe Ud. de dónde es su profesor(a) de español? (Si no lo sabe, pregúnteselo, ¿está bien?)   5. ¿Sabe Ud. cuántos años de edad tiene? (Por favor, ¡no se lo pregunte, eh!)   6. ¿Sabe Ud. mucho de música?   7. ¿Saben Uds. ya mucho español?

2 *Esta vez, mire las ilustraciones, y forme sus propias frases:*

1. Mi hermano y yo sabemos . . .

c _ _ _ _ _ _

to _ _ _

man _ _ _ _

2. ¿Saben Uds. . . . ?

c _ _ _ _ _

b _ _ _ _ _

j _ _ _ _

3 Personalidades

"Charro", artista vibrante de cine y televisión.

Salvador Dalí, pintor moderno español, personalidad extravagante.

La reina (Queen) Sofía de España.

Julio Iglesias, cantante popular español.

Estudie por un momento estas fotografías. ¿Qué sabe Ud. de estas personas? ¿Qué le parece su personalidad?

Si es un vehículo, ¿qué tipo de vehículo es?

un convertible   un limosín   un camión   una motocicleta

Si es una estación del año, ¿qué estación es?

el invierno   la primavera   el verano   el otoño

Si habla, ¿qué instrumento oye Ud.?

una guitarra   un violín   una trompeta   un tambor

Si es un animal, ¿qué animal dice Ud. que es?

un caballo   un(a) tigre   un pájaro   un gato

	vehículo	estación	instrumento	animal
1. Charro	un convertible	_____	_____	_____
2. Salvador Dalí	_____	_____	_____	_____
3. La reina Sofía	_____	_____	_____	_____
4. Iglesias	_____	_____	_____	_____

Y una cosa más. Conteste, por favor:
1. ¿Qué vehículo es Ud.? ¿Viene Ud. rápidamente o despacio por el camino?
2. ¿Qué estación del año es Ud.? Si Ud. es un día, ¿qué tiempo hace?
3. ¿Qué instrumento es Ud.? Cuando Ud. habla, ¿qué oye la clase?
4. ¿Qué animal es Ud.? ¿Cómo es Ud.?

A repasar

A. The present tense of **tener, venir, decir,** and **oír.**

Tener and **venir** are very much alike. So are **decir** and **oír.**

tener (to have)	venir (to come)	decir (to say, tell)	oír (to hear)
tengo	vengo	digo	oigo
tienes	vienes	dices	oyes
tiene	viene	dice	oye
tenemos	venimos	decimos	oímos
tenéis	venís	decís	oís
tienen	vienen	dicen	oyen[1]

Incidentally, we always put **a** after **venir** when another verb follows.

Venimos a ayudar.	We're coming to help.
—Gracias.	Thanks.
¿Vienes a verme?	Are you coming to see me?
—Hoy no.	Not today.

Práctica

Complete ahora usando tener, venir, oír o decir:
1. ¿____ Uds. a la fiesta mañana?   —Sí, (nosotros) ____, si ____ tiempo.
2. (Yo) ____ a ayudarte.   —Bueno. ¿(Tú) ____ un martillo y clavos?
3. Nico y Sally no ____ este domingo.   —¿Por qué?   —Porque ____ que van a una boda.
4. ¿Me ____, Pepe?   —Claro, con esa voz tuya, te ____ muy bien. Todos te ____, María.
5. Bueno, ahora ¿qué me ____ Ud.?   —(Yo) no ____ nada. No ____ experiencia en esas cosas.

---
[1] Where do you think the **y** comes from? Try the sound test again.

B. There are many expressions that use **tener**. These are some:

tener (mucho) frío

tener (mucho) calor

tener (mucha) hambre

tener (mucha) sed

tener (mucho) miedo

tener (mucho) sueño

tener (mucha) prisa
to be in a hurry

tener (mucha) razón

Y dos más:

tener que (+ infinitive)

tener . . . años (de edad)

---- **Práctica** _____

1 ¿Cuáles de estas expresiones se refieren a Ud. (How many of these apply to you) en este momento?

2 ¿Qué tiene Ud. que hacer esta tarde? ¿Qué tiene que hacer mañana? ¿y el domingo? ¿Cuántos años tiene Ud.? ¿Cuántos años tienen sus hermanos?

3 *Estudie por un momento las expresiones abajo. Ahora, ¿cómo las asocia con las expresiones en la rueda (wheel)?*

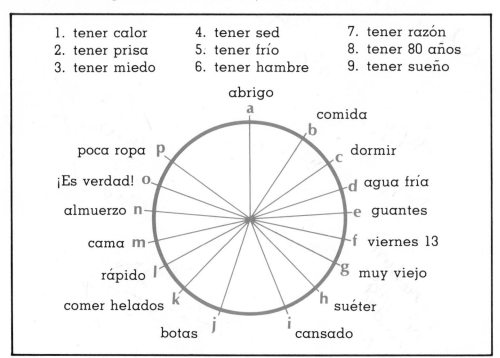

1. tener calor
2. tener prisa
3. tener miedo
4. tener sed
5. tener frío
6. tener hambre
7. tener razón
8. tener 80 años
9. tener sueño

abrigo — a
comida — b
dormir — c
agua fría — d
guantes — e
viernes 13 — f
muy viejo — g
suéter — h
cansado — i
botas — j
comer helados — k
rápido — l
cama — m
almuerzo — n
¡Es verdad! — o
poca ropa — p

4 *Exprese ahora en español:*
1. You know? I'm very hungry.   ¿Sabes? Tengo mucha hambre.
   You know? We're very thirsty.   _____

2. Jim, are you in a hurry?   Diego, ¿tienes prisa?
   Kids, are you in a big hurry?   _____

3. My grandmother is 70 years old.   Mi abuela tiene setenta años.
   His grandparents are 80.   _____

4. Who's afraid, you or I?   ¿Quién tiene miedo, tú o yo?
   Who's right, he or she?   _____

5. If I'm cold, I wear gloves.   Si tengo frío, llevo guantes.
   If I'm warm, I don't wear boots.   _____

14

4 Álbum de familia

Aquí están mis padres en el día de su boda. ¡Cuánto me gusta esta foto! Papá dice que mamá nunca va a cambiar, que siempre va a ser así — joven, fresca, hermosa. Y así pienso yo también. Ahora, ¿quiénes son las otras personas? Pues a la derecha de mi madre vemos a mi tía Cándida, con su hija Laura detrás. Cerca de mi padre está mi abuela — que ya tenía práctica de ser suegra (mother-in-law). ¡Tenía cuatro hijos casados ya, y nueve nietos (grandchildren)! Ahora, créalo o no, delante de los nuevos esposos está . . . ¿Yo? ¡No! . . . Es mi prima Elisa, que tenía cuatro años entonces. Ud. la conoce, ¿no? Bueno, ¿quién más hay? Pues diferentes sobrinos (nieces and nephews) y cuñados (sisters-in-law, brothers-in-law) y amigos y vecinos. Francamente, ¡no sé quiénes son!

Aquí estamos mi hermano
Federico y yo, con mamá y
papá, visitando a nuestros
parientes en la Florida. Ahora,
¿qué me cuenta Ud. de su
familia?

Vacaciones en las Islas
Margaritas. Papá, mis primas
Angelina y Margarita — y yo.
Íbamos allí todos los veranos.
¡Nos divertíamos mucho en esta
casa de campo!

A repasar

A. The present tense of **ir** (to go), **dar** (to give), and **estar** (to be):

ir	dar	estar
voy	doy	estoy
vas	das	estás
va	da	está
vamos	damos	estamos
vais	dais	estáis
van	dan	están

¿Recuerda Ud.? We always put **a** after **ir** when another verb follows.

¿Qué van a hacer?   What are they going to do?
—Van a descansar.   They are going to rest.

Práctica

¿Qué van a hacer estas personas?

Yo _____   Toni _____   Nilda y yo _____   Miguel y Susana _____

A propósito: ¿A dónde va Ud. este fin de semana? ¿Uds. van a hacer una fiesta? ¿Dan muchas fiestas sus padres? ¿Da Ud. muchas fiestas?

B. The present tense of **ser** (to be): soy, eres, es, somos, sois, son

C. What's the difference between **ser** and **estar**?

We use **ser** to tell:

● who or what the subject is, or what it is really like.

¡Dios mío! ¿Qué es esto?   Oh, no! What's this?
—Es tu desayuno, mi amor.   It's your breakfast, darling.

¿Quiénes son Uds.?   Who are you?
—Somos visitantes de Marte.   We're visitors from Mars.
—Ah, claro.   Of course!

Jorge, eres guapo, brillante, . . .   George, you're handsome, brilliant, . . .
—Sí, es verdad.   Yes, it's true.

- what the subject is made of, where it comes from, or what or whom it's for.

La mesa es de aluminio, ¿no?	The table is (made of) aluminum, isn't it?
—No, es de plástico.	No, it's plastic.
¿De dónde son los Rivera?	Where are the Riveras from?
—Son de Uruguay.	They're from Uruguay.
El televisor es para mi cuarto.	The TV is for my room.
—¡Egoísta!	Selfish!

- when or where something takes place.

¿Cuándo es el concierto?	When is the concert?
—Es a las tres, en el gimnasio.	It's at three, in the gym.
¿Dónde es la fiesta?	Where is the party?
—Es en la casa de María.	It's at Maria's house.

We use **estar**:

- to tell *where* the subject is, or what *condition* it is in.

¿Dónde está Andrés?	Where's Andrew?
—Está en clase.	He's in class.
¿Cómo estás, hijo?	How are you (feeling), son?
—Estoy mejor, gracias.	I'm better, thanks.

- with a present participle (**–ando, –iendo**) to describe an action going on at that very moment.

¿Qué estás haciendo?	What are you doing (right now)?
—Estoy comiendo. ¿Y tú?	I'm eating. And you?
—Nada. Estoy hablando contigo.	Nothing. I'm talking to you.

Notice how the meaning changes when we use **ser** and **estar** with the same adjectives.

Pepito es malo.	Pepito está malo.
Joey is bad. (What a kid!)	Joey is sick. (He's in bad shape.)
Anita es pálida.	Anita está pálida.
Ann is pale. (It's her complexion.)	Ann is pale. (What's the matter?)
El carbón es negro.	La banana está negra.
Coal is black. (That's its normal color.)	The banana is black. (Is it ripe!)

1 *Primero conteste:*

1. ¿Es de Europa o de Asia un chino?   2. ¿De dónde es un portugués?   3. ¿Es de papel o de nilón una camisa? ¿De qué es un libro?   4. ¿Para qué cuarto es la estufa, para el baño o para la cocina?   5. ¿De qué color son sus zapatos? ¿De qué color son sus ojos?   6. ¿Está bien su familia?   7. ¿Dónde están sus padres (o sus hermanos) en este momento?   8. ¿Son muy simpáticos sus vecinos? ¿Va Ud. mucho a su casa?

2 *Ahora mire las ilustraciones y complete las frases.*
Por ejemplo:

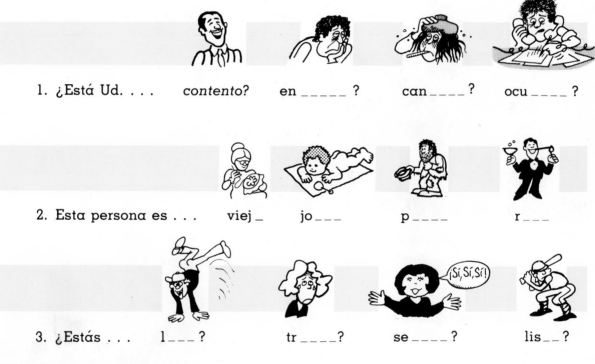

1. ¿Está Ud. . . .   contento?   en _ _ _ _ ?   can _ _ _ _ ?   ocu _ _ _ _ ?

2. Esta persona es . . .   viej _   jo _ _ _   p _ _ _ _   r _ _ _

3. ¿Estás . . .   l _ _ _ ?   tr _ _ _ _ ?   se _ _ _ _ ?   lis _ _ ?

3 *Complete usando **ser** o **estar**:*

1. Sus abuelos _ _ _ _ de Venezuela, pero _ _ _ _ aquí ahora.
2. ¿Qué te pasa, Gloria? ¿_ _ _ _ enferma?   —No, _ _ _ _ un poco cansada, nada más. _ _ _ _ trabajando mucho.
3. ¿A qué hora _ _ _ _ su primera clase?   —_ _ _ _ a la una.
4. Paula _ _ _ _ muy simpática, ¿no?   —Sí, y _ _ _ _ una estudiante brillante también.
5. ¿_ _ _ _ llenos los vasos?   —Casi. En dos minutos _ _ _ _ listos todos.

19

5 Vamos al cine.

"¿Qué me dices? ¡No te oigo!"

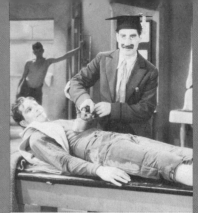

"Si quieres, te lavo los pantalones también."

"¡Caballero! ¿Ud. nos habla a nosotros así?"

"¿Me amas, me adoras?"
"—Pero Gustavo, no te conozco."

"Bien, mamá. No voy a casarme con mi maestra de español."

Ahora use Ud. la imaginación y díganos: ¿qué otros títulos puede Ud. ponerles a estas fotos? Aquí tiene una lista de verbos. A ver cómo los usa . . .

entender, comprender, creer
amar, adorar, querer, odiar
perder, buscar, encontrar
pedir, contar, decir, hacer
dar, quitar, recibir, mandar
hablar, enseñar, leer
tener miedo, tener prisa, tener sueño,
tener razón, etc., etc., etc.

A repasar

A. This is the pattern of stem-changing verbs in the present tense:

e ⟶ ie	o ⟶ ue	e ⟶ i (a few –ir verbs only)
cerrar (to close)	**mover** (to move)	**servir** (to serve)
cierro	muevo	sirvo
cierras	mueves	sirves
cierra	mueve	sirve
cerramos	movemos	servimos
cerráis	*movéis*	*servís*
cierran	mueven	sirven

Ahora, ¿cuántos de estos verbos sabe Ud.?

e ⟶ ie	o ⟶ ue	e ⟶ i
comenzar to begin	**volver** to return	**pedir** to ask for
empezar to begin	**llover** to rain	**repetir** to repeat
pensar to think	**contar** to count, tell	**seguir**[1] to follow;
nevar to snow	**costar** to cost	to continue, keep on
perder to lose	**recordar** to remember	
entender to understand	**soñar** to dream	
sentarse to sit down	**encontrar** to find; meet	
sentir to feel; regret	**dormir** to sleep	
	morir to die	

B. The irregular verbs **querer** (to want; love) and **poder** (to be able, can) are stem-changing in the present tense:

querer	poder
querer	**poder**
quiero	puedo
quieres	puedes
quiere	puede
queremos	podemos
queréis	*podéis*
quieren	pueden

---

[1] ¿Recuerda Ud.? **Seguir** has a little spelling change as well: **sigo**, **sigues**, etc. Ya sabe por qué, ¿verdad?

1 Complete cada frase según el verbo nuevo. Después díganos: En su opinión, ¿cuál corresponde mejor a la ilustración?

1. Siempre recuerda a María.
   _____ (encontrar)
   _____ (pensar en)
   _____ (soñar con)

2. ¿Empiezo otra vez?
   ¿_____? (perder)
   ¿_____? (comenzar)
   ¿_____? (volver)

3. ¿Cuánto pide?
   ¿_____? (servir)
   ¿_____? (entender)
   ¿_____? (costar)

4. Lo cerramos ahora.
   _____ (encender)
   _____ (mover)
   _____ (seguir)

2 ¿Puede Ud. encontrar en el Grupo 2 las conclusiones del Grupo 1?

1	2
¿Por qué no cierras	y tú te sientas allí.
Siempre empiezan tarde	la pregunta?
Si Uds. no la entienden,	las ventanas?
Yo me siento aquí	puedo explicarla otra vez.
¿Quiere Ud. repetir	y acaban temprano.
¿Quién pide tostadas	golpeando?
Servimos el desayuno	a las ocho de la mañana.
Cuco, ¿por qué sigues	y quién pide pan?

3 Exprese ahora en español:

1. I don't want to play.   No quiero jugar.
   I can't play today.   _____

2. At what time do you begin?   ¿A qué hora empiezan Uds.?
   At what time do we begin?   _____

3. Shall we order orange juice?   ¿Pedimos jugo de naranja?
   Shall I order eggs with bacon?   _____

4. Do they cost a lot?   ¿Cuestan mucho?
   Do they serve a little or a lot?   _____

5. I follow Eve.   Yo sigo a Eva.
   No. We follow Eve. You follow Jim.   _____

6 Información, por favor.

CENTRO DEL CUZCO

PUNTOS DE INTERÉS

1. La Catedral
2. La Universidad
3. La Iglesia de
   Santo Domingo
4. La Plaza de Armas
5. La Iglesia de
   la Compañía de Jesús
6. El Restaurante Búcaro
7. El Convento de
   la Merced

PERÚ

• Lima

▪ Cuzco

Océano Pacífico

¿Dónde estamos hoy? En Cuzco, la antigua capital de los Incas, ¡y me encanta! En el centro de la ciudad, se levantan todavía los hermosos edificios coloniales construidos por (built by) los españoles. Es uno de los lugares más interesantes del mundo. Pero yo tengo en este momento un pequeño problema. ¡No sé cómo llegar a los diferentes puntos de interés! ¿Me puede Ud. ayudar? Estudie primero las direcciones siguientes:

24

Vuelva Ud. hacia la derecha (o izquierda).	Turn toward the right (or left).
Siga Ud. adelante.	Keep going straight ahead.
Pase Ud. por la Calle Ayacucho, etc.	Go through Ayacucho Street, etc.
Pasen Uds. delante de la Catedral, etc.	Walk in front of the Cathedral, etc.
Pase Ud. detrás de . . .	Go in back of . . .
Cruce Ud. la calle (la avenida, el parque, etc.).	Cross the street (the avenue, the park, etc.).

¿Entiende? Pues comencemos. "Información, por favor."

1. Estoy en la Plaza de Armas. Dígame: ¿Cómo voy de aquí a la Catedral? . . .

    Fue una visita muy interesante. ¿Sabe Ud. que esta hermosa catedral fue construida sobre las ruinas de un viejo palacio de los Incas? ¡Y las viejas paredes existen todavía!

2. Estoy en la Calle Ayacucho ahora, ¡y tengo mucha hambre! Dicen que hay una pizzería y una excelente fuente (fountain) de soda en el Restaurante Búcaro. Dígame: ¿Cómo voy de aquí al Restaurante? . . .

    Umm. ¡Qué rico!

3. ¿Dónde estoy ahora? En la Calle Rosario. Por favor, ¿puede Ud. dirigirme a la Universidad? . . .

    ¡No me diga! ¿La Universidad ocupa el antiguo convento de los jesuítas (Jesuit priests)? ¡Por eso (that's why) está **junto a** (next to) la Iglesia de la Compañía!

4. Ah, aquí viene mi amigo Alfredo Casal. Estamos en la Avenida del Sol, y queremos ver la Iglesia de Santo Domingo. Dígame: ¿Cómo vamos hasta allí? . . .

    Es un poco tarde ya. Volvamos al hotel, ¿está bien? Vamos a tomar una siesta . . . Ah, ¡qué bien!

5. Son las cinco de la tarde ahora, y nuestro hotel está junto al Convento de la Merced. Dígame: ¿Cómo vamos de allí a la Iglesia de la Compañía? . . .

    ¡Qué lata! Fuimos allí, pero no nos dejaron entrar!

6. Finalmente, ¿quiere Ud. comer con nosotros? Entonces, dígame: ¿Cómo vamos de la Iglesia de la Compañía hasta el Snack Bar Búcaro? (Esta vez, por favor, use la forma de **nosotros**, porque Ud. va a ir también: "Pasemos por la Calle Almagro hasta la Avenida del Sol. Volvamos hacia la . . ." Continúe Ud., ¿está bien?)

A repasar

A. How to give an order to **Ud.** or **Uds.**

- An order is a "command." And to give a command, all we normally do is take the **Ud.** or **Uds.** form of the present tense and change the final **a** to **e**, the **e** to **a**.[1]

Ud. trabaja mucho.	You work hard.
¡Trabaje (Ud.) mucho!	Work hard!
¿Uds. recuerdan?	Do you remember?
¡Recuerden Uds.!	Remember!
¿Ud. no sube?	Aren't you going up?
¡No **suba** Ud.!	Don't go up!
Uds. no piden nada.	You're not asking for anything.
¡No **pidan** (Uds.) nada!	Don't ask for anything!

Sometimes, for reasons of pronunciation, we make a slight change in spelling. Por ejemplo:

Ud. saca ⟶ ¡Saque . . .! Take out . . .!
Uds. no pagan ⟶ ¡No paguen! Don't pay!
Ud. coge ⟶ ¡Coja Ud.! Catch!
Uds. empiezan ⟶ ¡Empiecen Uds.! Begin!

—— Práctica ————————————————————

Ahora mire las ilustraciones, y haga mandatos (commands):

1. ¡Es_____ Ud.!

2. ¡Des_____ Ud.!

---

[1] Even **estar** and **dar** work this way: Ud. está . . ., **¡Esté!**; Ud. da . . ., **¡Dé!**
The reason for the accent mark on **Dé** is to distinguish it from the preposition **de** (of, from).

26

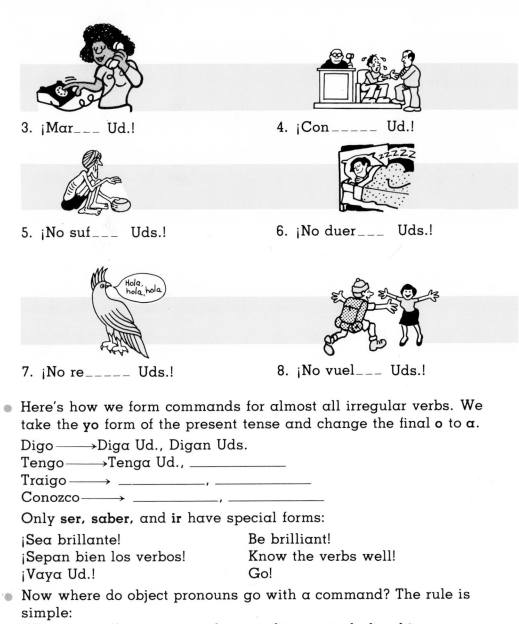

3. ¡Mar___ Ud.!

4. ¡Con_____ Ud.!

5. ¡No suf___ Uds.!

6. ¡No duer___ Uds.!

7. ¡No re_____ Uds.!

8. ¡No vuel___ Uds.!

● Here's how we form commands for almost all irregular verbs. We take the **yo** form of the present tense and change the final **o** to **a**.

Digo ——→ Diga Ud., Digan Uds.
Tengo ——→ Tenga Ud., _____
Traigo ——→ _____, _____
Conozco ——→ _____, _____

Only **ser, saber,** and **ir** have special forms:

¡Sea brillante!	Be brilliant!
¡Sepan bien los verbos!	Know the verbs well!
¡Vaya Ud.!	Go!

● Now where do object pronouns go with a command? The rule is simple:
When you tell someone *to do* something, attach the object pronoun(s) to the end of the verb.

Diga Ud.——→Dígame.	Tell me.
Dé Ud.——→Démelo.	Give it to me.

When you tell someone *not to do* something, put the pronoun(s) *before* the verb.

¡No me diga!	Don't tell me!
No me lo dé.	Don't give it to me.

Esta vez, haga mandatos según los modelos. Primero, afirmativos; después, negativos.

1. 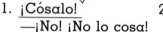 ¡Cósalo!
   —¡No! ¡No lo cosa!

2. ¡Enciéndala!
   —¡No! ¡____!

3. ¡Cóm____!
   —¡No! ¡____!

4. ¡Esp____me!
   —¡No! ¡____!

5. 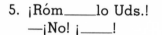 ¡Róm____lo Uds.!
   —¡No! ¡____!

6. ¡Tr____melas!
   —¡No! ¡____!

7. ¡Óigan____!
   —¡No! ¡____!

8. ¡Apág____!
   —¡No! ¡____!

■ **B.** "Let's" is a command to *you and me.*

We have two ways of saying "Let's (do something)."
We can say: **Vamos a** . . .

Vamos a comer.	Let's eat.
Vamos a caminar.	Let's walk.
Vamos a hacerlo.	Let's do it!

Or we can add **–mos** to the **Ud.** command of most verbs.

Coma Ud. ⟶ Comamos.	Let's eat.
Caminen Uds. ⟶ Caminemos.	Let's walk.
Hágalo Ud. ⟶ Hagámoslo.	Let's do it.

Of course, the object pronoun(s) must be attached to the end when we say "Let's . . .!"

■ **C.** "Let's not . . ."

There's only one way to say "Let's not (do something)." For most verbs, add **–mos** to the **Ud.** command, just as we did before.

No coma Ud. ⟶ No comamos.	Let's not eat.
No caminen Uds. ⟶ No caminemos.	Let's not walk.
No lo haga Ud. ⟶ No lo hagamos.	Let's not do it.

As always, when the command is negative, the object pronoun(s) go first.

1 ¿Qué opina Ud.?

Conteste según el modelo, escogiendo una de las alternativas. Por ejemplo:

¿Qué le parece? ¿Cantamos ahora o bailamos? (Shall we sing . . .?)
—¡Vamos a cantar! (O: ¡Vamos a bailar!)

1. ¿Trabajamos ahora o descansamos?   —¡Vamos a ___!
2. Este dinero aquí, ¿lo guardamos o lo gastamos?   —¡___!
3. Esta torta, ¿la comemos o la ofrecemos a otra persona?   —¡___!
4. El secreto de Rufo, ¿se lo contamos a todos o lo guardamos?
   —¡___!
5. Esta tarde, ¿salimos o la pasamos en casa?   —¡___!

2 *Ahora conteste otra vez, usando la otra forma del mandato. Por ejemplo:*

¿Lo dejamos o lo llevamos?   —¡Dejémoslo! (O: ¡Llevémoslo!)

1. El coche viejo, ¿lo vendemos o lo reparamos?   —¡___!
2. La comida, ¿la preparamos aquí o la tomamos en un
   restaurante?   —¡___!
3. El piso, ¿lo limpiamos o lo dejamos como está?   —¡___!
4. El domingo, ¿hacemos una fiesta en casa o salimos?   —¡___!
5. Finalmente: Este ejercicio, ¿lo terminamos ahora o lo dejamos
   para mañana?   —¡___!

3 Imagínese que hoy es domingo, cuatro de julio, y hace un día
magnífico. Ud. llama a su mejor amigo o amiga y le dice tres cosas
que quiere hacer en su compañía. Por ejemplo:

   "Hola, ___. ¿Qué te parece? Hoy vamos a . . . (jugar al fútbol, ir
al cine, hacer un picnic en el parque, visitar a unos parientes,
limpiar la casa, etc., etc.)" ¿Cuáles son las tres recomendaciones
que le hace Ud.?

   Desafortunadamente (Unfortunately), su amigo o amiga está de
mal humor y no quiere hacer nada hoy. ¿Cómo cree Ud. que
contesta? Por ejemplo:

   "Ah, no. No juguemos . . ., No vayamos . . ., No hagamos . . ."
¡Qué suerte, eh!

Álbum 1

1 *El acueducto de Segovia, España, construido hace dos mil años por los romanos, está en uso todavía.*

3 *En Zipaquira, Colombia, cerca de Bogotá, ¡hay una catedral construida enteramente de sal!*

2 *Esta piedra (stone) enorme representa el calendario de los indios aztecas de México. Los aztecas eran excelentes astrónomos, y su calendario, cuando llegaron los españoles en 1519, era más exacto que el calendario europeo.*

5 *¡Fiesta en honor de un pirata! Tampa, Florida, celebra cada año el festival de un pirata español, José Gaspar, que tomó la ciudad en el siglo (century) XVI.*

4 *Para muchos hispanoamericanos, la religión es una curiosa combinación de tradiciones cristianas con viejas costumbres nativas. En esta foto, por ejemplo, los indios celebran un ritual antiguo delante de la iglesia católica de Chichicastenango, Guatemala.*

¡Buscan 600 millones de dólares!

En 1622, un barco (ship) español, Nuestra Señora de Atocha, desapareció en el mar cerca de la costa de la Florida. El barco venía de Sudamérica con ochocientas barras de oro (gold bars), novecientas barras de plata (silver), y más de doscientas mil monedas (more than 250,000 coins) de diferentes clases. Recientemente, el oceanógrafo Mel Fisher y sus compañeros localizaron el barco, y están tratando de subir el tesoro del fondo del mar (bottom of the sea). Según los precios de hoy, ¡ese tesoro puede valer seiscientos millones en dólares norteamericanos! Ahora, sea Ud. el (la) **juez** (judge). Si Mel Fisher y sus compañeros sacan el tesoro del océano, ¿de quién es el dinero—de ellos o de España?

A propósito: Before a number, the word "than" is **de,** not **que:** El barco llevaba **más de** 250,000 monedas. Spanish also uses **de** after a superlative, where English uses "in": Era el hombre más rico **del** mundo. He was the richest man *in* the world.

31

6 *El británico William Shakespeare y el español Miguel de Cervantes, los dos escritores más grandes del mundo, murieron en la misma* **fecha** *(date), ¡el 23 de abril de 1616! En realidad, no murieron en el mismo día porque en aquellos tiempos había una diferencia de unos nueve días entre el calendario inglés y el calendario español. (Díganos: ¿Sabe Ud. el título de la famosa novela que Cervantes escribió?)*

A propósito: Para decir el año en español, usamos 1000 (mil) +(más) 800, 950, etc. Por ejemplo:

1800   mil ochocientos (one thousand eight hundred)

1950   mil novecientos cincuenta

Ahora, ¿cómo se dice: 1492, 1776, 1898, 1985?

¿En qué año estamos ahora? ¡Dios mío! ¡Muy pronto vamos a decir "dos mil"!

7 ¿Visitantes de otro planeta? Muchos científicos piensan que este *lugar* en los Ándes peruanos era un campo de aterrizaje (landing field) para naves espaciales (space ships) en tiempos prehistóricos. ¿Puede ser? . . .

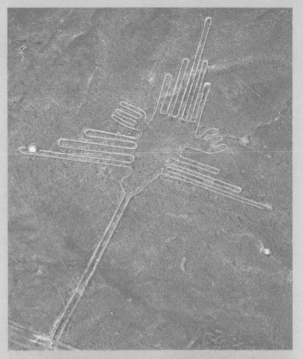

8 ¡Las personas más viejas del mundo! En una región remota de Colombia, hay un *lugar* donde la *gente* (people) vive normalmente más de cien años. En efecto, hay personas que llegan a los 120, 130, ¡hasta a los 150 años de edad!

¡Lo digo yo!

Ahora vamos a jugar. ¿Sabe Ud. una cosa de mucho interés — una cosa histórica, una cosa muy curiosa, una cosa personal? Por ejemplo: "Mi tía Marta es descendiente directa de Jorge Washington." "En mi casa hay una persona que tiene un elefante y tres cocodrilos." "Yo conozco a un hombre que . . .", etc. Ahora, si no sabe nada especial, ¡invéntelo (make it up)! Si sus amigos lo creen, van a decir: "¡Ya lo creo!" Y si no, gritan: "¿Quién lo dice?" Y Ud. contesta: "¡Lo digo yo!" ¿Comprende? . . . Pues vamos a comenzar.

7 Corazón de Poeta

¿Le gusta la poesía? Pues aquí tenemos unos poemas por **alumnos** (students) de la Escuela Superior Martín de Laredo, Texas. "Del corazón suyo al nuestro."

"A Mi Madre"

Estos versos los dedico
solamente para ti,
para mi madre que amo tanto
y me ha hecho muy feliz.

A mi madre yo le escribo,
y le explico lo que digo
porque madre sólo hay una,
y ella es toda mi fortuna.

A ti, madre, yo te imploro,
y te digo lo que añoro
que cuando yo estoy contigo,
yo no sé lo que es castigo.

Madre, tú eres parte de mi vida
que compartes noche y día,
las tristezas y alegrías
que sin ti ya no valdrían.

Yo le agradezco a Dios
las cosas que Él creó,
pero entre toda su belleza,
la más hermosa Él me dio.

y este nombre en ti formó.

    <u>M</u>*ucho*
    <u>A</u>*mor*
      <u>D</u>*emuestra*
        <u>R</u>*iqueza*
        <u>E</u>*terna*

¡¡¡¡y yo la tengo!!!!

— *CECILIA TORRES*

El Agua y El Cielo

El agua es azul como el cielo
y el cielo es azul como el agua.
El agua es un espacio grande,
el cielo es espacio infinito.

En el agua se puede nadar
y en el cielo se puede flotar.
El agua es el hogar de los peces.
Y el cielo es el hogar de los pájaros.

Pero el agua ya no es pura
e igualmente el cielo no es.
En el agua andan barcos,
en el cielo aeroplanos.

Ahora envenenamos el agua
y ennegrecemos el cielo.
¡Qué lástima!
¡Qué tristeza!

—*VICTOR M. GONZÁLEZ, JR.*

34

La Guitarra

La guitarra que yo toco,
da un sonido muy hermoso.
Que las canciones que canto,
son siempre bellas de encanto.

A mi novia que yo quiero
le gusta oírme tocar.
Pues al ritmo del sonido,
se pone ella a cantar.

—EDUARDO BERNAL

Pensando En Ti

¿Qué hacer para olvidarte,
si hasta en mis sueños estás?
Sufro al pensar sólo en ti,
y tú sin siquiera mirarme.

¿Qué hacer para olvidarte?
Sé que eres un imposible.
Lo único que pido a Dios es
que algún día deje de amarte.

—MARÍA PEÑA

Ésta es la profesora Rosa María Pérez del Río, que inspiró a sus clases a producir todo un volumen de arte y poesía. Y aquí abajo tenemos parte de un poema que un estudiante suyo le dedicó.

A Mi Maestra

Radiante de alegría veo a mi maestra
Os digo estas palabras que salen del corazón
Sin sufir, sin llorar digo que es nuestra
Amiga y compañera que siempre tiene razón.

Muchas gracias por estar enseñando
A todos aquellos que están desesperados
Ruego a Dios que viva muchos años ayudando,
Indicando el camino al prójimo que esté cansado.

—JUAN CARLOS HINOJOSA

A repasar

A. Object pronouns receive the action of a verb. In the first and second persons, the direct and indirect objects are the same.

me	me, to me	**nos**	us, to us
te	you, to you	**os**	~~you, to you guys~~ (familiar)

In the third person, there are separate forms.

Direct Object		**Indirect Object**	
lo	him, you (**Ud.**), it (masc.)	**LE**	to him, to her, to you, to it
la	her, you (**Ud.**), it (fem.)		
los	them, you (**Uds.**)	**LES**	to them, to you-all
las	them, you (**Uds.**) (fem.)		

B. Where do we put object pronouns?
In most cases, they go right before the verb.

¿Me entiendes?	Do you understand me?
—Te entiendo perfectamente.	I understand you perfectly.
¿Nos dicen la verdad?	Are they telling us the truth?

You attach them to the end of a verb when you order someone to do something.

Escríbales.	Write to them.
Dígale.	Tell him (or her).

You may either attach them to the end of an infinitive, or put them before the first verb in the group. Either way is correct.

Voy a hacerlo.	I'm going to do it.
Lo voy a hacer.	

You may do the same with the present participle.

Estoy haciéndolo.	I'm doing it (right now).
Lo estoy haciendo.	

___ Práctica ___

1 *Mire las ilustraciones, y complete cada diálogo. Por ejemplo:*

¿Me amas?   —Sí, te amo. (—No, no te amo.)

1. ¿Me od____?
—Sí, te ____.

¿Me escu____?
—No, no te ____.

¿Me be____?
—____.

¿Me pro____?
—____.

2. ¿Nos bus____
   (ellos)?
   —Sí, nos ____.

¿Nos nece____?
—Sí, ____.

¿Nos esp____?
—____.

¿Nos hab____?
—____.

3. ¿Tú tienes mis
   ante____?
   —No. Yo no los
   tengo.

Necesito mi
para____.
—¿Por qué ____
necesitas?

¿Llevas tus
b____ hoy?
—No. No ____.

No encuentro
mi car____.
—Aquí ____
tienes.

4. ¿Llamamos
   al ____?[1]
   —Sí, ____.

¿Conoces a
la ____?
—No, ____.

¿Invitas a
los ____?
—No, ____.

¿Quién ve
el ____?
—Yo ____.

---

[1] This a does not mean "to." It is the "personal a" that we use when the direct
object is a person.

37

2 *Ahora cambie a pronombres las palabras indicadas. Por ejemplo:*

Hablamos *al director.*   Le hablamos.

Doy un examen *a los alumnos.*   Les doy un examen.

1. Traigo el almuerzo *a los jóvenes.*   2. ¿Das una bicicleta *a la niña?*   3. Mandamos dinero *a los pobres.*   4. No pago nada *a ese hombre.*   5. ¿Explicamos el problema *a las señoras?*   6. Vendemos el coche *al Sr. Rosales.*   7. Canto una canción *a mi madre.*

3 *Esta vez, exprese de otra manera. Por ejemplo:*

Vamos a comprarlo.   Lo vamos a comprar.
Están acabándola.   La están acabando.

1. Voy a ayudarlos.   2. Quiero leerles un cuento.   3. Vamos a pedirle un favor.   4. ¿Vienes a visitarla?   5. Estoy preparándolas.   6. ¿Estás llamándola?   7. Están contándolos.

C. Suppose you want to make the object pronoun stronger. All you do is add **a mí, a ti . . .**, along with the **me, te,** etc. Remember: You *add* **a mí,** etc. You subtract nothing!

Me invitan **a mí,** ¿No **te** invitan **a ti?**	They're inviting *me.* Aren't they inviting *you?*

This is especially important in the case of **le** and **les**, which often need explaining. Observe, por ejemplo:

Le traigo flores.	I bring (you, her, him) flowers.
Le traigo flores a Ud.	I bring *you . . .*
a ella.	*her . . .*
a él.	*him . . .*
No les digo nada.	I'm not telling (you-all, them) anything.

Ahora complete Ud.:

No les digo nada a ____.	I'm not telling *you . . .*
No les ____.	*them* (masc.) *. . .*
No ____.	*them* (fem.) *. . .*

──── Práctica ────────────────────────────────────

Diga con más énfasis. Por ejemplo:

No *te* doy nada.   No te doy nada a ti. (O: A ti no te doy nada.)

1. ¿*Me* hablas así?   2. No *te* servimos nada.   3. ¿No *nos* creen?
4. *Te* quiero. ¿No *me* quieres?   5. Nunca *le* digo nada. (A él . . .)
6. ¿Por qué no *la* invitan Uds.?   Ella *los* invita siempre.   7. Vamos a hac*er*les una sorpresa (*a las chicas*), no *a sus amigos.*

D. How to use **gustar**

Gustar means "to be pleasing." It does *not* mean "to like."
The person *to whom* something is pleasing is the indirect object.
What is pleasing is the *subject*.

A mis padres les gusta mucho viajar.	My parents love to travel. (Travel is very pleasing to them.)
—¿Y **a ti** no **te** gusta?	And don't you like it? (Isn't it pleasing to you?)
¿**Les** gustan **a Uds.** los huevos?	Do you-all like eggs? (Are eggs pleasing . . .?)
—A nosotros, sí. Pero no **le** gustan **a Graciela.**	We do. (To us, yes.) But Grace doesn't like them.

--- **Práctica** ---

¿Qué les gusta?

Hace (mucho) sol.
It's (very) sunny.

1. ¿Te gusta más cuando llueve, cuando nieva, o cuando hace mucho sol? ¿Qué te gusta menos?

Hace fresco.
It's cool out.

2. ¿Qué les gusta más a Uds.? ¿Qué les gusta menos?

3. De todas estas cosas, ¿cuáles le gustan más a tu familia? ¿Cuáles te gustan menos a ti?

8 Combinaciones

Estudie por un momento estas ilustraciones:

Ahora lea las frases siguientes y díganos: ¿Cuántas combinaciones puede Ud. hacer usando estos verbos? Por ejemplo:

La ropa, ¿me la _____ Ud.?
<u>¿Me la lava, limpia, pide, etc.?</u>

¿Qué verbo cree Ud. que vamos a usar más?

1. Los cuentos, ¿me lo _____ Uds.?
2. La botella, ¿me la _____ (tú)?
3. Este coche, ¿me lo _____ Ud.?
4. El dinero, ¿nos lo _____ Martín?
5. Las máquinas, ¿nos las _____ esos hombres?
6. Los muebles, ¿nos los _____ Uds.?

¡Ajá! ¿Qué verbo ganó? A propósito, ¿puede Ud. combinar tres frases más, con sujetos diferentes?

A repasar

A. When we have two object pronouns in Spanish, we always put the indirect object *before* the direct. And so, even though English can say: "Tell me it" or "tell it to me," Spanish can say only "Tell me it."

Dígame . . .   Tell me . . .
Díga**melo**.   Tell it to me. (Tell me it.)

Te prometo . . .   I promise you . . .
Te los prometo.   I promise them to you.

Nos traen agua.   They bring us water.
Nos la traen.   They bring it to us.

B. When both the indirect and the direct object pronouns are in the third person — that is, when they both begin with l — **le** or **les** changes to **se**.

le (to him, to her, etc.) les (to them, to you-all)	+	lo la los las	= **SE**	lo la los las

Lo damos a Ramón.   We give it to Ray.
Se lo damos.   We give it to him.

Las mando a Elena.   I'm sending them to Helen.
Se las mando.   I'm sending them to her.

La venden a mis hermanas. They're selling it to my sisters.
Se la venden.   They're selling it to them.

Of course, if you want to make sure we know who **se** is, you can add a él, a ella, a Ud., etc., just as we did with **le** and **les**.

C. Notice that when we attach two pronouns to a verb form, we have to add a written accent to the main part of the verb.

Démelo.   Give it to me.
—No. Nunca voy a **dárselo**. No. I'm never going to give it to you.

The present participle needs an accent even if we add only *one* pronoun.

¿Vas a llamarlos?   Are you going to call them?
—Estoy **llamándolos** ahora. I'm calling them now.

───── **Práctica** ─────────────────────────────────────

1 *Cambie según los modelos:*

¿Me cantas *la canción*?   ¿Me la cantas?

¿*Le* leemos *el cuento*?   ¿Se lo leemos?

No *les* doy *las llaves*.   No se las doy.

1. *Nos* prepara *la comida*. 2. *Te* enseño *las lecciones*. 3. ¿*Me* compras *los levis*? 4. ¿*Le* compras *las zapatillas*? (Se . . .) 5. *Les* preparo *el café*. 6. Voy a decir*te el secreto*. 7. Vamos a mandar*le la información*. 8. ¿No van a pagar*nos el dinero*? 9. ¿*Le* debe Ud. *el dinero*? 10. ¿*Les* pido *las llaves*?

2 ¿Qué son las cosas que vemos en estas ilustraciones?

Pues, ¿puede Ud. usarlas para completar los diálogos? Por ejemplo:

—Miren. No tengo dinero en mi cartera.

—Pues, ¿por qué no se lo pides a tu papá?

1. —Mamá, tenemos hambre. ¿Hay ____ para el desayuno?
   —Sí, hijos. Si quieren, ____ preparo (a Uds.) en diez minutos.

2. —Buenos días. ¿Cuánto vale este ____ azul?
   —Normalmente, 50 pesos. Pero a Ud. ____ vendo por 40.

3. —Clarita, ¿dónde están mis ____?
   —Debajo de tu cama. Si quieres, ____ traigo.

4. —Necesito aquella ____ para abrir la puerta. ¿____ trae Ud.?
   —Con mucho gusto. Aquí la tiene.

9 Psicólogo por un día

¿Cree Ud. que es **fácil** (easy) o **difícil** (difficult) conocer a otras personas? ¿Se conoce Ud.? ¿Realmente? Pues hoy vamos a hacer un pequeño experimento, un poco de auto-análisis. ¿Qué le parece? A ver cómo contesta estas preguntas:

1. ¿Se estima Ud. mucho?
   a. ¿Se mira mucho en el espejo (mirror)?
   b. ¿Se peina el pelo constantemente?
   c. ¿Le gusta comprarse perfumes, cosméticos, o artículos extravagantes?
   d. ¿Se considera Ud. más guapo (guapa) que otras personas?
   e. ¿Se siente muy seguro (segura) en un grupo nuevo de personas?
   f. ¿Se ofrece Ud. para ser presidente, secretaria, etc. de su clase?

2. ¿Se estima Ud. poco?
   a. ¿Tiene Ud. miedo de conocer a otras personas?
   b. ¿Se considera Ud. menos atractivo (atractiva) que sus amigos?
   c. ¿Se siente Ud. nervioso (nerviosa) en una fiesta?
   d. ¿Se siente Ud. confortable con personas menores?
   e. ¿Se expresa Ud. normalmente en voz muy baja?
   f. ¿Tiene Ud. miedo de hablar en público?

3. ¿Es Ud. muy aseado (aseada) (neat)?
   a. ¿Se lava las manos antes y después de comer?
   b. ¿Limpia Ud. siempre la silla antes de sentarse?
   c. ¿Se baña dos o tres veces al día?
   d. ¿Se cambia la ropa constantemente?
   e. ¿Se corta el pelo cada semana?
   f. Si sus papeles no están en orden, ¿le parece muy difícil trabajar?

4. ¿Se cuida Ud. muchísimo?
   a. ¿Se acuesta Ud. temprano?
   b. ¿Hace Ud. ejercicios cuando se levanta por la mañana?
   c. ¿Sigue Ud. una buena dieta?
   d. ¿Va Ud. frecuentemente al médico?
   e. ¿Se limpia bien los dientes?
   f. ¿Se pesa (weigh) todos los días?

Ahora, haga las mismas preguntas a sus amigos. "Roni, ¿tú te estimas mucho? . . ." (A propósito, en cada grupo de preguntas, si contesta "Sí" cinco veces o más, ¡Ud. es ese tipo de persona!)

A repasar

A. Here are the forms of reflexive object pronouns:

---

me	myself, to myself	**nos**	ourselves, to ourselves
te	yourself, to yourself	*os*	*yourselves, to yourselves*
SE	(to) himself, herself, itself, yourself (**Ud.**), themselves, yourselves (**Uds.**)		

When we have two object pronouns together, the reflexive always comes first.

¿Se compra el coche?	Is he buying himself the car?
¿**Se** lo compra?	Is he buying it for himself?

B. We use a reflexive pronoun when the subject does the action to itself.

¿Por qué no **te cuidas**?	Why don't you watch *yourself*?
Siempre **te cortas**.	You always cut *yourself*.
¿**Se divierten** Uds.?	Are you enjoying *yourselves*?
—Sí, **nos divertimos** mucho.	Yes, we're enjoying *ourselves* a lot.
Voy a **comprarme** un tocadiscos.	I'm going to buy *myself* a record player.

C. The reflexive can also add the idea of "get" to a verb.

perder	to lose	**perderse**	to get lost
casar	to marry (off)	**casarse**	to get married
vestir	to dress (someone)	**vestirse**	to get dressed
levantar	to raise, lift	**levantarse**	to get up
acostar	to put to bed	**acostarse**	to get (go) to bed

D. After a preposition, the reflexive has its own third person form, **sí.**[1]

(para) sí   for himself, herself, itself, yourself, themselves, yourselves

The first and second persons are still **mí, ti, nosotros,** etc.

Sólo piensan en **sí**.	They only think of themselves.
—¿Y tú no piensas en **ti**?	And you don't think of yourself?

Very often we add **mismo, misma,** etc., for extra force.

Sólo piensan en **sí mismos**.	They only think of *themselves*.
—¿Y tú no piensas en **ti mismo**?	And you don't think of *yourself*?
¿La niña se viste a **sí misma**?	Does the child dress *herself*?
—Claro. Tiene seis años de edad.	Of course. She's six years old.

---

[1] With the preposition **con**, it becomes **–sigo**.

1 ¿Recuerda estos verbos?

di_____   cui_____   acos_____   ves_____

Pues, ¿cómo los asocia Ud. con las cosas siguientes?

dormir ocho horas cada noche . . . ir a una fiesta . . . jugar a los
deportes . . . tener mucho sueño . . . comer cosas nutritivas . . .
pantalones y camisa . . . la cama . . . hacer ejercicios . . . jersey
y levis . . . zapatos y calcetines . . . pijama . . . ir al cine . . .
lavarse el pelo, la cara y las manos . . . vestidos bonitos . . .
manejar con cuidado . . . hablar con amigos

2 Conteste ahora:
1. ¿Se levanta Ud. temprano o tarde?
2. ¿A qué hora se acuesta normalmente?
3. ¿Quién se acuesta más tarde, Ud. o sus padres?
4. Amiga (Amigo), ¿dónde te diviertes más, en el cine o en los
   juegos atléticos?
5. ¿Se cuidan mucho tú y tus amigos? (Sí, nos . . .; No, . . .)
6. ¿Se cuidan mucho tus padres?
7. ¿Te vistes despacio o rápidamente?
8. ¿Te gusta más vestirte de "sport" o con elegancia?
9. ¿Piensas más en ti mismo (misma) o en otras personas?
10. ¿Hacen Uds. más por sí mismos o por otras personas?
    (Hacemos . . .)

3 Finalmente, haga Ud. frases originales usando:
1. Nunca / perderme / en . . .
2. ¿Cuándo / casarse / . . . ?
3. . . . y yo / divertirnos / . . .
4. ¿Por qué no / ayudarte / a ti misma?
5. Joaquín / hablar / a sí mismo.

10 "Damas y caballeros . . ."
Ladies and gentlemen . . .

Permítanme presentarles a . . .

Jimmy López, héroe del episodio en Irán.

Rita Moreno, bailarina y cantante talentosa.

Reggie Martinez Jackson, campeón de béisbol.

Linda Ronstadt, reina de la música popular.

Dígame, ¿le gusta conocer a personas famosas? Pues aquí tiene su oportunidad. Imagínese que Ud. es Maestro de Ceremonias de un programa de televisión. Y esta tarde Ud. va a entrevistar (interview) a una de estas personalidades.

Primero, escriba en diferentes papelitos las cosas siguientes:

1) los nombres de cinco lugares diferentes (naciones, ciudades, etc.)
2) cuatro números entre 10 y 100
3) tres horas diferentes del día (por ejemplo: a las dos de la mañana, a la una de la tarde, a las once de la noche, etc.)
4) los nombres de varios miembros de su clase

Ponga los papelitos en cuatro cajas pequeñas, y vamos a comenzar. ¿Quién va a ser la primera "personalidad"?

M.C.	La "personalidad"
Damas y caballeros, déjenme **presentar**les (introduce you) a . . . (*Diga el nombre de la "persona famosa".*) (Aplausos)	
Buenos días (etc.), señor(ita) . . . ¿Cómo está Ud. hoy?	(*Conteste.*) (*Conteste otra vez.*)
Bueno, dígame: ¿dónde nació Ud.?	(*Saque de la caja #1 el nombre de un lugar.*)
¿Ah, sí? ¿Y cuántos años vivió Ud. allí?	(*Saque de la caja #2 un número.*)
Pues, ¿a qué escuela **asistió** Ud. (did you attend)?	—Asistí a . . . (*Díganos dónde.*)
¿Cuántos años tiene Ud. ahora?	(*Saque otro número.*)
¡No! Pues díganos otra vez: ¿tiene Ud. novio o novia?	(*Conteste "sí" o "no".*)
¿De quién está Ud. enamorado(a)?	(*Saque de la caja #4 el nombre de un miembro de su clase.*)
¿A qué hora se acuesta Ud. normalmente?	(*Saque de la caja #3 una hora del día.*)
¿Y a qué hora se levanta?	(*Saque otra hora del día.*)
Finalmente, en su opinión, ¿quién es el hombre (o la mujer) ideal?	(*Saque otro nombre de un miembro de su clase.*)
Fantástico. Pues mil gracias, señor(ita), por estar con nosotros hoy, y adiós. (Aplausos — y El Fin)	

A repasar

A. Here is the preterite (past) tense of regular verbs.
The preterite means: "I spoke, did speak," etc.

–ar	–er, –ir
hablar	**comer, vivir**
hablé	comí, viví
hablaste	comiste, viviste
habló	comió, vivió
hablamos	comimos, vivimos[1]
hablasteis	*comisteis, vivisteis*
hablaron	comieron, vivieron

Remember: –ar and –er stem-changing verbs are like regular verbs in the preterite tense:

cerrar: cerré, cerraste, cerró, cerramos, *cerrasteis*, cerraron
volver: volví, volviste, volvió, volvimos, *volvisteis*, volvieron

Some verbs have a slight spelling change. For example:

● After a vowel, –ió and –ieron become –yó, –yeron. (Say them out loud, and you'll see why.)

caer (to fall): caí, caíste, **cayó**, caímos, *caísteis*, **cayeron**
leer (to read): leí, leíste, **leyó**, leímos, *leísteis*, **leyeron**
creer (to believe): creí, creíste, _____, _____, _____, _____
oír (to hear): oí, _____, **oyó**, _____, _____, _____

● **C** becomes **qu** and **g** becomes **gu** before an **e**. (Try the sound test again.)

sacar (to take out): **saqué**, sacaste, sacó, etc.
pagar (to pay for): **pagué**, pagaste, _____, etc.

● Verbs that end in –zar change **z** to **c** before an **e**.

empezar: empecé, empezaste, empezó, etc.
What other word do you know for "begin"?

---

[1] Don't worry. Even though the **nosotros** preterite form of –ar and –ir verbs is the same as in the present tense, the rest of what you say always clears up the meaning.

1 **Mini-cuentos**

Complete cada párrafo (paragraph), usando los verbos siguientes:

1. ¿Cómo pasé el día ayer? ¡Comprando cosas en un almacén!

(Yo) _____ mucha ropa ayer. Primero, _____ un suéter rojo, y finalmente, lo _____. ¿Cuánto _____? Más de quince dólares. Después _____ otras cosas. ¡Dios mío, cuánto dinero _____!

2. ¿Y tú, cómo pasaste el día?

(Tú) _____ una carta a un primo tuyo y la _____ por correo. Curiosamente, dos horas más tarde, ¡_____ una postal de ese mismo primo!

3. ¿Cómo pasaron el día los otros?

Mi hermana Marta _____ toda la tarde en la cama. Papá _____ un libro. Mamá _____ un concierto en el radio. Roni y yo _____ al tenis. ¿Y mis abuelos? ¡_____ al tenis con nosotros!

2 *Esta vez, complete usando el pretérito del verbo más lógico:*

1. ¿Dónde están tus guantes? —No sé. Los _____ ayer. (perder, mandar)
2. ¿_____ Uds. los ejercicios? (quitar, escribir) —Sí, señora, pero los _____ en casa. (dejar, coger)
3. Nosotras les _____ comida, pero no la aceptaron. (ofrecer, recibir) —Entonces, ¿no _____ nada? (costar, comer)
4. ¿Quién _____ la televisión? (encender, dirigir) —María. Y yo la _____ (apagar, viajar)

3 *Cambie ahora al pretérito:*

1. Se lo *prometo*. 2. No la *beso* nunca. 3. No los *saco*.
4. ¿*Terminas* ahora? 5. ¿*Coses* los botones? 6. ¿La *ves*?
7. ¿Quién lo *mueve*? 8. Toño no lo *cree*. 9. ¿Me *oye* Ud.?
10. La *quitamos* de aquí. 11. No la *entendemos*. 12. Se las *servimos*. 13. ¿Lo *cierran*? 14. No la *recuerdan*. 15. ¿Lo *leen* Uds.?

B. –**Ir** stem-changing verbs change **e** to **i** or **o** to **u** in the third person of the preterite.

$$e \longrightarrow i$$

pedir (to ask for): pedí, pediste, pidió, pedimos, *pedisteis*, pidieron
mentir (to lie): mentí, mentiste, mintió, _____, _____, _____
sentir (to feel, to regret): sentí, sentiste, sintió, _____, _____, _____

$$o \longrightarrow u$$

dormir (to sleep): dormí, dormiste, durmió, dormimos, *dormisteis*, durmieron
morir (to die): morí, _____, _____, _____, _____, _____

___ Práctica _____

1 *Ahora, ¿cómo relaciona Ud. los Grupos 1 y 2?*

1	2
a. ¡Uds. me mintieron!	_____Tuviste mucho miedo, ¿eh?
b. Traté de gritar pero no pude.	_____¿Y quién lo contestó?
c. A la medianoche el teléfono sonó.	_____Entonces, ¿consintieron por fin sus padres?
d. Marqué el número diez veces.	_____Al contrario. Le dijimos la verdad.
e. Los jóvenes se casaron ayer.	_____¿Y estuvo ocupada siempre la línea?

2 *Complete usando la forma correcta del verbo:*

1. (dormir) ¿_____ Ud. bien anoche? —No, _____ sólo cuatro horas.
2. (sentirse) Me _____ enferma ayer. ¿Cómo se _____ Uds.?
3. (pedir) ¿Quién se lo _____? —Yo se lo _____. Pero no me lo dio.
4. (morir) ¿_____ todos en el accidente? —No. Gracias a Dios, nadie _____.
5. (empezar) ¿Quién _____? —Yo _____ y Arnaldo terminó.

51

11 Cuento de fantasmas
(Ghost story)

La medianoche. Yo en mi cama, y todo tranquilo. Dos minutos después mi noche de terror comenzó . . . El teléfono sonó y cogí el receptor (receiver). "¿Sí?", dije, "¿Sí?" Pero nadie contestó. Cerré los ojos otra vez y traté de dormir. Pero no pude. ¿Me imaginé esa **llamada** (call) o fue real?

Pasaron cinco o seis minutos, y de repente (suddenly) . . . no vi nada, pero una voz misteriosa me habló. "No se va a escapar", me dijo. "Esta vez me lo va a pagar." "Pero, ¿qué hice yo **contra** (against) Ud.?", le pregunté. "¿No lo recuerda, eh? Pues muy pronto lo va a recordar." Me puse pálido (I turned pale) y comencé a temblar (tremble).

Tomé el teléfono en mis manos y marqué el número de la policía. ¡Caramba! ¿Por qué está ocupada siempre esa línea? Marqué otra vez, tres veces, cinco veces. "Ya es tarde", continuó la voz. Y grité, grité . . . La puerta de mi cuarto se abrió y mi padre entró. "¿Qué te pasó, hijo?", me preguntó. "Pero, papá, ¿no oíste aquella voz?" "¿Qué voz? Yo no oí nada. Seguramente fue tu imaginación." Y de repente . . . ¡mi padre gritó! . . . "¡Papá! ¡¡Pa-pá!! ¡Ayyyyyyyyyy!"

Díganos ahora:

1. ¿Le gustó este cuento? ¿Le gustan los cuentos de misterio en la televisión? ¿Y las películas de horror? ¿Es Ud. una persona nerviosa o tranquila?
2. ¿Cree Ud. en los fantasmas (ghosts)? ¿Creen en ellos sus amigos, o sus parientes? ¿Cree Ud. en lo sobrenatural (the supernatural)?
3. Pues en este cuento, ¿a qué hora sonó el teléfono? ¿Qué dijo el joven? ¿Le contestó la otra persona?
4. ¿Qué trató de hacer otra vez el joven? ¿Pudo dormir?
5. ¿Cuántos minutos pasaron entonces? ¿Qué oyó el joven esta vez?
6. ¿Qué le dijo la voz misteriosa? ¿Se puso pálido o rojo el joven?
7. ¿A quién trató de llamar? ¿Cuántas veces marcó el número? ¿Por qué no habló con la policía?
8. ¿Quién entró cuando el joven gritó? ¿Oyó la voz el padre también? En su opinión, ¿por qué gritó el padre? ¿Qué vio? ¿Qué le pasó?
9. En su opinión, ¿pasó todo esto de verdad (really) o fue un sueño, nada más?
10. Finalmente, mire Ud. otra vez las ilustraciones y díganos: ¿puede Ud. contarnos este cuento en sus propias palabras?

A repasar

A. The special preterite forms of **ser**, **ir**, and **dar**

Ser (to be) and **ir** (to go) are exactly alike in the preterite.
Dar (to give) is very much like them.

ser, ir: fui, fuiste, fue, fuimos, *fuisteis*, fueron
dar: di, diste, dio, dimos, *disteis*, dieron

--- Práctica ---

*¿Puede Ud. llenar los blancos con el pretérito de **ser**, **ir** o **dar**?*

1. Ayer ____ al cine con Neli. Sara ____ con nosotros también. Después los tres ____ a un restaurante a comer.
2. ¿Quién tiene mi tocadiscos? —No sé. Yo se lo ____ a María, y ella se lo ____ a sus hermanos, y ellos se lo ____ a . . . no sé quién. —¡Caramba!
3. ¿Tú ____ el primero o el segundo de la clase? —¿Yo? ¡Yo ____ el número 32! Rosa y David ____ los dos primeros.

B. Most irregular verbs fall into a special pattern in the preterite tense. There are three basic groups, and this is what they all have in common:

The **yo** form ends in an unaccented **e**.
The **Ud., él, ella** form ends in an unaccented **o**.

● The **u** group

tener (to have): **tuve**, tuviste, **tuvo**, tuvimos, *tuvisteis*, tuvieron
estar (to be): estuve, estuviste, estuvo, estuvimos, *estuvisteis*, estuvieron
andar (to walk): anduve, _____, _____, _____, _____, _____
poder (to be able): pude, _____, _____, _____, _____, _____
poner (to put): puse, _____, _____, _____, _____, _____
saber (to know): supe, supiste, supo, supimos, *supisteis*, supieron

All verbs that end in **–ducir** belong to the **u** group, too. They are all just like **producir** (to produce).

producir: produje, produjiste, **produjo**, _____, _____, produjeron
conducir: conduje, _____, _____, _____, _____, _____

● The **i** group

venir (to come): **vine**, viniste, **vino**, vinimos, *vinisteis*, vinieron
hacer (to make, do): **hice**, hiciste, **hizo**, hicimos, *hicisteis*, hicieron

(Where do you think the **z** in **hizo** came from?)

querer (to want): **quise**, quisiste, **quiso**, _____, _____, _____
decir (to say, tell): dije, _____, dijo, _____, _____, dijeron

● The **a** group

traer (to bring): **traje**, trajiste, **trajo**, trajimos, *trajisteis*, trajeron

All verbs that end in **–traer** (English **–tract**) are just like **traer** itself.

atraer (to attract): **atraje**, _____, **atrajo**, _____, _____, atrajeron

— Práctica —————————————————————————————————

1   *Complete, según las indicaciones:*

1. La tuve aquí.
    _____. (poner)
     ¿Quién _____?
     ¿_____? (traer)

¿Qué trajeron?

54

2. ¿Ud. se lo dijo?
   ¿Uds. _____?
   Nosotros _____.
   Yo no _____.

¿Quién se lo dijo a Miguel?

3. Los traje ayer.
   _____. (hacer)
   _____. (querer)
   _____. (obtener)

¿Qué hizo la niña?

4. ¿Quién vino primero?
   ¿_____? (saberlo)
   ¿_____? (hacerlo)
   ¿_____? (producirlo)

¿Qué produjeron?

2 *Conteste según los modelos. Por ejemplo:*

¿Ud. vino ayer? (Sí, a las tres.)   <u>Sí, vine ayer a las tres.</u>

¿Tú lo hiciste? (No. Riqui.)   <u>No, Riqui lo hizo.</u>

1. ¿Quiso Ud. éste? (No, ése.)   2. ¿Lo trajiste tú? (Sí, ayer.)
3. ¿Vinieron Uds. a la una? (No, a las dos.)   4. ¿Uds. produjeron todo esto? (No. Ellos.)   5. ¿Le dijo Ud. la verdad? (Sí, siempre.)
6. ¿Estuvieron listos todos? (No, sólo uno.)   7. ¿Anduvieron Uds. mucho? (Sí, todo el día.)   8. ¿Tuvo Ud. visitas ayer? (Sí, muchas.)
9. ¿Quién lo puso allí? (Yo.)   10. ¿Pudieron Uds. acabar? (Sí, en tres horas.)

3 *Ahora haga Ud. frases completas usando siempre el pretérito:*

1. Ana / estar / enamorada de . . .
2. Mario y yo / andar por . . . hora(s) / en . . .
3. Yo no / hacer . . . / anoche.
4. ¿Quién / traer / ese(a, os, as) . . .?
5. ¿A qué . . . / asistir / . . .?

12 Memorias

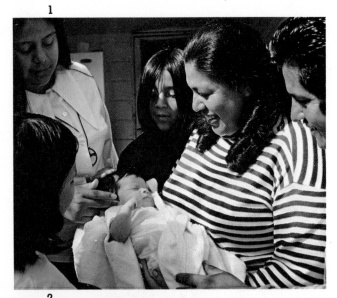

¿Yo? Me llamo Miguel Angel Octavio Ramirez Solana y Colón, o simplemente "Mike", desde que vine a vivir aquí. Hace diez años ya, y me siento más o menos "americanizado". Pero, ¡qué bien recuerdo a México! Mire. Se lo voy a mostrar.

1 Ése era. . . . ¡Ud. tiene razón! Ése era yo, a la edad de tres semanas. Y todas las vecinas estaban curiosas de verme. Pero yo no estaba interesado. Hombre, ¡qué cansado estaba, qué cansado!

2 Y éste era mi pueblo. Tenía sólo tres mil personas, dos calles principales, todas las tiendas y cosas usuales, y una cosa especial—¡una "Fuente de Soda" grande, de primera clase! (Allí está, a la izquierda. ¿La ve?) ¿Por qué era especial? Porque mi padre era el dueño y yo jugaba siempre allí, entre los cartones (cajas) de helados y chocolates. Rico, ¿eh?

3

4

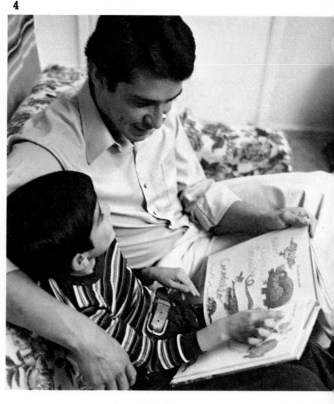

3 Recuerdo mi primera visita a los Estados Unidos. La hermana de mi madre vivía en Nueva York y fuimos a verla. Y cuando llegó el día de mi santo, mi tía me hizo una fiesta en el parque, ¡con una piñata más grande que yo! Ud. sabe lo que (what) es una piñata, ¿verdad? Pues es difícil de describir. Es una cosa de diferentes formas, generalmente un animal, y la llenan de dulces (with sweets) y de pequeños juguetes (toys). Y el niño, con los ojos cubiertos (blindfolded), trata de romperla con un palo (stick) largo. Pues mire Ud. esta piñata mía. ¡Imagínese las cosas que contenía!

4 Ésta era la sala de nuestra casa en México. Y éste era papa—¡sin bigote! (without his mustache), enseñándome a leer. Me encantaba la palabra "elefante". Pero no sé por qué, ¡siempre la escribía con dos "lles"!

5 Mi tío Oscar, el esposo de mi tía Sarita, era puertorriqueño, de la ciudad de Ponce. Era barbero de profesión, y cuando abrió su propia peluquería (own barber shop) en Nueva York, la nombró "La Ponceña". Recuerdo cómo sus ojos se iluminaban cuando hablaba de Ponce. Le pregunté una vez por qué lo dejó, pero no me contestó.

6 Por fin, mis padres también decidieron ir a los Estados Unidos a vivir. Papá vendió su "Fuente de Soda". Nos instalamos aquí, y con el tiempo, ya éramos "americanos" también. . . . ¿Y esta foto? ¡Claro! Aquí están mamá y papá, el día de su naturalización. ¿Sabe? No sé si me sentí feliz o triste.

Ahora díganos:
¿Cuáles son sus primeras memorias? ¿Cuántos años tenía Ud. cuando nació su hermano (o hermana) menor? ¿Recuerda Ud. su primer día en la escuela? ¿Cómo se llamaba su maestra (o maestro)? ¿Cómo era? ¿Recuerda Ud. la boda de un(a) pariente? ¿Recuerda Ud. una fiesta especial? ¿Recuerda un momento triste? Memorias . . . Recuerdos . . .

A repasar

A. Here are the usual forms of the imperfect tense.
The imperfect means: "I was speaking, I used to speak," etc.

–ar	–er, –ir
hablar	**comer, vivir**
hablaba	comía, vivía
hablabas	comías, vivías
hablaba	comía, vivía
hablábamos	comíamos, vivíamos
hablábais	*comíais, vivíais*
hablaban	comían, vivían

B. Only three verbs have special forms:

ser (to be): era, eras, era, éramos, *erais*, eran
ir (to go): iba, ibas, iba, íbamos, *ibais*, iban
ver (to see): veía, veías, veía, veíamos, *veíais*, veían

C. What is the difference between the imperfect and the preterite?

The imperfect describes what *was happening* at a certain time, or what *used to happen or be.*

The preterite just says that something took place.
The imperfect sets the background; the preterite reports the event.

¿A dónde fuiste?	Where did you go?
¿A dónde ibas?	Where were you going?
Ganó mucho dinero.	He earned a lot of money.
Ganaba mucho dinero.	He used to earn a lot of money.
¿Llovía cuando saliste?	Was it raining when you left?
—No. Comenzaba a nevar.	No. It was beginning to snow.
Manuel cantó aquí hace dos semanas.	Manuel sang here two weeks ago.
Manuel cantaba bien cuando era joven.	Manuel used to sing well when he was young.

D. In the imperfect tense, **Hay** (There is, There are) becomes **Había** (There was, There were). **Había** describes a situation in the past or tells what used to be.

¿Hay una farmacia aquí?   Is there a drugstore here?
—No sé. Siempre había una en la   I don't know. There always used to
  otra calle.   be one on the other street.

¿Cuántas personas había?   How many people were there?
—Más de cien.   More than a hundred.

In the preterite tense, **Hay** becomes **Hubo**. **Hubo** means "There took place."

Hubo un accidente terrible ayer.   There was a terrible accident yesterday.
—¡Ay! ¡Qué pena!   Oh, how awful!

─── Práctica ───────────────────────────────────────

1 *Cambie al imperfecto:*

1. No *necesito* nada. 2. ¿*Tratas* de cortarlo? 3. El teléfono *suena*.
4. *Viajamos* por Italia. 5. ¿*Descansan* Uds.? 6. No *tengo* amigos aquí. 7. ¿Qué *haces*? 8. Mi madre *cose* bien. 9. Le *ofrecemos* una gran oportunidad. 10. ¿Qué *sirven* para el desayuno?
11. ¿*Es* Andrea? —No, *somos* nosotros. (It's we!) 12. ¿A dónde *van* Uds.? —*Vamos* a la iglesia. 13. Yo no las *veo* mucho. —Nosotros las *vemos* siempre. 14. No *hay* tiempo para más frases.

2 *Complete, usando siempre el pretérito de los verbos ilustrados:*

1. ¿A qué hora _____ Ud.? —Me . . . a _____ .

487-3956

2. ¿Qué número _____ Uds.? —(Nosotros) . . . el _____ .

3. ¿De qué color _____ (tú)?   —Me . . . de _____ .

4. ¿_____ sus vecinos muchas _____?

   —Sí, y . . . muchos _____ también.

3 *Complete ahora, usando el imperfecto o el pretérito de los verbos indicados:*

Cuando yo _1_ aquí, había una tienda grande en esta calle. (vivir)
Mi familia siempre _2_ allí. (comprar) El propietario, que _3_
Ernesto Lubina, _4_ un hombre muy simpático, y su hijo Joseíto
_5_ mi mejor amigo. (llamarse, ser, ser) Pues un día yo _6_
delante de la tienda del Sr. Lubina cuando vi que la tienda _7_
cerrada (closed). (caminar, estar) ¡Qué curioso!, pensé. No _8_
tarde. (ser) En efecto, _9_ sólo las cinco y media. (ser) De
repente (Suddenly), _10_ una cosa misteriosa. (ver) El señor
Lubina _11_ allí, y un hombre alto _12_ con él. (estar, hablar)
¡Dios mío! ¡El hombre _13_ una pistola en la mano, y le _14_ al
Sr. Lubina todo su dinero! (tener, pedir) ¡No! Yo no _15_ a
permitir eso. (ir) No sé cómo, pero yo _16_ esa puerta, y _17_.
(abrir, entrar) Me _18_ con calma hacia donde _19_ el ladrón.
(dirigir, estar) ¡Y lo _20_ por detrás! (coger) El ladrón _21_
a disparar (shoot) su pistola, y . . . (comenzar) En ese momento
yo _22_ la voz de mi madre. (oír) "¡Niqui! ¡Niqui! ¿No te vas a
levantar? ¡Son las ocho de la mañana ya! ¡Niqui! ¡Vas a llegar
tarde a la escuela!" "Por favor, mamá", le dije. "¿No me permites
por lo menos (at least) terminar mi sueño?"

A propósito, mi alumno (alumna), ¿no nos permites terminar ahora
esta sección? . . . ¡Gracias mil!

Tabla de Pronombres

<table>
<tr><td colspan="4">Subject Pronouns</td></tr>
<tr><td>yo</td><td>I</td><td>nosotros
nosotras</td><td>we</td></tr>
<tr><td>tú</td><td>you (my pal)</td><td>vosotros
vosotras</td><td>you-all (familiar)</td></tr>
<tr><td>él</td><td>he</td><td>ellos</td><td rowspan="2">they</td></tr>
<tr><td>ella</td><td>she</td><td>ellas</td></tr>
<tr><td>Ud.</td><td>you (polite)</td><td>Uds.</td><td>you-all</td></tr>
</table>

<table>
<tr><td colspan="6">Pronouns that follow a preposition</td></tr>
<tr><td>(de) mí</td><td>(about) me</td><td>(de) mí</td><td>(about) myself</td></tr>
<tr><td>ti</td><td>you</td><td>ti</td><td>yourself</td></tr>
<tr><td>él</td><td>him</td><td></td><td>himself</td></tr>
<tr><td>ella</td><td>her</td><td>SÍ</td><td>herself</td></tr>
<tr><td>Ud.</td><td>you</td><td></td><td>yourself</td></tr>
<tr><td>nosotros
nosotras</td><td>us</td><td>nosotros
nosotras</td><td>ourselves</td></tr>
<tr><td>vosotros
vosotras</td><td>you</td><td>vosotros
vosotras</td><td>yourselves</td></tr>
<tr><td>ellos
ellas</td><td>them</td><td>SÍ</td><td>themselves</td></tr>
<tr><td>Uds.</td><td>you</td><td></td><td>yourselves</td></tr>
</table>

<table>
<tr><td colspan="6">Object Pronouns (Pronouns that receive the action of a verb)</td></tr>
<tr><td colspan="2">Direct</td><td colspan="2">Indirect</td><td colspan="2">Reflexive</td></tr>
<tr><td>me</td><td>me</td><td>me</td><td>to me</td><td>me</td><td>(to) myself</td></tr>
<tr><td>te</td><td>you (my pal)</td><td>te</td><td>to you</td><td>te</td><td>(to) yourself</td></tr>
<tr><td>lo</td><td>him, it, you (Ud.)</td><td rowspan="2">LE</td><td rowspan="2">to him, to her,
to it, to you</td><td rowspan="2">SE</td><td rowspan="2">(to) himself, herself,
itself, yourself</td></tr>
<tr><td>la</td><td>her, it, you (Ud.)</td></tr>
<tr><td>nos</td><td>us</td><td>nos</td><td>to us</td><td>nos</td><td>(to) ourselves</td></tr>
<tr><td>os</td><td>you-all (familiar)</td><td>os</td><td>to you</td><td>os</td><td>(to) yourselves</td></tr>
<tr><td>los</td><td>them, you (Uds.)</td><td rowspan="2">LES</td><td rowspan="2">to them
to you</td><td rowspan="2">SE</td><td rowspan="2">(to) themselves
(to) yourselves</td></tr>
<tr><td>las</td><td>them, you (Uds.) (fem.)</td></tr>
</table>

Vocabulario Activo

alumna, alumno   student, **7**
asistir a   to attend, **10**
caballero   gentleman, **10**
contra   against, **11**
cuñada, cuñado   sister-in-law, brother-in-law, **4**
dama   lady, **10**
de   than (before a number), in (after a superlative), **Álbum 1**
difícil   difficult, **9**
fácil   easy, **9**
fecha   date, **Álbum 1**
Había   There was, There were, **12**
Hace fresco   It's cool out, **7**
Hace (mucho) sol   It's (very) sunny, **7**

Hubo   There took place, **12**
el, la juez   judge, **Álbum 1**
junto a   next to, **6**
llamada   call, **11**
nieta, nieto   grandchild, **4**
presentar   introduce, **10**
sí mismo(a, os, as)   himself, herself, yourself, etc. (after a preposition), **9**
sobrina, sobrino   niece, nephew, **4**
suegra, suegro   mother-in-law, father-in-law, **4**
tener (mucha) prisa   to be in a (big) hurry, **3**
unos, unas   some, several, **1**

Primera parte

¡Vamos a viajar!

volar (vuelo)
to fly

el **avión**
airplane

aeropuerto
airport

la **estación**
station

boletos
tickets

el **pasaje**
fare, passage

MADRID
TOLEDO
BARCELONA

el **tren**
train

BUEN VIAJE

el **viaje**
trip

Díganos

1. ¿Hace muchos viajes su familia? ¿Les gusta a sus padres viajar?

2. ¿Cómo prefiere Ud. viajar — en avión, en tren o en coche?
   ¿Cuál es más rápido? ¿Cuál es más confortable? ¿Cuál es mejor
   para ver las cosas? ¿Cuál cuesta menos?

3. Para ir una distancia corta, ¿prefiere Ud. tomar el autobús o
   caminar? ¿Hay tranvías donde vive Ud.? ¿Tiene cada familia su
   propio coche?

4. ¿Le gustan a Ud. las motocicletas? ¿Anda Ud. mucho en bicicleta?

5. ¿Hay un aeropuerto cerca de aquí? ¿Está cerca de su casa la
   estación de trenes? ¿y la parada del bus?

6. Ahora piense un poco y conteste otra vez: Si Luis Carrión salió de
   Chicago esta mañana a las diez y llegó a Los Angeles, California,
   al mediodía (hora californiana), ¿voló o fue en tren? . . . Y si yo
   salí el lunes de Lisboa, Portugal, y llegué el sábado a Nueva
   York, ¿vine en avión o en barco? (Ud. . . . .) ¡Fantástico!

7. Y una cosa más: ¿Cuánto vale, más o menos, un pasaje en avión
   de aquí a México? ¿de aquí a París? ¿de aquí al Japón?

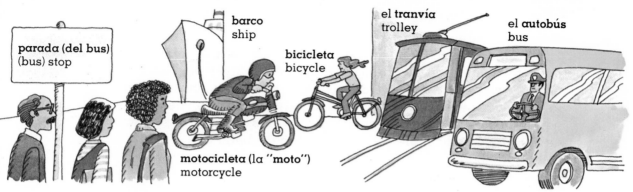

parada (del bus)
(bus) stop

barco
ship

bicicleta
bicycle

el **tranvía**
trolley

el **autobús**
bus

motocicleta (la "moto")
motorcycle

Agencia de viajes

Imagínese que Ud. es agente de viajes. Una tarde Ud. está sentado(a) tranquilamente en su oficina cuando se presenta un(a) cliente. Ud. comienza:

Ud.	**Cliente**
Buenas . . .	*(Conteste cortésmente.)*
Bueno, señor(ita), ¿a dónde quiere Ud. viajar?	*(Dígale dónde.)*
Excelente. ¿Y *(Pregúntele cuándo desea salir y volver)* . . .?	*(Indique las fechas de su viaje.)*
Perfectamente. Mire Ud., hay un vuelo (flight) *(Dígale el día y la hora).*	—Muy bien. Pero hay un solo problema. *(Dígale que tiene miedo de . . .)*
¡No me diga! Pues entonces, ¿prefiere Ud. *(Ofrézcale otra manera de viajar)* . . .?	—Ay, no. Me siento enfermo(a) en un . . .
Pues, ¿qué le parece un viaje en *(Indíquele otra posibilidad)*?	—No. No me gustan los (las) . . .
Entonces, señor(ita), ¿por qué no se queda Ud. en casa? Puede preparar sus propias comidas y ver televisión y . . . *(Dígale qué más puede hacer).*	—¡Magnífica idea! Pero dígame, señor(ita), ¿dónde compro el boleto?

(A propósito, si **pasaje** significa "passage", ¿qué es un **pasajero**?)

OBSERVACIONES

1. Where do "¡Hable! ¡Coman! ¡Cantemos!" come from?

The forms we have been using for our commands come from what we call the "subjunctive." Now, what does "subjunctive" mean?

The subjunctive is a "mood," not a tense of a verb. A tense (**tiempo** — "time," in Spanish) tells *when* an action took place: present, past, etc. A mood shows our feelings about what happened. So far, we've been using only the indicative mood, the one that just "indicates," points out, makes statements about things. Now we're coming to the more colorful mood, the subjunctive.

Actually, English has the subjunctive, too. It doesn't show up too often because most of its forms are just like the indicative. But look at these:

I suggest that you *be* there on time.
God *be* with you and *keep* you.
Come what *may* . . .
If I *were* a rich man . . .

And there are many more. So first, let's look at the forms of the present subjunctive in Spanish. Then we'll learn how to use it. It's not hard!

2. The present subjunctive

A. Here are its regular forms:

hablar	comer, vivir
hable	coma, viva
hables	comas, vivas
hable	coma, viva
hablemos	comamos, vivamos
habléis	*comáis, viváis*
hablen	coman, vivan

Did you notice? It's like the present indicative. But all the –**ar** endings become –**e**. All the –**er** and –**ir** endings become **a**. Now do you see where our **Ud(s).** and **nosotros** commands came from?

   Hable Ud.   **Coman Uds.**   **¡Vivamos!**   (Let's live!)

Watch out for these spelling changes!

   paga ⟶ pague   saca ⟶ saque   comienza ⟶ comience, etc.

B. –ar and –er stem-changing verbs work the same way. Just take the present indicative and change the –ar verb endings to **e . . .**, the –er endings to **a . . .** Por ejemplo:

pensar (to think)		**mover** (to move)	
Indicative	*Subjunctive*	*Indicative*	*Subjunctive*
pienso	piense	muevo	mueva
piensas	pienses	mueves	muevas
piensa	piense	mueve	mueva
pensamos	pensemos	movemos	movamos
pensáis	*penséis*	*movéis*	*mováis*
piensan	piensen	mueven	muevan

In other words, the stem change remains just where it was. Only the ending vowel reverses: **a ⟶ e, e ⟶ a.**

— Práctica ————————————————————————————

1 *Diga las formas del presente de subjuntivo:*

1. Yo: estudiar, contestar, preguntar; leer, aprender, escribir; pensar, cerrar; perder, entender

2. Tú: entrar, andar, bajar; subir, abrir, deber; contar, encontrar; volver, mover

3. Dorotea: buscar, comprar, pagar (¡Cuidado!); vender, creer, asistir; sentar, soñar; encender, envolver

4. Miguel y yo: cambiar, llevar, guardar; comer, beber, recibir; sentar, sentarse (nos . . .); perder, perderse (nos . . .)

5. Uds.: sacar, explicar, llegar; prometer, romper, sufrir; comenzar, empezar; moverse, entenderse

2 *Mire las ilustraciones y diga la forma de* **nosotros** *del subjuntivo:*

1. Cerr_____   2. _____   3. _____   4. _____   5. _____   6. _____

Ahora, ¿puede Ud. usar estas formas para darnos unas órdenes?

REPASO RÁPIDO

How to form the present subjunctive of regular verbs:

Follow the same pattern as for the present indicative, but change all the –**ar** endings to **e** . . ., all the –**er** or –**ir** endings to **a**:

hable, hables, hable, etc.   coma, comas, coma, etc.

Do the same for –**ar** and –**er** stem-changing verbs, keeping the same pattern as before:

piense, pienses, piense, pensemos, *penséis,* **piensen**

Remember: These are the forms from which all **Ud(s).** and **nosotros** commands come:

Hable Ud.   Coman Uds.   Pensemos.

Práctica

(You can check your answers in the back of the book.)
Díganos el subjuntivo de los verbos ilustrados:

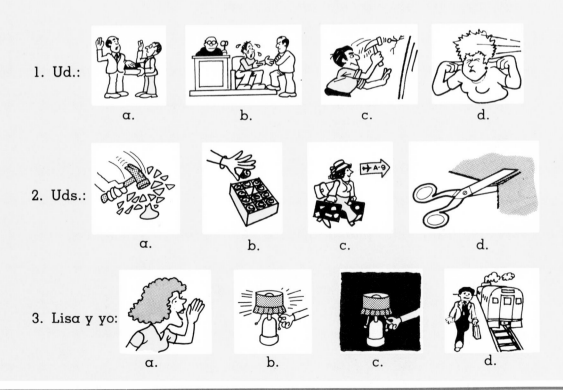

1. Ud.:   a.   b.   c.   d.

2. Uds.:   a.   b.   c.   d.

3. Lisa y yo: a.   b.   c.   d.

¿Un avión? . . .
Es ¡La Mosca Biónica!

Es una contraespía y
castiga a nuestros enemigos.

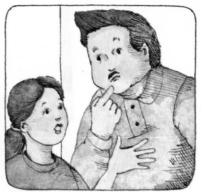

Y ahora su cerebro es
una computadora.

CUENTO LA MOSCA BIÓNICA

The Bionic **Fly**

Apartamento 1D. Nico, Alicia y Pepito Montes están mirando
la televisión.

      Locutor: Teleproducciones Fabulosas presentan: (Música   Announcer
      y diferentes voces: "¿Qué puede ser? ¿un helicóptero?
5   ¿un submarino? ¿un avión? ¿una motocicleta?" Hay un
      ruido tremendo y la música para.) Es . . . ¡La Mosca
      Biónica — **Contraespía**! (Música.) Ahora, amigos, **les**   Counterspy
      rogamos que escuchen por un momento . . .   we **beg** you to listen
(El señor Montes entra.)
10 Sr. M.: ¿Qué es esto? ¿Dónde está "Gane un Millón"?
    Pepito: Es "La Mosca Biónica", papá.
    Sr. M.: ¿Y qué demonios es una mosca biónica?
    Nico: ¿Tú no sabes, papá? **Todo el mundo** lo sabe.   **Everybody**
    Sr. M.: Nico, si yo te pregunto **algo, quiero que** me contestes   something, I want
15   y no que . . .   you to
    Alicia: Pues es una mosca normal, papá.
    Pepito: *Fue* una mosca normal, tonta. Ahora es una
      contraespía y **castiga** a nuestros **enemigos**.   it **punishes; enemies**
    Sr. M.: ¡Cómo!
20 Nico: ¿Quieres **que yo te lo explique**, papá?   me to explain it to
                                                      you
    Alicia: Yo primero. Fue una mosca normal. Y después
      cambiaron todas las partes de su **cuerpo**. Y ahora su   **body**
      cerebro es una computadora, y . . .   **brain**
    Nico: Y vuela a la **velocidad de la luz**, y . . .   speed of **light**
25   Locutor: Un **breve mensaje** más: Amigos, si **desean que**   brief **message; you**
      las chicas los admiren, . . .   want the girls to

Aquí estoy, Jefe.
¿Cuál es mi misión?

¡Niños, a la cama! Yo
quiero ver "Gane un Millón".

Por favor, mamá . . . ¡Cruel!
. . .¡¡Miren!!

● Nico: Sobre todo, papá, la Mosca Biónica puede
transformarse en diferentes cosas — en un coche, o un
autobús o un tren . . .

30 Alicia: La **semana pasada** fue un tranvía.   last week
   Nico: Y cuando vuelve a su forma original, nadie sabe quién
es, y . . .
   Sr. M.: ¿Quién es el loco aquí — Uds. o yo? ¡Car-men! Quiero
que veas el programa que tus hijos están mirando.   you to see the
                                                          program
35   ¡Car-men . . .!
   Nico: Por favor, papá. El cuento está empezando. **Chisss.**   Shhh
   Jefe: Jefe a M.B. . . . Jefe a M.B. . . . ¿Me oye? (Una   **Chief**
mosca entra por la ventana **abierta y se posa** en la mano   open; lands
del Jefe.)
40   Mosca: Aquí estoy, Jefe. ¿Cuál es mi misión?
   Jefe: Mosca Biónica, uno de nuestros agentes está en
una prisión **subterránea** en Silvania del **Sur.** Deseamos   underground; South
que Ud. lo salve y que destruya a nuestros enemigos.   you to save him and
                                                          to **destroy**
   Mosca: Está bien, Jefe. **Allá voy.**   I'm off!

45 Sr. M.:   Carmen . . . Quiero que veas . . .
   Sra. M.: ¡Dios mío! Es tarde. ¡Niños, a la cama!
   Nico: Por favor, mamá. Yo soy mayor que ellos. ¿No
puedo . . .?
   Sra. M.: No, Nico. Yo quiero ver "Gane un Millón".
50 Pepito y Alicia: Ay, mamá . . . Por favor, mamá . . .
   Sra. M.:   Les digo que no, que no y que no.
   Nico: ¡Cruel! . . . Pepito, Alicia, ¡¡miren!!
(Una mosca entra por la ventana abierta.)

1. ¿En qué apartamento vive la familia Montes? ¿La recuerda Ud. de *Persona a persona 1*?
2. ¿Cómo se llaman los niños? ¿Quién es el mayor? ¿y la segunda? ¿y el menor? ¿Cuántos años de edad cree Ud. que tienen?
3. ¿Qué programa están mirando?
4. ¿Cómo empieza el programa?
5. ¿Quién entra en este momento? ¿Qué programa desea ver?
6. Según Alicia, ¿qué es la "Mosca Biónica"?
7. Según Pepito, ¿qué le cambiaron a la Mosca?
8. ¿Qué es ahora el cerebro de la Mosca?
9. ¿Y cómo vuela?
10. ¿Con qué interrumpe el locutor? Dígame, ¿hay muchas interrupciones en los programas que mira Ud.? ¿Le molestan a Ud. los anuncios comerciales?

1. ¿En qué cosas puede transformarse la Mosca? Por ejemplo, ¿qué fue la semana pasada?
2. Cuando vuelve a su forma original, ¿saben los vecinos quién es?
3. ¿A quién llama ahora el Sr. Montes? ¿Qué quiere que ella vea?
4. Volviendo al programa, ¿quién llama a la Mosca Biónica?
5. ¿Por dónde entra la Mosca? ¿Dónde se posa?
6. ¿A dónde manda el Jefe a la Mosca?
7. ¿A quién quiere el Jefe que la Mosca salve?
8. ¿Quién entra en la sala en este momento? ¿Qué les dice a los niños?
9. ¿Por qué los manda su mamá a la cama?
10. ¿Qué entra por la ventana abierta? En su opinión, ¿puede ser la M.B.? (!!!) . . . Y una cosa más: ¿Le gusta a Ud. este tipo de programa? ¿Hay muchos programas como éste en la televisión aquí?

JUEGOS DE PALABRAS

1.

la **luz** (las **luces**)
light

¿Qué hacemos?

————————   ————————

2.

mosca
fly

¿Qué hace
la mosca?

¿Por dónde
entra?

por la _____ **abierta** _____
open

3.

todo el mundo
everybody

cerebro y **cuerpo**
brain   body

¿Qué tiene todo el mundo?
¿Cuál usa Ud. más?

4.

el **jefe**
chief, boss

el **mensaje**
message

¿Quién lo
recibió?

¿En qué
lengua era
el mensaje?

_____   _____

5.

*__destruir__
(destruyo, . . .
destruimos, . . .)
to destroy

enemigo
enemy

¿Qué destruye
el viento?

¿A quién
destruye?

¿La destruyen o
la construyen?

6.

el **programa**
program

¿Cuándo lo
vio Ud.?

la semana pasada
last week

el mes _____

el año _____

7.

castigar
to punish

¿A quién castigan?   al _____

¿Por qué?   Porque _____

74

8.

rogar　　　　Le ruego que . . .　　apague el_____.　　　_____
to beg　　　　(I beg you to . . .)

OBSERVACIONES

3. "I want you to . . ."

So far, we've learned how to give orders, how to tell someone directly
to do or not to do something. And the forms we used all came
from the present subjunctive.

　Now, instead of telling people directly: "Do this. Don't do that.",
we're going to say what *we* wish or recommend or prefer that they
do. In other words, we're going to be expressing our *own* wishes
about it, instead of giving an actual command. And the forms
we use will still be in the subjunctive. Here's the way it works:

Comamos ahora.	Let's eat now.
Recomiendo **que comamos** ahora.	I recommend that we eat now.
Descansen un poco.	Rest a little.
Quiero **que descansen** un poco.	I want you to rest a little.
Hábleme.	Speak to me.
Le ruego **que me hable.**[1]	I beg you to speak to me.

　Did you notice?　(1) **Que** leads us into the second verb.
　　　　　　　　(2) The action that the *other* person is to do is
　　　　　　　　　　always in the subjunctive.
　　　　　　　　(3) Object pronouns go *before* the verb.

---

[1] Why do we have "Quiero que descansen," but "**Le** ruego que me hable."?
Because when I say: "I want that you rest," it's not *you* that I want. It's your resting!
When I say: "I beg that you speak to me," it's really *you* whom I'm begging.
The same would hold true with "I ask you to . . ." or "I tell you to . . ." ¿Comprende?

Actividades

1 ¿Quiere(s) que hable . . .?   —Sí, quiero que hable(s).

1. ¿Quiere Ud. que yo hable en
   español?
   (Do you want me to speak . . .?)
2. ¿Quiere que yo hable más despacio?
3. ¿Quiere que yo empiece?
4. ¿Quiere que abra la ventana?
5. ¿Quiere que la cierre?
6. Clarita, ¿quieres que la cierre?
7. ¿Quiere Ud. que Roberto la cierre?
   (Do you want Bob to . . .?)
8. ¿Quiere que Ana pase a la pizarra?
9. ¿Quiere que Miguel escriba esta
   frase?
10. ¿Prefiere Ud. que yo la escriba?

11. ¿Recomienda Ud. que practiquemos
    esto un poco más?
12. ¿Recomienda que pasemos a otra
    cosa inmediatamente?

—Sí, quiero que (Ud.)
   hable . . .
—No, no quiero que . . .

—Sí, quiero que Roberto . . .
—No, . . .

—Sí, prefiero que Ud. . . .
—No, . . .
—Sí, recomiendo que lo
   practiquemos . . .

2 ¿Quiere la maestra que estudiemos . . .?   —Sí, quiere que estudiemos . . .

1. ¿Quiere la maestra (el maestro) que
   estudiemos mucho?

2. ¿Quiere que trabajemos día y noche?
3. ¿Desea que aprendamos bien el
   español?
4. ¿Desea que suframos mucho?
5. ¿Insiste en que estemos bien
   preparados? (. . . that we be . . .?)
6. ¿Recomienda que escuchemos discos
   españoles?
7. ¿Recomienda que veamos películas
   mexicanas?
8. ¿Recomienda que cocinemos platos
   hispanos?
9. ¿Recomienda que visitemos México o
   Puerto Rico?

—Sí, quiere que
   estudiemos . . . (Yes, (s)he
   wants us to . . .)

—Sí, insiste en que . . .
—No, . . .

¿Quieren sus padres . . .?   —Sí, mis padres quieren que . . .

1. ¿Quieren sus padres que Ud. trabaje? (Do your parents want you to . . .?)

   —Sí, quieren que yo trabaje.   —No, . . .

2. ¿Quieren que sus hermanos trabajen también? (Do they want your . . .?)

   —Sí, quieren que mis . . . —No, . . .

3. ¿Insisten en que Ud. limpie su propio cuarto?

4. ¿Insisten en que lave su propia ropa?

5. ¿Desean que Ud. y sus hermanos asistan a la universidad?

   —Sí, desean que asistamos . . . —No, . . .

6. ¿Recomiendan que coman sólo cosas buenas?

7. ¿Recomiendan que Uds. sigan una dieta?

   —Sí, recomiendan que sigamos . . .

8. (Juanita), ¿insisten tus padres en que vuelvas temprano a casa?

   —Sí, insisten en que yo vuelva . . .

9. (Pepe), ¿te dicen tus padres que los dejes en paz?

   —Sí, me dicen que los . . . (Yes, they tell me to . . .)

10. (Mimí), ¿te piden tus padres que los ayudes en casa?

    —Sí, me piden que . . . (Yes, they ask me to . . .)

11. (Riqui), ¿te ruegan tus hermanos que no los molestes más?

    —Sí, me ruegan que . . .

12. ¿Me ruegan Uds. que terminemos?

    —Sí, le rogamos que . . .

En otras palabras:

When one person wants, tells, asks, begs someone else to do something, or prefers, recommends, insists that the other do it, that action must be in the subjunctive. Notice that **que** . . . will lead you to the "indirect command."

Sing! ¡Cante! (This is a direct command.)

I want you to sing.	Quiero que	
I beg you to sing.	Le ruego que	CANTE.
I ask you to sing.	Le pido que	
I tell you to sing.	Le digo que	

(These are indirect commands.)

Let's sing! ¡Cantemos! (This is a direct command.)

He prefers that we sing.	Prefiere que	
He recommends that we sing.	Recomienda que	CANTEMOS.
He insists that we sing.	Insiste en que	

(These are indirect commands.)

1 *Cambie según las indicaciones:*

1. Tome Ud. el tren de la una.
   Recomendamos que _____.
   Prefieren que Uds. _____.
   Prefiero que tú _____.

2. ¡Cuídese!
   Quiero que se _____.
   Le ruego que _____.
   Te rogamos _____.

3. Prométalo.
   Quiero que lo _____.
   No _____ todavía.
   No recomiendo _____.

4. Déjenme en paz.
   Les pido que _____.
   Les digo _____.
   Insisto en que _____.

2 *Escoja siempre la respuesta más insultante (the nastiest answer):*

1. Por favor, no golpeen Uds. en la pared.
   —Muy bien. (¿Prefieren que golpeemos en el cielo raso? ¿Prefieren que le golpeemos en la cabeza? ¿Quiere que lo dejemos en paz?)

2. ¿Quiere Ud. que yo empiece mañana?
   —No. (Prefiero que empecemos al mismo tiempo. Recomiendo que espere hasta el sábado. No quiero que empiece Ud. nunca.)

3. Quiero que tengas mucho cuidado. No quiero que sufras después.
   —(Y yo quiero que cierres la boca, ¿entiendes? Y yo te ruego a ti que te cuides también. Entonces te ruego que me ayudes, ¿está bien?)

4. El maestro nos pide que cantemos para la clase.
   —¡Qué bien! (¿Cuándo va a ser? Les voy a decir a todos que estén ausentes aquel día. Seguramente va a ser fantástico.)

3 *Ahora mire las ilustraciones y complete según los modelos.*
Por ejemplo:

Quiero que (tú) <u>bailes</u> conmigo.

Prefiero que Ud. <u>guarde</u> el dinero.

1. Prefiero que Ud. lo _____ así.

2. Te ruego que _____ la verdad.

3. Recomiendo que Uds. _____ temprano.

4. Quieren que nosotros
   lo ____.

5. ¿Me pide Ud. que
   ____ este número?

6. ¿Quiere Ud. que yo
   se lo ____?

REPASO RÁPIDO

When one person wants, suggests, prefers, etc., that someone else do
something, that is an indirect command. Spanish says: **Quiero
(Recomiendo, Prefiero, etc.) que . . .,** and the following verb must
be in the subjunctive.

> Te ruego que nos ayudes.   I beg you to help us.
> Quieren que nosotros los ayudemos.   They want us to help them.

Notice that object pronouns go *before* the verb.

Práctica

(You can check your answers in the back of the book.)

1 *Cambie según el verbo nuevo:*

1. Mosca, quiero que Ud. *castigue* a nuestros enemigos. (destruir)
2. Te digo siempre que *cierres* la nevera. (limpiar)
3. Mamá dice que *encendamos* las luces de la sala. (apagar)
4. ¿Por qué no pide Ud. al dueño que se lo *dé*? (quitar)
5. Recomendamos que Uds. *viajen* en helicóptero. (volar)

2 *Exprese Ud. a diferentes miembros de su clase los deseos siguientes:*

1. You want someone to work with you this afternoon. (Bárbara,
   quiero que . . .)
2. You beg someone to explain the lesson to you.
3. You recommend that your friends visit Mexico this summer.
4. You ask someone to sing for the class. (Nelson, te pedimos que . . .)
5. You beg the teacher not to give you an exam this week. (. . ., le
   ruego que . . .)

PANORAMA
¿CÓMO VAMOS A IR?

1 Tal vez en tren, si vamos a Cuzco, Perú. En realidad, el servicio de los trenes varía mucho en los países hispanos. Hay trenes rápidos y modernísimos. Pero en las zonas rurales, son lentos (slow) y viejísimos.

2 Mientras tanto (Meanwhile), en Consuegra, España, los viejos carros tirados (carts drawn) por mulas están en uso todavía.

3 Explorando un campo (field) de petróleo en helicóptero. . . . Cuando la geografía presenta obstáculos grandes en las regiones remotas, la aviación es frecuentemente la única (only) solución.

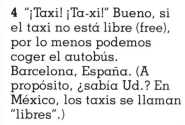

4

4 "¡Taxi! ¡Ta-xi!" Bueno, si el taxi no está libre (free), por lo menos podemos coger el autobús. Barcelona, España. (A propósito, ¿sabía Ud.? En México, los taxis se llaman "libres".)

5 ¡Qué tráfico, eh! Una procesión constante de coches, motos y camiones ocupan las calles de Madrid a las siete de la tarde, ¡y antes, y después!

5

6 ¿A dónde vamos, jóvenes? ¿A una fiesta en el pueblo (town) vecino? Pues, ¡vamos, hombres, vamos! A veces los únicos medios (means) de transporte entre los pueblos pequeños son autobuses cargados (loaded) hasta el techo (roof), o camiones como éste. Costa Rica.

6

LECCIÓN 2

¡A la escena!
On stage!

el telón
curtain

ensayar
to rehearse

estrella
star

escritor(a)
writer

el papel
part, role

astro
star

Ensayo a las 14 horas

Díganos

1. ¿Desea Ud. ser artista de cine o de teatro? ¿Es su ambición ser actor (actriz) de televisión? ¿ser parte de un grupo popular musical? ¿tocar en una orquesta?

2. En su opinión, ¿son más felices las personas famosas? ¿y las personas muy ricas? ¿Conoce Ud. a un astro o a una estrella de cine?

3. ¿Quiénes son sus artistas favoritos? ¿Son dramáticos o cómicos? ¿Cantan? ¿Bailan? ¿Tocan instrumentos musicales? ¿Dónde trabajan más — en el cine, en el teatro o en la televisión?

4. ¿Conoce Ud. a otra persona afiliada con el teatro? ¿Quién es? ¿Le gusta a Ud. la idea de trabajar detrás del telón — haciendo el decorado (set), trabajando con las luces, etc.? ¿Le interesa ser director(a)? ¿productor(a)? ¿escritor(a)?

una **comedia**
play, comedy

teatro
theater

entrada
entrance

salida
exit

un **drama**
play, drama

la **función**
performance

entrepiso 45
mezzanine *pesos*

butacas 40 *pesos*
orchestra seats

no fumar
no smoking

público
audience

orquesta
orchestra

5. ¿Hay muchas producciones dramáticas en esta escuela? ¿Toma Ud. parte en ellas, o sólo forma parte del público? ¿Hacen papeles importantes sus amigos? ¿Quién es el mejor actor (o la mejor actriz) de su clase?
6. ¿Tienen Uds. un "auditorio" o teatro bonito? ¿Ensayan Uds. allí? ¿Está permitido fumar allí? ¿Permiten sus padres que Ud. fume?

"¡Comenzando hoy . . .!"

La verdad, ¿tiene Ud. talento artístico? ¿Sabe Ud. hacer carteles (posters)? Pues vamos a ver qué nos trae Ud. para anunciar nuestra nueva producción. Por ejemplo, incluya Ud. (include) la información siguiente: el título de la obra (work), si es una comedia, un drama o una comedia musical, y cuántos actos tiene; los nombres de los actores principales y de los directores, escritores, etc.; el nombre del teatro; las horas de las funciones, y el precio de las entradas (admission). A propósito, recuerde Ud. que en los teatros y cines hispanos, ¡las butacas (orchestra seats) cuestan menos que los asientos (seats) en el entrepiso! Bueno, saque sus plumas y sus pinceles (brushes), y ¡a comenzar!

OBSERVACIONES

4. Special subjunctive patterns

¿RECUERDA UD.?

Díganos . . .   Tell us . . .
Háganme el favor . . .   Do me the favor . . .
Tengámoslos listos.   Let's have them ready.

A. As you know, almost all irregular verbs base their **Ud(s).** and
nosotros commands on the **yo** form of the present indicative. What
they are really using is the present subjunctive. Now here's the
rest of it.

> **decir** (digo): diga, digas, diga, digamos, *digáis*, digan
> **hacer** (hago): haga, ____, ____, ____, ____, ____
> **tener** (tengo): tenga, ____, ____, ____, ____, ____
> **conocer** (conozco): conozca, ____, ____, ____, ____, ____
> **destruir** (destruyo): destruya, ____, ____, ____, ____, ____

Actividad

¿Prefiere Ud. que tengamos . . .?   —Sí, prefiero . . .

1. ¿Prefiere Ud. que tengamos esta   —Sí, prefiero que tengamos . . .
   clase a otra hora del día?   —No, no prefiero . . .
2. ¿Recomienda Ud. que la tengamos
   siempre por la tarde?
3. ¿Quiere Ud. que vengan diferentes
   personas a visitarnos?
4. ¿Recomienda Ud. que oigamos más
   cintas?
5. ¿Recomienda que traigamos películas
   a la clase?
6. ¿Quiere Ud. que sus maestros hagan
   exámenes menos difíciles?
7. ¿Les ruega Ud. que destruyan los
   exámenes de la semana pasada?

B. There are only four irregular verbs that don't follow this scheme. Three of them are **ser, saber**, and **ir**. The fourth will come later on.

ser (to be)	saber (to know)	ir (to go)
sea	sepa	vaya
seas	sepas	vayas
sea	sepa	vaya
seamos	sepamos	vayamos
seáis	sepáis	vayáis
sean	sepan	vayan

Do you notice how much alike **sea** and **sepa** are? Well, the fourth verb is going to make a perfect rhyme with **vaya**.[1]

_____ Actividades _____

1 ¿Quiere Ud. que yo vaya . . .?   —Sí, quiero que . . .

1. ¿Quiere Ud. que yo vaya al cine con Ud.?
   —Sí, quiero que vaya conmigo.
   —No, . . .
2. ¿Recomienda Ud. que vayamos todos?
3. ¿Recomienda Ud. que vayamos a un restaurante mexicano también?
4. ¿O prefiere que vayamos a un restaurante español?

2 ¿Quieren . . . que Ud. sea . . .?   —Sí, quieren que yo . . .

1. ¿Quieren sus padres que Ud. sea rico(a) algún día (some day)?
   —Sí, mis padres quieren que yo sea . . .
   —No, . . .
2. ¿Quieren que Ud. sea médico(a) o abogado(a)?
3. ¿Desean que Ud. sea feliz, nada más?
4. (Charita), ¿quieres que seamos buenos amigos?
   —Sí, quiero que seamos . . .
   —No, . . .
5. (Jaime), ¿quieres que . . . (una chica de tu clase) sea tu novia?
   —Sí, quiero que sea mi . . .
6. (Sarita), ¿quieres que . . . (un chico de tu clase) sea tu novio?

---

[1] In case you can't wait, here's a clue: **haya** is the subjunctive of **hay** (there is, there are . . .).

3 ¿Quiere su profesor(a) que Uds. sepan . . .?   —Sí, quiere que . . .

1. ¿Quiere su profesor(a) que Uds. sepan mucho español?
   —Sí, quiere que sepamos . . .
   —No, . . .
2. ¿Quiere que Uds. sepan hablarlo o sólo escribirlo?
3. ¿Quiere que Uds. sepan estos verbos?

—— Práctica ——————————————————————

1 *Lea en voz alta, y después cambie usando los verbos indicados:*

1. Te ruego que lo *traigas*. (oír, hacer, poner)
2. ¿Prefieren Uds. que *vuelvan* los otros? (salir, venir, ir)
3. Es importante que lo *tengamos* hoy. (conocer, producir, saber)
4. Insistimos en que *vaya* Juan. (ser, saberlo, verlo)
5. ¿Quieres que yo *empiece* primero? (ir, ser, venir)

2 *Esta vez, complete las frases escogiendo siempre el verbo más lógico:*

1. ¡Cuidado! No queremos que Uds. lo ____. (destruir, buscar)
2. Les ruego que ____ compasión. (tener, hacer)   Les ruego que no ____ a ese pobre niño. (ofrecer, castigar)
3. ¿Prefiere Ud. que (nosotros) ____ en avión o en tren? (ir, ser)
   —No importa. Sólo quiero que el viaje ____ rápido. (saber, ser)
4. No me gusta que tú ____ secretos de tu mamá. (jurar, guardar)
   Quiero que me lo ____ todo inmediatamente. (decir, sufrir)

5. The present subjunctive of –ir stem-changers

The only verbs whose present subjunctive we haven't learned yet are the –ir stem-changers. And those have only one new thing in their pattern.

sentir (to feel, to regret)	**pedir** (to ask for)	**morir** (to die)
sienta	pida	muera
sientas	pidas	mueras
sienta	pida	muera
sintamos	pidamos	muramos
sintáis	*pidáis*	*muráis*
sientan	pidan	mueran

Ahora: What is the one difference between these and the –ar, –er stem-changers?[1]

——————
[1] In the **nosotros** and **vosotros** forms, the **e** changes to **i**, the **o** to **u**. This is what happens in the third person of the preterite, too: **sintió, pidió, murió.**

1 *Cambie según las indicaciones:*

1. No quiero que duermas todo el
   día.

   No quieren que Ud. ____.
   ____ yo ____ en clase.
   ____ nosotros ____.

2. Prefiero que no le pidas
   nada.

   ____ Uds. ____.
   ____ nosotros ____.
   Es mejor que ____.

3. ¿Les digo que lo sirvan ahora?

   ¿Le _____?
   ¿Te dicen _____?
   ¿Nos _____?

4. No desean que mueras de sed.

   ____ yo ____.
   ____ Uds. ____.
   ____ nosotros ____.

2 *Lea los pequeños diálogos y conteste las preguntas:*

1. Oscar, te digo que no, que no y que no. No quiero que me pidas
   más dinero porque ya no te lo voy a dar.
   —Pero Manuel, ¿sólo esta vez? ¿Sólo una vez más?

   a. ¿Qué no quiere Manuel que Oscar le pida?
   b. ¿Es la primera vez que Oscar se lo pide?
   c. ¿Se lo dio Manuel las otras veces?
   d. En su opinión, ¿quiénes son Oscar y Manuel?
   e. ¿Cuánto dinero quiere Oscar que Manuel le dé?
   f. De estas dos personas, ¿quién le gusta más?

2. Bueno, recomiendo que Pepe y María duerman en la alcoba
   grande, que los niños ocupen los cuartos pequeños, y que la
   abuelita duerma arriba.
   —Gracias, Gloria. ¿Y dónde quieres que durmamos nosotros?
   —En el estudio. Espero que les sea confortable allí también.

   a. En su opinión, ¿a quiénes está visitando esta familia?
   b. ¿Quiénes son Pepe y María?
   c. ¿Dónde quiere Gloria que duerman?
   d. ¿Dónde quiere que duerman los niños? ¿y que duerma
      la abuela?
   e. ¿Dónde quiere que durmamos nosotros?
   f. En su opinión, ¿cuál es la ocasión de esta visita?

REPASO RÁPIDO

1. Almost all irregular verbs base the present subjunctive on the **yo** form of the present indicative:
   hago — haga, hagas, haga, hagamos, *hagáis*, hagan

2. **Ser, saber,** and **ir** are exceptions.
   ser: sea, seas, sea, seamos, *seáis*, sean
   saber: sepa, etc.
   ir: vaya, etc.

3. The **–ir** stem-changing verbs follow the same pattern as in the present indicative, except that:
   (a) the ending vowel is **a** . . .
   (b) the **nosotros** and **vosotros** forms change the stem vowel **e** to **i, o** to **u**: sirvamos, *sirváis*   durmamos, *durmáis*

Práctica

(You can check your answers in the back of the book.)
Haga Ud. frases originales usando:

1. Quiero que tú / ir / al   / con . . .

2. Papá no . . . que / (nosotros)    / . . .

3. ¿Qué . . . Ud. que / (yo)   / . . .?

4. ¿Tú . . . que / (nosotros)   / . . .?

5. La Mosca Biónica . . . que   / a . . .

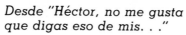

Desde "Héctor, no me gusta que digas eso de mis. . ."

Esta vez yo digo "mis" y tú dices "tus".

CUENTO COMEDIA EN EL COLEGIO COLÓN

Columbus **High**

Las 7:40. La orquesta está **afinando** sus instrumentos y el público comienza a llegar.

Diferentes voces: Carmen, Car-men, aquí . . . ¡Cuidado donde caminan, eh! . . . ¿Hay tres **asientos juntos** en la primera

5   **fila? ¡Ojalá** que venga pronto Neli! . . . Toño, aquí, aquí . . .

Detrás del telón, los actores se preparan furiosamente. Por un **lado**, Mimí Gabán y Chito Losada ensayan por **última vez** sus papeles.

Mimí: ¡Ay, Chito! ¡Ojalá que **no me olvide** ahora!

10 Chito: ¡Qué va! ¿Quieres que lo repitamos una vez más?

Mimí: Por favor . . . Desde "Héctor, no me gusta . . .", ¿está bien? **A ver** . . . "Héctor, no me gusta que digas eso de mis . . ."

Chito: "Tus", no "mis". ¿Recuerdas? Esta vez yo digo "mis"

15   y tú dices "tus". Más tarde yo digo "tus" y . . .

Mimí: Bien. "Héctor, no me gusta que digas eso de tus propios . . ."

Chito: Mimí, "que hagas eso a tus propios", no "que digas eso de . . ." Empecemos otra vez. "Héctor, . . ."

20 Mimí: No, Chito, yo digo "Héctor". Tú dices . . .

༄༄༄༄༄

● En otra parte de la escena, Hilda Sorolla **se acerca corriendo** a Diego Carrión, escritor, astro y director.

Hilda: Diego, me muero. En este instante me muero.

Diego: ¿Qué hay? ¿Nerviosa?

tuning

seats together
row; How I hope . . . !

side; the **last** time

I don't forget

Let's see

approaches running

¡Mi vestido se achicó!
¿Cómo voy a cantar . . .?

¡Diego! . . . ¡El micrófono
no funciona!

¡Está funcionando! . . .
Bueno, ¡luces! ¡Acción!

25 Hilda: **¡Desesperada!** ¿No ves? ¡Mi vestido rojo **se achicó!**   desperate; shrank
      ¿Cómo voy a cantar sin **respirar?**   breathing
  Miguel (desde lejos):   ¡Diego! ¡Rápido! Te necesitamos aquí.
  Diego: Hilda, vuelvo en un minuto. (Diego corre al otro lado.)
      Bueno, Miguel, ¿qué pasó?
30 Miguel: El **colmo** ya. El micrófono no funciona. ¿Quieres   limit
      ver? . . . Uno, dos, tres . . . Nada, ¿ves?
  Otro chico: ¡Qué lata! **Temo** que el circuito esté mal.   **I'm afraid**
  Una chica: Espero que no sea el **altavoz.**   loudspeaker
  Diego: Pero esta tarde funcionaban perfectamente.
35 Miguel: Pues, ¿quieres que llamemos a un mecánico
      profesional?
  Diego: No hay tiempo. Tal vez entre nosotros lo sepamos
      arreglar. Nando, quiero que me traigas un martillo.   fix
      Alicia, . . .

40 (Mimí y Chito están ensayando todavía.)
  Chito: Entonces yo digo: "Pámela, **me alegro de que no haya**   **I'm glad** there isn't
      nadie esta noche."
  Mimí: "Vaya", no "haya", Chito. Tú dices: "Me **sorprende**   surprises
      que no vaya nadie." Y yo contesto: "Pero Héctor, no creo
45   que haya nadie."
  Chito: No, Mimí. Tú contestas: "Me molesta que no haya nadie".
      Y yo digo . . .
  Voz de otra chica: Pero, ¿qué es esto? **¡De repente** mi vestido   suddenly
      rojo me está grande!
50 (El número de "mecánicos" sigue **creciendo.**)   growing
  Miguel: Yo recomiendo que le pongamos otro **cordón.**   (electric) cord
  Otro chico: **Es lástima que no haya** cinta adhesiva. El **enchufe**   It's a pity there's no;
      se rompió.   plug

Una chica: ¿Y qué es este botón? A ver . . . Uno, dos, tres . . .
55   (El micrófono hace un ruido tremendo.)
Diego: ¡Qué maravilla! ¡Funciona! ¡Está funcionando!
Miguel: Pero hombre, ¿con ese **sonido** horrible?   sound
Diego: ¡Qué va! Eso es música, Miguel, hermosa música.
        ¿Estamos listos todos? . . . Bueno, ¡luces! ¡Acción!

——Vamos a conversar——————————————————————

1. ¿En qué escuela ocurre este cuento?
2. ¿Qué presenta hoy el Club Dramático? ¿A qué hora es la función?
3. ¿A qué hora comienza el cuento?
4. ¿Qué está haciendo la orquesta? A propósito, ¿tiene orquesta el colegio de Ud.? ¿Toca Ud. en ella?
5. ¿Qué oímos entre el público?
6. ¿Qué están haciendo por un lado Mimí Gában y Chito Losada? Dígame, ¿en qué otro cuento se presentó Chito? ¿Lo recuerda Ud.?
7. ¿Quién parece estar más nervioso, Chito o Mimí?
8. ¿Puede Ud. repetir un poco de su conversación?
9. En su opinión, ¿ayuda mucho ensayar al último momento?
10. Volviendo a Ud., ¿tiene Ud. mucha confianza (confidence) en sí mismo (misma)? ¿Tiene Ud. miedo de presentarse en público? ¿de actuar en un drama o una comedia? ¿Es Ud. muy rápido (rápida) para hacerse nuevos amigos? ¿para hablar en clase? ¿para participar en actividades extra-escolares (extra-curricular)?

● 1. En otra parte de la escena, ¿quién se acerca corriendo a Diego Carrión?
2. ¿Qué posición ocupa Diego en esta presentación?
3. ¿Por qué está desesperada Hilda?
4. ¿Quién llama ahora a Diego?
5. ¿Qué problema se presentó de repente?
6. ¿Van a pedir que venga un mecánico? ¿Por qué? Díganos, ¿tiene Ud. aptitud para arreglar cosas mecánicas? ¿La tiene su padre? ¿y su madre?
7. ¿Qué siguen haciendo Mimí y Chito? ¿Está completamente seguro ahora Chito de sus líneas?
8. ¿Qué problema tiene ahora otra chica? ¿Cómo lo explica Ud.?
9. ¿Funciona por fin el micrófono? ¿Funciona bien? ¿Qué dice Diego?
10. En su opinión, ¿va a resultar bien o mal esta noche la función? ¿Por qué piensa así?

JUEGOS DE PALABRAS

1.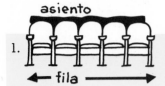

asiento	**fila**	¿Qué asientos	¿Están **juntos?**
seat	row	tenemos?	together

2.

colegio
high school
¿Qué presentan en
el Colegio Colón?   una _____   un _____

3.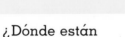

un lado   ¿Dónde están
a side   los asientos?   por el lado _____   por el lado _____

4.

arreglar   ¿Qué   **¡Ojalá . . .**   que arreglen   ¡Ay, qué **sonido!**
to fix, mend   arregla? _____   Oh, if only . . .   el _____!   sound

5.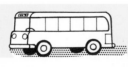

acercarse a
(Me acerco . . .)   ¿Qué se
to approach   acerca?   el _____   _____   _____   ¡Rápido!
                                                                                ¡Cojámoslos!

92

6.

alegrarse
(Me alegro . . .)
to be happy

¿Por qué
se alegran?   Se _____. Hace _____. _____   ¡Qué suerte,
eh!

7.

temer
to fear

¿Teme Ud. . . .   _____?   los _____?   _____?   ¡No tenga
miedo!

8.

sorprender
to surprise

¿Le sorprendió . . .   la _____?   un _____?

9.

de repente
suddenly

¿Qué pasó de repente?   Oímos un _____.   Vimos una _____.

10.

último
last

primero

OBSERVACIONES

6. "Oh, how I hope . . .!"

¡Venga!	Come.
Quiero que venga.	I want you to come.
Le ruego que venga.	I beg you to come.

In other words, when one person expresses his desire that someone else *do* something, that action is in the subjunctive.

The same thing happens when a person expresses emotion about what someone else is doing. The first part of the sentence expresses the emotion. The second part (what's happening) is in the subjunctive.

Espero que Ud. **venga**.	I hope you come.
¡Ojalá que no **vayas**!	Oh, if only you don't go! (Oh, how I hope . . .!)
Me alegro de que **vuelvan**.[1]	I'm glad they're coming back.
Sienten que **estemos** malos.	They're sorry that we're ill.
¿Le **sorprende** que **sea** yo?	Does it surprise you that it's I?
¿Te **molesta** que **salgamos**?	Does it bother you that we're going out?
Tememos que **se mueran**.	We're afraid that they'll die.
No me gusta que **hables** así.	I don't like you to talk that way.

___ Práctica _____

1 Conteste Ud. (¡Y le ruego que diga la verdad!)

1. ¿Espera Ud. que llueva mañana? ¿Espera que nieve? ¿Espera que tengamos que cancelar las clases? (¿De verdad?)

2. ¿Le gusta que hablemos español en clase? ¿Le gusta que leamos los cuentos? ¿Le gusta que escuchemos las cintas también?

---

[1] Notice that **alegrarse** always puts **de** before the **que**. Most verbs do not.

3. ¿Le sorprende que haya muchos hispanos en este colegio? ¿Le sorprende que haya muchos estudiantes talentosos? ¿Le sorprende que haya tantos (so many) profesores maravillosos? (¡Claro está!)

4. ¿Teme Ud. que tengamos un examen mañana? ¿Le molesta que tengamos muchos exámenes? ¿Les molesta a Uds. que tengan que trabajar en casa también? (Sí, nos . . ., No . . .)

5. ¿Se alegra Ud. de que vengan pronto las vacaciones? A propósito, ¿cuándo son nuestras próximas vacaciones? ¿Siente Ud. que ésta sea la última pregunta?

2 *Estudie por un momento las ilustraciones y después haga frases completas:*

1. (Yo) Espero que la dueña _____ la _____ .

2. ¿Se _____ Ud. de que (nosotros) _____ _____ esta _____?

3. Nos _____ que los _____ _____ en _____ .

3 *Ahora exprese Ud. emoción sobre los actos siguientes.*

Por ejemplo:

Neli viene hoy.   ¡Ojalá que Neli venga hoy!, Sentimos que Neli venga hoy., Me sorprende que Neli venga hoy., etc.

1. Juanita se casa con Miguel. _____
2. Toman el tren de las doce. _____
3. Sacamos "A" en esta clase. _____
4. Castigan mucho al niño. _____
5. Hace sol esta tarde. _____

REPASO RÁPIDO

When we tell how we feel about what someone is doing, we use the subjunctive for his or her action:

No me **gusta** que **hagas** eso.   I don't like you to do that.

Nos **sorprende** que no **quiera** ir.   It surprises us that he doesn't want to go.

¡Ojalá que no **sufran**!   Oh, how I hope they don't suffer!

Práctica

(You can check your answers in the back of the book.)

1 *Complete de una manera original:*

1. Esperamos que Uds. . . .
2. ¡Ojalá que . . .!
3. ¿Le molesta que yo . . .?
4. Me alegro de que (nosotros) . . .
5. Tememos que los chicos . . .

2 *Ahora díganos en español:*

1. that you're glad that something is happening today.
2. that you're annoyed that someone is doing something.
3. that you're surprised that this isn't very hard.
4. that you really hope that a certain thing happens soon! (¡Ojalá . . .!)

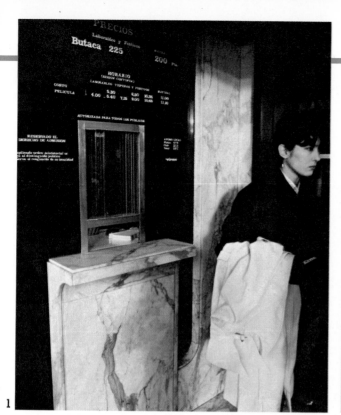

PANORAMA
¡FUNCIÓN HOY!

1 "¡Caramba! Ya comenzó la función, ¿y dónde está Roberta?" Una joven espera—¿pacientemente?—delante de la taquilla (box office) de un cine barcelonés.

2 "¡Superhombre Dos! La aventura continúa." ¡Cuántas lenguas habla el insuperable Superman! En realidad, algunas (some) de las figuras legendarias del cine norteamericano son universales ya, ¡incluso el Tarzán original!

3 Un mosaico por Diego Rivera, famoso pintor de la Revolución mexicana, se levanta sobre el Teatro de Insurgentes en México, D.F. Éste es uno de los teatros más populares de la capital.

4 ¿Recuerda Ud. la película "Stagecoach West"? Pues aquí tiene su versión en español, en un teatro pequeño de Matucana, Perú. España, México y la Argentina tienen su propias (own) industrias cinematográficas, pero las películas de Hollywood, nuevas y viejas, ocupan todavía una posición principal. "¡Olé, cowboy!"

5 Pero . . . ¿y qué demonios es esto? Un programa infantil de televisión, filmándose en un estudio español. "¡No! ¡Por favor, Sr. Nariz! ¡¡No estornude Ud. (Don't sneeze)!!"

4

5

8 Un actor se prepara para el papel principal de "El hombre de la Mancha" en Buenos Aires, Argentina. ¿Sabe Ud. quién es el protagonista (el "héroe") de este drama musical?

6 Claro está, hay mucho más que cine y televisión en el mundo del teatro hispánico. Aquí vemos, por ejemplo, al gran cantante operático Plácido Domingo haciendo el papel de Manrico en la ópera "Il Trovatore". Esta famosa ópera italiana está basada en un drama romántico español. (A propósito, la ópera española toma principalmente la forma de la "zarzuela", un tipo de opereta popular.)

7 Alicia Alonso y compañía, en acción. . . . En esta escena espectacular, la gran bailarina cubana combina el ballet clásico con la tradición folklórica hispana. ¡Escuche el ritmo de la guitarra!

LECCIÓN 3

¿Hay agua caliente?
Is there any hot water?

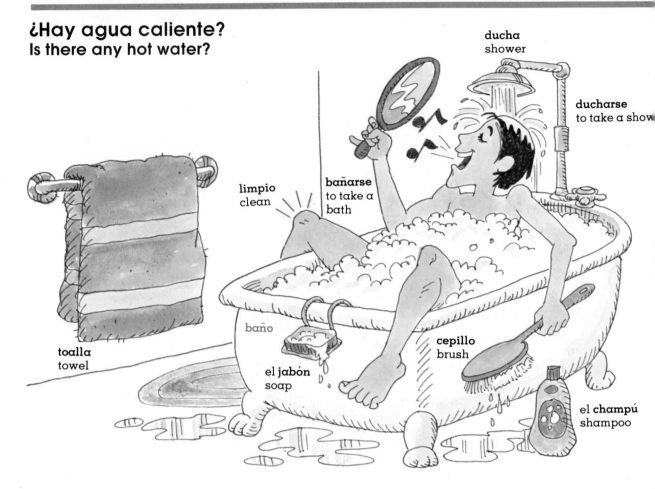

ducha
shower

ducharse
to take a show

limpio
clean

bañarse
to take a
bath

toalla
towel

baño

el jabón
soap

cepillo
brush

el champú
shampoo

Díganos

1. ¿Qué prefiere Ud., bañarse o ducharse? ¿Prefiere hacerlo por la
   mañana o antes de acostarse? ¿Prefiere ducharse con agua fría
   o con agua caliente? ¿Deja Ud. las toallas limpias para los otros?
2. ¿Se lava Ud. el pelo todos los días? ¿Qué champú le gusta más?
   ¿Arregla Ud. su pelo con peine o con cepillo? ¿Lleva Ud. siempre
   un peine en su bolsa o bolsillo? ¿Lleva un cepillo? ¿Los usa en
   la clase? ¿y en la cafetería?
3. ¿Qué crema dental usa su familia? ¿Usan todos la misma crema?
   ¿Tiene Ud. un producto favorito? A propósito, en su opinión,
   ¿hay diferencias importantes entre las diversas marcas?

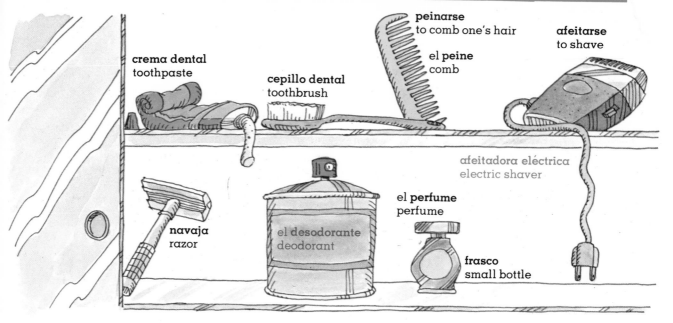

crema dental
toothpaste

cepillo dental
toothbrush

peinarse
to comb one's hair

el peine
comb

afeitarse
to shave

afeitadora eléctrica
electric shaver

navaja
razor

el desodorante
deodorant

el perfume
perfume

frasco
small bottle

4. ¿Qué jabón (o jabones) usan Uds.? ¿Usan el mismo jabón para lavarse la cara y para bañarse? ¿Usan el mismo jabón para lavar ropa? En su opinión, ¿cuál es mejor — un jabón natural o un detergente?

5. ¿Con qué se afeita su padre — con una navaja ordinaria o con una afeitadora eléctrica? ¿Y Ud.? (¡si es que se afeita!)

6. ¿Usa Ud. perfume? ¿Usa muchas lociones? ¿Las compra Ud. en frascos o en tubos de plástico? ¿Le gusta a Ud. que los hombres usen perfumes y otros productos cosméticos? ¿Por qué?

"Y ahora, un mensaje de . . ."

Imagínese que Ud. es jefe de una agencia publicitaria muy grande. Su cliente, la Compañía X, está presentando un nuevo producto cosmético (o higiénico) — un champú, un perfume, una crema, un desodorante, etc. — y Ud. tiene que planear una campaña (campaign) de radio y televisión. "Amigos, si Uds. desean que las chicas los sigan . . ." "Señoras, si Uds. quieren sentirse jóvenes otra vez . . ." "Niños, ¿cuándo fue la última vez que se bañaron?", etc. Después, descríbanos el producto y trate de vendérnoslo. A ver quién nos convence (convinces) más . . .

OBSERVACIONES

7. The reflexive with certain verbs

¿RECUERDA UD.?

¿Cómo se llama Ud.?   What is your name? (How do you call *yourself*?)
—Me llamo . . .   My name is . . . (I call myself . . .)

¿Se divierten Uds.?   Are you enjoying *yourselves*?

We use the reflexive when the subject does the action to itself.

¿Por qué no te lavas?   Why don't you *get* washed?
Nos casamos hoy.   We're *getting* married today.
¡No se pierdan Uds.!   Don't *get* lost!

We also use it to add the idea "to get" to the verb.

Now we're going to learn some other places in which it appears.

A. Here are some of the verbs we've often used with the reflexive:

levantar to lift, raise	**levantarse** to get up, rise
sentar to seat (someone)	**sentarse** to sit down
bañar to bathe (someone)	**bañarse** to take a bath
acostar to put to bed	**acostarse** to go to bed
vestir to dress (someone)	**vestirse** to get dressed
acercar to bring near	**acercarse** to approach, go up to

As you can see, in all of these cases the subject is really doing the action to itself.

B. Now here are some others, which even change their meaning when we use them with the reflexive pronoun.

ir to go	**irse** to go away
quitar to take away	**quitarse** (la camisa, etc.) to take off
poner to put	**ponerse** (la bata, etc.) to put on
	ponerse (**nervioso, enfermo**) to get (become) . . .
dormir to sleep	**dormirse** to fall asleep
caer to fall	**caerse** to fall down
reír to laugh	**reírse** (de) to laugh (at)
olvidar to forget	**olvidarse** (de) to forget (about)

Actually, with most of these, the reflexive doesn't change the meaning much. It just makes it stronger.

1 *Primero, conteste Ud.:*

1. ¿Se va frecuentemente de vacaciones (on vacation) su familia?
2. ¿Se fue Ud. el verano pasado? (Sí, me fui . . . No, . . .) 3. ¿Se pone o se quita Ud. el abrigo cuando entra en una casa? (Me . . .) ¿Y cuando sale a la calle en el invierno? 4. ¿Se puso Ud. sombrero y guantes esta mañana? (Sí, me puse . . . No, . . .)
5. ¿Se puso falda o pantalones? 6. ¿Se puso camisa, blusa o jersey? ¿Se puso suéter? 7. ¿Se duerme Ud. a veces en el cine? ¿Se duerme en la clase? (¡No me diga!) 8. ¿Se cae Ud. frecuentemente? 9. ¿Se cayó alguna vez (ever) de su bicicleta? ¿o de una motocicleta? 10. ¿Se olvida Ud. de muchas cosas? ¿Se olvidó de una cosa importante recientemente?

2 *Esta vez, lea en voz alta y después indique la conclusión correcta:*

1. Parece que Nico estaba muy cansado. ¡Pobre muchacho!
   —Es verdad. (Se duchó con agua caliente. Se vistió en tres minutos. Se durmió en el coche.)

2. Me gusta estar limpio, pero no hay tiempo para bañarme esta mañana.
   —Entonces, ¿por qué (no te afeitas con mi navaja, no te duchas, no te pones ropa nueva)?

3. ¡Cuidado! No quiero que te (vistas, caigas, acuestes).
   —Por favor, no me pongas (nervioso, tranquilo, triste).

4. Es difícil recordar todos estos nombres y fechas.
   —Pues por lo menos, (no se olvide, no se alegre, no se sorprenda) de los más importantes.

5. Espero que no venga Ramiro. Me siento nerviosa delante de él.
   —¿Por qué?
   —Porque cuando hablo, siempre (se olvida, se ríe, se acerca) de mí.

8. "How does one . . .?" — the impersonal **se**

When we say that something is impersonal, we mean that there's no particular person doing the action. In English, we sometimes say "one." Other times we say "you" or "a person, a guy," etc. In Spanish, we just say **se**. It makes life easier, doesn't it?

¿Cómo **se** sale de aquí?	How does one (do you, etc.) get out of here?
—**Se** abre la puerta, nada más.	One opens (you open) the door, that's all.
¿Dónde **se** coge el autobús?	Where does one (do you) get the bus?
—En la parada.	At the bus stop.
—Mil gracias.	Thanks a lot.
¿**Se** permite fumar aquí?	Does one permit smoking here? (Is smoking permitted?)
—Por favor, no.	Please, no.

--- Práctica --

Conteste escogiendo la alternativa correcta:

1. Para llegar más rápidamente a Europa, ¿se toma el avión o se va en barco?   2. Para subir al piso veinte y cinco, ¿se camina o se toma el ascensor?   3. Para sacar buenas notas (grades) en los exámenes, ¿se juega mucho o se estudia?   4. Para defenderse contra el frío, ¿se pone un abrigo o sólo una camisa?   5. Para bañarse en el mar (sea), ¿se usa levis o un traje de baño? 6. Para lavarse el pelo, ¿se usa champú o peine?   7. Para estar seguro en el camino, ¿se maneja despacio o muy rápidamente? 8. Para ver en la noche, ¿se enciende o se apaga la luz?

REPASO RÁPIDO

1. Although the main use of the reflexive is to show that the subject is doing the action to itself, the reflexive can also make certain changes in the meaning of a verb. For example: **irse** (to go away), **quitarse** (to take off), **ponerse** (to put on or to become), and **dormirse** (to fall asleep).

2. The reflexive can also be used when the subject refers to no one in particular. This is called the *impersonal* **se**.

¿Cómo se aprende esto?	How does one learn this?
—Se estudia, nada más.	One studies, that's all.

Práctica

(You can check your answers in the back of the book.)

1 *Mire las ilustraciones, y complete según las indicaciones:*

1. Paquita, ¿por qué no te ____ ese ____?   ¿por qué no te ____ estos ____?   ¿por qué te ____ de tu ____?

2. Por favor, ¡no se ____ Ud.!   ¡no se ____!   ¡no se ____ Ud.!

2 *Exprese de una manera impersonal, usando* **se.**

Por ejemplo:

¿Cómo *hace Ud.* esto?   ¿Cómo se hace esto?

Salimos por la otra puerta.   Se sale por la otra puerta.

1. ¿Por dónde *entramos*? 2. ¿*Toma Ud.* el tren aquí? 3. ¿Cómo *saben* todo eso? 4. ¿*Aprenden* mucho en esta clase? 5. Si *trabajamos, ganamos* dinero.

¡Pepe! ¿No vas a
salir nunca?

Pero es mi primer día
de trabajo, y . . .

Jaime, tal vez alguien . . .
sabe de un apartamento . . .

CUENTO PEPE PULIDO Y COMPAÑÍA "Polished Joe" and Company

Apartamento 5E. Las siete y cuarto de la mañana, y la
familia Prado acaba de levantarse.

Adela (golpeando en la puerta del baño):   Pepe . . . ¡Pepe!
¿No vas a salir nunca? ¡¡Pe-pe!! (Adela va a la cocina.)
5   Mamá, Pepe no me contesta.

Madre: Claro. Está duchándose. ¿Cómo te va a oír si está
corriendo el agua?

Adela: Y con el radio **puesto**. Y él cantando como un loco,   turned on
por media hora ya.

10 Madre: Así es tu hermano, Adelita. Le gusta estar limpio.
Además, no es media hora.   Besides

Adela: Son veinte minutos, entonces.

Madre: Diez. Pepe **se despertó** a las siete **en punto**.   woke up; on the
dot

Adela: Pues yo tengo que vestirme y bañarme y peinarme
15   y . . .

Padre: Se baña primero y se viste después, Adelita.

Madre: **Calma**, hija. ¿Por qué no tomas un poco de café?   Take it easy

Adela: Uds. pueden **reírse**. Pero es mi primer día de   laugh
trabajo, y quiero que todo esté bien. Y quiero estar   work
20   bonita, y . . .

Padre: ¿Cómo no vas a estar bonita? ¿No eres hija mía?

Adela: **En serio**, papá. Si no encontramos un apartamento   Seriously
con dos baños, no sé qué voy a hacer.

Madre: Adelita tiene razón, Jaime. Tal vez **alguien, algún**   somebody; some
25   amigo tuyo, sabe de un apartamento . . .

Padre: ¡Qué va! ¿Dos baños para cuatro personas?

Adela: Sí, papá. Si una de esas personas es mi hermano
José . . . ¡¡Pepe!! ¿Me vas a dejar un poco de agua
caliente?

Cuando yo era joven . . .
no teníamos ningún baño.

Aquí estoy, "Pepe Pulido".
¿Me dejaste algunas toallas?

Mira, te compré algo . . .
¡No quiero que huelas mal!

● Padre: Yo no sé. Cuando yo era joven — y éramos seis
       hermanos, no sólo dos — no teníamos **ningún** baño.   any

Madre: ¿**Ninguno**? ¡Qué va! Había uno.   None?

Padre: Sí. Pero estaba en el **pasillo**. Y lo usaban también los   hall
       vecinos.

35 Adela: Pues aquéllos fueron otros tiempos. Ahora tenemos
       que lavarnos más de **una vez al mes**.   once a month

Madre: ¡Adela! ¿Así hablas a tu papá?

Adela: Perdón, papá. No quise decir que tú . . . Es que estoy
       un poco nerviosa por el **trabajo** nuevo.   job

40 Padre: Está bien, hija. Lo entiendo.

Adela: ¿Sabes? No es fácil ser **guía de turismo**. Hay   a tour guide
       miles de cosas que tengo que recordar. "Y ésta es la   thousands
       Calle **Tal**, que data del año no sé cuál."   Such-and-Such

Padre: Claro, hija. Es mucho . . . ¡Pepe! ¡¡Pepe!! Si no sales
45   inmediatamente . . .

(Se abre la puerta del baño.)

Pepe: Bueno, aquí estoy. ¡"Pepe Pulido", el original!

Adela: Hombre, por fin. ¿Me dejaste **algunas** toallas y un   some
       poco de jabón?

50 Pepe: Sí. Pero se acabó la crema dental. Papá, ¿me **prestas**   will you **lend**
       tu navaja? Me tengo que afeitar.

Adela: ¿Otra vez? ¿Con esos dos **pelitos** que tienes?   little hairs

Pepe: Sí, Adelita. Por lo menos son de mi color natural.

Adela: Mamá, papá, ¿oyen? Pepe quiere **que me ponga**   me **to get**
55   nerviosa. Quiere que me **olvide** de los nombres de los   **forget**
       lugares y que pierda mi trabajo.

Pepe: ¡Qué va, Adelita! Te deseo mucha suerte, realmente.
       Mira, te compré **algo** ayer. (Le da un frasco hermoso de   Look; **something**
       perfume.) ¿Ya ves? Por lo menos, ¡no quiero **que huelas**   you **to smell**
60   mal!

Adela: Ah, Pepito. Gracias. Muchas gracias.

Madre: Y todo va a **resultar** bien, hija. No te vas a olvidar   turn out
de nada.

Padre: Claro, Adelita. ¿No eres hija mía?

———Vamos a conversar———————————————

1. ¿Dónde ocurre este cuento? ¿Qué hora es?
2. ¿Qué acaba de hacer la familia Prado?
3. ¿En qué puerta golpea Adela? ¿Quién está allí? ¿Acaba de entrar?
4. ¿Qué tiene puesto Pepe mientras se ducha? ¿Qué más hace?
5. ¿Qué tiene que hacer Adela? ¿Por qué tiene mucha prisa esta mañana?
6. En su opinión, ¿quién es mayor — Adela o Pepe? ¿Cuántos años de edad tienen?
7. ¿Qué quiere Adela que encuentre su familia?
8. ¿Le gusta a su padre esa idea? ¿Por qué?
9. Según Adela, ¿quién causa el problema en esa familia?
10. ¿Hay una situación como ésta en la casa de Ud.? ¿Cuántas personas hay en su familia? ¿Es suficiente el número de baños? ¿Quién causa más problemas a ese respecto? ¿Le gusta a Ud. tomar una ducha larga o corta? ¿Le gusta quedarse mucho tiempo en el baño?

* 1. ¿Cuántos hermanos había en la familia del señor Prado?
2. ¿Dónde estaba el único (only) baño? ¿Quiénes lo usaban también?
3. ¿Qué piensa Ud.? ¿Era rica, pobre o de la clase media la familia del señor Prado? ¿Dónde cree Ud. que vivía — en el centro o en el campo? ¿en una casa grande de apartamentos o en una casa pequeña suburbana o rural?
4. ¿Qué trabajo va a comenzar hoy Adela? ¿Es fácil o difícil ese trabajo? ¿Por qué?
5. ¿Quién sale por fin del baño? ¿Cómo se llama a sí mismo Pepe?
6. ¿Qué le pregunta su hermana?
7. ¿Qué cosa se acabó? ¿Qué pide Pepe que le preste su papá?
8. Según Adela, ¿qué quiere Pepe? En su opinión, ¿tiene ella razón?
9. ¿Qué le compró Pepe ayer a su hermana? Según él, ¿por qué se lo compró?
10. A propósito, ¿le gusta a Ud. la familia Prado? ¿Es una familia típica? ¿Es una familia buena? ¿Hay mucho amor en ella? ¿De qué clase económica cree Ud. que es?

JUEGOS DE PALABRAS

1.

despertarse
(me despierto)
to wake up

¿Qué hace Ud. primero cuando se despierta? _____ _____ _____ _____

2.

ponerse
to put on;
to get (sick, etc.)

¿Qué se pone? _____ _____ ¡Ay, no! ¿Cómo se puso? _____

3.

olvidar(se) de
to forget

¿De qué se olvidó?   de ponerse _____ _____   **reírse de** (me río)
to laugh at

4.

prestar
to lend

¿Me prestas tu(s) . . . _____? _____? _____? ¡Gracias!

5.

oler
(huelo, . . .
olemos, . . .)
to smell

¿Huele bien o mal . . . un _____ de _____? el _____? _____ viejo? ¡Uf!

6.

trabajo
job

¿Dónde encontraron trabajo?

en la _____ en la _____ en la _____

7.

resultar
(and **salir**)
to turn out,
result

¿Cómo resultó (salió) el trabajo?

¡ _____ !   ¡ _____ !

Además,
Besides ¡le pagamos buen dinero!

OBSERVACIONES

9. "Something – nothing"

¿RECUERDA UD.?

¿Qué tienes? —Nada.	What do you have? —Nothing.
¿Quién viene? —Nadie.	Who's coming? —Nobody.
¿Cuándo se van? —Nunca.	When are they going away? —Never.

In case you forgot: Spanish uses a double negative.

No tengo **nada**.	I don't have "nothing."
No conocemos a **nadie**.	We don't know "nobody."

Only when the negative comes *before* the verb can we omit **no**.

No viene nadie.	
Nadie viene.	No one is coming.
No nos llaman nunca.	
Nunca nos llaman.	They never call us.

110

These are the negatives you already know.
Now we're going to learn some more, plus the positive words that
go with them all.

Positive	Negative
algo something	**nada** nothing; not . . . anything
alguien someone, somebody	**nadie** no one, nobody; not . . . anybody
algún, alguna(os, as) some, any	**ningún, ninguna** no, none; not . . . any
alguna vez ever	**nunca** / **jamás** never; not . . . ever

Observe:
1. **Algún** and **ningún** are used *before* a masculine singular noun. If
   for any reason they follow the noun or stand alone, they become
   alguno, ninguno:

   ¿Hay algún plato bueno aquí?   —Seguramente hay alguno.
   ¿Tienen bombillas?   —No, no tenemos ninguna.

2. The plural **ningunos, ningunas** is hardly ever used. Stay with the
   singular whenever you can:

   ¿Me prestas algunos papeles?   —No tengo ninguno.

___ Actividades _____

Conteste siempre usando el negativo.

1 algo — nada
1. ¿Tiene Ud. algo para mí?   —No, no tengo nada . . .
2. ¿Trae algo para la clase?
3. ¿Sabe Ud. algo interesante?
4. (Lucila), ¿te ríes de algo?   —No, no me río . . .
5. (Silvia), ¿no me prometiste algo ayer?   —No, no te prometí . . .
6. (Martín), ¿te olvidaste hoy de algo?   —No, no me . . .
7. (Eduardo), ¿quieres que yo te ayude
   con algo?   —No, no quiero que . . .
8. (Marielena), ¿quieres que tus padres
   te compren algo?

2 alguien — nadie
1. ¿Viene alguien a visitarnos hoy?   —No, no viene nadie . . .
2. ¿Hay alguien brillante en esta clase?   —No, no hay nadie . . .
3. ¿Hay alguien muy musical?
4. ¿Conoce Ud. a alguien en el teatro?   —No, no conozco a . . .

5. ¿Pasó Ud. la tarde con alguien
   interesante ayer?
6. (Judit), ¿quieres que alguien te ayude
   con tu trabajo?   —No, no quiero que nadie . . .
7. (Bárbara), ¿esperas que alguien te
   lleve al cine hoy?
8. (Marcos), ¿deseas que alguien te
   despierte temprano mañana?

3 algún, alguna — ningún, ninguna

1. ¿Tiene Ud. algún dinero para
   prestarme?   —No, no tengo ningún . . .
2. ¿Tiene Ud. algún día favorito de la
   semana?
3. ¿Sabe Ud. preparar algún plato
   mexicano?
4. ¿Hizo su familia algún viaje el año
   pasado?
5. (Gloria), ¿recibiste algún mensaje
   urgente anoche?   —No, no recibí . . .
6. (Isabel), ¿hiciste alguna llamada
   importante?   —No, no hice ninguna . . .
7. (Víctor), ¿viste alguna cosa
   sensacional ayer?   —No, no vi . . .
8. (Roberto), la verdad, ¿encontraste
   alguna cosa difícil en esta lección? . . .

4 alguna vez — nunca (jamás)

Ahora conteste usando **nunca** *o* **jamás.** *Generalmente, hay poca
diferencia entre ellos.*

1. ¿Recibiste alguna vez una postal   —No, no recibí nunca (o jamás) . .
   de Tombuctú?   —No, nunca (jamás) recibí . . .
2. ¿Mandaste alguna vez un paquete
   a Uganda?
3. ¿Fuiste alguna vez a la corte   —No, no fui . . .
   criminal?   —No, . . .
4. ¿Tuviste alguna vez un accidente de   —No, no tuve . . .
   motocicleta?   —No, . . .
5. ¿Tuvieron Uds. alguna vez una boda   —No, no tuvimos . . .
   en su casa?   —No, . . .

*Complete los diálogos siguientes usando **algo, nada; alguien, nadie; algún, ningún;** etc.*

1. ¿Tiene Ud. _____ idea interesante para nosotros? —No, no tengo _____ idea buena. —¿Sabe? Ud. no tiene _____ confianza (confidence) en sí mismo(a).
2. Seguramente hay _____ aquí. —Lo siento. No hay _____ hoy.
3. ¿Vamos a tener _____ tiempo libre (free) esta tarde? —¡Qué va! Aquí se trabaja día y noche. Nadie tiene tiempo para _____ diversión. —¡Qué cosa, eh!
4. Acabo de ver _____ fantástico en el camino. —¿Por qué no encuentro yo _____ fantástico jamás?
5. ¿Fueron Uds. _____ vez a Europa? —No, no fuimos _____. (¡Cuidado aquí!)
6. ¿Sabes? Anoche estuvimos con _____ amigos tuyos. —¡Qué curioso! ¡Yo no tengo _____!

REPASO RÁPIDO

algo something	**nada** nothing
alguien somebody	**nadie** nobody
algún, alguna(os, as) some, any	**ningún, ninguna** no, none
alguna vez ever	**nunca, jamás** never

Práctica

(You can check your answers in the back of the book.)
Exprese en español, según las indicaciones:

1. I want you to tell me something. <u>Quiero que me digas algo.</u>
   I don't want you to tell me anything. _____.
2. I hope you'll visit us some day. <u>Espero que Ud. nos visite algún día.</u>
   I hope they'll visit us some afternoon. _____.
3. Is there anyone like him? <u>¿Hay alguien como él?</u>
   Believe me, there's nobody like him! ¡_____!
4. Do you have some Spanish friends? <u>¿Tiene Ud. algunos amigos españoles?</u>
   Don't you have any Spanish friend? ¿_____?
5. Did you ever visit her at home? <u>¿La visitó Ud. alguna vez en casa?</u>
   Didn't you ever visit her at home? ¿_____?
   (*Exprese de dos maneras.*) ¿_____?

PANORAMA

POR FAVOR, COMPREN UDS...

fluocaril cepillos

Pregúntele a su farmacéutico cuál es mejor para Ud.

1 "Todo para la belleza (beauty)—desde los pies hasta la cabeza." Departamento de cosméticos y perfumes en un almacén de Madrid.

2 "¿Sufre Ud. de caries (tooth decay)? Pues si se cepilla los dientes después de cada comida con Fluocaril . . ." —"Bien, bien, pero ¿dónde está la crema dental?"

3 "¡Qué comida! ¡Qué indigestión!" —"Pues tome Ud. Funk, la magnesia efervescente de frutas, con vitaminas. Recuerde: ¡Funk funkciona!"

3

114

4

ME FASCINA SER MUJER

Pestañas más largas·con "Super" Máscara de Max Factor, la única máscara a prueba de agua con un exclusivo aplicador 3 en 1. Peine para rizar (curl) y colorear. Cepillo para separar. Super punta especial para los lugares difíciles de alcanzar. ¿No es fascinante?

4 "Si no puede decirlo con palabras, dígalo con sus ojos. Máscara Super, para la mujer que sabe."

5

"salud"...

Salud para su boca!   Salud para su aliento!

Disfrute la frescura con el moderno Astringosol sabor Menta.
Disuelva unas cuantas gotas en medio vaso de agua y tendrá un efectivo enjuague bucal de acción desinfectante y un fresco sabor a menta.
Destruya las bacterias que causan el mal aliento.

Astringosol
SABOR
menta
CONCENTRADA
HIGIENE BUCAL
Desinfecta boca y garganta

ol* SABOR *menta*
...entrado con acción desinfectante

6

...más suave.

WILLIAMS
Lectric shave

Usted no puede mejorar su afeitadora; pero puede mejorar su piel. Con un masaje de Lectric Shave antes del afeitado, para limar asperezas, para facilitarle el camino a la máquina.
Es más: el efecto astringente de Lectric Shave cierra los poros y obliga a los pelos de la barba a enderezarse, con lo cual las cuchillas de su afeitadora los elimina de raíz. A la primera. Sin más pasadas.

Lectric Shave Williams.
¡Porque lo primero es la piel!

5 "Amigos, para un aliento (breath) fresco como un día de primavera, usen Uds. . . . ."

6 "¿Tiene Ud. una piel (skin) de bebé? Pues para la felicidad de su cara, compre Ud. . . . ."
Propaganda comercial. Lo mismo (the same) en todas las lenguas del mundo.

115

LECCIÓN 4

La Madre Naturaleza
Mother Nature

ESCENA 1
La Madre Naturaleza

flor

hoja
leaf

perro
dog

Díganos

1. ¿Le gusta mirar el cielo? ¿Cuándo le parece más bonito — de día o de noche? ¿Vio Ud. alguna vez un eclipse del sol? ¿Le gusta mirar las estrellas?

2. Muchas personas dicen que la luna afecta nuestro cerebro, o por lo menos, nuestras emociones. En su opinión, ¿es verdad esto? A propósito, ¿sabe Ud. de dónde viene la palabra "lunático"?

3. ¿Tiene Ud. deseos de visitar la luna? ¿de viajar a otros planetas? ¿de ver todo el universo? En su opinión, ¿tenemos el derecho (right) de tratar de cambiar la naturaleza?

4. ¿Le gustan mucho a Ud. los animales? ¿Le gustan más los perros o los gatos? ¿Tiene Ud. uno en casa? ¿Le gustan los caballos (horses)? ¿Le gustan los insectos? ¿Sabe Ud. algo de la "civilización" de las hormigas?

5. ¿Es muy hermosa la tierra donde vive Ud.? ¿Hay montañas altas? ¿Hay muchos árboles? ¿y hierba verde? ¿y flores? ¿Hay muchos pájaros? En su opinión, ¿cuál es la estación más hermosa del año? ¿En qué estación cambian de color las hojas?

6. Y una cosa más: ¿Vive Ud. cerca o lejos del mar? ¿Hay una playa cerca de aquí? ¿Hay un río? Cuando Ud. era pequeño(a), ¿le gustaba jugar en la arena? ¿Le gusta todavía?

pájaro bird

el árbol tree

cielo sky

estrella

luna moon

llover rain

nevar

el sol sun

tierra earth, land

río river

gato cat

el mar sea

hierba grass

hormiga ant

arena sand

playa beach

Interludio poético

¿Quiere leer con nosotros un corto poema popular? A ver qué le parece:

Las **mañanitas** de mayo,	early mornings
cuando comienza a **clarear**,	to get light out
los **pajarillos alegran**	small birds cheer you
con su **dulce gorjear**,	sweet warbling
y el **rocío** de la noche	dew
hace los **campos brillar**.	fields shine
¡Qué **alegre** está la mañana,	delightful
qué gusto **da respirar**	it gives to breathe
la fresca **brisa**, que llega	breeze
perfumada del pinar,	perfumed by the pines
mientras se escucha **a lo lejos**	in the distance
a un campesino cantar!	a farmer singing

Ahora, ¿qué dice? ¿Quiere escribirnos un poema también?

OBSERVACIONES

10. "Come here, baby!" — the affirmative **tú** commands

These are all polite commands, given to you, **Ud.** Now we're going to give orders to the "friendly-you," **tú.**

A. How to tell "tú" to do something

The "Do it!" command for **tú** usually reverses the final vowel of the **Ud.** command: e ⟶ a, a ⟶ e. That's all!

hablar: ¡Hable Ud.!	¡Habla (tú)! Speak!
leer: ¡Lea Ud.!	¡Lee (tú)! Read!
escribir: ¡Escriba Ud.!	¡Escribe (tú)! Write!

In other words, it is the only command form that doesn't use the subjunctive.[1] However, object pronouns still go at the end.

Nico, **cierra** la puerta y **abre** la ventana.	Nicky, close the door and open the window.
—¡**Ábrela** tú!	You open it!
—¡¡Cómo!!	What!!!
Vive y **deja** vivir.	Live and let live.
—¡Olé!	Hooray!

─── Actividad ───

Le vamos a dar unas órdenes, muy cortésmente, a "**Ud.**" Pero Ud. las va a pasar inmediatamente a otra persona, a un amigo o una amiga — "**tú**". Por ejemplo:

Levante Ud. la mano derecha. —(Riqui), levanta la mano derecha.

Y ahora Riqui la tiene que levantar. ¿Comprende? Vamos a continuar.

---

[1] As a matter of fact, it uses the **Ud.** form of the present indicative!

Levante Ud. . . .   —Levanta (tú) . . .

1. Levante Ud. la mano derecha.   —(. . .), levanta . . .
2. Levántela encima de la cabeza.
3. Levántese Ud.   —(. . .), levántate.
4. Siéntese.
5. ¡Despiértese Ud.!
6. Péinese el pelo.
7. Présteme su lápiz.   —. . . tu lápiz.
8. Apague las luces.
9. Pase a la pizarra.
10. Escriba el número de su teléfono.   —. . . de tu teléfono.
11. Escriba la dirección de su casa.
12. Vuelva a su asiento.
13. Deme la mano.   —(. . .), dame . . .

B.   There are only a few special forms. And most of these are just
         short-cuts of the infinitive.

venir:	**¡Ven!**	Come!
tener:	**¡Ten** paciencia!	Have patience!
salir:	**¡Sal** ahora mismo!	Leave right now!
poner:	**¡Pon**los allí!	Put them there!
hacer:	**¡Haz**lo mañana!	Do it tomorrow. (Why does **haz** have a **z**?)
ser:	**Sé** bueno, mi amor.	Be good, my love. (Why is there an accent on **sé**?)
decir:	**¡Di** la verdad!	Tell the truth.
ir:	**¡Ve** a tu mamá!	Go to your Mom.

—— Actividad ——————————————————————

Venga Ud. . . .   —Lolita, ven (tú) . . .

1. Venga Ud. a mi fiesta.   —(. . .), ven . . .
2. Venga pronto.
3. Téngalo listo para mañana.   —(. . .), tenlo . . .
4. Téngame compasión.
5. Salga Ud. por esta puerta.   —(. . .), sal . . .
6. Salga mañana por la mañana.
7. Ponga las flores aquí.   —(. . .), pon . . .
8. Póngalas en esta jarra.   —(. . .), ponlas . . .

9. Póngase esa camisa.   —(. . .), ponte . . .
10. Póngasela ahora mismo (right now).   —Ponte . . .
11. No. ¡Quítesela!   —No. Quita . . .
12. Hágame un favor.   —(. . .), hazme . . .
13. Háganos una comida mexicana.
14. Sea Ud. mi amigo (amiga).   —(. . .), sé . . .
15. Sea mi amor.
16. Díganos dónde vive.   —(. . .), dinos, . . .
17. Díganoslo todo.
18. Vaya a la oficina del jefe.   —(. . .), ve . . .
19. ¡Váyase! (Go away!)   —(. . .), ¡. . .!

11. "Don't forget!" — the negative **tú** commands

How do we tell "**tú**" *not* to do something? You can figure this one out.

No me llame Ud. hoy.
No me llames (tú) hoy.   Don't call me today.

No les diga nada.
No les digas nada.   Don't tell them anything.

No se lo ofrezca a él.
No se lo ofrezcas a él.   Don't offer it to *him*.

¡No se olvide!
¡No te olvides!   Don't forget!

¡Así es! The negative **tú** command just adds **–s** to the **Ud.** command.
(We're back in the subjunctive again!) Of course, object pronouns go
before the verb.

___ Práctica _____

1 Cambia a **tú** las órdenes siguientes. (Somos amigos ya, ¿entiendes?)

1. No nos siga Ud.
2. No lo marque todavía.
3. No me moleste ahora.
4. No le grite así.
5. Por favor, no la castigue.
6. No se acueste muy tarde. (No te . . .)
7. No se acerque a él.
8. No las encienda todavía.
9. No las apague nunca.
10. No se olvide, por favor.
11. No lo haga así.
12. No se los ponga hoy. (No te . . .)

2 *Ahora lee los diálogos y escoge la conclusión correcta:*

1. Ramón simplemente no sabe manejar. Anda muy rápidamente, no se cuida jamás en el camino, y siempre tiene accidentes. ¡Qué cosa, eh!
   —Pues entonces, (préstale mi coche nuevo, no vayas nunca con él, no tengas miedo de ir con él).

2. Estoy locamente enamorado de Elisa. Pienso sólo en ella. Sueño con ella. No puedo pasar un día sin ella.
   —Pues hombre, (no la veas más, no la llames todos los días, cásate con ella).

3. Oye, chico, acabo de comprar un disco fabuloso.
   —¡Qué bien! (Tócamelo. Juega con ella. No me lo robes.)

4. Tengo que levantarme a las seis de la mañana si quiero llegar a tiempo.
   —Muy bien, (no te despiertes a la medianoche, acuéstate temprano esta noche, vístete con el traje nuevo).

5. Julita, prométeme que no te vas a perder en el centro, y que no vas a hablar con nadie. Siempre hay personas malas y . . .
   —Por favor, no hables así. (Repítemelo todo. Espérame toda la noche. No me pongas nerviosa.)

REPASO RÁPIDO

1. How to tell "tú" to do something:

   Use the **Ud.** form of the present indicative.
   sacar, saca; cerrar, cierra; mover, mueve

   Special forms: ven, ten, sal, pon, haz, sé, di, ve

   Object pronouns are attached to the end.
   Sácala.   Ciérralo.   Muévelos.

2. How to tell "tú" not to do something:

   Use the **tú** form of the present subjunctive. Object pronouns go *before* the command.
   No la saques.   No lo cierres.   No los muevas.

Práctica

(You can check your answers in the back of the book.)

1 *Estudia las ilustraciones, y después danos unas órdenes. (Por favor, usa siempre la forma de **tú**.)*

Por favor,

1. _____ 2. _____ 3. _____ 4. _____te.

5. _____ 6. _____ 7. _____telo. 8. _____telo.

Por favor,

1. no _____. 2. no _____. 3. no _____. 4. no te _____.

5. no _____. 6. no _____. 7. no _____. 8. no _____.

2 *Ahora dales estas órdenes a algunos amigos:*
1. Tell someone to wait for you after class.
2. Tell someone to lend you something.
3. Tell someone to be careful (cuidarse) this evening.
4. Tell someone not to come late tomorrow.
5. Tell someone to please not make a lot of noise.

Rápido, Jorge, pásame
el matamoscas.

¡No uses las salchichas para
saltar a la comba!

Rafaelito, ¡quítate esa culebra
del cuello!

CUENTO PICNIC

Hace un día magnífico de verano y la familia Sender está
reunida. El sol **brilla,** los pájaros cantan, las flores **sonríen,**
y las hormigas corren felices sobre el **mantel** rojo **tendido**
en la hierba.

5 Víctor: Rápido, Jorge, pásame el **matamoscas.**

Jorge: ¿Por qué? "Vive y deja vivir", digo yo. ¿Qué te importa
si hay tres moscas más en el mundo?

Víctor: No son moscas. Son mosquitos. ¿Quieres que me
coman **entero?**

10 Amanda: ¡Por Dios, Manuelita! ¡No uses las salchichas
para saltar a la comba!

Víctor: **Vamos,** Jorge, dame el . . . ¡Ajá! . . . Gracias, hombre,
me salvaste la vida.

Jorge: De nada, Víctor. ¿Qué no hago yo por mi familia?

15 **A propósito,** Silvia, ¿Elvira no viene?

Silvia: Dijo que sí, si puede.

Jorge: ¿Ya ven? ¿No la conozco? Elvira no viene.

Silvia: Sí, viene.

Jorge: ¿Cuánto me **apuestas?** Pon aquí tu dinero y . . .

20 Silvia: Yo no apuesto más que mi opinión.

Jorge: ¿Tu opinión? Pero eso no vale nada.

Chalo: ¡**Ea,** hombre! Hazme el favor de hablar mejor a mi
esposa.

Jorge: ¿Yo? ¿Qué . . .?

25 Chalo: Oye, Jorge, no me hagas . . . ¡Niños! ¡**Dejen de
pelear!** . . . Yo no sé. Estos chicos . . .

Amanda: Rafaelito, ven aquí . . . Ahora dime, hijo, ¿es eso
un gato que tienes? . . . ¡Ayyyyyyy!

all together; is
shining; are **smiling;**
tablecloth; spread

fly swatter

whole

to **jump** rope
Come on
you **saved** my **life**

By the way

do you bet

Hey

Stop fighting!

Yo rocié la ensalada
con "Mata-Todo".

Manuelita, cubre las
hamburguesas.

No sé por qué vengo yo
a estas reuniones.

Víctor: ¡¡Rafaelito, quítate esa **culebra del cuello**!!   snake off your neck
● Olga: ¡Me muero! ¡Acabo de comer una hormiga!
Jorge: Una sola hormiga **no mata** a nadie.   won't **kill**
Olga: Yo pensé que era una hoja de **perejil**, y ahora veo que   parsley
   hay más, y . . .
Rafaelito: No importa, tía Olga. Están **muertas**. **Yo rocié** la   dead; I **sprayed**
35   ensalada con "**Mata-Todo**".   Kill-All
Olga: ¿Tú . . . qué? Jorge, pide una ambulancia. Me voy a
   morir.
Amanda: **No te preocupes**, Olga. Ese "Mata-Todo" no mata   Don't worry
   nada.
40 Víctor: Es verdad. Yo creo que tiene vitaminas para los
   animalitos. Ayer rocié una **abeja** y se puso diez veces más   bee
   grande.
Jorge: ¡No me digas! Mañana voy a rociar todo mi dinero.
Olga: Muy bien, Jorge, ríete. **Disfruta de** mis últimos momentos   Enjoy
45   **en la tierra**.   on earth
Silvia: Por favor, Olga, no seas así. No te va a pasar nada.
   ` Y hace un día magnífico. Mira los árboles y las flores y
   el sol . . .
Olga: ¿Qué sol? Está comenzando a llover. Rápido, Manuelita,
50   **cubre** las hamburguesas.   cover
Manuelita: No puedo, mamá. El perro las comió.
Amanda: La **próxima** vez, ¿por qué no vamos a la playa?   next
Chalo: ¿A la playa? Pero no te gusta la arena.
Amanda: Me gusta más que las hormigas.
55 Olga: Hormigas . . . hormigas. ¿Cuándo me llevan al hospital?
Jorge: Elvira tiene razón. No sé por qué vengo yo a estas
   reuniones.
Silvia: Porque **nos extrañas**, tonto, ¿no sabes?   you miss us

124

1. ¿Dónde está la familia Sender ahora? ¿La recuerdas tú de *Persona a persona 1* ?
2. ¿Qué estación del año es? ¿Qué tiempo hace? ¿Puedes describirnos un poco la escena?
3. ¿Qué quiere Jorge que Víctor le pase?
4. ¿Qué le contesta Jorge?
5. ¿Qué está haciendo Manuelita con las salchichas? ¿Cuántos años crees que tiene la chica?
6. ¿Qué le pregunta Jorge a Silvia? ¿Qué contesta ella?
7. ¿Está contento Jorge de aceptar su opinión? ¿Qué más quiere que ella ponga?
8. ¿Qué le dice Chalo a Jorge? A propósito, ¿quién es Chalo?
9. ¿Encontró Rafaelito un gato en el campo? ¿Qué le grita Víctor, su papá?
10. En tu opinión, ¿qué tipo de niño es Rafaelito? ¿Cuántos años crees que tiene? ¿Conoces a un niño como él? ¿Eras tú antes como él?

● 1. ¿Qué acaba de comer Olga? ¿Quién es Olga? ¿La conoces un poco ya?
2. ¿Por qué dice Rafaelito que no importa?
3. ¿Con qué roció Rafaelito la ensalada?
4. ¿Qué quiere Olga que Jorge pida? ¿Adónde quiere que la lleven?
5. Según Víctor, ¿funciona muy bien el producto "Mata-Todo"?
6. ¿Para qué lo va a usar Jorge? ¿Se ríe de esa idea Olga?
7. ¿Qué le dice Silvia a Olga?
8. ¿Qué quiere Olga que Manuelita cubra ahora? ¿Por qué no puede cubrirlas?
9. ¿Adónde recomienda Amanda que vayan todos la próxima vez?
10. ¿Está muy contento Jorge con estas reuniones de familia? ¿Se divierten mucho todos? En tu opinión, ¿es una familia muy simpática? ¿muy unida (close)? ¿muy normal? ¿Quiénes te gustan más? ¿Quiénes te gustan menos?

JUEGOS DE PALABRAS

brillar
to shine

¿Qué brilla más?   el _____   la _____   una _____

2.

¿A quién le gusta . . .? **pelear** to fight **matar** to kill ¿Qué deseamos siempre? la _____

3.

salvar una **vida** to save a life **sonreír** (sonrío, . . . sonreímos, . . .) to smile ¿Por qué sonríe? ¿Salvaste tú alguna vez una vida?

4.

rociar (rocío, . . . rociamos, . . .) to spray, to sprinkle ¿Qué rociaban? las _____ las _____ la _____

5.

cubrir to cover Cubrimos la _____ **entera** con el **mantel**. whole tablecloth

Cubrimos el _____ entero con la _____.

6.

saltar to jump Saltó por encima de la _____ _____

7.

A propósito,
By the way

¿Cuándo es el
próximo tren?
next

_____ a las _____

¿Cuándo es la
próxima función?

_____ a las _____

OBSERVACIONES

12. All the commands together[1]

How do we form commands?

	Affirmative (Speak!)	Negative (Don't speak!)
Ud.	Present subjunctive: **Hable.**	Present subjunctive: **No hable.**
Uds.	Present subjunctive: **Hablen.**	Present subjunctive: **No hablen.**
nosotros	Present Subjunctive: **Hablemos . . .** or **Vamos a hablar.**	Present subjunctive: **No hablemos.**
tú	Reverse the ending vowel of the **Ud.** command (e ⟶ a, a ⟶ e): **Habla.**	Present subjunctive: **No hables.**

Special forms: **ven, ten, pon, sal, haz, sé, di, ve**

Remember: Object pronouns go at the end of an affirmative command: **Hábleme.**
Object pronouns go *before* a negative command: **No me hable.**

---

[1] Well, all except the **vosotros** forms. If you wish, you can find them in the back
of your book.

1 Mira por un momento las ilustraciones y después úsalas para dar
órdenes:

1. (Niño,)   ¡____ esas manos!   ¡____ temprano!   ¡____me!   ¡____ en paz!

2. (Sr. Alas,)   ¡____se Ud.!   ¡____mela!   ¡____se!   ¡____lo!

3. (Chica,)   ¡no ____!   ¡no lo ____!   ¡no ____ahora!   no lo ____ aquí.

4. (Hombres,)   ¡no lo ____!   ¡no lo ____!   ¡no se ____!   ¡no se ____!

2 Cambia a **nosotros** las órdenes siguentes:

1. Apréndalo. 2. Sepa la verdad. 3. Búsquelas. 4. Condúzcalo.
5. No se lo pida. 6. No pelee. 7. No las mate. 8. No se olvide.
(No nos . . .)

REPASO RÁPIDO

1. All commands, except the affirmative ("Do it!") commands for **tú** (and **vosotros**) come from the present subjunctive.

2. The affirmative commands for **tú** just reverse the final **e** to **a**, **a** to **e** of the **Ud.** command. The only exceptions are:
   ven, ten, pon, sal, haz, sé, di, ve.

3. The affirmative "Let's . . ." can also use **Vamos a** + an infinitive.

Práctica

(You can check your answers in the back of the book.)
Exprese en español, según los modelos:

1. Give it to me. (tú)   Dámelo.
   Give it to me. (Ud.)   _____
   Give it to him. (Uds.)   _____
   Don't give it to him. (Uds.) _____

2. Don't lie. (Ud.)   No mienta.
   Don't lie. (tú)   _____
   Don't lie. (Uds.)   _____
   Let's not lie!   _____ (¡Cuidado!)

3. Go to the store. (tú)   Ve al almacén.
   Go to the movies. (Ud.) Vaya _____
   Go away! (Ud. — irse)   _____
   Don't go away! (Uds.)   _____

Repaso, Lecciones 1–4

I. Repaso General

A. How to form the present subjunctive (**Observaciones 2**)

1. With regular verbs, just take the present tense and change all
   the –ar endings to e . . ., all the –er or –ir endings to a . . .

hablar	comer	vivir
hable	coma	viva
hables	comas	vivas
hable	coma	viva
hablemos	comamos	vivamos
habléis	*comáis*	*viváis*
hablen	coman	vivan

2. Do the same for –ar and –er stem-changing verbs, keeping the
   same pattern as in the present indicative:

cerrar	perder
cierre	pierda
cierres	pierdas
cierre	pierda
cerremos	perdamos
cerréis	*perdáis*
cierren	pierdan

B. Using the subjunctive (**3**)

Till now we have used the subjunctive in only two ways.

1. To form commands.

Coma Ud. bien.	Eat well.
Ciérrenlas, por favor.	Close them, please.
Tratemos de comprenderlo.	Let's try to understand him.

2. To express one person's desire that someone else do something.

Quiero que Ud. coma bien.	I want you to eat well.
Recomiendo que las cierren.	I recommend that you close them.
Nos ruega que tratemos de comprenderlo.	He begs us to try to understand him. (He begs that we try . . .)
Prefieren que volvamos temprano.	They prefer that we return early.

Notice that the object pronouns go right back into their normal place before the noun.

C. Special forms of the present subjunctive (4 and 5)

1. Almost all irregular verbs base their present subjunctive on the **yo** form of the present indicative.

   tengo: tenga, tengas, tenga, tengamos, *tengáis*, tengan
   produzco: produzca, produzcas, etc.

2. There are four exceptions. Three of them are:

   ser: sea, seas, sea, seamos, *seáis*, sean
   saber: sepa, sepas, sepa, sepamos, *sepáis*, sepan
   ir: vaya, vayas, vaya, vayamos, *vayáis*, vayan

   The fourth — **haya, hayas**, etc. — comes from the verb **haber**, which we have not studied yet.

3. In the **nosotros** and **vosotros** forms of –**ir** stem-changing verbs, the **e** of the stem becomes **i**, the **o** becomes **u**. In all other persons, the usual present indicative pattern remains.

   sentir: sienta, sientas, sienta, sintamos, *sintáis*, sientan
   servir: sirva, sirvas, sirva, sirvamos, *sirváis*, sirvan
   dormir: duerma, duermas, duerma, durmamos, *durmáis*, duerman

D. Another use of the subjunctive: Emotion (6)
Whenever we express emotion (joy, sadness, anger, etc.) about what someone else is doing, that action must be in the subjunctive.

Me alegro de que		I'm glad that they're going.
Siento que		I'm sorry that they're going.
Me molesta que	VAYAN.	It annoys me that they're going.
Me sorprende que		I'm surprised that they're going.
Espero que		I hope that they're going.
Temo que		I'm afraid that they're going.

E. More about the reflexives (7 and 8)

1. The reflexive can sometimes change the meaning of a verb, or make it stronger.

ir to go	**irse** to go away
dormir to sleep	**dormirse** to fall asleep
poner to put	**ponerse** to put on; to get (+ an adjective)
quitar to take away	**quitarse** to take off
caer to fall	**caerse** to fall down
reír to laugh	**reírse de** to laugh at

2. The impersonal **se** means that "one" (nobody in particular) is doing the action. English sometimes uses "you" in this way.

¿Cómo se dice . . .?	How does one say . . .? (How do you say . . .?)
Se toma el metro aquí.	One takes the subway here. (You take . . .)

F. Something, nothing, etc. (9)

algo something	**nada** nothing
alguien somebody, someone	**nadie** nobody, no one
algún (alguno, a, os, as) some	**ningún (ninguno, a)** no, none
alguna vez ever, at some time	**nunca, jamás** never

G. Chart of Commands (10, 11 and 12)

	Affirmative (Read!)	Negative (Don't read!)
Ud.	Present subjunctive: **Lea.**	Present subjunctive: **No lea.**
Uds.	Present subjunctive: **Lean.**	Present subjunctive: **No lean.**
nosotros	Present subjunctive: **Leamos** or **Vamos a leer.**	Present subjunctive: **No leamos.**
tú	Reverse the ending vowel of the **Ud.** command (e ⟶ a, a ⟶ e): **Lee.**	Present subjunctive: **No leas.**

Special forms: **ven, ten, pon, sal, haz, sé, di, ve**

Remember: Object pronouns go at the end of an affirmative command: **Léalo.**

Object pronouns go *before* a negative command: **No lo lea.**
(For the **vosotros** commands, please see the back of your book.)

II. Vocabulario Activo

a propósito   by the way, 4
abierto   open, 1
acercarse a   to approach, go up to, 2
además   besides, 3
aeropuerto   airport, 1
afeitarse   to shave, 3
algo   something, 3
alguien   someone, somebody, 3
algún, alguno(a, os, as)   some, any, 3
alguna vez   ever, 3
alegrarse (de)   to be happy (about),
   be glad, 2
el árbol   tree, 4
arena   sand, 4
arreglar   to fix, arrange, 2
asiento   seat, 2
astro   star, 2
el autobús   bus, 1
el avión   airplane, 1
bañarse   to take a bath, 3
barco   ship, 1
bicicleta   bicycle, 1
boleto   ticket, 1
brillar   to shine, 4
castigar   to punish, 1
cepillo   brush; – dental   toothbrush, 3
cerebro   brain, 1
cielo   sky, 4
colegio   high school, 2
comedia   comedy, play, 2
crema dental   toothpaste, 3
cubrir   to cover, 4
cuerpo   body, 1
el champú   shampoo, 3
de repente   suddenly, 2
despertarse (me despierto)   to wake
   up, 3
destruir (destruyo)   to destroy, 1
el drama   play, drama, 2
ducha   shower, 3
ducharse   to take a shower, 3
enemiga, enemigo   enemy, 1

ensayar   to rehearse, try out, 2
entero   entire, whole, 4
entrada   entrance; admission, 2
escritor(a)   writer, 2
la estación   station; season, 1
estrella   star, 2
fila   row, 2
frasco   small bottle, flask, 3
fumar   to smoke; No Fumar   No
   Smoking, 2
la función   performance, 2
gato   cat, 4
hierba   grass, 4
hoja   leaf, 4
hormiga   ant, 4
el jabón   soap, 3
jamás   never, (not) . . . ever, 3
jefe   chief, boss, 1
juntos   together, 2
lado   side, 2
limpio   clean, 3
luna   moon, 4
la luz (pl. luces)   light, 1
el mantel   tablecloth, 4
el mar   sea, 4
matar   to kill, 4
el mensaje   message, 1
mosca   fly, 1
motocicleta   motorcycle, 1
navaja   razor, 3
ningún, ninguno(a, os, as)   no, none, 3
¡Ojalá . . .!   Oh, if only . . .!, How
   I hope . . .! 2
oler (huelo, hueles, huele, olemos,
   huelen)   to smell, 3
olvidar(se de)   to forget (about), 3
orquesta   orchestra, 2
pájaro   bird, 4
el papel   role, part (in a play), 2
parada   stop, 1
el pasaje   passage, fare, 1
peinarse   to comb one's hair, 3

el **peine** comb, 3
pelear to fight, 4
el **perfume** perfume, 3
perro dog, 4
playa beach, 4
ponerse to put on; – (**enfermo,
  nervioso,** etc.) to get, become . . ., 3
prestar to lend, 3
el **programa** program, 1
próximo next, 4
público audience, 2
reír(se de) (me río) to laugh (at), 3
resultar (also **salir**) to result, turn out, 3
río river, 4
**rociar (rocío, rocías, rocía,
  rociamos, rocían)** to spray; sprinkle, 4
rogar (ruego) to beg, pray, 1
salida exit; departure, 2
saltar to jump, 4

salvar to save, 4
semana pasada last week, 1
el **sol** sun, 4
sonido sound, 2
sonreír (sonrío) to smile, 4
sorprender to surprise, 2
teatro theater, 2
el **telón** (theater) curtain, 2
temer to fear, be afraid, 2
tierra land; earth, 4
toalla towel, 3
todo el mundo everybody, 1
trabajo work; job, 3
el **tranvía** trolley, 1
el **tren** train, 1
último last, 2
el **viaje** trip, 1
vida life, 4
volar (vuelo) to fly, 1

—— Juegos de palabras ——————————

1 *Contemos los segundos . . .*

1. En 30 segundos, ¿cuántas palabras puedes decirnos relacionadas con la naturaleza?
2. En 35 segundos, ¿cuántas palabras puedes decirnos relacionadas con el teatro o el cine?
3. En un minuto, ¿cuántas palabras nos dices relacionadas con el baño?

2 *Aquí tienes una lista de verbos. ¿Qué otras palabras — nombres (nouns), adjetivos, adverbios, etc. — encuentras en ellas?*

Por ejemplo: acercarse — <u>cerca</u>

peinarse, ducharse, entrar, salir, funcionar, trabajar, escribir, bañarse, sentarse

3 *¿Puedes encontrar en cada uno de estos grupos la palabra que no corresponde?*

1. sonido, oír, orquesta, ruido, oler, oído, música, disco
2. alegrarse, felices, amor, novios, triste, enamorados, salir bien
3. pelo, cepillo, peinarse, rubio, moreno, cortar, coser, peine
4. despertarse, mentir, cama, abrir los ojos, temprano o tarde, dormir, soñar, levantarse
5. playa, mar, río, bañarse, traje de baño, traje, verano, sol

4 *Esta vez, busca en el Grupo 2 lo opuesto de cada palabra del Grupo 1.*

1: olvidar(se), pelear, algún, alguien, algo, salida, matar, juntos, mar, sonreír, hacer sol

2: nadie, entrada, salvar, recordar, dejar en paz, estar triste, solo, llover, tierra, nada, ningún

5 Crucigrama

1	2	3	4	5	6	░	7	8
░	9				░		10	
11		░	12		13			
14		░	15					░
░		░	16		░	17		
18		░	░	░	19			
20		21	22	23	░	24		
░	25				26		░	░
27								

Horizontal

1. Afeitadora no eléctrica
7. Iniciales de Francisco Morales
9. Asientos juntos
10. Terminación femenina de "escritor"
11. "¡Agua! ¡Agua!"
12. Destruir para siempre
14. Escuchaba
15. Un condimento delicioso
16. No "está"
17. ¡Hombre, estás 1 . . .!
18. Artículo
19. Los usamos para ver
20. Alto y verde
24. Emplea
25. La encontramos en la boca
27. ¡Pum! ¡En ese momento!

Vertical

2. Quitarse los pelos de la cara
3. Toda mi . . .
4. Contracción
5. ¡Nunca!
6. Preparan un asado
7. De perfume o de champú
8. Océano
13. Un miembro de mi familia
18. Complemento (Object) de un verbo
21. Un tipo de café o taberna
22. ¡Hurra!
23. Labio (en inglés)
26. Mira

Álbum 2

MUNDO DEPORTIVO

Santiago   *Volumen 6, #6*

Precio:
30 escudos chilenos
(U.S. $2.50)

En esta edición:

¡Diez nuevos
deportes acuáticos!

¡Entrevista con el
nuevo Pelé!

¡Rosarito habla de
su futuro!

MARINA P

1

1 *"¡Cuidado!" Partido (match) de polo en Córdoba, Argentina. . . . Al argentino le fascinan los caballos y todos los deportes ecuestres (riding). Argentina, tierra del gaucho, tierra de la vasta pampa.*

2

2 *"Béisbol. Partidos todos los domingos en el Campo de la Elipa." ¿Y dónde ocurre esto? ¡En Madrid! Los tiempos cambian.*

3

3 *Un joven jugador de pelota (un tipo de "racquetball"), deporte popularísimo de España. (No está mal el muchacho, ¿verdad?)*

137

✸ A Disfrutar

Además del fútbol, muchos de los deportes que se juegan en el mundo hispánico son los mismos que jugamos aquí—tenis, vólibol, básquetbol (o "baloncesto") y béisbol, éste sobre todo en México, Colombia, Venezuela y la región del Caribe (Caribbean). Pero hay diferencias notables también. Por ejemplo, el hispano, siempre individualista, prefiere por lo general aquellos deportes de un jugador contra otro, no de equipos. Y por eso le gustan las carreras (races) de toda clase—de bicicleta, de motocicleta, de caballos, de todo. Y le encantan el esquí (sobre todo en Chile, Argentina y España), la natación (swimming), la lucha libre (wrestling), y en ciertas partes, hasta el boxeo. ¿Qué falta (is missing)? Tal vez sólo el "hockey".

"¡Así, chica, así!" Partido escolar (school) en Madrid. . . . Mucho más que en tiempos anteriores, las muchachas participan ahora en los deportes.

No todos los juegos hispanos son físicos. Estos jóvenes valencianos se concentran en un partido intenso de ajedrez (chess). ¿Lo juegas tal vez?

138

Tres vistas de México . . .

1 *Cancún. Los jóvenes corren por la playa, arrastrando un paracaídas (pulling a parachute) multicolor. Con la ayuda de una lancha de motor (motor boat), el paracaídas vuela por un tiempo sobre las aguas azules, y después . . . ¡Es mejor que uno sepa nadar (swim)!*

2 *Acapulco. El fabuloso lugar de vacaciones es famoso también por sus acróbatas acuáticos que saltan desde los altos riscos (cliffs) al mar. (Por favor, ¡no trate Ud. de imitarlos!)*

3 *La capital. Un tranquilo fin de semana, y la gente sale a remar (row) en el hermoso lago del Parque de Chapultepec—chicos, novios, mamá, papá. . . . Ahhhh. ¡Qué delicia!*

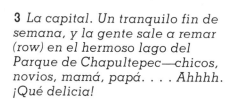

139

Partido de Jai-Alai

El "País Vasco" (Basque Country) no es realmente un país. Es una región pequeña en el norte de España, una tierra metida (set) entre los Montes Pirineos, una tierra que conserva fielmente (faithfully) sus tradiciones. Allí nació hace muchos años el juego que se llama "pelota vasca" o "jai-alai".

El "jai-alai" es uno de los juegos más rápidos y difíciles del mundo. En ciertos respectos es similar a nuestro "handball", pero se juega con cuatro paredes, no sólo una. Y el jugador recibe o lanza la pelota (hurls the ball) con una cesta atada (basket tied) a su mano. Curiosamente, los espectadores tienen su propia manera de participar en el juego también—¡haciendo apuestas (bets) sobre cada punto! . . . A propósito, hay frontones (jai-alai courts) ahora en los Estados Unidos también, desde Miami hasta Hartford, Connecticut. Ah, ¿no lo crees? Pues, ¿quieres apostar?

Partido de Fútbol

El fútbol (o sóquer) es más que un deporte hispánico. Es un delirio universal, jugado en 145 países del mundo. Pero para el hispano, es algo completamente suyo, es parte de su vida. Lo juega en sus escuelas y fábricas (factories), y con sus amigos los domingos por la tarde. Lo sigue en la televisión o, con suerte, en uno de los inmensos estadios (stadiums) construidos con ese motivo. Y cada cuatro años, cuando llega la Copa Mundial (World Cup), su pasión se convierte en histeria. "¡Vamos a ganar . . . a ganar!"

En realidad, el fútbol es uno de los deportes más viejos del mundo. Consiste en 90 minutos de acción sin parar (dos períodos de 45 minutos cada uno), y como en el "football" norteamericano, cada equipo tiene once jugadores. Pero a diferencia (unlike) del "football" nuestro, donde se usan las manos más que los pies, en el sóquer se usan los pies, la cabeza, el pecho (chest), los hombros (shoulders), cualquier (any) parte del cuerpo menos las manos, excepto en situaciones muy especiales. Y a diferencia del "football" también, en las competiciones profesionales se permiten solamente dos substituciones durante el partido. Pero si un jugador es expulsado por cualquier razón, ¡no se permite ninguna substitución! . . . " ¡Punto! . . . ¡Gol! . . . ¡¡Vamos a ganar!!"

Un hombre vestido de colores brillantes. Un toro negro, grande. Miles de voces gritando. Sangre (Blood) y arena. La corrida de toros (bullfight). La "fiesta brava". . . . En este viejo cartel (poster) del año 1947 se anuncia la participación de "Gitanillo de Triana", "Manolete" y "Dominguín", tres de los matadores más famosos de toda España. (A propósito, tal vez te interesa saber que hay corridas de toros en sólo cinco países latinoamericanos— México, Guatemala, Colombia, Ecuador y Perú.)

"Torito, ¿no quieres pelear?"

Se acerca el "momento de la verdad".

¿Sabías?

Aún (Even) en tiempos prehistóricos, le fascinaba al español el toro. En efecto, era uno de sus dioses (gods). Lo pintaba en las paredes de sus cuevas (caves). ¡Y al mismo tiempo, peleaba con él! En la Edad Media (Middle Ages), los nobles peleaban con toros bravos (wild) para mostrar su valor en competiciones regionales. En el siglo (century) XVI, el deporte de los nobles pasó a la plaza pública. Sólo en el siglo XIX se formaron las cuadrillas (troupes) profesionales y la fiesta brava llegó a ser un espectáculo popular.

La corrida es como un drama en tres actos. Suena un clarín (una clase de trompeta), y sale una procesión de todos los participantes (¡menos el toro, por supuesto!). Y después comienza el combate. El primer acto es el de los picadores (men with steel-tipped poles), montados a caballo. El segundo es el de los banderilleros (men carrying pointed darts), a pie. Y en el tercero viene el "momento de la verdad". El matador hace unos pases con su capa, y finalmente hunde su estoque (sinks his sword) en el cuerpo del animal. . . . ¿Crueldad? Sí. Pero para el español es también un espectáculo artístico, un combate hasta la muerte, realizado con la destreza (skill) de un ballet.

LECCIÓN 5

Las noticias del mundo
News of the world

periódico
newspaper

revista
magazine

la nación

el **país**
country, nation

guerra
war

pueblo
town; a people

el alcalde
mayor

marina
navy

ejército
army

Dinos

1. ¿Escuchas las noticias mucho en la radio? ¿O prefieres verlas en la televisión? ¿A qué horas son los programas de noticias aquí? ¿Te interesan más las noticias locales o las del mundo?

2. ¿Lees un periódico todos los días? ¿Cómo se llama el mejor periódico de tu ciudad (city) o pueblo? ¿Qué revistas te gustan más?

3. Hablando de noticias y de nuestro mundo, dinos: ¿Quién es presidente ahora de nuestro país? ¿Cuándo van a ser las próximas elecciones presidenciales?

4. ¿Cómo se llama el (o la) alcalde de este pueblo? ¿Sabes el nombre de un senador? ¿y de algún miembro del Congreso? ¿Deseas ser alcalde algún día? ¿gobernador(a)? ¿o general del Ejército? En tu opinión, ¿es necesaria la guerra?

5. ¿Hay algún miembro de tu familia en el Ejército? ¿en la Marina? ¿en la Fuerza Aérea? ¿Hay un(a) policía en tu familia? ¿Hay un bombero? ¿Te interesa a ti alguna de estas ocupaciones?

6. ¿Tuvieron Uds. recientemente una huelga importante en este pueblo? ¿Tuvieron alguna vez una huelga de los telefonistas? ¿una huelga en los trenes? ¿una huelga en una cárcel?

144

fuerza aérea
air force

la policía

la cárcel
jail

bombero
fireman

HUELGA

huelga
strike

HUELGA

Noticiero (Newscast)

Imagínate que trabajas en una estación de radio. En este momento son las seis de la tarde, hora de las noticias del mundo. Vamos a ver cómo llenas los blancos para completar este noticiero.

"Buenas _____, damas y _____. La Compañía _____ tiene el gusto de _____ las últimas _____ del _____.

"(*Nombre de un pueblo o ciudad*): El (La) (*presidente, alcalde, etc.*) de nuestro _____ acaba de anunciar la terminación de la huelga de los _____.

"(*Nombre de otro pueblo o ciudad*): La _____ está buscando al famoso criminal, (*nombre del ladrón*), que robó el _____ Nacional hace dos semanas.

"(*Nombre del mismo ladrón*) escapó de la cárcel (*dinos cuándo*). Se cree que está en (*indica dónde*).

"(*Nombre de la capital*): En una reunión especial celebrada (*indica cuándo*) en esta ciudad, los jefes del Ejército, de la _____ y de la _____ anunciaron que . . .

"¡Boletín! Interrumpimos este _____ para traerles un boletín . . . Según información semi-oficial, los bomberos van a declarar una _____, probablemente (*indica cuándo*). Todo el mundo espera que haya una resolución rápida de la crisis y que los _____ vuelvan pronto a su _____.

"_____, gracias por su atención. No se olviden Uds. de comprar _____, el mejor producto para su _____. Y les rogamos que escuchen mañana a la misma _____ nuestro _____. Hasta _____, entonces, gracias otra vez, y _____."

OBSERVACIONES

13. "Tired? — No, just occupied." — about past participles[1]

¿RECUERDAS?

¿Estás **cansada**?	Are you *tired*?
—No, sólo **ocupada**.	No, just *occupied*.
¿Dónde están **sentados**?	Where are they *seated*?

Cansado, ocupado, sentado are past participles you already know. Spanish past participles are usually formed like this:

A. The usual past participles

hablar: **hablado** spoken	dar: **dado** given
querer: **querido** dear, beloved	ir: **ido** gone

En otras palabras: **–ar** verbs change the infinitive ending to **–ado.**
–er and **–ir** verbs change it to **–ido.**

—— Práctica ——————————————————————

1. cansar: _____ (tired); descansar: _____ (rested)
2. vestir: _____ (dressed); perder: _____ (lost)
3. estar: _____ (been); ser: _____ (been — ¡también!)
4. casar: _____ (married); olvidar: _____ (forgotten)
5. lavar: _____ (washed); dormir: _____ (asleep)
6. parar: _____ (stopped, standing); sentar: _____ (seated, sitting)

B. The special forms

Actually, there are very few and there are some you already know.

abrir: **abierto** open	decir: **dicho** said, told
cubrir: **cubierto** covered	hacer: **hecho** made, done
morir: **muerto** dead	ver: **visto** seen
volver: **vuelto** returned	escribir: **escrito** written
poner: **puesto** put, turned on	romper: **roto** broken

---

[1] The past participle is a verb form that has no subject of its own. Most English past participles end in –ed: repeated, completed. Other common ones are: given, gone, seen, done, written, spoken, etc.

146

1. un frasco abierto; una caja _____
2. una mosca muerta; unas hormigas _____
3. el piso cubierto; las mesas _____
4. las luces puestas; el televisor _____
5. una cosa bien dicha; unas líneas bien _____
6. un trabajo bien hecho; una comida bien _____
7. un vaso roto; tres tazas _____
8. una cosa nunca vista; unos pájaros nunca _____

C. As you can see, the past participle is used very often as an adjective:

¿Por qué no estás vestido?	Why aren't you dressed?
—Porque estuve ocupado.	Because I was busy.
¿Estás enamorada, Julieta?	Are you in love, Juliet?
—Sí, Romeo, ¡pero no de ti!	Yes, Romeo, but not with you!
Y ahora, un ejercicio escrito.	And now, a written exercise.
—Por favor, ¡hoy no!	Please, not today!

Práctica

1 ¿Cómo asocias las ideas de los Grupos 1 y 2?

1	2
una ventana abierta	leer / hace calor / una fiesta de
un libro abierto	cumpleaños / Mata-Todo / una fila
paquetes envueltos (wrapped)	larga / no hay aire acondicionado /
en papel bonito	estudiar / rociar / noche / la
hormigas muertas	Navidad (Xmas) / una clase / un
las luces puestas	teatro o cine / un aniversario / aire
muchas personas sentadas juntas	fresco / una casa ocupada

2 Ahora contesta:

1. En este momento, ¿estás sentado(a)? ¿y tu profesor(a)?
2. ¿De qué color (o colores) estás vestigo(a) hoy? ¿y tu profesor(a)?
3. ¿Tienes un hermano casado (o una hermana casada)?
4. ¿Por cuántos años están casados tus padres?
5. ¿Están encendidas o apagadas en este momento las luces?
   Cuando Uds. llegaron hoy a la clase, ¿estaban encendidas ya?
6. ¿Estaban abiertas las ventanas? ¿Cómo están ahora — abiertas
   o cerradas?

14. The verb haber

A. **Haber** is a verb in a class by itself. For one thing, it has a one-of-a-kind impersonal form: **Hay** — "There is, There are . . ."

¿Hay un abogado en su familia?   Is there a lawyer in your family?
—¡Hay tres!   There are three!

Of course, the imperfect of **Hay** . . . is the regular **Había** . . .

¿Cuántas personas había?   How many people were there?
—Más de cien. Pero no había   More than a hundred. But there
nadie interesante.   was nobody interesting.

B. Aside from the impersonal **Hay** . . ., **haber** means "to have," but *only* when a past participle follows it: "to have gone, to have done, to have given," etc. Here is its present tense:

(yo)	he . . . I have (gone, etc.)	(nosotros)	hemos . . .
(tú)	has . . .	*(vosotros)*	*habéis . . .*
(Ud., él, ella)	ha . . .	(Uds., ellos)	han . . .

PLEASE: Don't mix these up with **tener**, which means "to have (possess) something"!

—— **Práctica** ———————————————————————————

Indica el presente de indicativo de **haber:**
1. yo _____
2. Rosa y yo _____
3. tú y yo _____
4. Uds. y yo _____
5. nosotros _____
6. tú _____
7. Ud. _____
8. Uds. _____
9. Ud. y Marta _____
10. Marta y María _____

REPASO RÁPIDO

1. The past participle is normally formed this way:
   –ar verbs: the infinitive ending changes to **–ado**: **hablado, amado.**
   –er and **–ir** verbs: the infinitive ending changes to **–ido**: **comido, ido.**
   Exceptions: **abierto, cubierto, muerto, vuelto, puesto**
               dicho, hecho, visto, escrito, roto

2. **Haber** means "to have (done, gone, etc.)." Until now we have seen
   it only in the impersonal expression **Hay . . .** "There is, there are."
   The present tense of **haber** is: **he, has, ha, hemos,** *habéis,* **han.**

Práctica

(You can check your answers in the back of the book.)

1 *Mira las ilustraciones y después completa las frases, usando el participio pasivo (past participle):*

1. Nando, ¿estás _____?

2. Están _____.

3. La carta ya está _____.

4. ¡Ay, qué mal _____ estaba!

5. Estaban _____ juntos.

6. ¡Gracias a Dios! Está _____.

2 *Finalmente, expresa en español, según los modelos:*

1. a well written program   un programa bien escrito

   a well done play   _____
   a badly done performance   _____
   a badly sewn dress   _____

2. a broken TV set   un televisor roto

   some broken dishes   _____
   the washed dishes   _____
   the stolen money   _____

Un genio ha inventado una
fórmula que . . .

¡Evacúen las casas! ¡El
gazpacho se está acercando!

CUENTO   EL TERROR ROSADO

The **Pink** Terror

Miguel Soler y Donado Vega están sentados en la Fila D del
Cine Luxe. Una joven entra y **se dirige** hacia ellos.   heads
Charita: Miguel . . . Donado . . .
Miguel: ¡Charita! Creíamos que no venías.
5 Donado: Sí. Creíamos que **no te atrevías.**   you didn't **dare**
Charita: ¡Hombre! Si **yo he visto** "Dientes" tres veces y   I've seen
   no he tenido miedo. Y "El hijo de Dientes", y "Dientes   I haven't been
   vuelve".   scared
Varias personas: Siéntese, ¿quiere? Chisss.
10 Charita (sentándose):   Ahora díganme, ¿qué **ha pasado?**   has happened
Miguel: Bueno, un **genio** científico ha inventado una fórmula   genius
   que hace que las cosas **se multipliquen** diez veces cada   multiply
   minuto.
Donado: Pero él no sabe que su fórmula ha contaminado el
15   aire de su propia casa.
Voces: ¡**Cállense!** Queremos oír.   Be **quiet!**
Miguel (en voz baja):   Pues la esposa del genio ha hecho una
   olla de **gazpacho.** Y ahora las moléculas de la sopa han   (a thick pink
   comenzado a multiplicarse.   Spanish soup)
20 Donado: Y el gazpacho ha **crecido** y ha invadido la casa   **grown**
   entera. Y ahora está **llenando** las calles, y . . .   **filling**
(En la **pantalla,** miles de personas corren gritando: screen
   "¡**Evacúen** las casas! ¡El gazpacho se está acercando!")   Evacuate
Charita: **Ya,** ya. Entiendo. Chisss.   OK

150

¿Qué puedo hacer yo?
¿Echarlo en la cárcel?

¡Yo tengo la solución! ¡En vez
de correr, vamos a comer!

¡Eusebio! ¡¡La hamburguesa
está creciendo!!

● (La escena cambia ahora a la **comisaría** de policía.)   headquarters
    Jefe (al teléfono):   Buenas tardes, señor alcalde . . . Bien,
        gracias, ¿Y Ud.? . . . Bueno, señor, no me gusta
        molestarlo en casa, pero parece que tenemos un pequeño
        problema . . . ¿Ah, Ud. ha visto los ríos rosados en las
30   calles? Pues señor, ¡son ríos de gazpacho! . . . Sí, Ud. ha
        oído bien. Gaz-pa- . . . Tres personas **se han ahogado** ya.   have drowned
    Charita: Eso no es nada. En "Dientes se casa con **Garras**",   Claws
        había cien personas muertas ya.
    Jefe: Créame, señor alcalde. Nuestro pueblo está en
35   **peligro.** El país está en peligro. El mundo entero . . . No,   danger
        señor, no he bebido nada . . . Pero señor, ¿qué puedo
        hacer yo? ¿**Echarlo** en la cárcel?   Throw it
        (Aparte) Ramos, el alcalde dice que llamemos a los
        bomberos.
40   Ramos: Los **hemos llamado**, señor. Están en huelga.   we have called
    Jefe: Pues llamemos entonces al presidente, al Ejército,
        a la Fuerza Aérea . . .
    Ramos: Mejor a la Marina, digo yo.
    Jefe: Al Ministro de **Salud** y de **Alimentación.**   Health; Food
45   Ramos: ¿Alimentación? ¿Alimentación, ha dicho Ud.?
        ¡Señor, estamos salvados! ¡Yo tengo la solución!
    Jefe: ¿Cuál es, Ramos? ¿Cuál es?
    Ramos: Es **sencillo. En vez de** correr, ¡vamos a comer!   simple. Instead of
        Ahora, si todo el mundo . . .
50   Jefe: ¡Brillante! Gracias, Ramos. (Al micrófono) El Jefe
        de Policía al Público . . . Buenas noticias. ¡La situación
        está salvada! Tomen sus cucharas y . . .
        (**Mientras tanto**, en la casa del genio científico, la   Meanwhile
        feliz **pareja se abraza**.)   couple embraces

55   Genio: Emilia, ¿**me perdonas**? He aprendido que hay   Do you **forgive** me?
               cosas más importantes en la vida que la ciencia.
        Esposa: Sí, querido. El mar de gazpacho está bajando y la
               crisis ha terminado. Pero . . . ¡Dios mío! ¿**Te has fijado**?   Have you **noticed**?
        Genio: ¿En qué, mi amor?
60   Esposa: En este plato de hamburguesa. ¡Eusebio! ¡¡La
               hamburguesa está creciendo!! (Música final)
       Miguel: Pues, ¿qué **te pareció**, Charita? ¿Te gustó?   did you think of it
       Charita: Así, así, Miguel. ¡Ojalá que "Hamburguesa" sea
               mejor!

—————Vamos a conversar—————

1. ¿Cómo se llama la película que fuimos a ver hoy? ¿Para quiénes no es recomendada? La verdad, ¿te gustan a ti esas películas?
2. ¿Dónde están sentados Miguel y Donado?
3. ¿Quién se dirige hacia ellos?
4. ¿Por qué creían que ella no venía?
5. ¿Tiene miedo Charita de esas películas? ¿Qué ha visto tres veces?
6. En esta película, ¿qué ha inventado el genio científico?
7. ¿Qué no sabe él?
8. ¿Qué ha preparado su esposa?
9. ¿Qué ha hecho el gazpacho? ¿Qué está llenando?
10. En la pantalla, ¿qué gritan las personas? Dime, ¿te puedes imaginar una situación como ésta?

  ● 1. ¿A dónde pasa ahora la escena?
     2. ¿Con quién está hablando el Jefe de Policía?
     3. Según él, ¿cuántas personas se han ahogado ya?
     4. En "Dientes se casa con Garras", ¿cuántas personas muertas había ya? ¿La afectó mucho a Charita esa "tragedia"? ¿Conoces a personas como ella?
     5. Volviendo a la película, ¿a quiénes recomienda el alcalde que llamen? ¿Por qué no van a venir?
     6. ¿A quiénes más quiere llamar el Jefe?
     7. ¿Qué solución ofrece Ramos? ¿Qué dice el Jefe al público?
     8. ¿Qué hacen el genio y su esposa ahora?
     9. ¿Qué observa de repente la esposa?
   10. Según eso, ¿cuál va a ser el título de la próxima película de "horror"? Hablando francamente, ¿son sólo para personas crueles esas películas? ¿Te consideras una persona "delicada" o fuerte (strong)? ¿Te consideras una persona cruel?

JUEGOS DE PALABRAS

1 *Llena otra vez los blancos.*

¡Peligro!
Danger!

atreverse a
to dare to

¿Te atreves a . . . _____?

la **pareja**
couple

abrazarse
to hug each other

Se _____ y
se _____.

Están muy
_____, ¿verdad?

3.

crecer
(crezco . . ., crecemos . . .)
to grow

4.

llenar
to fill

¿Qué está creciendo?   ¿Qué está llenando?

 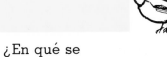

5.

fijarse en
to notice
something

¿En qué se
fijó Ud.?

en un _____ _____ _____ roto

153

6.

la **salud**
health

¿Son buenos o
malos para la salud?

¡Salud!   ¡Perdone!

perdonar
to forgive

7.

callarse
to hush up

¡No _____!
¡Cá . . .!

¡No hagas mucho _____!

2 Aquí tenemos cuatro palabras o expresiones muy comunes:

rosado pink   **sencillo** simple
mientras tanto meanwhile   **en vez de** instead of

A ver cómo las usas para completar estas frases:

1. ¿Has visto la película, "La Pantera ____"?   —No, ____ ir al cine,
   fuimos a un baile.
2. "____, en el rancho" (back at the ranch) . . .
3. ¡Dios mío! ¿Qué vamos a hacer con todo ese gazpacho?
   —Es ____. ____ de correr, ¡vamos a comer!
4. ¿Has visto alguna vez una sopa ____?   —¡Claro! Y carnes ____
   y helados ____ y tomates ____ y . . .   —Perdona. No dije nada.

OBSERVACIONES

15. "What have you done?" — the present perfect tense

¿RECUERDAS?

haber (to have . . .): he, has, ha, hemos, *habéis*, han
hablado, escrito, ido, venido (spoken, written, gone, come)

Now let's put them together, and we'll have the present perfect tense: "I have spoken, written, gone," etc.

A. What is a perfect tense?

It is a tense that has two parts to it: the first is a form of **haber** and the second is a past participle. **Haber** tells *when* the action took place. The past participle says what the action was.

B. What does present perfect mean?

It means that as of just now — the present — something took place. So Spanish uses the present tense of **haber**, and follows it with a past participle.

¿Dónde está Juan?	Where is John?
—**Ha salido.**	He *has gone* out. (Just a while ago.)
¿Lo **has terminado** ya?	*Have you finished* it already?
—Yo **he terminado.** Los otros **no han comenzado** todavía.	*I have finished.* The others *haven't started* yet.
¡**Hemos vuelto!** Y te **hemos traído** algo.	*We've come back!* And *we've brought* you something.
—¡Qué bien!	Great!

As you can see, object pronouns go before **haber.** There are no exceptions to this rule!

___ Actividades ___

1 ¿Has hablado . . .?   —Sí, he hablado . . .

1. ¿Has hablado con tus abuelos hoy? (Have you spoken . . .?)
2. ¿Los has visitado esta semana?
3. ¿Los has llamado por teléfono?
4. ¿Has hablado hoy con tu mejor amigo (amiga)?
5. ¿Lo (La) has visto hoy?
6. ¿Has peleado alguna vez con él (o con ella)?
7. ¿Le has gritado alguna vez?
8. ¿Le has pedido perdón después?

—Sí, he . . .
—No, no he . . .
—Sí, los he . . .   —No, . . .

2 ¿Ha ido Ud. . . .?   —Sí, he ido . . .

Vamos a hablar por un momento de una manera más formal.

1. ¿Ha ido Ud. alguna vez a otro país?   —Sí, he ido . . .
   (Have you ever gone . . .?)   —No, . . .
2. ¿Ha viajado dentro de nuestro país?
3. ¿Ha visto las Montañas Rocosas?
4. ¿Ha visto el Río Misisipí?
5. ¿Ha visto el Río Grande?
6. ¿Ha salvado Ud. alguna vez una vida?
7. ¿Ha matado Ud. alguna vez un animal?

3 ¿Han hecho Uds. . . .?   —Sí, hemos hecho . . .

1. ¿Han hecho Uds. bien estas lecciones?   —Sí, hemos . . .
   (Have you-all done . . .?)   —No, . . .
2. ¿Las han hecho completas?   —Sí, las . . .   —No, . . .
3. ¿Han escuchado las cintas también?
4. ¿Han escrito todos los ejercicios?
5. ¿Han hablado siempre en español? (Pues, ¿casi siempre?)

4 ¿Ha estado tu padre . . .?   —Sí, mi padre ha estado . . .

1. ¿Ha estado en el Ejército tu padre?
2. ¿Ha estado en la Marina?
3. ¿Ha estado en la Fuerza Aérea otro pariente tuyo?
4. ¿Se ha casado recientemente algún miembro de tu familia?   —Sí, . . .
   —No, . . . ningún miembro . . .
5. ¿Se ha puesto enfermo alguno? (¡Ojalá que no!)
6. ¿Se ha hecho rico o famoso alguno? (¡Ojalá que sí!)

5 ¿Han vivido tus padres . . .?   —Sí, mis . . .

1. ¿Han vivido en otro pueblo tus padres?
2. ¿Han vivido alguna vez en otro país?
3. ¿Han hecho otra clase de trabajo?

4. ¿Han vuelto recientemente de algún viaje?

5. ¿Se han divertido mucho en su vida?

Una observación más: Notice that the ending of the past participle never changes when it comes after **haber**. Only when you use it with **ser** or **estar** does it agree.

Hemos preparado la comida.   We have prepared the meal.
La comida **está preparada**.   The meal is prepared.

___ Práctica _____

1 *Cambia según las indicaciones:*

1. Luis ha trabajado mucho.
   Luis y yo _____.
   Tú _____.
   _____. (hacer)

2. ¿Ha llegado la policía?
   ¿_____ los bomberos?
   ¿_____? (volver)
   ¿_____? (morir)

3. No me he atrevido jamás.
   ¿No te _____?
   ¿No se ____ Ud. ____?
   ¿_____? (fijarse)

4. Lo hemos ensayado tres veces.
   _____. (ver)
   _____. (decir)
   Yo _____.

2 *Completa estas frases usando el presente perfecto de los verbos ilustrados:*

1. ¿Qué número ____ Ud.?

2. Pepita, ¿te ____ ya?

3. Elsa y yo ____ todos los muebles.

4. ¡Ay, no! ¡Me ____ otra vez!

5. Yo no ____ nunca.

6. Chicos, Uds. ____ mucho.

157

3 *Finalmente, ¿cómo relacionas tú los Grupos 1 y 2?*

	1	2
a.	¿Han vuelto ya los Salinas?	____¿Con qué? ¿Con Mata-Todo?
b.	He rociado todas las plantas.	____No, sólo hemos visto "El Horror Verde".
c.	¡Por fin, ha salido el sol!	____No. Se han ido al campo por tres semanas.
d.	¿Han visto Uds. "El Terror Rosado"?	____Entonces, ¿quieres ir a la playa?
e.	¿Ha anunciado algo importante el alcalde?	____Realmente, no hemos hecho nada.
f.	¡Gracias, mil gracias! ¡Uds. han salvado mi vida!	____No he podido. Se ha acabado el agua caliente.
g.	Pepe, ¿te has duchado ya?	____No sé. No he leído el periódico hoy.

REPASO RÁPIDO

The present perfect tense is made up of the present of **haber** + a past participle. It means:

I have gone (seen, written . . .) **He ido (visto, escrito . . .)**

The past participle always remains the same. It does *not* change with the subject of the verb.

Práctica

(You can check your answers in the back of the book.)

1 *Cambia rápidamente según el verbo nuevo:*
1. El pobre ha *perdido*. (morir) 2. ¿Has *mandado* el paquete? (abrir) 3. Los han *puesto* aquí. (cubrir) 4. No le he *perdonado* nunca. (escribir) 5. Nosotros no hemos *dicho* nada. (ver) 6. ¿Las han *matado*? (salvar)

2 *Ahora haz frases, usando estas expresiones y el presente perfecto.*
1. El gazpacho / llenar ya / las . . . / —¡. . .!
2. Mientras tanto, / . . . / estar / en mucho peligro. / —¡. . .!
3. El (La) . . . / llamar / a . . . / —¿Por qué? ¿Qué / pasar?
4. Miriam y yo / cubrir / . . . / con un(a) . . . verde. / —¡. . .!
5. ¿Tú / escribir / todas las . . .? / —¡Ay, no! Me / olvidar.

PANORAMA
EL MUNDO DE HOY

1 "Yo estoy con Uds." Juan Carlos de Borbón, que subió al trono (throne) a la muerte del Generalísimo Franco en 1975, es el primer rey (king) democrático de España. Según la constitución española, el rey tiene poca autoridad directa. Pero la popularidad del monarca con el pueblo y con el ejército ha contribuido mucho a la estabilidad de la nación.

2 Libros, revistas y periódicos de todas partes del mundo adornan este puesto (stand) en Madrid. Con la nueva libertad, el público español tiene a su disposición mucha materia literaria que antes estaba prohibida.

1

2

3 Mauricio Ferré, alcalde cubano de Miami, es sólo uno entre muchos hispanos que se han distinguido en la escena política norteamericana. Otros incluyen el gobernador Jerry Apodaca, mexicano-americano, de Nuevo México; el congresista Henry González, también mexicano-americano, de Texas; y el representante Roberto García, puertorriqueño, del Bronx, Nueva York.

4 Un transeúnte (passerby) forma parte de un mural cubano en un barrio populoso de Miami. "¡Cuidado, hombre, o lo van a dejar pintado allí!"

3

4

5 "Una nueva generación dice ¡No! al oleoducto (oil pipeline)." Temiendo la destrucción de sus peces (fish) y de su industria pesquera, este grupo ecológico lleva su protesta por las calles de San José, Costa Rica. En efecto, con la creciente (growing) industrialización de Latinoamérica, la contaminación del aire y del agua se ha agravado mucho en años recientes.

6 "Soda colombiana. ¡Compre la nuestra!" Una cartelera (billboard) en Barranquilla, Colombia, apela al patriotismo para comprar un producto local.

5

7

6

7 ¡Victoria feminista! Una joven policía hace su ronda (beat) en la capital mexicana. . . . La mujer hispana se encuentra bien establecida ahora en todas las profesiones y ocupaciones.

161

LECCIÓN 6

¡Viva la ciudad!

la catedral
cathedral

letrero
sign

¡Viva la Ciudad!

la ciudad
city

fábrica
factory

el parque
park

biblioteca
library

la gente
people

la calle

esquina
street corner

avenida
avenue

metro
subway

atestado
crowded

Dinos

1. ¿Vives dentro o fuera de la ciudad? Si vives fuera, ¿te gusta ir a visitarla? Si vives dentro, ¿es una ciudad grande o mediana (average)? ¿Tiene muchas fábricas? ¿y barrios comerciales? ¿y edificios altos? ¿y parques?

2. ¿Dónde prefieres vivir, en la ciudad o en el campo? ¿en una avenida grande o una calle "privada"? ¿Qué te parece la vida suburbana?

3. En tu opinión, ¿cuál es mejor — una vida tranquila o una vida muy activa? ¿Es más tranquila realmente la vida en el campo? ¿Es más difícil la vida en la ciudad?

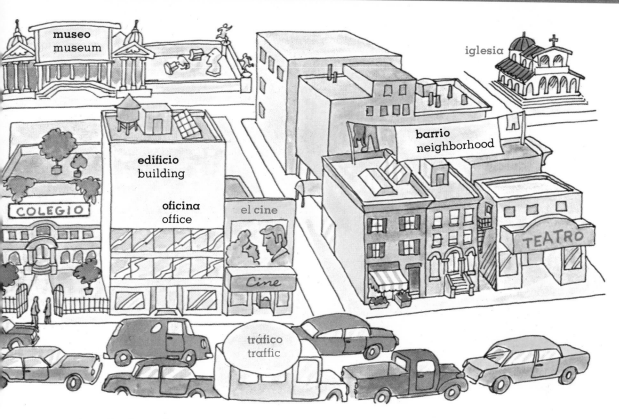

4. ¿Qué medios de transporte son más usados en la ciudad? ¿Hay una parada de autobús en tu esquina? ¿Hay una estación de metro? ¿Es necesario que cada familia tenga su propio coche en la ciudad? ¿y en el campo?

5. ¿A ti te importa si hay mucho tráfico en los caminos? ¿si hay mucha gente en las calles? ¿si las tiendas están muy atestadas? ¿si hay muchos letreros de neón? ¿Te gusta más asistir a una escuela grande o a una escuela pequeña? ¿Cuántos alumnos tiene (más o menos) la tuya?

6. Y una cosa más: En tu opinión, ¿cuáles son las mayores atracciones de la ciudad — los cines y teatros, las facilidades culturales o las oportunidades económicas? ¿Dónde trabajan tus padres? ¿Van Uds. frecuentemente al teatro? ¿Usan mucho las bibliotecas? ¿Visitan Uds. mucho los museos? A propósito, ¿hay una iglesia, una catedral o un templo cerca de tu casa?

Visitante de Venus

Imagínate que estás sentado (sentada) tranquilamente en tu casa cuando de repente suena el timbre de la puerta (doorbell). Vas a abrir y allí delante de ti está una persona rara — ¡un(a) visitante del planeta Venus! Por suerte, el (la) visitante habla perfecto español (¡lo estudió por muchos años allí en el colegio!), y tiene una gran curiosidad por conocer tu ciudad. Quiere saber, por ejemplo, . . .

Visitante	**Tú**
Buenos (buenas) . . . Yo me llamo . . . y vengo de . . .	*(Tú contestas cortésmente.)* —Pase Ud.
¿Sabe Ud.? He venido porque tengo muchos deseos de conocer esta ciudad. ¿Puede Ud. ayudarme?	*(Contesta otra vez muy cortésmente.)* —¿Qué desea Ud. saber?
Pues primero, dígame, ¿cuántas personas hay en . . .?	*(Dile un número aproximado.)*
¿Y cuáles son los lugares de interés?	*(Dile algo de los lugares más importantes — los centros municipales, los museos, teatros y salas de conciertos, etc.)*
¡No me diga! Pero, esto no es nada comparado con las cosas que tenemos en mi planeta. Por ejemplo, en mi ciudad hay . . . *(La persona comienza a decirnos cosas fantásticas de su propia ciudad.)*	—¡Qué maravilla! ¡Pero parece imposible! ¿Uds. tienen todo eso?
No, señor(ita). Pero en nuestro planeta, ¡está permitido mentir!	

OBSERVACIONES

16. "As crazy as you?" — equal comparisons

Estás loco, ¿sabes?	You're crazy, you know?
—¡Hombre! ¡Estás más loco que yo!	Man! You're crazier than I!
Adolfo era muy gordo, ¿no?	Adolfo was very fat, wasn't he?
—¡Menos gordo que ahora!	Less fat than now!

As you recall, **más** and **menos** make unequal comparisons. One person or thing is more . . . or less . . . than the other. Now we're going to learn how to make them equal.

A. **tan** so

¡Estamos tan cansados!	We're so tired!
—Pues descansen.	Well, rest.
Tú eres tan simpática, ¿sabes?	You are so nice, you know?
—Gracias. Y tú también.	Thanks. And you are, too.

B. **tan . . . como** as . . . as

¡Estamos tan cansados!	We're so tired!
—No **tan** cansados **como** yo.	Not as tired as I.
Tú eres tan simpática, ¿sabes?	You are so nice, you know?
—¡No **tan** simpática **como** tú!	Not as nice as you!
¡Uds. bailan tan bien!	You dance so well!
—¡Qué va! Todo el mundo baila	Go on! Everybody dances as well
tan bien **como** nosotros.	as we do.

In other words: **Tan** means "so" or "as." **Tan . . . como** means "as (tired, nice, well, etc.) as . . ." These are what we call equal comparisons.

1 *Estudia por un momento estas ilustraciones:*

león   abeja   elefante   jirafa   mula

zorro   _____   _____   buey   _____

Ahora completa estas comparaciones:

1. tan ocupado(a) como una . . .
2. tan cansado como un . . .
3. tan astuto (sly) como un . . .
4. tan feliz como un . . .
5. tan grande como un . . .
6. tan alto como una . . .
7. tan obstinado como una . . .
8. tan valiente (brave) como un . . .
9. tan rápido como un . . .
10. tan fuerte (strong) como un . . .

2 *Cambia a comparaciones iguales (equal comparisons).*
Por ejemplo:

Elvira es *más alta que* José.   Elvira es tan alta como José.
Lo hiciste *mejor que* ellos.   Lo hiciste tan bien como ellos.
Trabajo *menos despacio que* él.   Trabajo tan despacio como él.

1. ¡Estás *más loco que* yo! 2. Eran *más altos que* sus hermanos.
3. Manolo estaba *más seguro que* nosotros. 4. ¡Ojalá que sea *más bonita que* la primera! 5. Esta lección es *menos fácil que* las otras. 6. Isabel y David están *más juntos que* antes.
7. Hablas *más rápidamente que* un nativo. 8. ¡Ojalá que salgas *mejor que* ellos!

17. "As much as I?" — more equal comparisons

A. tanto   so much

¡No hables tanto!   Don't talk so much.
¡No hagas tanto ruido!   Don't make so much noise!

Tienes tanta suerte, ¿sabes?   You have so much luck, you know?
—¿Por qué? ¿Porque gané la lotería?   Why? Because I won the lottery?

B. tantos so many

¡Dios mío! ¡Ese chico tiene tantos amigos!	My goodness! That kid has so many friends!
—¡Y tantas amigas también!	And so many (girl)friends too!

C. tanto(a, os, as) . . . como as much (as many) . . . as

¡No hables tanto!	Don't talk so much.
—No hablo tanto como tú.	I don't talk as much as you.
Tienes tanta suerte, ¿sabes?	You have so much luck, you know?
—No tanta como otras personas.	Not as much as other people.
¿Hay tantas chicas como chicos en esta clase?	Are there as many girls as boys in this class?
—No sé. Pero hay tantos chicos como chicas.	I don't know. But there are as many boys as girls.

Importante: *Only* **tanto, tanta** can mean "as much" or "so much." *Only* **tantos, tantas** can mean "as many" or "so many." (*Never* use the word **mucho** after **tan!**)

Práctica

---

1 *Completa usando* **tanto(a, os, as) . . . como:**
1. Su esposo come _____ un caballo (horse).
2. ¡Y fuma _____ una chimenea!
3. Paquita es tan delgada.   —Es verdad. Pesa _____ una mosca.
4. Ese hombre gasta _____ dinero _____ un millonario.
5. Había _____ gente _____ hojas en un árbol.
6. Había _____ hormigas _____ arena en la playa.
7. Vimos _____ letreros _____ personas en las calles.
8. ¡Ojalá que nos den _____ turistas _____ la otra excursión!
9. Ayer recibimos _____ paquetes _____ cartas y postales.
10. ¡El año pasado tuvimos _____ huelgas _____ días de trabajo!

2 *Termina esta vez de una manera original:*
1. En mi _____ hay tantos (tantas) _____ como _____.
2. En esta ciudad hay _____ como _____.
3. ¿Por qué _____ tanto?   —Es _____ para la salud (health).
4. Si Uds. insisten en _____ tanto, voy a _____.
5. Hoy he _____ tanto _____ tú.   —¡No me digas!

REPASO RÁPIDO

Tan . . . como means "as . . . as." **Tanto(a, os, as) . . . como** means "as much (as many) . . . as." These are called equal comparisons.

Práctica

(You can check your answers in the back of the book.)

1 *Fíjate por un momento en estas ilustraciones. Entonces úsalas con* **tan** *o* **tanto(a, os, as)** *para completar cada frase.*

1. ¿Has comprado _____ como necesitas?

2. ¿Pagaste _____ como pedían?

3. Vendían _____ como periódicos.

4. No está _____ ahora como antes.

5. Las tiendas no estaban _____ como temíamos.

6. No están _____ como dicen.

2 *Ahora expresa en español:*

1. There are as many motorcycles as cars on the road.
   Hay _____ en el camino.
2. There were as many libraries as museums in that city.
   _____
3. Were there as many bus stops as subway stations?
   _____
4. I am so happy. —And we are as happy as you.
5. Why are you so tired? —Because I have worked so much today.
   ¿_____? —Porque _____.

Bienvenidos, señoras y
señores.

Te quiero tanto, Toni.
No tanto como yo a ti, Evita.

¿Me compras mi propia
jirafa, papá?

CUENTO EXCURSIÓN #2 DE LA LÍNEA AZUL   Tour

Las diez de la mañana. Un autobús lleno de turistas. Adela
Prado, la **guía**, está al micrófono.   guide
    Adela: **Bienvenidos**, señoras y señores. Me alegro de que   Welcome
      Uds. **hayan escogido** "La Ciudad **Antigua**" — Excursión   have chosen; old
5   Número 2.
    Un hombre en el **fondo**: Yo pensaba que era "Teatros y   back
      Cabarets" — Excursión Número 3.
    Adela: No, señor. Lo siento . . . Ahora bien, delante de
      nosotros tenemos los **jardines** del Parque Central.   gardens
10 El hombre: Dígame, señorita, ¿huele **tan rico** la guía del   so great
      otro bus?
    (Una joven habla con su nuevo esposo.)
    Ella: Toni, ¿tú crees que la guía es bonita?
    Él: No tan bonita como tú, Evita.
15 Una vieja: Perdone, señorita, pero ¿dijo Ud. el Parque
      "Municipal"?
    Ella: Te quiero tanto, Toni.
    Él: No tanto como te quiero a ti, Evita.
    Adela: Y a la derecha, el **Jardín Zoológico**.   Zoo
20 Una niña: Mamá, quiero ver una **jirafa**. Mamá, . . .   giraffe
    Su hermano menor: Yo también. Quiero ver . . .
    La niña: ¿Me compras mi propia jirafa, papá?
    Hermano menor: ¿Y una para mí, papá?
    Adela: Y la Catedral Vieja, construida en el año . . .
25 (Dos personas al **frente** del bus hablan.)   front
    1: Me sorprende. Realmente me sorprende.
    2: ¿Qué? ¿Que **hayan construido** la catedral?   they've built

Señorita, ¿quién construyó
la catedral?

¡Si no me llevan a las
jirafas, voy a vomitar!

Realmente, señorita, ¿ésta
no es la Excursión 3?

1: No. Que tú **hayas dicho tal** cosa.	have said such a
2: ¿Que yo haya dicho . . . qué? ¿Cuándo?	
30 1: ¡Inocente! ¡**Inocentón**!	You innocent thing!
Adela: Y la Plaza Mayor, con tantos edificios **antiguos** . . .	old
La vieja: Perdone, señorita. ¿Quién construyó la catedral?	

  ● 2 (furioso): ¡Qué va! ¡Yo no soy ningún inocentón!

     1: ¡Ajá! Entonces lo confiesas.

35 2: ¿Qué? Yo no confieso nada.

     1: ¿Ah, no? Tú lo dijiste, "Yo no soy ningún . . ."

Adela: ¡Por favor! . . . Ahora, a la izquierda, el Metro
      Municipal. Y en la otra esquina, . . .

La niña: Mira, mamá. Voy a saltar **por** la ventana.	through
40 Hermano menor: Yo también. Voy a saltar . . .	

Adela: ¡¡Cuidado!! . . . Y la Biblioteca . . . No, el Museo
      Nacional.

2 (gritando): ¡**Basta**! Ahora lo entiendo todo.	That's enough!

     1: ¿Qué entiendes? ¿Exactamente qué entiendes?

45 2: Si tú no lo sabes, no te lo voy a contar.

Adela: Y la Avenida de Megijamejo. Perdonen. El barrio
      de Gemijamejo. No, . . .

El hombre: Señorita, ¿cuándo llegamos al cabaret?

    Ella: Toni, te amo tanto como a mi propia vida.

50 Él: Evita, te amo más que a mi vida. Tú eres la **única** . . .	only one

La niña: ¡Si no me llevan a las jirafas, voy a vomitar!

Hermano menor: Yo también. Si no me llevan a las
      jirafas, . . .

La vieja: Perdone, pero, ¿cómo se escribe "Gemojamijo"?

55 El hombre: Realmente, señorita, ¿ésta no es la Excursión
      Número 3?

1. ¿A qué hora comienza nuestro cuento?
2. ¿Dónde estamos? ¿Quién es la guía? ¿La recuerdas de otro cuento?
3. ¿Qué parte de la ciudad va a visitar esta excursión?
4. ¿Qué deseaba ver el hombre en el fondo?
5. ¿Quiénes son algunas de las otras personas en la excursión?
6. ¿A dónde quieren ir los dos niños? ¿Cuántos años de edad crees que tienen? Cuando tú eras pequeño (pequeña), ¿te fascinaba también el Jardín Zoológico?
7. ¿Qué quiere la niña que su papá le compre? ¿Y qué quiere su hermanito también? La verdad, ¿has pedido tú alguna vez una cosa ridícula a tus padres?
8. ¿Quiénes están sentados en el frente del bus? En tu opinión, ¿son dos hombres? ¿un hombre y una mujer? ¿dos mujeres? ¿Son jóvenes, viejos o de edad mediana?
9. De todas estas personas, ¿quién parece tener más interés en la excursión?
10. De todas estas personas, ¿quién te parece a ti la más interesante?

1. ¿Por qué se pone furioso uno de los individuos del frente? ¿Qué relación crees que hay entre estas dos personas?
2. ¿Qué señala (points out) Adela a la izquierda?
3. ¿Qué dice la niña que va a hacer? ¿y su hermanito?
4. ¿A qué avenida llegamos ahora?
5. ¿Cómo sabemos que Adela se ha puesto muy nerviosa?
6. ¿Qué le pregunta ahora el hombre del fondo? ¿Por qué piensas que está en esta excursión?
7. ¿De qué hablan todavía los dos enamorados? ¿Puedes repetir algunas de sus palabras?
8. ¿Qué va a hacer la niña si no la llevan a las jirafas? ¿y su hermano menor? Francamente, ¿eras tú así? ¿Era así tu hermano o hermana menor?
9. ¿Qué quiere saber ahora la vieja? ¿Y qué pregunta otra vez el hombre?
10. ¿Has tomado tú alguna vez una excursión como ésta? ¿Te interesa conocer ciudades nuevas? ¿Qué partes de la ciudad te gusta más ver?

JUEGOS DE PALABRAS

1.

guía   **¡Bienvenidos!**   **excursión**   ¿Hacen Uds. excursiones?
guide   Welcome!   tour   ¿Conoce Ud. a un(a) guía?

2.

¡Bienvenidos . . .   al **jardín** botánico!   al _____ zoológico!   a nuestra _____!
               garden

3.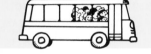

el **fondo**   el **frente**   ¿Dónde están?   al _____   al _____
back   front

4.

escoger   ¿Qué han escogido?   unos _____   una cosa **única**
(escojo)   only one; unique
to choose

5.

construir   ¿Qué estan construyendo?   _____   _____   _____
(construyo)
to build

6.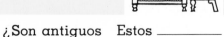

antiguo   ¿Son antiguos   Estos _____   Esta _____   Este _____
old, antique   o modernos?   son _____.   es _____.   es _____.

7. ¡Basta!
   That's enough!

OBSERVACIONES

18. "I hope they have gone!" — the present perfect subjunctive

This is the present perfect tense of **ir** — the present indicative of **haber** + **ido**. Now what happens when we express our emotions about it? Vamos a ver . . .

A. The present subjunctive of **haber**
As if you didn't know, the present subjunctive of **haber** is:

haya	hayamos
hayas	*hayáis*
haya	hayan

Yes, this is the one that rhymes exactly with **ir** — **vaya**.

We have already used **haber** by itself in the impersonal "There is . . ., There are . . ."

Hay mucha gente hoy.	There's a good crowd today.
¡Ojalá que haya mucha gente!	Oh, if only there's a good crowd!
Hay más de cien personas.	There are more than 100 people.
¡Espero que haya más de mil!	I hope there are more than 1000!

173

B. Haya (hayas, etc.) + a past participle gives us the present perfect subjunctive. We use it whenever we express emotion about what *has happened.*

Elsa ha estado enferma.	Elsa has been sick.
—Siento que haya estado enferma.	I'm sorry that she has been sick.
—Tememos que haya estado enferma.	We're afraid that she has been sick.
—No me sorprende que haya estado enferma.	It doesn't surprise me that she has been sick.
Han vuelto.	They have come back.
—Me alegro de que hayan vuelto.	I'm glad that they have come back.
—No me gusta que hayan vuelto.	I don't like that they've come back.
—¿Te molesta que hayan vuelto?	Does it bother you that they have come back?

—— **Práctica** ————————————————————————

1 *Cambia:*

1. ¡Ojalá que no hayan muerto!
   ¡_____! (pelear)
   Espero que Uds. ____.
   No nos gusta ____.

2. Siento que haya sufrido tanto.
   ____ tú ____.
   _____. (trabajar)
   ____ ellos ____.

3. Nos sorprende que lo hayas dicho.
   _____. (hacer)
   Me molesta ____.
   Se alegra de que ____.

4. Esperamos que se hayan casado.
   Tememos ____.
   _____. (atreverse)
   ¡Ojalá que no ____!

2 *Esta vez completa con las palabras indicadas.*
Por ejemplo:

Lo han escogido. (Me alegro de que . . .)
Me alegro de que lo hayan escogido.

1. Ha limpiado la cocina. (Me gusta que . . .)
2. No se ha olvidado. (¡Ojalá que . . .!)
3. Ha resultado bien la función. (Esperamos que . . .)
4. ¡Has dicho una cosa tan mala! (Me sorprende que . . .)
5. Hemos roto la lámpara. (No le gusta que . . .)
6. Lo han cubierto. (Espero que . . .)
7. No se han apagado las luces. (¡Ojalá que . . .!)
8. No le he escrito nunca. (Le molesta que . . .)

REPASO RÁPIDO

1. The present subjunctive of **haber** is: **haya, hayas, haya, hayamos,** *hayáis,* **hayan.**

2. The present perfect subjunctive is made up of **haya, hayas,** etc. + a past participle. It is used when we express our feelings about what *has happened:*

Espero que hayas ganado.   I hope that you have won.
Sienten que no hayamos ido.   They're sorry that we haven't gone.

Práctica

(You can check your answers in the back of the book.)

1 *Mira las ilustraciones y después úsalas para formar frases completas. (Recuerda: Tenemos que usar siempre el presente perfecto del subjuntivo.)*

1. ¡Ojalá que
   el niño   haya _____!   se _____!   se _____!

2. Nos alegramos
   de que Uds.   _____   _____   lo _____.

3. No es justo
   que tú   _____ tanto.   lo _____.   _____

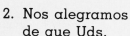

2 *Finalmente, termina de tu propia manera, usando siempre* **haya**, *etc.*

1. Me alegro mucho de que . . .
2. ¿Te sorprende que yo . . .?
3. No les gusta que nosotros . . .
4. ¡Ojalá que todo el mundo . . .!

PANORAMA
PUEBLOS Y CIUDADES

1 Gente. Coches. Letreros. Congestión. Un barrio comercial típico de México, D.F. La capital mexicana ha crecido mucho en los últimos diez años. Tiene más de 14 millones de habitantes ahora, y se piensa que va a tener unos 30 millones para el año 2000.

2 A pesar de (In spite of) sus millones de pasajeros diarios, el metro mexicano se conserva eficiente y limpio. ¡Mira, nada de "graffiti"!

3 Compañeros de trabajo. . . . La vida es tranquila y los cambios vienen lentamente a Santillana del Mar, España. En efecto, la diferencia entre campo y ciudad es mucho más notable en los países hispanos que en los Estados Unidos.

4 Cuzco, la antigua capital de los incas es una fascinante mezcla (mixture) de arquitectura española colonial y de tradición nativa. Situada en los altos Andes, tiene relativamente poco contacto con el mundo moderno de fuera.

5 Por otra parte, en el centro de la capital guatemalteca, los edificios altos se levantan majestuosamente. La Ciudad de Guatemala ha sido destruida muchas veces por temblores de tierra (earthquakes). Pero cada vez, la gente la reconstruye, ¡y adelante! "Así es la vida, hombre."

6 El sol de la tarde descansa sobre los barcos de los pescadores (fishermen) en el puerto de San Sebastián, España. Esta hermosa ciudad del norte tiene realmente dos caras—una moderna y "sofisticada", la otra pintoresca (picturesque) y tradicional.

177

LECCIÓN 7

¿De qué es?
What's it made of?

piedra
stone

cemento
cement

plástico
plastic

acero
steel

vidrio
glass

ladrillos
bricks

madera
wood

Dinos

1. ¿Es de madera o de ladrillos tu casa? ¿Tiene piedra también? ¿Tiene mucho vidrio? ¿De qué es esta escuela? . . . A propósito, ¿cómo completas la frase: "Si uno vive en una casa de . . ., no debe tirar (throw) . . ."?

2. ¿De qué es la silla en que estás sentado (sentada)? ¿Es de tela el asiento? ¿Es de cuero? ¿Es de plástico? ¿Es de nilón o poliestro? ¿De qué son las sillas de tu cocina? ¿y de tu sala?

3. ¿Qué pesa más, el acero o el aluminio? ¿el plástico o el vidrio? ¿Qué metales usan mayormente en un avión? ¿en un coche? ¿Qué metales se usan más con los diamantes?

4. ¿Qué usan Uds. para calentar (heat) su casa — el carbón, el petróleo, el gas o la electricidad? ¿Tienen Uds. un sistema de energía solar? ¿Lo has visto funcionar alguna vez? ¿Has visto alguna vez un coche eléctrico?

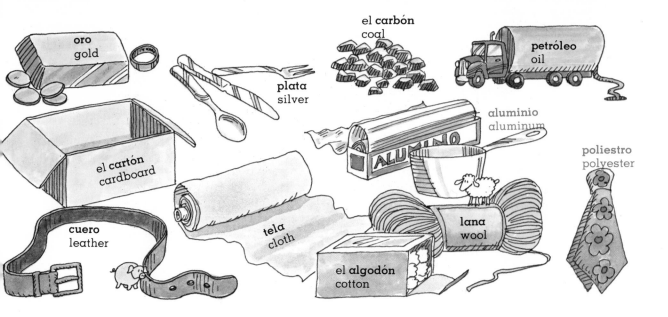

oro
gold

el **carbón**
coal

plata
silver

petróleo
oil

aluminio
aluminum

el **cartón**
cardboard

poliestro
polyester

cuero
leather

tela
cloth

lana
wool

el **algodón**
cotton

5. Ahora dinos rápidamente: ¿De qué son estas cosas? . . . una alfombra . . . un jersey . . . un suéter . . . una camisa o una blusa . . . un vestido de verano . . . un traje de invierno . . . un espejo . . . una mesa . . . un par de zapatos . . . un paraguas . . . una bombilla . . . un mantel . . . una olla . . . una jarra . . . una bicicleta . . . un boleto . . . un frasco de perfume . . . un frasco de champú . . . una toalla . . . una navaja . . . una caja . . . un periódico y una revista . . . unos calcetines . . . una cartera . . . un letrero . . .

¡Adivina qué es! (Guess what it is!)

Mira bien por un momento todas las cosas que hay en tu clase — los muebles, las paredes y las cosas que hay en ellas, el cielo raso, las lámparas, la ropa de tus amigos. Ahora escoge en tu imaginación una cosa y dinos: "La cosa en que pienso es de . . ." (Dinos solamente de qué es.) Ahora tus amigos van a tratar de adivinar. "¿Es más grande que mi mano?" "¿Es tan pequeña como una hormiga?" "¿Es verde . . . azul . . . amarilla . . .?" "¿Es una cosa única o hay muchas iguales?" Por supuesto, la persona que lo adivina tiene el derecho de continuar.

OBSERVACIONES

19. "Where will I go?" — the future tense (singular)

¿RECUERDAS?

Yo voy a comenzar.	I'm going to begin.
¿Abrimos las ventanas?	Shall we open the windows?
¿Quién va a ganar?	Who's going to win?

A. We've talked about future things many times. But instead of saying: "I will . . .," we've said, "I'm going to . . ." Or we've simply used the present tense, with the idea that something is going to happen at any moment now. Well, all this is perfectly correct. But Spanish has a real future tense as well.[1]

B. Notice that the future tense has only one set of endings for all three conjugations. And we add them onto the *whole infinitive*, not just to the stem! Por ejemplo:

—— Actividades ——

1 ¿Hablará Ud. . . .? —Sí, hablaré . . .

Vamos a ser un poco más formales por el momento.

1. ¿Hablará Ud. con sus abuelos hoy? (Will you speak . . .?)   —Sí, hablaré . . . (Yes, I'll speak . . .) —No, no . . .

2. ¿Hablará con sus vecinos?
3. ¿Irá al cine esta tarde? (Will you go . . .?)   —Sí, iré . . . —No, . . .
4. ¿Irá a alguna tienda?
5. ¿Volverá temprano o tarde a casa?   —Volveré . . .
6. ¿A qué hora comerá esta tarde?   —Comeré a la(s) . . .
7. ¿Leerá después el periódico (o una revista)?
8. ¿Mirará la televisión?
9. ¿Qué programas verá?
10. ¿A qué hora se acostará?   —Me acostaré a . . .

---

[1]The future tense in Spanish has two uses. It tells what will happen, or it guesses what *probably is* happening: **Será José.** It will be Joe. Or: It probably is Joe.

Ahora, volviendo a nuestra manera informal, contestemos otra vez:

2 ¿Comerás . . .?   —Sí, comeré . . .

1. ¿Comerás con tu familia esta noche?
2. ¿Ayudarás a preparar la comida?
3. ¿Cocinarás algo especial?
4. ¿Lavarás después los platos?
5. ¿Llamarás por teléfono a alguien?
6. ¿Jugarás un poco con tus hermanos?
7. ¿Escribirás tus lecciones para mañana?
8. ¿Te bañarás esta noche, o mañana por la mañana?
9. ¿Irás temprano a la cama?
10. ¿Te dormirás inmediatamente?
11. ¿A qué hora te despertarás mañana?

3 ¿Lloverá mañana?   —Sí, lloverá . . .

1. En tu opinión, ¿lloverá mañana?
2. ¿Nevará?
3. ¿Brillará el sol?
4. ¿En qué meses lloverá más este año?
5. ¿En qué meses nevará más?
6. Si haces una cosa mala, ¿te perdonará tu padre?
7. ¿Te castigará tu madre?
8. Si necesitas algo, ¿te ayudará tu familia?
9. Si no entiendes algo en la escuela, ¿quién te lo explicará?

Here are the normal singular forms of the future tense:

	hablar	comer	vivir
(yo)	hablaré (I will speak)	comeré	viviré
(tú)	hablarás	comerás	vivirás
(Ud., él, ella)	hablará	comerá	vivirá

1 *Indica las formas correctas del futuro:*

1. Yo _____ _____ _____ Me _____.

2. Tú, Paquita _____ _____ te _____. te _____.

3. Su hijo _____ _____ se _____. se _____.

2 *Cambia ahora al futuro.*
Por ejemplo:

Voy a caminar . . .   Caminaré.

¿Te vas a olvidar? . . .   ¿Te olvidarás?

El jefe me lo va a dar . . .   El jefe me lo dará.

1. Mañana *voy a ensayar.*   2. Ahora lo *voy a sacar.*   3. ¿No lo *vas a romper?*   4. ¿Cuándo me *vas a pagar?*   5. Mañana seguramente *va a llover.* —¡Qué va! *Va a nevar.*   6. Ese radio tuyo nunca *va a funcionar.*   7. ¿Mario nunca se *va a vestir?*   8. Ud. lo *va a cocinar,* ¿verdad?   9. Por supuesto, se *va a cuidar,* ¿eh?   10. ¿Quién se *va a atrever?*

3 *Contesta esta vez escogiendo la alternativa más lógica:*
1. Si un ladrón ha robado mi cartera, ¿iré a los bomberos o a la policía? (Ud. . . .)   2. Si quiero perder peso, ¿tomaré mi café con crema y azúcar o negro? ¿Comeré lechuga con tomate o maíz con mantequilla?   3. Si quieres saber las noticias cada día, ¿leerás un periódico o una revista? (Yo . . .)   4. Si te gusta ver

árboles y pájaros, ¿caminarás en el parque o visitarás una biblioteca?   5. Si quieres ver mejor en el teatro, ¿te sentarás al fondo o al frente?   6. Si uno tiene prisa para llegar a Europa, ¿irá por mar o volará?   7. Si uno quiere subir al último piso de un edificio grande, ¿tomará el ascensor o la escalera? 8. Si Marta se casa con Miguel, ¿qué será la madre de Miguel — su suegra o su cuñada?   9. Si está haciendo mucho frío, ¿llevará Ud. un abrigo de lana o pantalones cortos y una camisa de algodón?   10. Si su lámpara no se enciende de repente, ¿comprará Ud. otra inmediatamente o le cambiará primero la bombilla?   11. Si Ud. está cansado (cansada) de contestar tantas preguntas, ¿continuará este ejercicio o pasará al próximo?

20. "What will we do?" — the future tense (plural)

_____ Actividades _____

1 ¿Irán Uds. . . .?   —Sí, iremos . . .

1. ¿Irán Uds. a más clases hoy? (Will you-all go . . .?)	—Sí, iremos . . . (Yes, we'll go . . .) —No, . . .
2. ¿Irán Uds. al laboratorio después?	
3. ¿Terminarán Uds. esta lección hoy?	—Sí, terminaremos . . . —No, . . .
4. ¿La olvidarán mañana? (¡Ojalá que no!)	
5. Si alguien necesita su ayuda, ¿se la darán?	—Sí, se la . . .
6. Si yo necesito un poco de dinero, ¿me lo prestarán?	
7. Si les ruego que estudien más, ¿me lo prometerán?	
8. Si hay mucho peligro en hacer algo, ¿se atreverán?	—Sí, nos . . . —No, . . .

2 ¿Te llamarán . . .?   —Sí, me llamarán . . .

1. ¿Te llamarán hoy algunos amigos?
2. ¿Te invitarán a algún lugar?
3. ¿Te mandarán a alguna parte tus padres?

4. Si tienes algún problema, ¿te ayudarán?
5. Si no entiendes algo, ¿te lo explicarán?
6. Si deseas algo para tu cuarto, ¿te lo comprarán?
7. Si te prometen algo, ¿siempre te lo darán?
8. Si los invitamos a una función en el colegio, ¿asistirán?
9. Si tú haces una cosa muy mala, ¿ellos sufrirán?
10. Si tú eres feliz, ¿se alegrarán?

Here are the plural forms of the future tense:

	hablar	**comer**	**vivir**
(nosotros, as)	hablaremos (we will speak)	comeremos	viviremos
(vosotros, as)	*hablaréis*	*comeréis*	*viviréis*
(ellos, ellas, Uds.)	hablarán	comerán	vivirán

— Práctica —

1 *Cambia según el verbo nuevo:*
1. ¿Caminaremos? (andar, seguir, confesar)
2. Nos sentaremos allí. (divertirnos, bañarnos, quedarnos)
3. Se lo dejaremos todo. (traer, llenar, cubrir)
4. Lo usarán mañana. (acabar, comenzar, ver)
5. ¿Las servirán Uds.? (repetir, encender, apagar)
6. ¿Se acercarán ahora? (callarse, despertarse, abrazarse)

2 *Haz plurales las palabras indicadas.*
Por ejemplo: *Yo se lo ofreceré.*   Nosotros se lo ofreceremos.
            ¿Tú te atreverás?   ¿Uds. se atreverán?
            ¿Quién lo recibirá?   ¿Quiénes los recibirán?

1. *El pescado olerá* muy mal.   2. *Esa planta* no *crecerá.*   3. ¿Por qué no *la repetirá Ud.?*   4. *¿Tú* nos *mentirás?*   5. ¿Se reirá de mí?   6. No *lo molestaré* más.   7. Se *la pediré* mañana.   8. Ya no *seré* su enemigo.   9. *Me vestiré* en dos minutos. (¡Cuidado!)
10. ¿*Le gustará* este asiento?   11. Seguramente, les *gustará* esa excursión.   12. ¿*Se alegrará Ud.* de verla?

3 *Ahora, ¿cómo relacionas los Grupos 1 y 2?*

1	2
a. Dicen que mañana será un día muy hermoso.	____Eso les costará una fortuna.
b. ¿Dónde cogeremos el autobús?	____La visita a la ciudad antigua.
c. ¿Cómo recordarás tantas cosas?	____Hay una parada en la esquina.
d. ¿Qué excursión escogerán Uds.?	____Las aprenderé de memoria.
e. Estoy segura de que no se atreverán.	____Al contrario. Acabo de oír en la radio que lloverá.
f. Construirán una casa grande de piedra y de vidrio.	____¡Qué va! El alcalde jamás la permitirá.
g. Iremos a Italia y Portugal.	____¿Por qué no? Ellos no tienen miedo de nada.
h. Los bomberos declararán una huelga.	____Entonces, ¿cuánto tiempo pasarán en Europa?

REPASO RÁPIDO

Here are the usual forms of the future tense:

	hablar	comer	vivir
(yo)	hablaré	comeré	viviré
(tú)	hablarás	comerás	vivirás
(él, ella, Ud.)	hablará	comerá	vivirá
(nosotros, as)	hablaremos	comeremos	viviremos
(vosotros, as)	*hablaréis*	*comeréis*	*viviréis*
(ellos, ellas, Uds.)	hablarán	comerán	vivirán

Práctica

(You can check your answers in the back of the book.)
Completa usando la forma correcta del futuro:

1. ¿El televisor? Yo lo ____. (arreglar)
2. ¿Los papeles principales? David y yo los ____. (ensayar)
3. ¿La tela verde? Si quieren, el dependiente se la ____. (traer)
4. ¿En ese barrio? ¡No! Allí mi esposa y yo no ____. (vivir)
5. ¡Cuidado con aquellos vasos! —¡Qué va! Yo no los ____. (romper)
6. ¿Me prometes que no ____? (olvidarte) —Yo no ____. (olvidarme)
7. ¡Ojalá que nadie lo vea! —Está bien. Nadie ____. (fijarse)
8. ¿Quiénes ____? (ir) —Mucha gente. Pero Riqui y tú ____ los primeros. (ser)

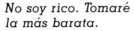

No soy rico. Tomaré
la más barata.

Habrá gas y electricidad . . .
con la fortuna de 50 pesos.

CUENTO MADAMA LOLA

Estamos en un cuarto **oscuro**. Un hombre nervioso está	dark
parado en la puerta. Las **cortinas** del fondo se abren, y	standing; curtains
Madama Lola entra.	
Madama (misteriosamente): Siéntese, señor.	
5 Sr.: Gracias, Madama. Yo soy Edgar Gómez. Tengo **cita** para	an appointment
las tres.	
Madama: Lo sé. Los **espíritus** me lo han comunicado.	spirits
Sr.: ¡Qué cosa! . . . Dígame, Madama, ¿cómo viviré mi vida?	
¿Qué me pasará?	
10 Madama: Depende, señor. ¿Qué fortuna escogerá?	
Sr.: No soy un hombre rico. Tomaré la **más barata**.	cheapest
(**Le entrega** 20 pesos.)	He **hands** her
Madama: Bueno, Ud. decidirá . . . (Una música **extraña**	strange
comienza.) Cierre los ojos, Edgar Gómez. En un minuto	
15 los abrirá. Y el Espejo Mágico **le dirá lo que** el futuro	will tell you **what**
traerá.	
Sr.: ¡Qué maravilla! ¡Qué suerte! ¡Ojalá . . .!	
Madama: Mire, Edgar. Ésta será su casa. (Sobre el espejo	
grande ha **aparecido** una casa vieja y rota.)	appeared
20 Sr.: Pero, ¿tan pequeña? ¿Tan fea? Por lo menos, ¿será	
de ladrillos? ¿Será de madera?	
Madama: No. Las paredes serán de plástico, y las ventanas,	
de celofán.	
Sr.: Y . . . y mi esposa, ¿dónde estará?	
25 Madama: En la cocina, haciendo el **fuego** con un poco de	fire
carbón.	
Sr.: ¡Por Dios! ¿Tan pobres seremos? ¿**No habrá** gas ni	Won't there be
electricidad? ¿**No tendremos calefacción**?	Won't we have heat?

*Si escoge Ud. la fortuna
de cien pesos . . .*

*Un poco costoso, pero . . .
con el dinero que yo haré . . .*

*Ahora díganos, Madama . . .
¿Qué maravillas nos pasarán?*

Madama: No, señor. Sólo con la fortuna de 50 pesos, no con
30   la fortuna más barata.
    (Edgar saca 30 pesos del bolsillo y se los da.)
    Sr.:   Rápido, Madama Lola. **Muéstremela.**   Show it to me.

● (Oímos una música más **alegre,** y aparece en el espejo una   joyful
    casa **preciosa** de vidrio y de piedra.)   lovely
35 Sr.:   Bueno. Así será mejor.
    Madama: Ahora en un momento, Sr. Gómez, su esposa
        saldrá. Y detrás de ella, sus hijos **vendrán.**   will come out; will come
    Sr.:   ¡Qué bien! . . . Pero dígame, ¿ésa será ella — con ese
        vestido viejo de algodón? ¿Y así andarán mis hijos, con
40   zapatos de cartón? Mire, Madama, yo no pido telas finas.
        Yo no pido oro ni plata. Pero por lo menos, ¿**no podrán**   won't they be able
        tener un abrigo de lana?
    Madama: Claro, si escoge Ud. la fortuna de cien pesos.
        Con ésa, **aun** botas de cuero tendrán.   even
45 (Diez minutos más tarde, Edgar sale del cuarto oscuro. Un
    joven se acerca a él.)
    Joven: Perdone, señor, pero ¿cómo le fue?
    Sr.:   Un poco **costoso,** pero ¿qué importa — con el dinero   expensive
        que **yo haré?**   I will make
50 (El joven sonríe y entra en el cuarto.)
    Joven: Buenas tardes, Madama Lola. Yo soy Cuco López.
        (Le entrega un **montón de monedas.**) Tomaré la fortuna   pile of **coins**
        de cien pesos.
    Madama: Fantástico. Ahora cierre los ojos. En un . . .
55 Joven: Espere, Madama. Mis **socios querrán** ver esto también.   partners will want
        (Abre la puerta y unos 20 jóvenes entran.)
        Ahora díganos, Madama Lola, ¿qué **será de** nuestras   will become of
        vidas? ¿Qué **maravillas** nos pasarán?   wonderful things

1. ¿Cómo es el cuarto de Madama Lola? ¿Qué hay al fondo? ¿Has visto tú alguna vez un cuarto como ése?

2. ¿Quién entra? ¿Para qué hora tiene cita el nuevo cliente? A propósito, ¿recuerdas a esta persona de *Hola, Amigos*?

3. ¿Qué quiere Edgar que Madama Lola le diga?

4. Según Madama, ¿de qué dependerá? ¿Tienen el mismo precio todas sus "fortunas"?

5. ¿Qué fortuna tomará Edgar? ¿Cuánto cuesta?

6. ¿Qué cosa revelará su futuro?

7. Cuando Edgar abre los ojos, ¿qué ve en el espejo mágico? Según eso, ¿será de ladrillos su casa futura? ¿Será de madera? ¿De qué serán las paredes? ¿De qué serán las ventanas?

8. ¿Dónde estará su esposa? ¿Qué estará haciendo?

9. ¿Habrá gas y electricidad en esa casa? ¿Por qué no?

10. ¿Qué saca Edgar del bolsillo? ¿Qué le dice a Madama Lola? En tu opinión, ¿es Edgar un hombre inteligente o tonto?

1. Cuando Edgar paga los treinta pesos más, ¿qué música oye?

2. ¿Qué casa aparece ahora en el espejo mágico?

3. En un momento, ¿quién saldrá de esa casa? ¿Quiénes vendrán después?

4. ¿Cómo estará vestida su esposa?

5. ¿Cómo andarán sus hijos?

6. ¿Qué clase de abrigo quiere Edgar que tengan por lo menos?

7. ¿Qué cosas están incluidas (included) con la fortuna de cien pesos?

8. Cuando Edgar sale del cuarto, ¿está triste o contento? ¿Ha gastado mucho o poco dinero? ¿Quién se acerca a él?

9. ¿Cuánto dinero le entrega Cuco a Madama Lola? ¿Para cuántas personas será esa fortuna? Un poco de matemáticas: ¿Cuánto le costará a cada una?

10. ¿Has ido tú alguna vez a una adivina (fortune teller)? En tu opinión, ¿hay personas con talentos sobrenaturales (supernatural)? ¿Crees tú en ellas? ¿Creen en ellas tus padres?

JUEGOS DE PALABRAS

1 *Llena los blancos.*

1.

fuego
fire

Si hay fuego,
¿llamaremos . . .   a los _____?   a la _____?   al _____?

2.

cortinas
curtains

_____ **baratas**
cheap

_____ **costosas**
expensive

Dinos,
¿es barato
o costoso?   un _____ de oro

3.

alegre
happy, joyful

_____   ¿Están alegres
o tristes?

_____   _____

4.

moneda
coin

¿Cuál te gusta más?   una _____ **preciosa**
precious

un _____ **precioso**
cute

5.

parado
standing

¿Están sentados
o parados?

¿Dónde están parados?   ¿Recuerda Ud.?

6.

aparecer (aparezco)
to appear

mostrar (muestro)
to show

¿Qué más
le muestra?

un _____ mágico

7.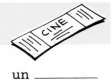

entregar
to hand over, deliver

¿Qué me
entregarán?   unas _____   un _____   un _____

2 Pequeños pero importantes:

aun   even, until   **lo que**   what   (not "What?")

Ahora completa, por favor:

1. Este perfume es costoso. Aquél es _____ más costoso.
   —¡_____ yo sé eso!
2. _____ ellos piden es imposible.   —_____ los otros pidieron fue peor.
3. ¿Qué me cuenta? ¿_____ en el ascensor está prohibido fumar?
   —Sí, señor, en todo el edificio.
4. ¿Has oído _____ me prometieron?   —Sí. Pero _____ dicen y _____ hacen son dos cosas muy diferentes.

OBSERVACIONES

21. Special future patterns

As you know, the future normally adds its endings onto the whole infinitive.

A.   A few infinitives suffered some wear and tear over the centuries. And this is what became of them.
(Notice that the same all-purpose endings still remain!)

saber (to know): sabré, sabrás, sabrá, sabremos, *sabréis*, sabrán
haber (to have . . .): habré, _____, _____, _____, _____, _____
poder (to be able): podré, _____, _____, _____, _____, _____
querer (to want; love): querré, _____, _____, _____, _____, _____
hacer (to make; do): haré, _____, _____, _____, _____, _____
decir (to say; tell): diré, _____, _____, _____, _____, _____

B. With a few others, an extra **d** sound crept in.

> **venir** (to come): vendré, vendrás, vendrá, vendremos, *vendréis*, vendrán
> **tener** (to have): tendré, _____, _____, _____, _____, _____
> **poner** (to put): pondré, _____, _____, _____, _____, _____
> **salir** (to go out): saldré, _____, _____, _____, _____, _____
> **valer** (to be worth): valdré, _____, _____, _____, _____, _____

Práctica

1 *Cambia según las indicaciones:*

1. Saldré temprano.
   Los otros _____.
   _____. (venir)
   ¿Tú _____?

2. Lola lo hará.
   _____. (decir)
   _____. (tener)
   Lola y yo _____.

3. ¿Podrán hacerlo?
   _____. (querer)
   _____. (saber)
   ¿(Yo) _____?

4. ¿Qué haremos?
   ¿_____? (decirle)
   ¿_____ Uds.?
   ¿_____ (tú)?

2 *Esta vez completa usando el futuro del mismo verbo.*
Por ejemplo: ¡Ojalá que *vengan*! —Sí, sí, vendrán.

1. ¡Ojalá que *tengamos* tiempo! —Sí, sí, lo _____.
2. Siento que no *hayan venido*. —Tenga paciencia. Pronto _____.
3. Espero que no se *pongan* nerviosos. —¡Qué va! No se _____ nerviosos.
4. Espero que *salgas* bien en tu examen. —Gracias. Creo que sí _____ bien.
5. Siento que se *haya puesto* mal de salud. —Sí, pero pronto se _____ mejor.
6. Espero que *valga* tanto dinero. —¡Cómo no! _____ más.
7. ¡Ojalá que no *hagan* nada malo! —¡Qué va! Jamás _____ nada malo.
8. ¡Ojalá que no *sepan* la verdad! —¿Qué importa? La _____ algún día.
9. Espero que *podamos* entenderla. —No habrá problema. Uds. la _____.
10. ¡Ojalá que nadie se lo *diga*! —Seguramente, alguien se lo _____.

3 *Finalmente, lee en voz alta este diálogo, y contesta las preguntas:*
Ahora, ¿me prometerán una cosa?

—¿Qué?

—Que comerán bien y que no harán mucho ruido. Y que se acostarán temprano y que . . .

—Pero ésas son muchas cosas, no sólo una.

—No importa. Nosotros vendremos en dos o tres horas, y querremos encontrarlos en la cama.

—Bueno. ¿Y qué nos traerán? . . . ¿Tendrán algo para nosotros? . . . ¿Qué nos traerán?

1. ¿Quiénes están hablando aquí?
2. ¿Qué tendrán que prometer los chicos?
3. ¿A qué hora crees que volverán los padres?
4. ¿A dónde crees que irán?
5. ¿Crees que les traerán algo? Por ejemplo, ¿qué les podrán traer?
6. En tu opinión, ¿es justo dejar solos en casa a los niños? ¿Lo han hecho a veces tus padres? ¿Y cuando tú eras pequeño(a)?

REPASO RÁPIDO

A few verbs have irregular future forms. But the endings always remain the same as the ones for any other verb.

saber: sabré, sabrás . . .	**venir:** vendré, vendrás . . .
haber: habré	**tener:** tendré
poder: podré	**poner:** pondré
querer: querré	**salir:** saldré
hacer: haré	**valer:** valdré
decir: diré	

Práctica

(You can check your answers in the back of the book.)
Completa usando el futuro del verbo correcto:

1. No sé si yo ____ suficiente dinero. (tener, haber) (¡Cuidado!)
2. ¿Las ____ Uds. en esta jarra o en la otra? (poner, poder)
3. ¿A qué hora ____ (tú) del colegio? (salir, saber)
4. ¿Quién ____ lo que ha pasado? (subir, saber)
5. ¿Me ____ Ud. un gran favor? (hacer, haber)
6. ¿Qué les ____ Adela y yo? (decir, venir)
7. Tú ____ primero y yo ____ después, ¿verdad? (valer, venir)

PANORAMA
HECHO A MANO

No hay duda. La industria moderna ha llegado al mundo hispánico, y la producción "en masa" ha crecido mucho. Pero los hispanos sienten todavía un profundo deseo de trabajar con las manos, de crear una obra (work) de arte, no sólo un objeto práctico, funcional.

1 Un artista pinta de colores brillantes una hermosa jarra para agua. Guerrero, México. (Dime, ¿te gusta? ¿Quieres comprarla?)

2 Flores, figuras y pájaros de oro sobre una base de metal negro. Éste es el arte "damasquinado" (Damascene) de Toledo, España. (¿De dónde viene el nombre "damasquinado"? De Damasco, Siria, donde esta forma artística se originó.)

3 "Mira, hijo, como tu mamá lo hace." Los indios de Huancayo, Perú, crean sus propias obras de arte talladas en calabazas (carved on gourds). Según evidencia científica, esta técnica decorativa ya existía hace 3000 años. ¡Y las calabazas eran usadas para hacer platos, tazas y otras cosas 13,000 años antes de Jesucristo!

4 ¿Qué te parece esta colección de cerámica toledana? Las jarras que se ven aquí utilizan los mismos moldes y colores que se usaban en tiempos antiguos. (A propósito, la segunda jarra a la derecha en la segunda fila es la que yo compré. Si vienes a mi casa algún día, te la mostraré.)

5 "Paciencia. Poco a poco se llega a la perfección." El artesano guatemalteco no se ha olvidado del antiguo modo de tejer (weaving), y se dedica a su arte con gran intensidad.

6 Una joven cubana hace un mantel precioso de "crochet".

7 Haciendo alfombras a mano en una pequeña fábrica ecuatoriana. . . . Se dice que las alfombras hechas a mano son más fuertes y finas, y que los colores se conservan para siempre.

¿Cómo lo describiremos?

extraño
strange

dulce
sweet

peligroso
dangerous

aburrido
bored, boring

fuerte
strong

débil
weak

Dinos

1. ¿Has estado alguna vez en una situación peligrosa? ¿Has hecho alguna vez una cosa peligrosa? En tu opinión, ¿cuáles son las ocupaciones más peligrosas? ¿Te interesan a ti? ¿Hay algún miembro de tu familia en una de esas profesiones?

2. En tu opinión, ¿es aburrida la vida sin peligro? ¿O es más interesante? ¿Buscas tú a veces el peligro? ¿Te gustan las carreras (races) de coches? ¿Te gusta manejar muy rápidamente? ¿Te gusta andar en motocicleta? ¿Te gusta la corrida de toros (bullfight)?

3. ¿Conoces a una persona realmente extraña? ¿O por lo menos, bastante extraña? Generalmente, ¿quiénes son más interesantes — las personas un poco extrañas o las personas muy normales? ¿Te gusta la música extraña? ¿la ropa extraña? ¿y la comida?

vacío
empty

caliente
hot, warm

frío
cold

linda
pretty, beautiful

sucia
dirty

demasiados
too many

demasiado
too much

bastante
enough;
quite a bit

flaco
skinny

4. Hablando de comida, ¿te gustan mucho los dulces? ¿Comes demasiados dulces? ¿Comes bastantes vegetales? ¿Y bastante fruta fresca? ¿Prefieres un desayuno frío o caliente? ¿y el almuerzo? ¿y la comida? ¿Te gusta tener a veces el estómago completamente vacío? ¿Te gusta tenerlo completamente lleno?

5. Volviendo a otras cosas, dinos: En tu opinión, ¿quién es la persona más fuerte de tu familia (fuerte de carácter, no sólo de cuerpo)? ¿Quién es la persona más débil? ¿la persona más linda? ¿la más alta? ¿la más flaca? ¿Quién tiene siempre el cuarto más limpio? ¿y el más sucio?

Visita al psiquiatra

Primero, vamos a escribir en papelitos separados los adjetivos siguientes y los pondremos en una caja de cartón.

flaco, sencillo, barato, costoso, feliz, triste, extraño, precioso, débil, fuerte, limpio, sucio, tonto, loco, aburrido, peligroso

Ahora pon tú por lo menos ocho adjetivos adicionales . . . Y comencemos. Imagínate que has ido a consultar a un psiquiatra famoso. El único problema es que tienes la memoria un poco débil. Y así, la caja tendrá que ayudarte cada vez con alguna palabra. Por ejemplo:

Tú: Doctor, tengo un problema muy *(saca una palabra de la caja)*. ¿Puede Ud. ayudarme?

Dr.: ¡Cómo no! ¿Quiere Ud. comenzar desde el principio?

Tú: Muy bien. Yo soy de una familia *(saca otra palabra)*. Mi padre es una persona ____. Mi madre es aun más ____ que él. Mi hermana mayor es ____. Y mis hermanos son tan ____ como ella.

Dr.: ¡No me diga! Continúe Ud.

Tú: Tengo dos primos que son bastante ____, un tío que es bastante ____, y una tía que es demasiado ____. ¡Es terrible, terrible!

Dr.: Sí, me lo imagino. Pero dígame algo ahora de Ud.

Tú: ¿De mí? Pues yo soy ____ y ____ y ____ y ____.

Dr.: ¡Qué lata! ¿Nada más?

Tú: No, doctor. Ahora le ruego que Ud. me diga lo que piensa de mí.

Dr.: Francamente, amigo (amiga), no hay más adjetivos para describirlo (describirla). Buena suerte, y adiós . . . Cien pesos, por favor.

OBSERVACIONES

22. "Where would I go?" — the conditional tense (singular)

¿RECUERDAS?

Iré mañana.	I will go tomorrow.
Te prometo que iré.	I promise you that I'll go.

The future tense tells what *will* be, what *is going to happen*, as of now (the present).

A.   What is the conditional tense?
It is a tense that tells what *would* be, what *was going to happen*, as of *then* (some time in the past).

Present ⟶ Future
Prometo que **iré**.   I promise (now) that I will go.

Past ⟶ Conditional
Prometí que **iría**.   I promised (then) that I would go.

It also tells what *would happen* if . . .

¿Qué contestaría Ud.?   What would you answer (if they asked)?

¿Quién lo creería?   Who would believe it (if he heard it)?

B. Just like the future tense, it has only one set of endings, and those are normally added to the *whole* infinitive.

—— Actividades ————————————————————

1 ¿Hablaría Ud. . . .?   —Sí, hablaría . . .

1. ¿Hablaría Ud. español o francés con   —Hablaría . . .
   un mexicano? (Would you speak . . .?)   (I would speak . . .)
2. ¿Qué hablaría con un brasileño —
   español o portugués?
3. ¿Qué lengua hablaría Ud. en
   Tokio — chino o japonés?

Imagínese que había fuego en su casa.

4. ¿A quién llamaría — a la policía o
   a los bomberos?   —Llamaría a . . .
5. ¿Trataría de apagarlo Ud. solo (sola)? —Sí, . . . yo solo (sola).
   (Would you try to . . .?)   —No, . . .
6. ¿Pediría ayuda a sus vecinos?

Imagínese que había un ladrón en su
casa.

7. ¿A quién llamaría — a los bomberos
   o a la policía?
8. ¿Trataría de cogerlo Ud. solo (sola)?   —Sí, . . . yo solo (sola).
                                            —No, . . .
9. ¿Le entregaría todo su dinero?

2 ¿Tú hablarías . . .?   —Sí, hablaría . . .

Imagínate que era la medianoche y que estabas solo (sola) en una
estación de metro. De repente, una persona un poco "extraña" se
acercaba y quería sentarse contigo. Dinos . . .

1. ¿Hablarías con él (o con ella)?   —Sí, hablaría . . .
   (Would you speak . . .?)   —No, . . .
2. ¿Tratarías de conocerlo (conocerla)
   un poco más?
3. ¿Cambiarías tu asiento?
4. ¿Buscarías un teléfono para llamar
   a la policía?
5. ¿Temerías algún peligro?
6. ¿Irías a otra estación?

Imagínate que era la medianoche y que estabas solo (sola) en una parada de autobús. De repente, una persona muy bien vestida se acercaba y quería hablar contigo. Dinos . . . ¿cómo contestarías ahora estas mismas preguntas?

3 ¿Tu amigo te llamaría . . .? —Sí, me llamaría . . .

1. ¿Dijo tu mejor amigo (amiga) que te llamaría hoy?   —Sí, mi mejor amigo dijo . . .
       —No, . . .
2. ¿Dijo que te vería esta tarde?
3. ¿Dijo que iría contigo al cine?
4. ¿Dijo tu madre que trabajaría hoy?
5. ¿Dijo que visitaría a una parienta o amiga suya?
6. ¿Dijo que iría hoy a un almacén?
7. ¿Prometió que te traería algo?
8. ¿Te gustaría a ti trabajar en vez de estudiar? (Would you like . . .?)   —Sí, me gustaría . . .
       —No, no me gustaría . . .
9. ¿Te gustaría no trabajar nunca?

Here are the regular singular forms of the conditional tense:

	hablar	**comer**	**vivir**
(yo)	hablaría (I would speak)	comería	viviría
(tú)	hablarías	comerías	vivirías
(él, ella, Ud.)	hablaría	comería	viviría

— **Práctica** —

1 *Indica las formas correctas del condicional:*

1. Yo: _____ _____ _____ Me _____.

2. ¿Tú . . .? _____ _____ ¿Te _____? ¿Te _____?

3. ¿Ud. . . .? _____ _____ ¿Se _____? ¿Se _____?

2 *Cambia ahora al condicional:*

1. Yo no lo *cambiaré* por nada. 2. ¿Te *quedarás* toda la semana?
3. ¿Qué *pensará* el jefe? 4. Jamás se los *daré*. 5. ¿Lo *creerás*?
6. El pescado *olerá* mal. 7. ¿Mi cuñada *mentirá*? 8. ¿No se
parará el tráfico? 9. ¿Te *cuidarás* mucho? 10. Ella no *aparecerá* aquí.

3 *Cambia según el modelo.*
Por ejemplo:

Dice que no fumará más. (Dijo . . .) <u>Dijo que no fumaría más.</u>

1. Dice que me lo prestará. (Dijo . . .) 2. ¿Prometes que la
ayudarás? (¿Prometiste . . .?) 3. Creo que lloverá. (Creía . . .)
4. Pienso que Elena será la única. (Pensaba . . .) 5. Parece que
el médico lo salvará. (Parecía . . .) 6. ¿A qué hora dice que
volverá? 7. ¿Crees que se reirá de ti? (Creías . . .) 8. Jura que
nos pagará. (Juró . . .)

23. "What would we do?" — the conditional tense (plural)

—— **Actividades** ————————————————————————————————

1 ¿Lo permitirían Uds.? —Sí, lo permitiríamos . . .

Imagínense Uds. que había en su clase una persona que nunca
estudiaba. Y cuando llegaban los exámenes, siempre copiaba de
sus vecinos. Aparentemente, su profesor(a) no lo sabía y le daba
muy buenas notas (grades).

1. ¿Lo permitirían Uds.?
   (Would you-all permit it?)

2. ¿Ayudarían Uds. a esa persona a
   copiar?

3. ¿Cubrirían sus papeles durante el
   examen?

4. ¿Informarían Uds. al maestro
   (a la maestra)?

5. ¿Le hablarían Uds. en privado?

6. ¿Serían Uds. amigos suyos?

7. ¿Invitarían a esa persona a sus
   fiestas?

8. ¿Le prestarían dinero?

9. ¿Respetarían mucho a esa persona?

—Sí, lo permitiríamos . . .
(Yes, we would . . .)

2 ¿Lo permitirían tus padres?   —Sí, mis padres . . .

Imagínate ahora que tenías unos amigos que no les gustaban a tus padres. Pero tú estabas loco (loca) por ellos. Querías salir siempre con ellos. Querías invitarlos frecuentemente a tu casa.

1. ¿Lo permitirían tus padres?
2. ¿Los recibirían tus padres cortésmente?
3. ¿Les ofrecerían comida?
4. ¿Los invitarían a quedarse a dormir?
5. ¿Te permitirían salir mucho con ellos?
6. ¿Tratarían de castigarte de alguna manera?
7. ¿Te quitarían parte de tu dinero?
8. ¿Se reirían de ti y te criticarían?
9. Por fin, ¿los aceptarían?
(La verdad, ¿ha pasado esto alguna vez en tu casa?)

Here are the regular plural forms of the conditional tense:

	hablar	comer	vivir
(nosotros, as)	hablaríamos (we would speak)	comeríamos	viviríamos
(vosotros, as)	hablaríais	comeríais	viviríais
(ellos, ellas, Uds.)	hablarían	comerían	vivirían

___ Práctica _____

1 *Cambia según el verbo nuevo:*
1. ¿A ese hombre? No, jamás lo *perdonaríamos.* (escoger, aceptar, creer)
2. ¡Qué lata! Nosotros no *nos olvidaríamos.* (reírnos, atrevernos, callarnos)
3. ¡Qué va! Esos planes *resultarían* mal. (funcionar, acabar, estar)
4. ¿Marielena y José? Decidieron que *volverían* en junio. (casarse, irse, visitarnos)

2 *Esta vez cambia todas las palabras indicadas:*
1. ¿No *prometiste* que *te acostarías temprano?*
   ¿_____ Uds. que se _____ a la medianoche?
2. Aquel *día* yo no *creía* que *vería el sol.*
   _____ noche nosotros _____ que _____ la luna.
3. *Pía y Octavio* eran *primos.* ¿Por qué no se *abrazarían?*
   _____ yo _____ novios. ¿Por qué no nos _____?
4. *Alicia* dijo que *cubriría la mesa* con otro *mantel.*
   Los dueños _____ que _____ las ventanas _____ cortinas.

REPASO RÁPIDO

1. The conditional tense tells what *would happen* (if . . .) or what *was going to happen*.
2. Its one set of endings are normally added to the infinitive.

	hablar	**comer**	**vivir**
(yo)	hablaría	comería	viviría
(tú)	hablarías	comerías	vivirías
(él, ella, Ud.)	hablaría	comería	viviría
(nosotros, as)	hablaríamos	comeríamos	viviríamos
(vosotros, as)	*hablaríais*	*comeríais*	*viviríais*
(ellos, ellas, Uds.)	hablarían	comerían	vivirían

Práctica

(You can check your answers in the back of the book.)
Completa usando el condicional del verbo más lógico:

1. ¡No lo creo! El jefe nunca ＿＿ al enemigo nuestros secretos. (entregar, recibir)
2. Es verdad que hizo mal. Pero seguramente sus propios padres la ＿＿. (conocer, perdonar)
3. No nos gusta mucho el barrio. Nosotros no ＿＿ aquí una casa tan costosa. (mostrar, construir)
4. Lo siento, señor, pero ya no se puede arreglar este coche. Yo le ＿＿ un coche nuevo. (recomendar, servir)
5. ¡No me digas! ¿Tú ＿＿ a hacer una cosa tan peligrosa? (atreverte, fijarte)

Expresa en español:

1. Lola says that his future life will appear on the magic mirror.
   Lola dice que su vida futura ＿＿ en el ＿＿ mágico.

   Lola said that his future life would appear on that mirror.
   Lola dijo ＿＿＿＿.

2. Would his children wear only a cotton shirt and cardboard shoes?
   ¿Sus hijos ＿＿ sólo una camisa de ＿＿ y zapatos de ＿＿?

   Would his children live in an old wooden house with paper windows?
   ¿Sus hijos ＿＿ una casa vieja de ＿＿ con ＿＿?

¿Nico? . . . Toño . . .
Mis padres han salido.

Pero . . . Me dio pena
dejar a Toño y Chita.

¿Cuco? . . . Nico . . . ¿te
gustaría ir a una fiesta?

CUENTO ANIVERSARIO

Apartamento 4B. Toño Romero está al teléfono.

Toño: ¿Nico? . . . Habla Toño . . . Óyeme, ¿**podrías** venir   would you be able
a mi casa? . . . Mis padres han salido y Chita y yo
estamos solos. ¡Qué aburrido! . . . Chita, mi hermana.
5 . . . Sí, la **fea** flaca. Espera . . . ¡Chita! ¡Chi-ta! ¿A qué   ugly
hora dijeron que volverían mamá y papá?

Chita: ¿Por qué quieres saberlo?

Toño: **Porque sí**, nada más.   Just because

Chita: Entonces no te lo diré.

10 Toño: Chita, ¿sabes? Algún día me gustaría darte un . . .

Chita: ¿Ah, sí? Se lo contaré a mamá.

Toño: (otra vez al teléfono) ¿Nico? . . . Óyeme. Llama a los
otros chicos y diles . . .

Sr. Romero: ¡**Qué delicia**, Sarita! Tú y yo solos. Como en   What a pleasure
15 nuestra primera **cita**. ¿Recuerdas este restaurante?   date

Sra.:   Claro, Bernardo. Todo está fantástico. Pero, ¿sabes?
Me dio pena dejar a Toño y Chita.   I felt bad about

Sr.:   Ah, Sarita, no seas así. No son pequeños ya.

Sra.:   Es verdad. Pero . . .

20 Sr.:   Dijeron que verían un poco la televisión y que irían
a la cama. Nada más.

Sra.:   ¡Pobres! ¡Ojalá que ellos **disfruten** también!   have fun

Sr.:   **No te preocupes**. Disfrutarán. Disfrutarán.   Don't **worry**.

Nico (al teléfono):   ¿Cuco? . . . Nico aquí. Óyeme, ¿te
25 gustaría ir a una fiesta? . . . **Ahora mismo** . . . Pues llama   right now
a los otros y diles . . .

Era mamá . . . ¡Dios mío!   ¡La alfombra está tan sucia!   ¿Oyes, Pablo?
                                                             ¡Otra vez!

● (Media hora más tarde. El 4B está lleno de chicos. Bailan,
  ríen, juegan, comen, cantan, gritan, saltan, corren.)
  Toño: Por favor, no hagan demasiado ruido. Por la menor
30   cosa, los vecinos **se quejarían**.   would **complain**
  (Oímos las voces de diferentes chicos.)
  1: ¡Miren! Yo puedo **tocar** el cielo raso. ¡Ayyyyyyyyy!   touch
  2: Chalo, ¿no te dije que era peligrosa esa silla?
  3: ¡Uf! ¿Quién **echó sal a** la limonada?   threw salt into
35 4: ¿No te gusta? Antes estaba demasiado dulce.
  5: ¿Tú crees que soy débil? Soy más fuerte que tú.
  6: ¡Qué va! ¿Tú podrías levantar esta mesa **redonda**?   **round**
  5: **Por supuesto**. Con una mano la podría levantar, ¡con   **Of course**
      todos los platos encima!
40 6: No te creo.
  5: Pues, ¿quieres ver? ¿Cuánto me **apostarías**?   would you **bet**
  Chita: ¡Toño, mira! ¡La **pecera** está vacía!   fish bowl
  Toño: Chisss. ¡El teléfono! ¡Silencio! . . . ¿Sí? . . . Sí,
          mamá . . . Bien, mamá . . . Bueno, adiós, mamá . . . Chita,
45   **era** mamá.   it was
  Chita: Lo sé. ¿Qué dijo?
  Toño: Que en quince minutos ella y papá **vendrían** y que   would come
          saldríamos todos juntos. Que su aniversario no sería we would go out
          nada sin nosotros.
50 Chita: ¿Sabes? Mamá es un poco extraña.
  Toño: ¿Un poco? ¡Bastante! . . . Escuchen, chicos. La fiesta
          se acabó. En diez minutos todo tiene que estar limpio.   is over
          Cuco, **en seguida,** quita los vasos y las servilletas. Roque, right away
          echa la basura. Felipe, . . . ¡Dios mío! ¡La alfombra está   throw out the
55   tan sucia!   garbage
  Chita: No es nada, Toño. Aquí tengo la aspiradora.
  Toño: ¿Sabes, Chita? Algún día serás casi linda.

(Apartamento 3B. Sofía Alas despierta a su esposo.)

Sra. A.:   ¿Oyes, Pablo? ¡Otra vez!

60 Sr. A.:   ¿Qué?

Sra. A.:   Arriba. Están limpiando las alfombras.

Sr. A.:   ¿A estas horas?

Sra. A.:   ¡A estas horas! . . . Riqui . . . ¡Ri-qui!

Riqui (**medio** dormido):   ¿Sí, mamá?   half

65 Sra. A.:   Saca tu trompeta, hijo. ¿No quieres tocarnos una
canción?

_____Vamos a conversar_____

1. ¿Qué familia ocupa el apartamento 4B? ¿La recuerdas de otro
   cuento? ¿Qué hace siempre por la noche la señora Romero?
2. ¿Quién está al teléfono ahora? ¿Con quién habla?
3. ¿Qué le pregunta Toño a Nico? A propósito, ¿en qué otro
   cuento apareció Nico?
4. ¿Por qué están solos esta noche Toño y Chita? En tu opinión,
   ¿existe una relación buena o mala entre ellos? ¿Eran así
   tú y tus hermanos?
5. Mientras tanto, ¿dónde están sus padres? ¿Por qué tiene una
   importancia especial para ellos ese lugar?
6. En tu opinión, ¿son Bernardo y Sarita una pareja muy feliz?
   ¿Cuántos años crees que están casados?
7. ¿Se siente muy alegre en este momento Sarita? ¿Qué le dio
   pena? ¿Es muy natural eso? ¿Es así también tu mamá?
8. Según Bernardo, ¿qué prometieron los niños?
9. ¿Qué espera su mamá? ¿Se preocupa por ellos también su padre?
10. Volviendo otra vez a la casa de apartamentos, ¿quién habla
    ahora por teléfono? ¿Qué le pregunta a Cuco? ¿Qué quiere
    que Cuco haga?

● 1. ¿Cómo está el apartamento 4B media hora más tarde? ¿Qué
     hacen los niños? A propósito, ¿cuántos años de edad crees
     que tienen?
  2. ¿Por qué no quiere Toño que hagan demasiado ruido?
  3. ¿Qué trata de tocar Chalo? En tu opinión, ¿por qué grita
     "Ayyyyyyy"?
  4. ¿Por qué echó alguien sal a la limonada?
  5. ¿Qué piensa el niño #5 que podrá levantar? ¿Y con qué cosas
     encima levantaría la mesa?
  6. ¿En qué se fija de repente Chita?
  7. ¿Qué suena en ese momento? ¿Quién está llamando? ¿Qué
     han decidido Sara y Bernardo?

8. ¿Qué anuncia Toño a sus amigos? ¿Qué tienen que hacer las diferentes personas? ¿Qué ofrece hacer Chita?
9. ¿Qué hace ahora la señora Alas en el apartamento 3B? ¿A quién llama? ¿Qué quiere que Riqui haga?
10. Ahora usa la imaginación y dinos: ¿Qué pasará después en el apartamento 2B? ¿Recuerdas quiénes viven allí? ¿Qué harán los otros vecinos? ¿Qué dirán los señores Romero?

JUEGOS DE PALABRAS

1.

una **cita**
date,
appointment

¿Con quién
tendrás
la cita?

Con mi _____

Con el _____

¿Cuándo será?
¡Ahora mismo!
Right now!
¡En seguida!
Immediately!

2.

pena
trouble, grief

¿Te da pena
cuando la gente . . .

_____?

_____?

_____?

3.

disfrutar (de)
to enjoy
(a meal,
a show, etc.)

¿De qué
disfrutas
más?

¿De una _____
buena?

¿De una _____
buena?

¡Por supuesto!
Of course!

4.

preocuparse
to worry

¿Te preocupas
mucho por . . .

el _____?

la _____?

quejarse
to complain

¿De qué te
quejas más?

207

5.

apostar
(apuesto)
to bet

¿Cuánto me
apuestas?

_____ dólares   _____ ¿Cuántas
monedas?

6.

echar
to throw out

basura
garbage

¿Dónde
echaremos
la basura?

¿Debajo de
la _____?

¿Debajo de
_____?

¡Dios mío!

7.

medio
half

Es medio blanco,
medio _____.

redondo
round

Es medio _____,
medio rectangular.

¿Está medio lleno
o medio vacío?

OBSERVACIONES

24. Special conditional patterns

¿RECUERDAS?

¿Vendrás?	Will you come?
—No, no tendré tiempo.	No, I won't have time.
Saldremos a la una.	We'll leave at one.
—¿Podrán salir tan temprano?	Will you be able to leave so early?

As you guessed, the same special forms that we used in the future
also apply to the conditional. We just add the normal conditional
endings.

A. The short infinitive group

> **saber** (to know): sabría, sabrías, sabría, sabríamos, *sabríais*, sabrían
> **haber** (to have . . .): habría, _____, _____, _____, _____, _____
> **poder** (to be able): podría, _____, _____, _____, _____, _____
> **querer** (to want; love): querría, _____, _____, _____, _____, _____
> **hacer** (to make; do): haría, _____, _____, _____, _____, _____
> **decir** (to say, tell): diría, _____, _____, _____, _____, _____

B. The d group

> **venir** (to come): vendría, _____, _____, _____, _____, _____
> **tener** (to have): _____, _____, _____, _____, _____, _____
> **poner** (to put): _____, _____, _____, _____, _____, _____
> **salir** (to go out, leave): _____, _____, _____, _____, _____, _____
> **valer** (to be worth): _____, _____, _____, _____, _____, _____

___ Práctica ___

1 *Cambia según las palabras nuevas:*

1. No sé qué haré.
   _____ sabía _____.
   (Nosotros) _____.
   _____. (decir)

2. No valdría tanto dinero.
   _____. (tener)
   Ellos _____.
   _____. (querer)

3. ¿Hay bastante gente?
   ¿Habrá _____?
   ¿Habría _____?
   ¿_____ personas?

4. Yo los pondría aquí.
   ¿Tú _____ allí?
   ¿Dónde _____ Uds.?
   Nosotros _____ al otro lado.

2 Problemas, Problemas

¿Cómo los solucionarías? Lee bien estos problemas y dinos cuáles te parecen las mejores soluciones. (Si puedes, dinos también por qué.)

1. Los vecinos que viven en el apartamento de abajo siempre hacen mucho ruido. Son gente buena y simpática, pero parece que se acuestan muy tarde todas las noches. Escuchan el radio, ponen discos, etc. Y cuando les hablamos, nos piden mil perdones y dicen que no lo harán más. Pero a la noche siguiente, pasa la misma cosa. ¿Qué recomiendas que hagamos?

   a. Yo les diría que la próxima vez llamaría a la policía.
   b. Yo haría la misma cosa en mi propio apartamento y no les dejaría dormir una noche entera.
   c. Yo me quejaría al dueño de la casa.
   d. Yo buscaría otro apartamento en el mismo edificio o en otro lugar.
   e. Yo . . . (¿Qué otras ideas tendrías tú?)

2. Estoy desesperado (desesperada). Necesito trabajar y no encuentro trabajo en ninguna parte. ¿Por qué? Porque no tengo experiencia. Porque acabo de llegar a este pueblo y no conozco a nadie aquí. Y sobre todo porque estuve en la cárcel y no tengo recomendaciones. Estoy seguro (segura) de que podría hacer muy bien el trabajo. Yo sería diligente y puntual y lo haría todo con el mayor cuidado. Pero sin experiencia y sin recomendaciones, temo que nadie me quiera emplear. ¿Qué me recomiendan Uds. que haga?

   a. En su lugar, nosotros explicaríamos la situación y pediríamos un período de "prueba" (trial).
   b. Haríamos nuestras propias "recomendaciones" y mentiríamos sobre nuestra experiencia.
   c. Ofreceríamos trabajar gratis por un mes, y después tal vez nos darían el trabajo.
   d. Les diríamos que aceptaríamos mucho menos salario que otras personas y que trabajaríamos muy fuerte.
   e. Escribiríamos a nuestros antiguos amigos y les pediríamos ayuda.
   f. Hablaríamos con el ministro de alguna iglesia o de algún templo.
   g. Nosotros . . . (¿Qué más le recomendarías tú?)

REPASO RÁPIDO

The conditional, just like the future, has a few special forms:

saber: sabría, sabrías . . .	**hacer:** haría	**poner:** pondría
haber: habría	**decir:** diría	**salir:** saldría
poder: podría	**venir:** vendría, vendrías . . .	**valer:** valdría
querer: querría	**tener:** tendría	

Práctica

(You can check your answers in the back of the book.)

1 *Completa usando el condicional del verbo correcto:*

1. ¿Lana? ¿Algodón? ¿Nilón? ¿Quién _____ la diferencia? (saber, salir)
2. Por supuesto, un reloj de oro _____ más que un reloj de plata. (valer, venir)
3. Sin trabajo y sin dinero, ¿qué _____ Neli y yo? (hacer, haber)
4. Yo, en tu lugar, _____ de la oficina ahora mismo. (salir, sentir)
5. Por suerte, no saben lo que pasó. —¡Dios mío! ¿Qué _____? (decir, poder)
6. ¿No te dije que (tú) no _____ bastante tiempo? (tener, querer)
7. El médico prometió que _____ en seguida, y todavía no ha llegado. (poner, venir) —Pues llamémoslo otra vez.

2 *Ahora completa los diálogos siguientes, usando las ilustraciones y el condicional:*

1. Yo / ponerme / abrigo de —¡Qué va! Hace demasiado calor.

2. La guía / saber / dónde está la —Claro. Ahora siento que no se lo hayamos preguntado.

3. ¿Hacer / huelga / los ? —No lo creo.

4. Seguramente / haber / cerca de aquí. —Y si no, la Casa de Correos no estaría lejos.

5. ¿Qué / hacer / tú / con toda esa ? —La echaría en una grande.

Repaso, Lecciones 5–8

I. Repaso General

A. The past participle (given, written, spoken, etc.) (**Observaciones 13**)
Normally, the past participle changes the infinitive endings as
follows: hablar: **hablado**   comer: **comido**   vivir: **vivido**

Special forms: **abierto** open   **dicho** said, told
                 cubierto covered   **hecho** made, done
                 muerto dead   **visto** seen
                 vuelto returned   **escrito** written
                 puesto put, turned on **roto** broken

B. The verb **haber** "to have (done something)" (**14** and **18**)
Present indicative: he, has, ha, hemos, *habéis*, han
Present subjunctive: haya, hayas, haya, hayamos, *hayáis*, hayan

C. The present perfect tenses (**15** and **18**)
Perfect (also called compound) tenses are made up of **haber** + a
past participle. The present perfect (indicative) uses the present
indicative of **haber**. The present perfect subjunctive uses the
present subjunctive of **haber**.

Present perfect	*Present perfect subjunctive*
he ido (I have gone)	haya ido
has ido	hayas ido
ha ido	haya ido
hemos ido	hayamos ido
habéis ido	*hayáis ido*
han ido	hayan ido

What do these tenses mean? The present perfect tells what *has* happened. The present perfect subjunctive tells not only what has happened, but reflects our emotions about it.

Han ido.		They have gone.
Espero que		I hope they have gone.
Temo que		I'm afraid they have gone.
Ojalá que	HAYAN IDO.	Oh, if only they have gone.
Siento que		I'm sorry that they have gone.
Me alegro de que		I'm glad that they have gone.

D. Equal comparisons: "as much . . . as, as . . . as" (**16** and **17**)
   1. **Tan . . . como** means "as (good, strong, etc.) as . . ."
      Soy tan fuerte como tú.   I'm as strong as you.
   2. **Tanto . . . como** means "as much . . . as." **Tantos(as) . . . como** means "as many . . . as."

Él no sabe tanto como Ud.	He doesn't know as much as you.
Tiene tantos enemigos como amigos.	He has as many enemies as friends.
Nadie tiene tanta paciencia como mi mamá.	No one has as much patience as my Mom.

E. The future tense: "I will go," etc. (**19, 20,** and **21**)
   The future normally adds its endings onto the whole infinitive. There is only one set of endings.

hablar	comer	vivir
hablaré	comeré	viviré
hablarás	comerás	vivirás
hablará	comerá	vivirá
hablaremos	comeremos	viviremos
hablaréis	*comeréis*	*viviréis*
hablarán	comerán	vivirán

A few verbs have slightly irregular forms:

Shortened infinitive forms	*The d forms*
saber: sabré, sabrás, etc.	venir: vendré, vendrás, etc.
haber: habré	tener: tendré
poder: podré	poner: pondré
querer: querré	salir: saldré
hacer: haré	valer: valdré
decir: diré	

F. The conditional tense: "I would go (if . . .)" (**22, 23,** and **24**)

The conditional tense tells what would happen (if . . .) or what was going to happen. Just like the future tense, it has only one set of endings, which are normally attached to the infinitive.

hablar	comer	vivir
hablaría	comería	viviría
hablarías	comerías	vivirías
hablaría	comería	viviría
hablaríamos	comeríamos	viviríamos
hablaríais	*comeríais*	*viviríais*
hablarían	comerían	vivirían

The same verbs that are irregular in the future are irregular in the conditional.

saber: sabría, sabrías, etc.　　venir: vendría, vendrías, etc.
haber: habría　　　　　　　　tener: tendría
poder: podría　　　　　　　　poner: pondría
querer: querría　　　　　　　salir: saldría
hacer: haría　　　　　　　　　valer: valdría
decir: diría

II. Vocabulario Activo

abrazarse to hug (one another), 5
aburrido bored, boring, 8
acero steel, 7
ahora mismo right now, 8
el alcalde mayor, 5
alegre joyful, happy, 7
el algodón cotton, 7
antiguo old; former, 6
aparecer (aparezco) to appear, turn up, 7
apostar (apuesto) to bet, 8
atestado crowded, 6
atreverse a to dare to, 5
aun even, 7
avenida avenue, 6
barato cheap, 7
barrio neighborhood, 6

¡Basta! Enough!, 6
bastante enough; quite (a bit), 8
basura garbage, 8
biblioteca library, 6
bienvenido welcome, 6
bombero fireman, 5
caliente warm, hot, 8
callarse to hush up, keep quiet, 5
el carbón coal, 7
la cárcel jail, 5
el cartón cardboard, 7
la catedral cathedral, 6
cita date, appointment, 8
la ciudad city, 6
construir (construyo) to build, 6
cortina curtain, 7
costoso expensive, costly, 7

crecer (crezco) to grow, **5**

cuero leather, **7**

débil weak, **8**

demasiado too much: *pl.* too many, **8**

disfrutar to enjoy, **8**

dulce sweet, **8**

echar to throw, throw away, **8**

edificio building, **6**

Ejército Army, **5**

en seguida right away, immediately, **8**

en vez de instead of, **5**

entregar to hand over, deliver, **7**

escoger (escojo) to choose, **6**

esquina (street) corner, **6**

la excursión tour, **6**

extraño strange, **8**

fábrica factory, **6**

fijarse en to notice, **5**

flaco skinny, **8**

fondo rear, back, **6**

el frente front, **6**

frío cold, **8**

fuego fire, **7**

fuerte strong, **8**

Fuerza Aérea Air Force, **5**

la gente people, **6**

guerra war, **5**

guía guide, **6**

huelga strike, **5**

el jardín garden, **6;** – **zoológico** zoo, **6**

ladrillo brick, **7**

lana wool, **7**

letrero sign, **6**

lindo pretty, beautiful, **8**

lo que what (not as a question!), **7**

llenar to fill, **5**

madera wood, **7**

Marina Navy, **5**

medio half, **8**

metro subway, **6**

mientras tanto meanwhile, **5**

moneda coin, **7**

mostrar (muestro) to show, **7**

mundo world, **5**

museo museum, **6**

noticias news, **5**

oficina office, **6**

oro gold, **7**

el país country (nation), **5**

parado standing, **7**

pareja couple, **5**

el parque park, **6**

peligro danger, **5**

peligroso dangerous, **8**

pena trouble, grief, **8**

perdonar to pardon, forgive, **5**

periódico newspaper, **5**

petróleo oil, **7**

piedra stone, **7**

plata silver, **7**

policía *f.* police force; policewoman; *m.* policeman, **5**

por supuesto of course, **8**

precioso precious; cute, adorable, lovely, **7**

preocuparse (de or **por)** to worry (about), **8**

pueblo town; (a) people, **5**

quejarse de to complain about, **8**

redondo round, **8**

revista magazine, **5**

rosado pink, **5**

la salud health, **5**

sencillo simple, **5**

sucio dirty, **8**

tan as, so; – . . . **como** as . . . as, **6**

tanto as much, so much; *pl.* as (so) many; – . . . **como** as much (many) . . . as, **6**

tela cloth, **7**

único *adj.* only; unique, **6**

vacío empty, **8**

vidrio glass (substance), **7**

1 *¿Cuántas palabras sabes tú relacionadas con las cosas siguientes?*
1. la construcción de una casa o de un edificio
2. la energía
3. la ropa
4. adornos y joyas (jewelry)
5. la vida en la ciudad

2 *¿En qué piensas primero cuando oyes estas palabras?*
biblioteca . . . alcalde . . . policía . . . bombero . . . ejército . . .
periódico . . . revista . . . marina . . . fuerza aérea . . . cárcel . . .
mundo . . . peligro . . . excursión . . . fábrica . . .

3 *¿Puedes encontrar en el Grupo 2 un sinónimo para cada palabra o expresión del Grupo 1?*

1: país, océano, entero, callarse, bastante, entregar, aparecer, gente, en vez de, noticias, disfrutar, ahora mismo, extraño, antiguo, por supuesto

2: guardar silencio, suficiente, nación, dar, presentarse, divertirse, en seguida, en lugar de, mar, completo, personas, nuevas, ¡Claro!, curioso, viejo

4 *Esta vez, ¿puedes encontrar lo opuesto de cada palabra?*

1: parado, fuerte, flaco, vacío, sucio, caliente, medio, fondo

2: débil, frío, todo, atestado, frente, sentado, limpio, gordo

5 *Aquí tenemos algunas palabras. ¿Cómo las dividirías tú entre:*

Palabras Agradables   y   Palabras Desagradables
(Pleasant Words)   (Unpleasant Words)

_____   _____

_____   _____

dulce, peligroso, fuerte, débil, guapo, feo, sucio, aburrido, limpio, lindo, bastante, demasiado, reírse de, pelear, matar, salvar, sonreír, ayudar, besar, abrazarse, robar, sufrir, molestar, paz, romper, arreglar, sencillo, difícil, fácil, golpear, ¡Qué lata!, ¡Qué demonios!, ¡Me encanta!, ¡Qué maravilla!

6 Anagramas

Aquí tenemos dos frases relacionadas con nuestros cuentos. El único problema es que las letras están completamente confundidas. ¿Cómo las arreglas tú?

1. IENVBDISOEN A AL CXRIUSOEN MNOURE SDO

2. ¡LE RRROET DOAROS ES ESAT ACCAEODNR!

7 Mensajes Secretos

Esta vez vamos a ver si puedes entender nuestros mensajes secretos. Cada letra que ves aquí representa en realidad otra letra del alfabeto.

Por ejemplo, en el primer mensaje, A = E, H = J.

AF APGAHD IBJCLD FA NCOB PE QEREOD

Ahora, en nuestro segundo mensaje, A = O, D = S.
¿ABCD? CEFGH IJLMJGHLA DMD GINALOPGD AFPG RCS.
—¿G CEFGE TAPGE?

Álbum 3

1 *¡Es bueno ser joven y tocar música al calor del sol! Caracas, Venezuela. A propósito, ¿sabías? La guitarra, el instrumento más típico de España, es la descendiente moderna de varios instrumentos antiguos, ¡incluso la cítara de la India oriental!*

3 *¡Qué felicidad! ¡Qué energía! . . . Danza de discoteca, Montevideo. El ritmo de "disco" no tiene límites ni fronteras.*

2 *"Canta, Johnny. Me fascina tu voz." Johnny Rodríguez, uno de los astros mayores de la música popular . . . ¡norteamericana!*

Concierto

1 *Domingo por la tarde en el Parque Alameda, y la banda sinfónica toca un programa de música internacional. México, D.F. . . . Observa que una banda sinfónica tiene solamente instrumentos de viento y de percusión. En una "orquesta" hay instrumentos de cuerda—violines, violoncelos (cellos), etc., también.*

2 *Escucha las trompetas. Las calles de Puno, Perú se llenan de música y alegría (joy) cuando viene el festival de la Virgen María.*

3 *Por otra parte, los instrumentos nativos suenan entre los Andes bolivianos. Los dos jóvenes a la izquierda tocan la zampoña, un tipo de flauta (flute) antigua. ¿Y el otro? Toca el tambor (drum).*

4 ¡Olé! La sala vibra con el ritmo de la guitarra flamenca (Flamenco). . . . La música flamenca se originó entre los gitanos (gypsies) de Andalucía, en el sur de España. Pero, ¿de dónde vinieron los gitanos? ¡Nadie lo sabe!

4

5

5 Serenata en Madrid. Una joven turista se encuentra sorprendida por la "Tuna" de la Universidad. Desde tiempos antiguos, los estudiantes han formado estos grupos musicales que andan por las calles cantando canciones tradicionales.

6

6 ¿Gaitas (bagpipes) en España? ¡Sí! Porque los escoceses (Scots) pasaron por la región de Galicia, en el noroeste (Northwest) de España durante la época de las Cruzadas. Pero hay una pequeña diferencia. ¡Los gaiteros (bagpipers) españoles no llevan falda!

Festival de Danza

1 *El verano pasado asistimos a un festival de baile en Santander, una hermosa ciudad del norte de España. Uno por uno, los grupos de cada región presentaron sus danzas folklóricas. Y mirándolas, comprendimos las diferencias que existen entre las diversas partes de aquel país. En esta foto, por ejemplo, vemos un baile típico de la Mancha, una región castellana en el centro de España.*

1

2 *Aquí (abajo) tenemos un baile gimnástico del País Vasco. Este tipo de baile es generalmente bailado por hombres.*

2   3

3 *Al otro lado del Océano, en la provincia de Michoacán, México, se celebra una fiesta anual con la danza de "los Viejitos" (little old men)—un baile gracioso con máscara y bastón (mask and cane). "¡Ay, ay, ay!"*

4

4 *Muchos de los bailes mexicanos son de origen legendario. Y los vestidos y las decoraciones cuentan una historia de tiempos pasados. El baile que vemos aquí es uno de muchos que se hacen en el Festival de la Cosecha (harvest) en Oaxaca.*

5

5 *Cuadro (performance) flamenco. Taconeo (heel tapping) vigoroso. Palmoteo (clapping) rítmico. Voces que tiemblan (tremble) y lloran. Guitarras y castañuelas (castanets). ¡Viva España!*

6 *"Ven a bailar y hazme feliz." Una hermosa pareja, y un lindo baile panameño que data de tiempos antiguos (¿Te has fijado en los preciosos adornos que lleva la joven en la cabeza?)*

6

Bailemos la Sardana

Bailando una sardana en las calles de Barcelona.

La sardana es uno de los bailes más antiguos de España, y todavía es uno de los más populares. Se baila con una orquesta que se llama "la Colba". Y es tan popular que cuando la Colba aparece, la gente—jóvenes, viejos, todos—frecuentemente deja lo que está haciendo, forma círculos (con las bolsas, los abrigos, etc. en el medio), y comienza a bailar.

Ahora, ¿qué les parece? ¿Quieren Uds. bailarla con nosotros? Pues gracias a la ayuda de mi buena amiga mexicana María Elena Aragón de Reuben, se la vamos a enseñar. . . . ¿Está lista la música? . . . ¡Vamos a comenzar!

UNA SARDANA SENCILLA

Hagan un círculo. Dénse las manos. La primera figura se baila con las manos cogidas (holding hands) y abajo. El paso (step) es muy fácil.

1. Pongan la punta del pie derecho adelante. (Pie izquierdo firme en el suelo.)

2. Regresen el pie derecho a su lugar. Ahora tienen los pies juntos otra vez.

3. Muevan el pie izquierdo hacia la izquierda unas 12 pulgadas (inches).

4. Cierren el movimiento, poniendo el pie derecho junto al izquierdo.

Ahora repitan el paso, haciendo lo contrario (hacia el otro lado).

1. Pie izquierdo enfrente.
2. Cierren. Pies juntos.
3. Pie derecho al lado, 12 pulgadas.
4. Cierren, poniendo el pie izquierdo junto al derecho.

El ritmo es: Pie Derecho
   1. punta derecha
   2. pies juntos
   3. pie al lado (izquierdo)
   4. pies juntos

Contrario: Pie Izquierdo
   1. punta
   2. pies juntos
   3. pie derecho al lado
   4. pies juntos

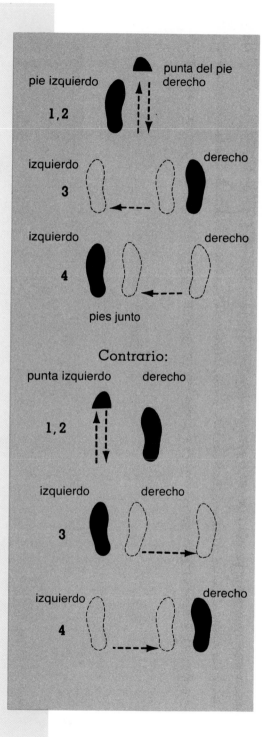

Segunda parte

LECCIÓN 9

Agencia de empleo
Employment agency

emplear to hire

puesto, empleo job

AGENCIA de EMPLEO

contador(a) accountant

representante (traveling) salesman

técnico technician

empleado(a) employee

gerente manager

jefe

oficinista office worker

tenedor(a) de libros bookkeeper

Dinos

1. ¿Has trabajado alguna vez? ¿Qué empleos has tenido? ¿Has usado alguna vez una agencia de empleo?

2. ¿Te gusta más trabajar con "la cabeza" o con las manos? ¿Tienes mucha habilidad mecánica o artística? ¿Sabes algo de carpintería? ¿Dónde lo aprendiste?

3. ¿Prefieres trabajar en una oficina, en una fábrica o al aire libre (open air)? ¿Te gustaría trabajar en una tienda? ¿en un hospital? ¿en la construcción?

4. Imagínate que eres jefe de una compañía grande. ¿Serías muy paciente o muy exigente con tus empleados? ¿Despedirías a un trabajador sincero, pero inferior? ¿Emplearías a tus amigos o parientes? ¿Por qué?

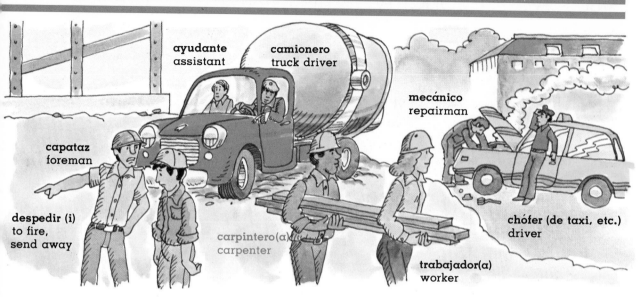

ayudante
assistant

camionero
truck driver

mecánico
repairman

capataz
foreman

despedir (i)
to fire,
send away

carpintero(a)
carpenter

chófer (de taxi, etc.)
driver

trabajador(a)
worker

Colocaciones (Job offerings)

En el Grupo A hay diez personas que buscan trabajo. Estudia los empleos del Grupo B y decide cómo colocarías (you would place) a estas personas.

A

Gómez: sabe mucho de matemáticas
Campo: gran habilidad persuasiva
Colón: muy hábil con las manos
Lado: buena cabeza para ciencias
Melía: habla dos lenguas extranjeras
Suárez: maneja bien
Lemos: sabe mucho de buena comida
Paván: 60 palabras por minuto, estenografía, etc.
Marcos: experiencia y talento de organización
López: talento financiero

B

empleado(a) de línea aérea . . . chófer de taxi . . . tenedor(a) de libros . . . dependiente de tienda . . . mecánico . . . ayudante de laboratorio . . . cocinero(a) . . . representante de una compañía . . . electricista . . . gerente de un banco . . . capataz de una fábrica . . . contador(a) . . . camionero . . . carpintero . . . oficinista

En tu opinión, ¿cuáles de estos trabajos son los más difíciles? ¿los más peligrosos? ¿los más interesantes? ¿los mejor pagados? A propósito, ¿en qué trabajan los miembros de tu familia?

229

SE BUSCA . . . SE SOLICITA . . . (HELP WANTED . . . JOBS WANTED . . .)

Buscando trabajo

Imagínate que estás buscando trabajo. Escoges uno de los puestos arriba ofrecidos. ¿Qué haces entonces?

1. **Solicitud** (Application)

   Cuando te presentas en el lugar indicado, te entregan un **formulario** (form) para llenar. ¿Cómo lo llenarás? (Claro está, siendo un trabajo "imaginario", ¡no tienes que decir la verdad!)

Nombre: _____

       Apellido (surname)   Nombres de pila (given names)

Dirección: _____

      Calle   Número   Ciudad   Zona

Número de teléfono: _____   Fecha de nacimiento: _____

                                 (Date of birth)

Puesto solicitado: _____

Sueldo (Salario) deseado: _____ a la semana

Educación: _____

Experiencia: _____

Referencias o cartas de recomendación: _____

2. **Entrevista** (Interview)

¿Estás listo (lista)? Pues ahora el (la) gerente de la compañía te va a entrevistar. ¡A ver si llenas todos los **requisitos** (requirements)! (A propósito, no te olvides: Los dos siempre tienen que usar "Ud.")

Tú	Gerente
*(Saludas muy cortésmente y dices que te gustaría **colocarte** con esta firma.)* Buenos . . . Me gustaría . . .	*(Responde con igual cortesía y pregunta.)* —¿Qué puesto **solicita** Ud. (are you applying for)?
(Indicas el empleo que te interesa.) De . . . (modelo, mecánico, etc.)	—Muy bien. *(Quiere saber cuáles son tus **calificaciones**.)*
(Se las explicas.) He estudiado . . . Yo sé . . . Tengo mucha experiencia en . . ., etc. *(Después preguntas qué sueldo — o salario — pagan.)*	*(Contesta.)* —Pagamos (200, 400, etc.) a la semana (per week), con **aumentos** anuales (yearly raises). *(Después pide referencias.)*
(Le das tus referencias, ¡si las tienes!)	*(Decide si quiere emplearte o seguir buscando.)* —Muy bien, Ud. comenzará . . . (O) —Muchas gracias. Lo (La) llamaremos.
(Le das las gracias, y dices "adiós".)	

PALABRAS PRÁCTICAS

apellido surname
aumento raise, increase
calificaciones qualifications
colocar to place; **colocarse** to be placed, get a job
entrevista(r) (to) interview

formulario fill-in form
requisito requirement
solicitar to apply for
la solicitud application
sueldo, salario salary

OBSERVACIONES

25. Hace... and the present tense

Do you recall how we used **hace** with a verb in the past to mean "ago"?

Llegamos hace dos semanas.	We arrived two weeks ago.
Estaba aquí hace una hora.	He was here an hour ago.

We can also use *hace . . . que* with a verb in the *present* tense to tell *for how long* something has been going on. Here's how it works.

Hace una hora **que está** aquí.	It's an hour now that he's here. (He has been here for an hour, and he still is!)

Why do we use the present tense? Because the action is *still happening*. So just insert the period of time between **Hace** and **que.** Follow up with a verb in the present tense. ¡Y ya!

Hace tres meses que **busco** empleo.	For three months I have been looking for a job.
—¿De veras?	Really?
¿Cuánto tiempo hace que **trabajas** aquí?	For how long have you been working here?
—Hace años. Pero, ¿quién trabaja?	For years. But who works?
Hace días que **deseo** hablarte.	For days I've been wanting to talk to you.
—Entonces, ¿por qué no llamaste?	Then why didn't you call?

—— Actividades ——

1 Clínica de problemas

En tu opinión, ¿cuál es la mejor solución?

1. Soy estudiante universitario. Hace tres años que tengo el mismo compañero de cuarto. Es una persona buena, pero un poco tímida y no tiene muchos amigos. Me gustaría cambiar de cuarto y vivir con otros amigos míos. Pero cuando se lo digo a él, me ruega que no lo abandone. Sus padres murieron hace poco tiempo, y él se siente muy solo en el mundo. ¿Qué debo decirle?

a. "Lo siento mucho, hombre, pero tengo que vivir mi propia vida."

b. "Siempre seremos amigos. Pero hace tres años que vivimos juntos, y es tiempo de cambiar."

c. "Muy bien. Hace mucho tiempo que somos compañeros, y no te voy a dejar."

d. "Adiós, chico. Te veo algún día, ¿eh?"

2. Hace seis meses que estoy loca por un chico de mi oficina. No es muy buen trabajador y frecuentemente lo ayudo con su trabajo. El problema es que nunca me ve fuera de la oficina. Siempre promete: "Mañana te llamo y vamos al cine." "La semana que viene vamos a almorzar juntos." Pero siempre se olvida y sale con otras muchachas. ¿Qué debo decirle?

a. "Mira. Hace meses que te ayudo con el trabajo y todavía no lo haces bien. Busca otra ayudante, ¿está bien?"

b. "¿Sabes? Estoy muy ocupada hoy y no puedo ayudarte. Tal vez otro día, ¿eh?"

c. "Hace seis meses que estoy loca por ti. ¿No puedes quererme a mí también?"

d. "Adiós, chico. Te veo algún día, ¿eh?"

e. "_____"

2 ¿Tienes cabeza para números?

Pues contesta:

1. Ana comenzó a estudiar español en 1980. ¿Cuántos años hace ahora que lo estudia?

2. Mis padres se casaron en 1965. ¿Cuántos años hace ahora que están casados?

3. Manolo comenzó como tenedor de libros en 1976. Cinco años después lo hicieron jefe del departamento, el puesto que ocupa todavía. ¿Cuánto tiempo hace que es jefe de su departamento?

4. Esta fábrica fue terminada en 1971. ¿Cuánto tiempo hace que está construida?

5. Llegué a esta escuela el primero de enero de este año. ¿Cuántos meses hace que estoy aquí? ¿Cuántas semanas hace? ¿Cuántos días hace, más o menos?

3 Referencias

Un vecino tuyo ha solicitado un puesto en un banco y ha dado tu nombre como referencia. ¿Qué dirás si un investigador te hace estas preguntas? "Señor(ita), . . .

1. ¿Cuánto tiempo hace que Ud. conoce a esta persona?
2. ¿Cuánto tiempo hace que viven aquí él y su familia?
3. ¿Es dueño de su propia casa? Si es dueño, ¿la compró hace muchos o pocos años?
4. ¿Cuánto tiempo hace que trabaja en su empleo actual (present)?
5. ¿Cuántos años hace que está casado? ¿Cuántos hijos tiene?
6. Y finalmente: ¿Lo recomendaría Ud. para esa clase de trabajo? . . . Gracias por su cooperación."

▄ A propósito

The present tense can also stand for the future.

Te veo mañana.	I'll see you tomorrow.
—Bueno. Pero ¿me llamas primero?	Fine. But will you call me first?
Paco, si no me dejas tranquila, me vuelvo loca.	Frank, if you don't let me alone, I'll go crazy.
—Entonces, me voy.	Then I'll go away.

REPASO RÁPIDO

Hace . . . que + a verb in the present tense tells *for how long* something has been going on. Insert the length of time between **hace** and **que**.

Hace dos horas que espero.	I have been waiting for two hours. (And here I am, still waiting!)

Práctica

(You can check your answers in the back of the book.)
Diga en español:

1. I have been applying for that job for a year.
   Hace _____ que solicito _____.

   They have been paying the same salary for five years.
   Hace _____ el mismo _____.

2. My uncle has been manager of the bank for six months now.
   Hace _____ del banco.

   How long have you been foreman of this factory?
   ¿Cuánto tiempo _____?

Osvaldo . . . No, Reinaldo Perales. Siempre me olvido.

¡Caramba! ¡Y por eso pierdo un día de trabajo!

Soy guía turística. . . . Pero un día más y me vuelvo loca.

CUENTO "D.P."

Una agencia de empleo a las nueve de la mañana. Siete **u**   or
ocho personas esperan mientras una señora sentada a un
escritorio grande entrevista a un cliente muy nervioso.   desk
  Sra.: Bueno, señor, una vez más. ¿Su nombre, por favor?
5 Cliente: Osvaldo . . . No, Reinaldo Perales. Siempre me olvido.
  Sra.: Ajá. Ahora, Sr. Perales . . .
  Cliente: Morales.
  Sra.: Sr. Perales o Morales, ¿cuál es su dirección?
  Cliente: La Calle Nogales, número . . . ¡Ay, tengo tan mala
10   memoria!
  Sra.: ¿Y cuánto tiempo hace que tiene Ud. ese problema?
  Cliente: ¿Qué problema?
  Sra.: De la mala memoria, Reinaldo.
  Cliente: Osvaldo.
15 Sra.: Pues dígame, Reinaldo u Osvaldo Morales o Perales . . .
  Cliente: Mi apellido es Nogales. Perales es donde vivo.

  Un cliente alto y joven **se vuelve** a una muchacha atractiva a   turns to
su derecha.
  Él: ¡Dios mío! ¡Qué tipo más **raro**!   weird
20 Ella: Rarísimo. Hace media hora que lo están entrevistando
     ya.
  Él: ¡Caramba! ¡Y por eso pierdo un día de trabajo!
  Ella: Yo también. ¡Qué cosa, eh! (Un corto silencio.)
  Él: Entonces, ¿Ud. trabaja ahora? ¿Dónde?

Yo soy Julio César Montero e Iriarte.

Soy maestro de música. . . . Pero si no cambio de empleo . . .

Yo soy Domingo Palos. . . . ¿La espero afuera?

25 Ella: En un autobús.
   Él: ¡No lo creo! ¿Ud.? ¿Chófer de autobús? Yo pensaba que
         era modelo, o actriz.
   Ella: No. Hace dos meses que soy guía turística. Pero créame.
         Un día más, y **me vuelvo loca.**   I'll **go crazy**
30 Él: **¿De veras?** ¡Hombre!   **Really?**
   Ella: ¿Sabe Ud.? La gente que va en esas excursiones no
         quiere ver nada. O hablan entre sí, o me preguntan cosas
         tan tontas. "Señorita, ¿ésta no es la Excursión 100:
         Fantasmas y Funerales?" —"No, señor. Es la Excursión O: Phantoms
35   **¡Atracos** y Asesinatos!"   Holdups
   Él: ¡Olé!
   Ella: Y los niños saltan de un asiento a otro como pequeños
         chimpancés. Y . . .
   Él: Por favor, no me hable Ud. de niños. **Por eso** estoy yo   That's why
40   aquí . . . **Ea,** mire. **El tipo ese** está terminando. ¡Por fin! Hey; that **guy**

● Un señor bien vestido se acerca ahora al escritorio y le entrega
  a la señora su formulario.
         Sr.: Buenos días. Yo soy Julio César Montero e Iriarte.
               Creo que mi solicitud está completa.
45   Sra.: Sí, señor. Y sus calificaciones son excelentes. ¿Ud.
               solicita un puesto ejecutivo?
         Sr.: Exactamente. De gerente, o más. Pero primero quiero
               explicarle mis requisitos. Sueldo: 5000 **a la semana,** con   per week
               aumentos cada mes. Vacaciones: seis semanas al año.
50   **Días feriados:** veinte, **más** mi **cumpleaños.** Horas de   holidays; plus;
               trabajo . . .   birthday

236

Ella: Pero, ¿qué **tiene Ud. que ver** con los niños?   have to do with

Él: Soy maestro de música en una escuela intermedia.
Créame, yo amo la música. Pero si no cambio de
55   empleo . . . Mire este pelo. ¡Ya se está volviendo gris!

Ella: ¡Ay, por Dios!

Él: Dígame, ¿cómo puedo dirigir una orquesta si cada chico
tiene un radio **pegado al oído** con música de "disco"?   stuck in his ear

Ella (riéndose):   Pues dígame Ud. ¿Cómo puedo yo hablar de
60   "nuestra histórica ciudad" cuando un niño **suelta un**   lets a parakeet
periquito en el autobús, ¡y el pájaro sabe más que yo!   loose

Sr.:   Claro está, necesito tres ayudantes, chófer, y
cocinero. Y los viernes, juego al golf.   a cook

Él (riéndose todavía):   ¿Sabe Ud.? El otro día un chico **metió** la   put
65   cabeza en una tuba, ¡y por seis horas nadie la pudo sacar!

Ella: Pues ayer en el autobús . . . Pero mire. Creo que es su
turno ya.

Él: Ah, por fin. Pero más importante, permítame presentarme.
Yo soy Domingo Palos. ¿Y Ud.?

70 Ella: Didi Pérez. Mucho gusto.

Él: ¡No me diga! ¡**Hasta tenemos** las mismas iniciales! Oiga,   We even have
Didi, ¿la espero **afuera** más tarde?   outside

Ella: Bueno, si quiere . . . D.P.

―――― Vamos a conversar ――――――――――――――――――――――――――

1. ¿Dónde ocurre este cuento? ¿Y a qué hora?
2. ¿Está muy atestada la agencia? ¿Cuántas personas esperan?
3. ¿A quién entrevista la señora?
4. ¿Cómo se llama ese cliente? ¿Y dónde vive? ¿Qué problema
tiene? ¿Tú conoces a alguien como él?
5. Mientras tanto, ¿quiénes empiezan a conversar?
6. ¿Dónde trabaja ahora la joven?
7. ¿Qué le va a pasar si se queda un día más?
8. ¿Cómo sabemos que su nuevo amigo la considera muy bonita?
9. Según ella, ¿qué hacen los turistas en el autobús? ¿Y qué
hacen los niños? A propósito, ¿has ido tú en una de esas
excursiones?
10. ¿Ha tenido el joven alguna experiencia también con los niños?
Pues, ¿qué profesión u oficio (trade) crees que tiene él?

● 1. ¿Quién se acerca ahora al escritorio?

2. Usa la imaginación y dinos: ¿Cómo es este señor: alto, bajo, delgado, moreno, rubio, etc.? ¿Cuántos años tiene? ¿De qué color(es) está vestido?

3. ¿Qué clase de trabajo solicita el señor Montero?

4. ¿Cuáles son algunos de sus requisitos?

5. ¿Qué más pide? ¿Qué quiere hacer todos los viernes?

6. Montero tiene excelentes calificaciones, ¿verdad? Pues, ¿lo emplearías tú? ¿Por qué?

7. Volviendo a los dos jóvenes, ¿qué profesión tiene él? ¿Le gusta su profesión? Pues, ¿por qué quiere cambiarla?

8. ¿Qué escuchan los niños mientras él dirige la orquesta?

9. ¿Dónde metió la cabeza un chico el otro día?

10. ¿Cómo se llaman los dos jóvenes? ¿Qué tienen en común? En tu opinión, ¿va a continuar esta nueva amistad (friendship)? ¿Por qué piensas así?

JUEGOS DE PALABRAS

1 Estudia las ilustraciones, y llena los blancos.

1. **meter**
   to put
   (into)

   El hombre metió la _____ en el _____.
   —¿Y qué sacó? ¿Una pistola?

   —No, sacó una _____, ¡y la _____ en el _____ público!

2. **volverse (ue)**
   to turn; to "go"
   crazy, etc.

   tener que ver con
   to have to do with

   Ayer me _____ al jefe y le dije:
   Perdón, señor, pero un día más y me _____ loco.
   —¿Un día más? ¡Usted ya está loco!
   —¡Pero nada funciona en esta oficina!
   —Y eso, ¿qué tiene _____ conmigo?

3. **a la semana**
   per week

   al _____   al _____   al _____

   A propósito: ¿Cuál es más grande?
   mi salario **semanal**   mi salario **mensual**   mi salario **anual**

4. **de veras**
   really, truly

   ¿Sabe? Me pagan cinco mil a la semana.
   —No lo creo. ¿Es verdad?
   —Sí, _____.

5. **afuera**
   (on the) outside

   ¿Dónde colocaron la estatua? ¿Adentro?
   —No. _____. Es muy grande para ponerla en la casa.

6. **tipo**
   type, "guy"

   ¡Caramba! ¡Qué hombre más extraño!   —Sí. ¡Qué _____, eh!

7. **escritorio**
   desk

   ¿Quién escribe?   —Un(a) escritor(a).
   ¿Dónde escribe?   —En el _____.

8. **el cumpleaños**
   birthday

   ¿Sabes? Hoy es mi _____.   —¿De veras? ¡_____!

9. **día feriado**
   holiday

   ¿Trabajamos mañana?
   —¡Qué va! Mañana es _____. ¡Es mi _____!

2 Dos palabras pequeñas:
   e and, before a word beginning with **i** or **hi** (but not **hie**)
   u or, before a word beginning with **o** or **ho**

   Parejas (Pairs)

   Irene   Horacio   Isabel   Irma   Hipólito   Isidro   Hortensia   Homero

   ¿Cuántas parejas puede Ud. hacer usando la palabra **e**?
   Ahora, ¿a cuántas parejas puede Ud. separar, usando la palabra **u**?

Banco

depositar
to deposit

el, la guarda

DEPÓSITOS   RETIROS   CHEQUES

billete
bill (money)

retiros
withdrawals

retirar
to withdraw

cajero, cajera
cashier

cobrar un cheq
to cash a check

Dinos

1. ¿Te gusta ahorrar tu dinero o gastarlo? ¿Ahorras un poco cada semana? ¿Cuántos billetes tienes en el bolsillo ahora? ¿Son para ahorrar o para gastar?

2. ¿Hay un banco cerca de aquí? ¿Tienes tu propia cuenta bancaria? ¿Paga intereses muy altos ese banco? Si los intereses están al 3 por ciento, ¿están altos o bajos? ¿Y si están al 20 por ciento? A propósito, ¿qué es un banco de ahorros?

3. ¿Has tomado alguna vez un préstamo? ¿Para qué cosas hacen préstamos normalmente los bancos? ¿Has prestado dinero alguna vez a otra persona?

4. Hablando de préstamos, imagínate que un buen amigo tuyo viene a pedirte dinero para una cosa muy importante. El problema es que le has prestado dinero en muchas ocasiones y sólo una vez te lo ha devuelto (returned). Las otras veces . . . promesas, promesas. Ahora bien, tú no eres millonario y trabajas mucho por tu dinero. Al mismo tiempo, quieres ayudar a tu amigo. Dinos: ¿Se lo prestarás? ¿Qué le dirás?

ahorrar
to save

intereses al 6 por ciento
6% interest

¿Quiere ahorrar?
Abra una cuenta
bancaria.

chequera
checkbook

girar un cheque
to write a check

cuenta en común
joint account

Julia Palma _____ 19___
Esteban Palma
en depósito para _____ $ ___
(beneficiario)
in trust for, on deposit for (beneficiary)

cuenta bancaria
bank account

endosar
to endorse (a check)

caja de seguridad
safe deposit box

caja de seguridad
50 pesos al año

préstamo
loan

PRÉSTAMOS

GERENTE

5. ¿Tienes el privilegio de girar cheques? Si recibes un cheque, ¿a dónde vas para cobrarlo? ¿Dónde lo endosas, en el dorso (back) o en la cara? ¿Tiene tu mamá una chequera personal?

6. ¿Trabaja en un banco algún miembro de tu familia? ¿Hay un banquero entre Uds.? ¿Te gustaría a ti ser cajero (cajera)? ¿guarda? ¿director(a)?

7. Y ahora, te vamos a pedir un poco de información. Por ejemplo:
   a. Si dos personas depositan su dinero juntas, ¿cómo se llama ese tipo de cuenta bancaria?
   b. Si una persona deja su dinero "en depósito para" alguien, ¿cómo designamos a la persona que lo va a recibir?
   c. Si una persona tiene documentos u otras cosas de mucho valor (value), ¿en qué parte del banco los mete?
   d. Si una persona retira su dinero del banco, ¿pierde o gana intereses?

EXPERIENCIAS

DINERO, DINERO, DINERO

"Buenos días. ¿Me puede cambiar estos dólares por pesetas?" Barcelona.

¡Prosperidad!...Realmente no tanta. Cien pesetas valen sólo un dólar y medio norteamericanos.

Así es cómo vamos a jugar.

1. Preparen Uds. dos cajas, una marcada "Inversión Original", la otra marcada "Transacciones".
2. Escriban en diferentes papeles cada cantidad de dinero indicada aquí entre 100.000 y 750.000, y métanlos en la caja primera, "Inversión".
3. Escriban en otros papeles todas las transacciones indicadas aquí, con una cantidad de dinero en cada papel. Por ejemplo: Ganancias, 250.000; Pérdidas, 600.000. Esta vez, usen todos los números entre 50.000 y 950.000, y métanlos en la caja de las Transacciones.
4. Escriban en tres papelitos las palabras "Millonario Instantáneo", y métanlos en la caja de las Transacciones.

"Millonario"

Ahora vamos a ver qué talento ¡o suerte! tenemos para ganar dinero.

1.000.000	**¡Millonario!**	
950.000		**Inversión original**
900.000	**Premio**	Original investment
850.000	Premium, prize	
800.000		**Gastos**
750.000	**Ganancias**	Expenses
700.000	Profits	
650.000		**Deudas viejas**
600.000	**Intereses recibidos**	Old debts
550.000	Earned interest	
500.000		**Pérdidas**
450.000	**Capital nuevo y otros Fondos**	Losses
400.000	Funds	
350.000		**Préstamos**
300.000	**Ingresos**	Loans, borrowings
250.000	Income	
200.000		**Atraco**
150.000	**Inversión original**	Holdup
100.000	Original investment	
50.000		**¡Bancarrota!**
0		Bankruptcy!

Ahora estamos listos para comenzar:

Cada persona saca de la caja primera su inversión original.
Después, uno por uno metemos la mano en la caja segunda y
sacamos un papelito con una transacción y la cantidad de dinero.
Si sacamos "Premio", "Ganancias", "Intereses", "Capital Nuevo" o
"Ingresos", nuestra inversión original crece. Si sacamos "Gastos",
"Deudas", "Pérdidas", "Préstamos" o "Atraco", estamos en el
camino de la bancarrota. Pero, ¿quién sabe? Con un poco de
suerte, ¡aun podemos sacar el "Millonario Instantáneo", ¡y ya! . . .
A ver quién será nuestro primer millonario. Vamos a empezar.

OBSERVACIONES

26. More about le, les, etc.

The only object pronoun we ever use with **gustar** is the indirect. "Something is pleasing *to* someone."

¿Les gusta el trabajo?	Do you-all like the work?
—Sí, pero no nos gustan las horas. ¿Le gustan a Ud.?	Yes, but we don't like the hours. Do *you* like them?

A. Two more expressions like **gustar**

Quedar (to remain or be left) works just like **gustar.** The person *to* whom something remains "has something left."

¿**Les queda** trabajo?	Do you have any work left?
—Sí. Pero **nos quedan** tres horas para acabarlo. ¿Cuánto tiempo **le queda** a Ud.?	Yes, but we have three hours left to finish it. How much time do *you* have left?

Faltar (to be missing or lacking) is much the same. The person *to* whom something is lacking is the one who "needs it," the one who "is short."

¿**Les falta** trabajo?	Are you "out of" work to do?
—¡Qué va! **Nos faltan** horas en el día para acabarlo. ¿No **le falta** tiempo a Ud.?	Not at all! We're short hours in the day to finish it. Don't *you* need more time?

Actividades

1 ¿Te queda(n) . . .? —Sí, me queda(n) . . .

1. ¿Te gusta mucho la televisión? ¿Te queda tiempo para verla todas las noches?
2. ¿Trabajan mucho tus padres? ¿Les queda tiempo para disfrutar de la vida?
3. ¿Tienes muchos amigos? ¿Te quedan muchos amigos de cuando eras pequeño (pequeña)?
4. ¿Te parece muy difícil este ejercicio? ¿Nos quedan muchas preguntas para terminarlo?

¿Te falta(n) . . .?   —Sí, me falta(n) . . .

1. ¿Te gusta gastar dinero? A veces, ¿te falta dinero para comprar las cosas que te gustan? ¿Te faltó dinero ayer?
2. ¿Quién te gusta más en este mundo? A veces, ¿te falta tiempo para estar con esa persona?
3. ¿Les gusta a Uds. la Navidad? ¿Cuántos meses nos faltan para la Navidad?
4. ¿En qué fecha del mes estamos? ¿Cuántos días nos faltan para el fin de este mes? . . . Bien. A continuar.

B. Using the indirect object to mean "for"
Up to now, we have used the indirect object to mean only "to" someone. Of course, that is its most important meaning. But Spanish also uses it in many places where English says "for," to point to the person affected by the action.

¿**Me** esperarás?	Will you wait for me?
—Si quieres.	If you wish.
Mamá **te** lo ha comprado.	Mom has bought it for you.
—¿De veras? ¡Fantástico!	Really? Great!
¿**Le** abrieron la cuenta?	Did they open the account for him?
—No. Dijeron que era tarde.	No. They said it was too late.
¿Cuándo **nos** arregla Ud. el coche?	When will you fix our car for us?
—Ya **se** lo tengo listo.	I already have it ready for you.
Guárda**me**lo hasta mañana.	Keep it for me till tomorrow.
—¡Cómo no!	Of course.

Sometimes English even says "from." But as long as we're pointing to the person affected, Spanish stays with the indirect object.

¡Ay, mi reloj! ¡Mi cartera!	Oh, my watch! My wallet!
—¿Qué pasó?	What happened?
—¡**Me** los robaron!	They stole them from me!

—— **Actividades** ———————————————————————————————————

1 *Lee en voz alta, y después escoge la conclusión correcta:*

1. ¡Ay, esta _____ está tan sucia!
   —No te preocupes. Aquí tengo la máquina. Si quieres, (te las arreglo, te la lavo, te los llenaré) ahora mismo.

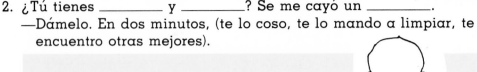

2. ¿Tú tienes _____ y _____? Se me cayó un _____.
   —Dámelo. En dos minutos, (te lo coso, te lo mando a limpiar, te encuentro otras mejores).

3. ¡Ajá! Ya veo que fuiste al barbero. Me gusta tu _____.
   —Gracias, pero no fui al barbero. Mi hermana Roni (me lo buscó, me lo cortó, me lo guardó).

4. ¿Hay algo de _____? ¡Qué _____ tenemos!
   —Pues si quieren un poco de sopa, ahora mismo (se lo pagamos, se la quitamos, se la preparamos).

2 *Esta vez, completa incluyendo a la persona indicada. Por ejemplo:*
Por favor, ¿____ quieres bajar ese plato? (for me)
Por favor, ¿me quieres bajar ese plato?

1. ¡Uf, qué viento! ¿____ quieres cerrar la ventana? (for me)
2. ¿Ah, te gusta este artículo? Pues, si deseas, ____ hago una copia. (for you)
3. Creo que Elena está llegando. Por favor, Mati, ¿____ puedes abrir la puerta? (for her)
4. Sr. Méndez, si Ud. pasa por el banco, ¿podría cobrar____ este cheque? (for us)   —Con mucho gusto. Y si quieren, ____ deposito los otros. (for you, pl.)

3 "Yo te ayudaré."
¡Ay, tenemos tantos problemas! Pero por suerte, también tenemos amigos que nos ayudarán. ¿Puedes decirnos quién ayudará con cada problema?

Problemas	Amigos
1. Me faltan dos pesos para el metro.	Robi: No importa. Yo se la explicaré.
2. No nos queda tiempo para estudiar la lección.	Patricia: Eso no es nada. Les prestaré mi tocadiscos.
3. Busco empleo, pero me faltan buenas "conexiones".	Esteban: Yo te los daré.
4. ¿Te quedan sólo veinte pesos para el resto de la semana?	Paula: Si quiere, yo le lavaré las ollas y los platos.
5. Le queda tanto trabajo a mi hermano en la cocina.	Consuelo: No te preocupes. El capataz de la fábrica es amigo mío.
6. ¿Les falta música para la fiesta?	Pedro: Entonces, puedes comer en mi casa el resto de la semana.

4 ¿Quién habla?

Lee cada frase y después decide cuál de las personas ilustradas habla.

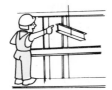

1. "Lo siento, señora, pero no la puedo llevar tan lejos. Me falta gasolina." ¿Quién habla?
2. "Bueno, señorita, si no quiere abrir una cuenta a su propio nombre, le queda la opción de una cuenta en común." ¿Quién habla?
3. "Pero, señor, no me será posible mandar las cartas hoy. Me faltan sobres y sellos, y papel para escribirlas." ¿Quién habla ahora?
4. "Sr. Lemos, si Ud. no puede producir tanto como los otros trabajadores, no me queda más remedio que despedirlo." ¡Ay, pobre! ¿Quién le habla?
5. "¿El vestido azul? Sí, es muy bonito, pero no nos queda su número. Sólo nos quedan los números 34, 36 y 40." ¿Quién habla aquí?
6. "Muy bien, señor, si nos deja Ud. el coche hasta mañana, a ver si se lo arreglamos. Hoy simplemente nos falta tiempo." ¿Quién le habla?

REPASO RÁPIDO

1. **Faltar** and **quedar** work very much like **gustar. Me falta(n) . . .** means "I'm short . . ., I'm missing . . ." and **Me queda(n) . . .** means "I still have . . ., I've got left over . . ."

¿Te falta algo?   Are you short anything?
—No. Todavía me queda mucho.   No. I still have a lot left.

2. The indirect object in Spanish not only means "to me, to you," etc. It can also express the English "for me" and even "from me." In other words, whenever we point to the person affected by the action, chances are we need an indirect object.

Házmelo, por favor.   Do it for me, please.
¿Nos lo compras?   Will you buy it for us?

Práctica

(Remember that you can check these answers in the back of your book.)

1 *Ahora di en español, según los modelos:*

1. We're short capital to make the investment.
   Nos _____ capital para _____.
   We have capital left only to pay our debts.
   _____ sólo para _____.

2. I like banks that pay high interest(s).
   _____ los bancos que _____.
   But I have no money left to open an account. I'm short ten pesos!
   Pero no me _____.

2 *¿Puedes encontrar la respuesta correcta en el Grupo 2?*

1	2
a. ¿Tú sientes calor aquí?	—Pues pregúntenselo al profesor.
b. No se lo compre a Juan Pérez.	—Gracias, no. Podemos pedírselo a mi hermana.
c. No sabemos cuándo será el examen.	—Sí. Ábreme las ventanas, por favor.
d. ¿Qué pasó? ¿Por qué hay tanta policía?	—¿Por qué? ¿Él cobra más que los otros?
e. Si les falta dinero, se lo puedo prestar.	—Con mucho gusto, si hay lugar.
f. Guárdamelo hasta mañana, ¿está bien?	—Le robaron el coche a un vecino mío.

CUENTO EL ATRACO

¡EL BANCO NACIONAL TIENE UN REGALO PARA UD.!

Celebre con nosotros nuestro primer aniversario.
¡Escoja entre 100 premios fabulosos!

¡NINGÚN DEPÓSITO NECESARIO!

Intereses al 6% computados diariamente (¡sí, cada día!)

Con una cuenta corriente nueva:

un tostador   un radio de transistores   un secador de pelo   un hornillo de poporocho (corn popper)

Con un depósito adicional:

una raqueta de tenis   una manta eléctrica   un reloj pulsera   una cámara

Con un retiro de 50 pesos o más:

un batidor   una plancha automática   un ventilador   una parrilla de carbón (charcoal grill)

EL BANCO NACIONAL
¡El único banco que le da premios
aun por retirar su dinero!

¿Ud. desea abrir su cuenta con dos pesos?

¿Con cuál de estas cuentas me dan el tostador?

Las **colas** delante del Banco Nacional se extienden por dos kilómetros, llenando las calles, los caminos y las tiendas vecinas. Los **vendedores** andan entre la gente gritando: "Salchichas." "Jugo de naranja." "Huevos con tocino." Y cientos

5 de policías trabajan furiosamente para contener a la multitud. Adentro, los clientes esperan pacientemente su turno. **Por todas partes** oímos voces **suaves.**

lines

vendors

Everywhere
soft

Una cajera: Ahora bien, señor, ¿de qué color desea Ud. su
chequera?

10 Un subdirector: ¡Cómo no, señora! ¿Un préstamo de cuántos
millones?

En la **Ventanilla** 42, un cajero atiende a una cliente joven.

Window

Cajero: Entonces, ¿Ud. desea abrir su cuenta con dos pesos?
Srta.:   Sí, señor. Aquí los tiene.
15 Cajero: Muy bien. ¿A su nombre solo, o en depósito para
otra persona?
Srta.:   Pues yo no . . .
Cajero: Claro está, le queda también la opción de una
cuenta en común.
20 Srta.:   Pues realmente . . .
Cajero: O de nuestro plan "Ahorra", que le da el privilegio
de girar cheques.
Srta.:   Gracias, señor. Pero lo que yo quiero saber es: ¿Con
cuál de estas cuentas me dan el **tostador**?

toaster

Cajero: ¿El tostador? Pero señorita, ésta es la ventanilla de
los **batidores.** Los tostadores, los damos en la Ventanilla
16.

beaters

¡Imagínese! ¡Ahora dicen que no hay tostadores!

¡Cójanlo! ¡No lo dejen escapar!

Perdonen Uds. . . . ya no damos tostadores, sólo. . . .

Un señor **bajito** que espera detrás de la joven se vuelve al #2   short
en la cola.

30 El bajito: ¿Ha oído? Ésta no es la ventanilla de los tostadores.
Es **la** de los batidores.   the one

#2: ¡No me cuente! (Se vuelve al #3, una señora con
enormes anteojos.) ¿Ha oído Ud.? Aquí no dan tostadores,
sólo batidores.

35 Señora: ¡Qué cosa, eh! (Se vuelve al #4, un hombre
delgado **cuya** cara está cubierta con una **máscara** negra.)   whose; mask
¡Imagínese! Hace dos horas que nos tienen aquí esperando,
¡y ahora dicen que no hay tostadores!

El **enmascarado**: ¡Qué lata! (**Deja caer** una enorme bolsa   masked man; he drops

40 vacía que llevaba en **ambas** manos y se vuelve a una   both
señora vestida de colores **vivos**.) ¿Qué le parece, eh?   bright
Éste no es el cajero de los tostadores. Éste es . . . (Una
alarma suena. Los guardas corren.)

Voces: Allí está. ¡No lo dejen escapar!

45 Un cajero palidísimo **señala** a un segundo hombre enmascarado   points out to
que corre hacia la puerta con una bolsa enorme llena hasta el
borde.   top

Cajero: El hombre . . . me pasó . . . una nota . . . que decía . . .
"Esto . . . es un atraco" . . . Y me pidió . . . todos mis

50 tostadores . . . Y yo . . . perdónenme . . . se los di . . .
¡Se . . . los . . . di! . . .

Voces: ¡Cójanlo! ¡No lo dejen escapar!

El segundo vice-presidente corre a un micrófono, y su **amable**   pleasant
voz suena amablemente.

55 V.P.: Señoras y señores, perdonen Uds. Pero en la Ventanilla
16, ya no damos tostadores, ¡sólo televisores!

251

1. ¿Ofrecen premios los bancos donde viven Uds.? ¿Los ha recibido algún miembro de tu familia? ¿Qué recibió?
2. ¿Qué regalos da el Banco Nacional con cualquier cuenta nueva? ¿Y con cualquier depósito adicional?
3. ¿Sabes más o menos cuánto valen en dólares estos regalos? ¿Cuál escogerías tú?
4. ¿Qué recibe el cliente si retira 50 pesos o más?
5. ¿Ha venido mucha o poca gente al Banco Nacional? ¿Hacia dónde se extienden las colas? ¿Qué gritan los vendedores?
6. ¿Qué hacen los clientes dentro del banco? ¿Qué voces se oyen?
7. ¿A quién atiende el cajero en la Ventanilla 42?
8. ¿Con cuánto dinero quiere abrir su cuenta la joven?
9. ¿Qué opción le ofrece el cajero? ¿Qué privilegio tendrá con el plan "Ahorra"? ¿Cuál de estos planes escogerías tú?
10. Realmente, ¿qué es lo que quiere saber la joven?

● 1. ¿Qué regalos dan en la Ventanilla 42? ¿Dónde tienen los tostadores?
2. ¿Quién espera detrás de la joven? ¿A quién se vuelve él?
3. ¿A quién se vuelve el Número 2? ¿Puedes describírnosla?
4. ¿A quién se vuelve la señora? ¿Qué le dice?
5. ¿Qué hace el enmascarado cuando oye la noticia?
6. ¿Qué suena de repente? ¿Quiénes corren?
7. ¿A quién señala el cajero palidísimo?
8. ¿Hacia dónde corre el hombre? ¿Qué lleva en la bolsa grande?
9. ¿Quién corre ahora al micrófono? ¿Qué anuncia?
10. A propósito, ¿robaron alguna vez un banco en el pueblo de Uds.?

JUEGOS DE PALABRAS

1. **por todas partes**
everywhere

¿Por dónde anda la gente?   —Por todas _____.
¿De dónde viene la gente?   —De todas _____.
¿A dónde van Uds.?   —A todas _____.

2. **ambos**
both

¿Cuál deseas, éste o ése?   —¡Quiero _____!

3. **suave**
smooth, soft

¡Ahhhhhhhhh! ¡Qué rico! ¡Qué_____!

4. **amable**
   pleasant

   Eres tan _____. ¡Te adoro, te _____!

5. **señalar**
   to point out

   cuyo(a, os, as)
   whose

   ¡Miren! ¡Allí está!
   —¿Quién? ¿A quién _____ Ud.?
   —Al hombre cuya cara está cubierta con una máscara (mask).
   —¿Y _____ pelo está cubierto con un sombrero negro?
   —Sí.
   —¿Y _____ manos están cubiertas por guantes blancos?
   —Exactamente.
   —¿Y _____ pies están cubiertos por . . .?
   —Sí, ése es.
   —No lo veo.

6. **regalo**
   gift

   ¿Un _____ de cumpleaños?   No, de _____.

7. **el tostador**
   toaster

   el batidor
   beater

   el ventilador
   fan

   ¿Qué usas para hacer huevos batidos?
   ¿Qué usas cuando hace calor?
   ¿Qué usas para hacer tostadas?

8. **vendedor**
   seller, vendor

   Una persona que _____
   A propósito: ¿Qué es una máquina vendedora?

9. **ventanilla**
   ticket window,
   etc.

   Si una ventanilla es una ventana pequeña, ¿qué es un cigarrillo? ¿Qué es un chiquillo?

   Díganos tres lugares donde hay "ventanillas".

10. **cola**
    tail, line

    la cola del _____   del _____

Oficina

archivo
file (cabinet), record

negocio(s)
business

tenedor(a) de libros

carpeta
file (folder)

empleada, empleado

computadora

RECIBOS

mecanógrafa
(female) typist

recibo
receipt

PAGOS

pago
payment

pedir,
encargar
to order

Pedido

máquina de escribir

JEFE

pedido, encargo
order (for merchandise)

Dinos

1. ¿Te interesan los negocios? En tu opinión, ¿quiénes son mejores
   para negocios, los hombres o las mujeres? ¿Hay un hombre de
   negocios en tu familia? ¿Y una mujer?

2. ¿Cuáles son las empresas más importantes de tu ciudad o
   pueblo? ¿Te gustaría trabajar para una de ellas? ¿Trabaja allí
   algún pariente o amigo tuyo?

3. Y ahora, unas preguntas muy rápidas: ¿Quién hace el pedido,
   el cliente o el fabricante? (¿Recuerdas la palabra "fábrica"?)
   ¿Qué otra palabra significa "pedido"? ¿Quién despacha la

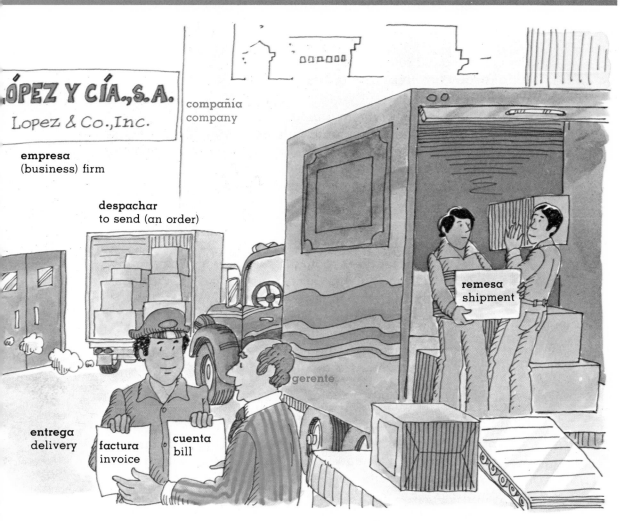

ÓPEZ Y CÍA., S.A.

Lopez & Co., Inc.

compañía
company

empresa
(business) firm

despachar
to send (an order)

remesa
shipment

entrega
delivery

factura
invoice

cuenta
bill

remesa, el cliente o el fabricante? ¿Qué manda el fabricante
con la entrega? ¿Qué papel indica la cantidad de dinero que el
cliente debe pagar? Cuando el cliente hace el pago, ¿qué papel
le da el vendedor para indicar que la cuenta está pagada? Y
finalmente, ¿dónde se guardan los papeles referentes a cada
cliente? ¿Y dónde se guardan las carpetas? Una cosa más:
Cuando el (la) jefe dicta una carta, ¿quién se la pasa a
máquina? ¿Qué sistema usa la secretaria para escribir al
dictado (take dictation)? . . . Bueno, ¡ya!

Puesto vacante

Imagínate: Tú eres jefe de una empresa. La persona encargada (in charge) de producción acaba de retirarse y su puesto está vacante. Hay tres personas que desean llenarlo y tú tienes que escoger entre ellas. Aquí tienes sus calificaciones:

1. Luis Colmena: 60 años de edad, 35 años con esta compañía, viudo (widower), tres hijos casados.

   Luis es un trabajador diligente y honrado. No es una persona de gran inteligencia pero es muy amable y responsable, y todo el mundo lo quiere. Recientemente Luis estuvo muy enfermo, pero ahora parece que se siente mejor. Sobre todo, Luis ha soñado siempre con ser encargado de ese departamento. Sería la realización de todos sus sueños y ambiciones.

2. Gregorio Dimas: 40 años de edad, 10 años con esta firma, casado, con cuatro hijos pequeños.

   Gregorio es un empleado responsable y enérgico. Es rápido, eficiente y ambicioso. Tal vez por eso no es tan popular con los otros empleados. Tiene muchas ideas para aumentar la producción, introduciendo nuevos sistemas y métodos, incluso máquinas electrónicas que permitirían despedir a muchos trabajadores. Si no es ascendido (promoted) a encargado de producción, seguramente irá a colocarse con otra compañía.

3. Rosa María Ortega: 35 años de edad, 16 años con esta firma, soltera (no está casada).

   Comenzó como recepcionista-mecanógrafa. Con el tiempo, llegó a ser secretaria ejecutiva del vice-presidente y aprendió mucho sobre la conducta del negocio. De (At) noche, tomó cursos universitarios, y ahora se ha graduado de (as) contadora. Es una persona inteligentísima, pero no tiene ninguna experiencia directa en el departamento de producción. También, siendo mujer, sabe que encontrará cierta resistencia entre los hombres, pero está segura de que sabrá entenderse (get along) con todos. Rosa María no tiene más interés que su trabajo y está totalmente dedicada a la compañía que le dio su primer empleo.

Ahora contesta: En tu opinión, ¿quién merece (deserves) el puesto más? ¿Quién lo necesita más? ¿Quién lo llenaría mejor? ¿A quién escogerías tú? ¿Por qué?

EXPERIENCIAS

CONMUTADOR (SWITCHBOARD)

Buenos días, García y Compañía

Imagínate que estás al conmutador hoy. Tu jefe te ha dicho que está muy ocupado (ocupada) y que no quiere que lo (la) molesten con llamadas telefónicas. Ahora bien, tu misión es interceptar todas las llamadas y hacer una excusa diferente cada vez para no permitir que los clientes hablen con él (ella). Por ejemplo: El teléfono suena y tú contestas:

Tú	Cliente
(Saludas muy cortésmente y dices el nombre de la compañía.)	*(Responde y dice que desea hablar con . . . algún miembro de la clase.)* O —¿**Me puede comunicar** con . . . (can you connect me with . . .)?
¿**De parte de quién,** por favor (Who is calling)?	—De parte de . . . (su propio nombre).

Ahora vamos a ver qué excusas puedes inventar. Aquí tienes algunas posibilidades.

(Recuerda: ¡Tienes sólo diez segundos para comenzar tu excusa!)

—Lo siento, señor(ita). La línea está ocupada. ¿Quiere Ud. esperar?
—La línea está ocupada. Creo que va a ser una llamada muy larga.
—El señor . . . (La señorita . . .) ha salido. ¿Quiere Ud. llamar más tarde (mañana, etc.)?
—. . . no está en su oficina en este momento. ¿Quiere Ud. dejar algún **recado** (mensaje)?
—. . . está en conferencia . . .
—. . . está de vacaciones . . .
—. . . ya no trabaja en esta empresa . . .
—Su teléfono está temporalmente desconectado . . .
—Su teléfono no funciona hoy . . . *(El/La cliente te da las gracias y concluye la conversación.)*

Ahora bien, ¿qué pasa si no puedes hacer una excusa nueva a cada cliente dentro del tiempo indicado? Pues tu jefe (o la clase entera) coge el receptor (receiver) y grita: "¡**Al habla** (Speaking)!" Y el teléfono suena otra vez.

En las calles de Madrid, un teléfono especial para la gente que usa silla de ruedas (wheel chair).

"Ahora bien, ¿qué número marco para llamar a la operadora?"

PALABRAS PRÁCTICAS

Bueno; Dígame   Hello
Al habla   Speaking
¿Me puede comunicar . . .?   Can you connect me . . .?
¿De parte de quién?   Who's calling?
a cobrar   collect (call)
recado   message
el conmutador   switchboard

OBSERVACIONES

27. One more use of **ser** — the passive voice

A. What does "passive voice" mean?

"Voice" refers to who is doing the action. In the active voice, the subject *does* the action: *I hit* the ball. (Who did the hitting? I did.) In the passive voice, the subject doesn't *do* anything. It just *receives* the action: *I was hit* by the ball.

Ahora, ¿puedes decirnos cuáles de estos verbos son activos y cuáles son pasivos?

1. Pedro sent in the order.
2. I was scolded by the boss.
3. Have they been shipped yet?
4. We never mail anything on Monday.
5. Ann has opened a bank account.
6. Many prizes are offered by these banks.
7. Pía got a new job.
8. Cuco will be fired.

B. The true passive in Spanish — **ser** + a past participle

Here is the way the passive voice works in Spanish. Actually, it is like the English. There are only two things to remember:

1. Always use **ser** + a past participle.
2. Always have the past participle agree with the subject (masculine, feminine, singular, plural).

El pedido **fue recibido** hoy.	The order was received today.
—Bueno. La remesa **será despachada** mañana.	Fine. The shipment will be sent tomorrow.
Las cuentas **no han sido pagadas** todavía.	The bills haven't been paid yet.
—Claro, porque las facturas **no fueron mandadas** a tiempo.	Of course, because the invoices weren't sent on time.

If we tell *by whom* (or what) the action was done, we add **por.**

¿Los pedidos son procesados **por** la gerente?	The orders are processed by the manager?
—Sí. Y las remesas son despachadas **por** el departamento de entregas.	Yes. And the shipments are sent out by the delivery department.

1 *Cambia según las palabras nuevas:*
1. Las facturas son despachadas por la contadora.
   Los pagos _____.
   Esa cuenta _____ el tenedor de libros.
   El recibo será _____.

2. La carpeta fue preparada por el jefe.
Todas las carpetas _____.
Los encargos _____ inspeccionados _____.
La remesa ha sido _____ por su ayudante.

3. La deuda ha sido pagada con intereses.
El préstamo _____.
Las pérdidas _____.
_____ serán _____ dentro de dos meses.

2 Enigma (Puzzle)
Identifica las ilustraciones y completa las frases. Después, pon el cuento en orden cronológico.

(1) La fotocopia fue metida en la _____ del cliente.
(2) Un _____ fue puesto en el sobre, y la carta fue echada al _____.
(3) Una respuesta fue dictada por el _____ a un _____.
(4) La carta fue entregada por el _____ a una _____, quien la pasó a máquina.
(5) Una _____ urgente nos fue mandada ayer por un cliente importante.
(6) El correo fue sacado del buzón por el _____ y fue llevado a Correos.
(7) Una fotocopia fue sacada inmediatamente de la _____.
(8) La carta fue perdida en _____ y nuestra compañía perdió el cliente. ¡Caramba!

3 *Ahora contesta según los modelos:*
¿Curro fue ascendido? (Sí, a gerente) —Sí, fue ascendido a gerente.
¿Has sido notificada? (No, todavía) —No, no he sido notificada todavía.

1. ¿Los aumentos fueron aprobados? (Sí, por el jefe)
2. ¿Todos los sueldos serán aumentados? (No, sólo algunos)
3. ¿La jefe ha sido informada? (Claro, como siempre)
4. ¿Las ganancias fueron distribuidas? (Sí, inmediatamente)

5. ¿Ud. fue despertado por los gritos? (Sí, toda esta semana)
6. ¿Tú fuiste llamada varias veces? (No, sólo una vez)
7. ¿Uds. serán invitados al picnic de la compañía? (Por supuesto . . .)
8. ¿La información será procesada en seguida? (Sí, por la computadora)

■ A propósito

As you know, **ser** + a past participle tells about an *action* that the subject is receiving. **Estar** + a past participle tells about the *condition* that exists after the action has taken place. (Notice that if you can insert the word "already," chances are that you'll need **estar**.)

Mi perro murió ayer.	My dog died yesterday.
—¡Ay, no! ¿Buchy está muerta?	Oh, no! Butchie is dead?
¿Cuándo fue construido este edificio?	When was this building built?
—No sé. Ya estaba construido in 1970.	I don't know. It was already up in 1970.

REPASO RÁPIDO

The passive voice means that the subject does not do the action, but *receives* it. The Spanish true passive is just like the English. Remember:

1. We must use the verb **ser.**
2. The past participle must agree with the subject (masculine, feminine, singular, plural).

El niño fue castigado por su mamá.	The boy was punished by his mother.
Una escuela será construida aquí.	A school will be built here.

Práctica

Haz frases originales usando las palabras siguientes.

1. Nuestra casa / ser / construida en . . .
2. Muchas casas / ser / destruidas por . . .
3. La oficina / ser / . . . / a las . . .
4. Los pedidos / ser / despachados / . . .
5. La remesa / ser / devuelta / por . . .

Ávila y Compañía . . . ¿De parte de quién, por favor?

¿Tú fuiste guía turística? ¡Yo también!

CUENTO   ÁVILA Y COMPAÑÍA

La escena es una oficina grande comercial. Los teléfonos
suenan, las máquinas de escribir **teclean,** y las computadoras
y fotocopiadoras **runrunean.** Didi Pérez, la recepcionista nueva,
está al conmutador. A su lado está Adela Prado, que acaba de
5 ser **ascendida** a supervisora.

   Didi: Buenas tardes, Ávila y Compañía . . . ¿De parte de
        quién, por favor? . . . Gracias, señor. Le comunico en
        seguida. (**Aprieta** el botón de la Extensión 142.)

   Ad.:   Bien, Didi, muy bien hecho.

10 Didi: Gracias, Adela . . . Ávila y Compañía. Buenas tardes . . .
        Un momento, por favor . . . (aparte) Adela, es una llamada
        de larga distancia, a **cobrar. ¿La acepto?**

   Ad.:   Depende. ¿Quién llama?

   Didi: Un Sr. José Limón.

15 Ad.:   Ah, "Pepe el Parásito". Dile que "El Generalísimo" no
        está.

   Didi (al teléfono):   Si me hace Ud. el favor de dejar su
        número de teléfono, el Sr. Ávila lo llamará más tarde . . .
        Sí . . . Bueno. Gracias . . . Adiós.

Glosses (right margin):
- click
- hum
- promoted
- She presses
- collect; accept

En seguida voy a ver qué pasó.

Pero, Sr. Ávila, la culpa no fue mía.

¿Desconectada? Lo siento, pero la culpa no fue mía.

20 Ad.:   Didi, tú eres fantástica. Hace tan poco tiempo que
          estás aquí, y ya casi lo sabes todo. Pues, una vez más,
          vamos a repasar: Nombre y extensión. ¿"La Comandante"?
  Didi: Beatriz Sotomayor, Extensión 213.
  Ad.:   ¿"El Sargento"?
25 Didi: Oscar del Valle, Extensión 496.
  Ad.:   ¿"Drácula"?
  Didi: Enrique . . . no, Esteban Olmedo, Extensión 147.
  Ad.:   ¿Y "Su Hermana"?
  Didi: Erminia Soler, Extensión 502.
30 Ad.:   ¿"Superhombre"?
  Didi: ¡Uf! Lorenzo . . .
  Ad.:   "Don" Lorenzo . . .
  Didi: Claro, don Lorenzo Castaño, Extensión 710.
  Ad.:   ¿Y "Cleopatra"? (El teléfono suena.)
35 Didi: Ávila y Compañía . . . ¡Cómo no! . . . Lo siento, señor,
          pero su línea está ocupada. ¿Quiere Ud. dejar algún
          recado? . . . Gracias. Adiós . . . (Volviendo a Adela)
          Mercedes Donoso, Extensión 673.
  Ad.:   Pero chica, ¡Qué memoria tienes!
40 Didi: Pues **para algo me sirvió** mi **Purgatorio** en la Línea   **was good for**
          Gris. Allí tuve que aprender tantos nombres y fechas . . .   **something;**

Ad.: ¡No! Entonces, ¿tú fuiste guía turística? ¡Yo también!

Didi: ¿En la Línea Gris?

Ad.: No, en la Línea Azul. (Se levanta.) "Y aquí, señoras y
45 señores, a la derecha tienen Uds . . ."

Didi (riéndose): Pero, ¡qué cosa, eh! Por eso desde el primer
momento **nos entendimos** tan bien.

Ad.: ¿Ya ves? Pues bien, bienvenida otra vez, Didi Pérez,
a . . . (El teléfono suena otra vez.)

50 Didi: Ávila y Compañía. Buenas tardes . . . ¡Cómo no, señor!

● El teléfono suena en la oficina de D. Octavio Ávila, "El
Generalísimo", gerente y vice-presidente.

Sr. A.: Dígame . . . Al habla . . . Ah, sí, Sr. Montes. ¿En qué
le puedo servir? . . . Pero no es posible. Sus pedidos
55 siempre son **atendidos** puntualmente. . . . Por favor, Sr.
Montes, no lo piense por un momento. En seguida voy
a ver qué pasó . . . Gracias. Y mil perdones, ¿eh? (A su
secretaria) Julia, **revise** Ud. el archivo de Montes
Hermanos y dígame cuándo fue despachado su último
60 pedido.

Sec.: Pues, la verdad, Sr. Ávila, no ha sido despachado
todavía.

Sr. A.: ¡Caramba! ¿Y quién fue **responsable** de eso? Srta.
Hernández, comuníqueme con la Sra. Sotomayor.

65 El teléfono suena en la oficina de "La Comandante", jefe de
producción.

Sotomayor: ¿Bueno? . . . Ah, por supuesto, Sr. Ávila . . . ¡No!
No lo creo . . . Pero señor . . . Sr. Ávila . . . la **culpa** no
fue mía. El pedido fue procesado por el departamento de
70 distribución después de salir de aquí . . . Pues señor . . .
señor . . . Claro, en seguida. (A su secretaria) Marcia,
hágame el favor de llamar . . .

El teléfono suena en el **despacho** de Oscar del Valle,
encargado de entregas.

75 Valle: . . . Pero señora, la culpa no fue mía. Es que la remesa
fue **devuelta** por Correos . . . por insuficiente **franqueo** . . .
Pero señora . . . Muy bien. Ahora mismo.

Los teléfonos siguen sonando.

1: No, señor. El error no fue nuestro. Fue hecho por
80 Correos.

Margin glosses:

Purgatory (suffering)

we got along

attended to

check

responsible

fault

(private) office
in charge of

returned; postage

2: Pues no, no lo mandamos otra vez . . . Porque el pedido fue cancelado por el departamento legal.

3: Pues sí, lo cancelamos. Pero la culpa no fue nuestra. El error fue cometido por **contaduría.**

the accounting department

85 Ad.: Bueno, Didi, a ver. ¿"El Robot"?

Didi: Joaquín Cisneros, Extensión 216.

Ad.: ¿"La Dinosaura"?

Didi: Adelaida Rigoberto, Extensión . . . (El teléfono suena otra vez.) Ávila y Compañía . . . ¿Ah, D.P.? . . . Claro que

90 sí . . . Por supuesto . . . ¡Fabuloso! . . . Sí, a las ocho. No puedo esperar . . . Hasta **lueguito.** Chau . . . (aparte) ¡Ay, Adela, estoy tan **emocionada**! . . . Ávila y Compañía . . . ¡Ay, no! ¿Ud. ha sido desconectada, señora? . . . Pues lo siento. Pero la culpa fue de la

95 Compañía Telefónica, no mía.

very soon

excited

Ad.: Fantástico, Didi. ¡Estás aprendiendo! Chica, ¡estás aprendiendo!

Vamos a conversar

1. ¿Dónde es la escena? ¿Qué ruidos oímos?
2. ¿Quién está al conmutador? ¿Quién la está ayudando? ¿A qué puesto acaba de ser ascendida Adela?
3. ¿Cómo contesta Didi las llamadas? ¿Qué pregunta a la persona que llama? ¿Cómo la comunica con la extensión que desea?
4. ¿Es de corta o de larga distancia la llamada de José Limón? ¿Va a pagarla él?
5. ¿Qué apodo (nickname) tiene Adela para el Sr. Limón? ¿Qué quiere Adela que Didi le diga?
6. ¿Quiénes son algunas de las personas que trabajan allí? ¿Qué apodos tiene Adela para todas ellas?
7. ¿Tienes tú un apodo? ¿Los tienen tus amigos? ¿Y tus maestros?
8. ¿Cómo te imaginas al "Generalísimo"? ¿Cómo es su aspecto (appearance) físico? ¿Cuántos años tiene? ¿Cómo es su personalidad? ¿Cómo es "La Comandante"? ¿Y "don" Lorenzo Castaño? ¿Y "Cleopatra"?
9. ¿Por qué tiene tan buena memoria Didi? ¿Qué tuvo que aprender cuando trabajó para la Línea Gris?
10. ¿Dónde trabajó antes Adela Prado? ¿Qué tienen ella y Didi en común? ¿Cómo sabes que van a ser buenas amigas?

1. ¿En qué oficina suena ahora el teléfono? ¿Quién llama?
2. ¿Cómo son atendidos siempre los pedidos del Sr. Montes? ¿Qué quiere Ávila que su secretaria revise?
3. ¿Ha sido despachado ya el pedido de Montes?
4. ¿Con quién quiere Ávila que Julia lo comunique ahora?
5. ¿De qué está encargada "La Comandante"? Según ella, ¿fue suya la culpa?
6. ¿Por qué departamento fue procesado el pedido?
7. ¿A quién llaman ahora? Según "El Sargento", ¿qué pasó?
8. ¿Qué otras excusas dan los diferentes departamentos?
9. ¿Quién llama ahora a Ávila y Compañía? ¿Por qué está tan emocionada Didi? ¿Qué dice cuando la otra señora es desconectada?
10. Dinos, ¿te gustaría trabajar en esta oficina? De todas las personas mencionadas, ¿a quién te gustaría más conocer? ¿Y a quién menos?

JUEGOS DE PALABRAS

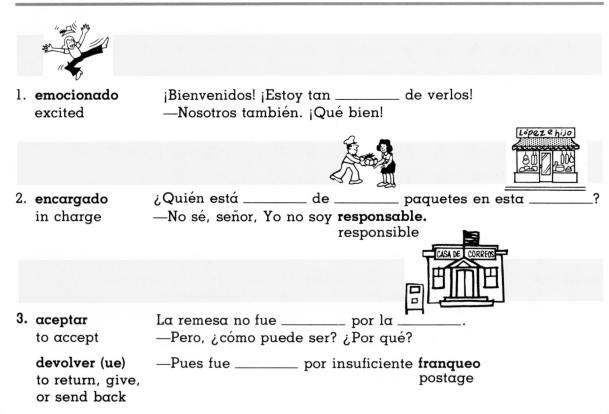

1. **emocionado**
   excited

   ¡Bienvenidos! ¡Estoy tan _____ de verlos!
   —Nosotros también. ¡Qué bien!

2. **encargado**
   in charge

   ¿Quién está _____ de _____ paquetes en esta _____?
   —No sé, señor, Yo no soy **responsable**.
   responsible

3. **aceptar**
   to accept

   La remesa no fue _____ por la _____.
   —Pero, ¿cómo puede ser? ¿Por qué?

   devolver (ue)
   to return, give,
   or send back

   —Pues fue _____ por insuficiente **franqueo**
   postage

266

4. **servir (i) para**
   to be good for

   Esta _____ no funciona. No _____ para nada.

   apretar (ie)
   to press, squeeze

   —Claro que no funciona. ¿Por qué no _____ Ud. el botón?

5. **revisar**
   to check

   ¿Revisó Ud. todas las _____?   —Sí, pero no encuentro la _____.

6. **atender (ie) a**
   to attend, to
   wait on

   Hace dos horas que nuestro mejor cliente está esperando.
   ¿Por qué no lo _____ Ud.?

   culpa
   fault

   —Lo siento, señor. Pero la _____ no fue mía.

7. **ascender (ie)**
   to promote

   Señorita Valdés, Ud. va a ser _____ pronto.
   —Ah, ¡qué _____!

   despacho
   (private) office

   —Ud. va a tener su propio _____ y más responsabilidades.

   cobrar
   to charge,
   collect

   —¡Fantástico! ¿Y voy a _____ más sueldo?
   —Poco a poco, señorita, ¡poco a poco!

8. **entenderse (ie)**
   to get along,
   "hit it off"

   Entonces, ¿tú fuiste _____ turística también?
   —Exactamente. Por dos años.
   —Pues por eso nos _____ tan bien. ¡Bienvenida, amiga!

267

LECCIÓN 12

Clínica

espalda
back

garganta
throat

pierna

tobillo
ankle

el pie

dedos

Examen de Aptitud Médica

Nombre _____

　　　　　apellido　　　　　　　　　　nombres de pila

1. ¿Qué órganos usamos para respirar? _____
   ¿En qué parte del cuerpo están? _____
2. ¿De qué está compuesto principalmente el aire que respiramos?

   _____ de oxígeno　　_____ de nitrógeno　　_____ hidrógeno
3. Si un paciente tiene graves problemas de respiración, ¿qué le dan
   en el hospital para ayudarlo a respirar? _____
4. ¿Qué partes del cuerpo controlan la circulación de la sangre? _____
5. Si una persona está muy nerviosa, ¿le sube o le baja la presión de
   la sangre? _____
6. Si una persona corre mucho o está muy emocionada, ¿tiene el pulso
   rápido o lento (slow)? _____
7. ¿Dónde toma el médico (la médica) el pulso del paciente? _____
8. ¿Qué parte del cuerpo se encarga de la digestión? _____
9. ¿Qué partes del cuerpo nos duelen si tenemos un resfriado
   (a cold)? _____
   ¿Qué instrumento indica si tenemos fiebre (o temperatura)? _____
10. Si las pestañas sirven para proteger (protect) los ojos, ¿para qué
    sirven las uñas? _____

268

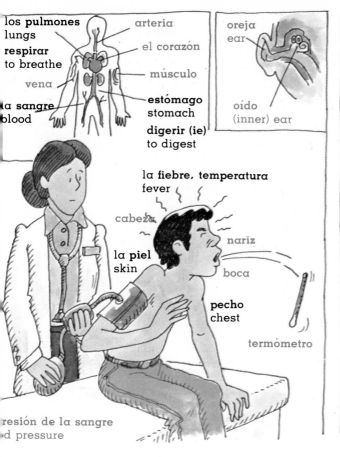

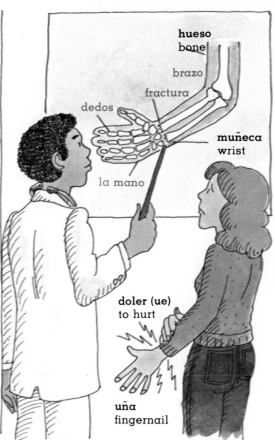

los **pulmones**
lungs
respirar
to breathe
vena
la sangre
blood

arteria
el corazón
músculo
estómago
stomach
digerir (ie)
to digest

oreja
ear
oído
(inner) ear

hueso
bone
brazo
fractura
dedos
muñeca
wrist
la mano

la **fiebre, temperatura**
fever
cabeza
nariz
la piel
skin
boca
pecho
chest
termómetro

doler (ue)
to hurt

uña
fingernail

resión de la sangre
d pressure

Historia Médica Personal

1. ¿Digiere Ud. bien la comida? _____
¿Qué remedios toma Ud. para la indigestión? _____
2. ¿Ha sufrido Ud. alguna vez la fractura de un hueso? _____
¿Ha tenido alguna operación? _____
¿Ha sido operado recientemente un pariente o amigo suyo?_____
¿Tiene Ud. la piel muy delicada? _____
3. ¿Corre Ud. mucho? _____
¿Tiene Ud. los tobillos débiles? _____
¿Ejercita mucho los músculos? _____

HORAS DE CONSULTA (OFFICE HOURS)

enfermedad
illness

paciente

resfriado
a cold

estornudar
to sneeze

toser
to cough

aspirinas

el jarabe para la tos
cough syrup

cápsulas

vitaminas

pastillas
pills

yodo
iodine

venda
bandage

vendita
bandaid

antibiótico

receta
prescription

recetar
to prescribe

"Doctor, me duele . . ."

Hoy vamos a ver qué talento tienes para ser médico (médica).
Primero, prepara dos cajas, una marcada "Diagnosis", y la otra,
"Recetas". Ahora escribe en diferentes papelitos todas las diagnosis
que tú y tus "ayudantes" se puedan imaginar. Por ejemplo: "Ud.

tiene un resfriado . . . indigestión . . . un sencillo dolor de cabeza . . .
una gripe . . . apendicitis . . . una inflamación muscular . . .
problemas nerviosos . . . una infección (de la garganta, etc.) . . .
una fractura del tobillo . . . la presión muy alta (o baja) . . . una
enfermedad rarísima. O simplemente: "Ud. no tiene nada." Y mete
todas las diagnosis en la caja primera.

Ahora escribe en otros papeles todas las recetas que te puedas
imaginar.

Por ejemplo:
—Tómese dos aspirinas y llámeme por la mañana.
—Tómese tres pastillas azules, con tres galones de agua.
—Ud. tiene demasiados amigos. No se bañe por 90 días.
—Póngase una inyección de (penicilina, vitaminas, chocolate, vino . . .)
—No tosa ni estornude. No sirven para nada.
—Eso no es nada. No coma (beba, fume, se queje) tanto.
—Guarde cama (Stay in bed) siempre hasta las once de la mañana.
—Póngale un poco de yodo, y olvídese de todo.
—Póngase una venda (una vendita) ¡y ya!
—Esto es muy grave. Vaya en seguida al hospital.
—¡Caramba! ¡Vaya a un psiquiatra, y déjeme en paz!

Por supuesto, mete tus recetas en la segunda caja, y vamos a
empezar. Recuerda: tú eres el médico (la médica).

Médico(a)	Paciente
(Saludas cortésmente y preguntas cómo se siente tu paciente.)	—Ay, doctor, me duele (la cabeza, la espalda, la muñeca . . .) O —Ay, doctor, me duelen (los pies, las uñas, las cejas . . .)
Ajá. *(Le preguntas desde cuándo sufre esos síntomas.)*	*(Lo dice.)*
¿Ah, sí? Pues . . . *(Metes la mano en la caja y sacas tu diagnosis. Se la lees.)*	—¡Ay, no! ¿Qué debo hacer? *(Mete la mano en la caja segunda y lee su propia receta.)* —Gracias, doctor, mil gracias.
A Ud. Ahora, son (50, 100, 500) pesos, por favor.	

OBSERVACIONES

28. More about the reflexives

¿RECUERDAS?

Most often, the reflexive just means that the subject is doing the action to itself.

Se miró en el espejo, y se encontró totalmente cambiado.	He looked at himself in the mirror and found himself totally changed.
—¡No! ¿Qué le pasó?	No! What happened to him?
—No sé. ¡Ayyyy!	I don't know. Ayyyy!

A. "We love each other" — the "give-and-take" reflexive

The reflexive can also mean "each other" or "to each other."
Tomemos, por ejemplo:

¿Se aman Uds.?	Do you love each other?
—¡Qué va! Nos odiamos.	Oh, no! We hate each other.
—Entonces, ¿por qué desean casarse?	Then why do you want to marry (each other)?
—Porque cuando no nos vemos, ¡no hay con quién pelear!	Because when we don't see each other, there's no one to fight with!
—Bien. Por lo menos se entienden.	Fine. At least you understand each other (you get along . . .).

___ Actividades _____

1 ¿Qué hacen estas personas?

1. Nelson y Hada   Se _____ _____ _____ _____

2. Rufo y yo   Nos _____ _____ _____ _____

3. Mati y tú   ¿Se _____? ¿_____? ¿_____? _____?

272

2 Cuentos

Mira otra vez las ilustraciones de la Actividad 1, y haznos un cuento sobre cada una de estas parejas. Por ejemplo:

1. Nelson y Hada se aman . . . ¿Dónde se conocieron? ¿Cuántos años de edad tienen? ¿Qué clase de trabajo hacen? ¿Cómo muestran su amor? ¿Cuándo se van a casar? ¿Están contentos sus padres de que se casen?

2. Rufo y yo . . . ¿Por qué nos buscamos, para divertirnos o para pelear? ¿Por qué nos odiamos, por algo que ocurrió en la escuela, en casa, con un amigo, etc.? ¿Qué vamos a hacer si nos vemos en la calle? ¿Vamos a matarnos de veras?

3. Mati y tú . . . ¿Se conocen Uds. bien? ¿Con qué frecuencia se escriben— cada día, una vez a la semana, etc.? ¿De qué se hablan en sus cartas? ¿Cuándo van a verse? ¿Qué piensan hacer entonces? (A propósito, si quieres, puedes hacer estas preguntas otra vez, usando **vosotros** en lugar de **Uds.** Por ejemplo: ¿Os conocéis bien?)

B. Se . . . — another way to the passive voice
How many times have you seen this sign?

AQUÍ SE HABLA ESPAÑOL
Spanish Is Spoken Here

Actually, the "impersonal **se**" that we have been using can be a substitute for the real passive voice. But remember, ¡por favor!: We can use **se** . . . only when we don't tell *by whom* the action was done!

Se dice que lloverá.	*It is said* that it will rain. (One says . . .)
No **se sabe** nada todavía.	Nothing *is known* yet. (One doesn't know . . .)
¿**Se permite** fumar?	*Is smoking allowed?* (Does one allow . . .?)

We can even work in the person to whom the action is being done.

Se me dice . . .	*I am told* . . . (One says to me . . .)
¿**Se nos permite** fumar? —¡Por favor, no!	*Are we allowed* . . .? (Does one allow us . . .?)
Se le acaba de avisar . . .	*He has just* been informed . . . (One has just informed him . . .)

If the subject isn't a person, just pretend that it did the action to itself!

El hospital **se cierra** a las seis. The hospital *is closed* at six.
—¿Y **se abre** a las ocho? And it *is opened* at eight?
Se construyó el edificio en 1979. The building *was built* in 1979.
—Y tres más **se construirán** ahora. And three more *will be built* now.
¿Cuándo **se anunciarán** los premios? When *will* the prizes *be announced*?
—Ya **se han anunciado.** *They have been announced* already.

___ Actividades _____

1 *Mira las ilustraciones, y después contesta "sí" o "no".*

1. Dinos, según esto: ¿Se dice que va a llover? ¿Se dice que va a nevar? ¿Se cree que hará mucho frío? Realmente, ¿qué se dice aquí sobre el tiempo de mañana?

2. Dinos otra vez: ¿Se construyó recientemente tu escuela? ¿Se van a construir otras este año? ¿Se da mucho trabajo aquí a los alumnos? ¿Se dan exámenes muy difíciles en español? ¿Se permite fumar en la clase? ¿y en la cafetería? A propósito, ¿se sirve buena comida aquí en la cafetería?

2 En caso de emergencia . . .
¿Qué piensas que se debe hacer en estas situaciones?
1. Una persona acaba de sufrir un ataque al corazón. ¿Se llama al médico o se lleva al paciente en seguida al hospital?
2. Una persona descubre que hay ladrones en su casa. ¿Se llama a la policía o se trata de cogerlos?
3. Estas cartas tienen que llegar inmediatamente a España. ¿Se mandan por correo ordinario o por avión?
4. Un paciente está en condición crítica en el hospital. ¿Se le permiten muchas visitas o pocas? ¿Se les permite a sus parientes entrar?
5. No se sabe si esta persona tiene temperatura o no. ¿Qué se usa—una venda, una aguja hipodérmica o un termómetro? ¿Y si la persona necesita una inyección?
6. Se cree que esta persona tiene un fuerte resfriado. ¿Se le receta un antibiótico, o se le hace una operación? ¿Se le recomienda un calmante o un jarabe para la tos?

REPASO RÁPIDO

More about the reflexives (¡El fin!)

1. The reflexives **nos, os,** and **se** can mean "each other" or "to each other."

   Se quieren mucho.   Se hablan día y noche.

2. The "impersonal **se**" (One . . .) is another way of expressing the passive voice, when we don't tell *by* whom or what the action was done.

Se habla inglés.   English (is) spoken here.
No se permite entrar.   Entrance (is) not permitted.

   We can work in the person to whom the action is done by adding **me, te, le,** etc.

Se nos ha dicho . . .   We have been told . . .

3. Very often the reflexive replaces the true passive, as if something had done the action to itself.

Las luces se encienden a las ocho   The lights are turned on at eight
y se apagan a la medianoche.   and off at midnight.

Práctica

Completa los diálogos usando las palabras ilustradas y éstas:
depositar, estornudar, guardar cama, pedidos, pulmones, recibir, resfriado, revisar

1. ¿Se ha ____ ya el ____?
   —Ah, sí. Está en el banco ahora.

2. ¿____ permite ____?
   —Por favor, no. Es malo para los ____.

3. ¿Se han ____ ya las ____?
   —Sí, pero no se han encontrado los ____.

4. Si una persona ____ y ____, se dice
   que tiene un ____.
   —Es verdad. Y se debe ____ por
   un día o dos.

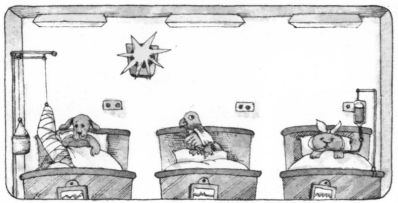

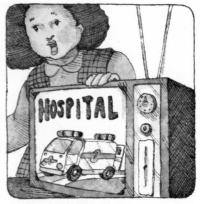

Dra. Campos . . . Emergencia en la Sala de Emergencia.

Felipe, ¿no quieres ver tu programa?

CUENTO HOSPITAL DE ANIMALES

Un hospital moderno del centro. Las **enfermeras** se mueven
rápidamente por los **pasillos.** Y los **altavoces** llaman
constantemente los nombres de los médicos: "Dr. Lozano,
Dr. Emilio Lozano. Se solicita su presencia en la **Cuadra** B."
5 "Dra. Antonieta Campos. Dra. Campos. Hay una emergencia
en la Sala de Emergencia."
    Las luces rojas se encienden y se apagan en un conmutador
grande. "No, señor. La Dra. Polidoro está todavía en la **sala de
operaciones** . . . Sí, señora, condición satisfactoria."
10 Una sirena penetra el aire. Una ambulancia se para a la
puerta del hospital, y dos paramédicos sacan en una **camilla**
un paciente **envuelto** en **mantas** blancas.
    La música se pone más fuerte, y de repente la **pantalla** se
llena de termómetros, microscopios, agujas hipodérmicas y
15 **estetoscopios** que forman finalmente las letras H-O-S-P-I-T-A-L.

    En el apartamento 1D, Carmen Montes se levanta y grita
hacia la alcoba.
    Car.: Felipe, levántate si quieres ver tu programa.
    Fel. (medio dormido): Bueno. **¡Ya voy!**
20 Carmen se vuelve y se instala de nuevo en el sofá de la
    sala.

Las puertas de la sala de operaciones se abren y salen tres
médicos, con siete enfermeras. Se acercan a un **lavamanos,**
se quitan los guantes de **goma** y se lavan las manos con un
25 jabón antiséptico. Una de los médicos camina hacia la **antesala**

nurses
hallways;
loudspeakers

Ward

operating room

stretcher
wrapped; *blankets*

screen

stethoscopes

I'll be right there!

sink
rubber
maternity waiting

276

¿Ocho más? ¡Me voy a desmayar!

Doctora, los pacientes se han vuelto locos.

No hay otra solución. . . . Tal vez Ud. y yo. . . .

de obstetricia, donde un hombre la espera nerviosamente.   room
Se saludan.   greet each other
  Dra.:   ¿Sr. Manzanilla?
  Sr.:   ¿Dra. Polidoro? Dígame, ¿se puede . . . se me permite . . .?
30 La **cirujana** levanta despacio su **antifaz de gasa** y los dos se   surgeon; gauze
    miran por un momento largo. De repente, la médica sonríe.   mask
  Dra.:   Sr. Manzanilla, tengo el gusto de **avisarle** que su   inform you
      Enriqueta es la madre de ocho hermosos **varones.**   males
● Sr.:   ¿Ocho, doctora? ¿Ocho más? (Se pone a **llorar.**)   cry
35   ¡Me voy a **desmayar!**   faint
  Dra.:   ¡Rápido! ¡Agua! ¡Oxígeno! ¡Aspirinas!

    Felipe Montes se acerca a la puerta de la sala.
    Fel.:   ¿Qué fue eso? ¿Qué pasó?
    Car.:   Enriqueta ha **dado a luz** a ocho varones.   given birth
40   Fel.:   ¡Imagínate! ¡El año pasado tuvo seis!
    Car.:   ¡Qué horror! A ver . . . ¡**Chiss**!   Shh!

    Tres ayudantes **sostienen** a Manzanilla entre sus brazos.   are holding up
  Dra.:   Cálmese, Sr. Manzanilla. Recuerde que siempre **se**   they can be
    pueden repartir entre sus amigos y parientes.   divided up
45 Sr.:   ¡Jamás! Es una cuestión de honor.
  Dra.:   Entonces, Sr. Manzanilla, no hay . . .
    Se oye una gran conmoción en el pasillo, y dos enfermeras
    entran muy **agitadas.**   upset
    1ª: Doctora, ¡el paciente Domínguez ha **mordido** al Dr. Lozano   bitten
50   en el tobillo!
    2ª: Sí, doctora. El Dr. Lozano lo encontró comiendo las
    radiografías, y cuando se las quiso quitar . . .   x-rays

1ª: Y ahora todos los pacientes de la Cuadra B se han vuelto
      locos. Horacio Méndez se escapó por la **claraboya.**   skylight
55 2ª: **Loro** Gómez está saltando de mesa en mesa pidiendo   parrot
      galletas.   crackers
1ª: Y con toda la conmoción, Enriqueta Manzanilla ha tenido
      otros seis **cachorros.**   puppies
Sr.:   ¡No! ¡No lo creo! Tengo sesenta y dos perros en mi casa
60   ya! Dra. Polidoro, no hay otra solución. Tendré que abrir
      mi propio hospital de animales.
Dra.:   Pero, Sr. Manzanilla, ¿en **competencia** con el mío?   competition
Sr.:   Tal vez, no, doctora. Tal vez Ud. y yo . . .
Los dos se miran por otro momento largo. La cámara se acerca
65 y los dos se abrazan. En el fondo, se oye una sinfonía de
ladridos, maullidos y rugidos.   barks, meows;
                                                                               howls
      Car.:   ¿Sabes, Felipe? ¡Me encantan estos **finales** felices!   endings

--- Vamos a conversar ---

1. ¿Dónde ocurre este cuento? ¿Quiénes se mueven por el pasillo?
2. ¿A quiénes llaman los altavoces?
3. ¿Qué vemos en el conmutador?
4. ¿Qué ocurre a la puerta del hospital? ¿Qué hacen los paramédicos?
5. ¿Es de verdad (real) todo esto, o es un programa de televisión?
   ¿Hay programas como éste donde viven Uds.?
6. ¿Quiénes están mirando el programa en el apartamento 1D?
7. Volviendo a "Hospital", ¿quiénes salen de la sala de operaciones?
8. ¿A dónde se acercan los profesionales? ¿Qué hacen?
9. ¿Quién espera a la Dra. Polidoro en la antesala?
10. ¿Qué noticia le comunica la cirujana?

● 1. ¿Recibe bien o mal Manzanilla la noticia de los ocho varones?
2. ¿Cuántos tuvo Enriqueta el año pasado?
3. Según la doctora, ¿entre quiénes se pueden repartir los cachorros?
4. ¿Está de acuerdo Manzanilla con esta idea?
5. ¿Qué se oye de repente en el pasillo? ¿Cómo entran las enfermeras?
6. ¿Qué ha hecho el paciente Domínguez? ¿Por qué mordió al Dr. Lozano?
7. ¿Qué ha hecho Horacio Méndez? ¿Qué está haciendo Loro Gómez?
8. ¿Qué le ha pasado ahora a Enriqueta Manzanilla?
9. Según el Sr. Manzanilla, ¿cuál es la única solución?
10. ¿Se van a casar Manzanilla y la cirujana? ¿Por qué? Dinos:
    ¿Te gustan a ti los programas de médicos y hospitales? ¿Te
    gustó éste?

JUEGOS DE PALABRAS

1.

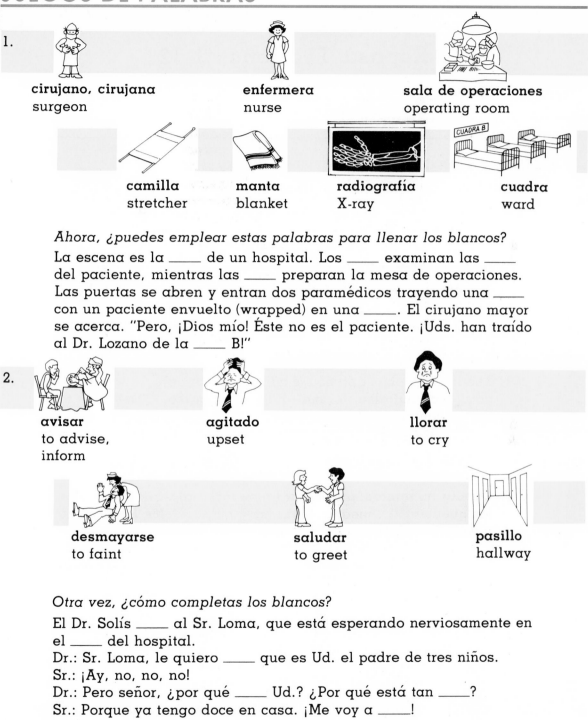

cirujano, cirujana
surgeon

enfermera
nurse

sala de operaciones
operating room

camilla
stretcher

manta
blanket

radiografía
X-ray

cuadra
ward

Ahora, ¿puedes emplear estas palabras para llenar los blancos?

La escena es la _____ de un hospital. Los _____ examinan las _____
del paciente, mientras las _____ preparan la mesa de operaciones.
Las puertas se abren y entran dos paramédicos trayendo una _____
con un paciente envuelto (wrapped) en una _____. El cirujano mayor
se acerca. "Pero, ¡Dios mío! Éste no es el paciente. ¡Uds. han traído
al Dr. Lozano de la _____ B!"

2.

avisar
to advise,
inform

agitado
upset

llorar
to cry

desmayarse
to faint

saludar
to greet

pasillo
hallway

Otra vez, ¿cómo completas los blancos?

El Dr. Solís _____ al Sr. Loma, que está esperando nerviosamente en
el _____ del hospital.
Dr.: Sr. Loma, le quiero _____ que es Ud. el padre de tres niños.
Sr.: ¡Ay, no, no, no!
Dr.: Pero señor, ¿por qué _____ Ud.? ¿Por qué está tan _____?
Sr.: Porque ya tengo doce en casa. ¡Me voy a _____!

279

Repaso, Lecciones 9–12

I. Repaso General

A. Some special uses of the present tense

1. **Hace** + a period of time + **que** tells for how long an action has been going on. Since the action is still happening, the verb that follows **que** is in the present tense.

Hace días que llueve.   It has been raining for days.

2. The present tense can also replace the future. It makes the action feel closer.

Te veo mañana, ¿está bien?   I'll see you tomorrow, OK?

B. Other meanings of the indirect object

1. The indirect object pronouns can mean not only "to me, to you," etc., but also "for me" or even "from me." They point to the person affected by the action.

¿Me abrirás la ventana?   Will you open the window for me?
Jaime nos lo compró.   James bought it for us.
No se lo quite.   Don't take it away from him.

2. **Quedar** (to remain) and **faltar** (to be lacking) work like **gustar.** **Me queda(n)** . . . means "I still have left. . . ." **Me falta(n)** . . . means "I'm short. . . ."

¿Les falta tiempo?   Are you short of time?
—No. Nos queda tiempo. ¡Nos   No. We have time left over. We're
falta dinero!   short of money!

C. The passive voice
In the passive voice, the subject does not *do* the action. It receives it. The true passive in Spanish is made up of **ser** + a past participle + **por.**

¿Qué pasó?   What happened?
—Fui despedida por el jefe.   I was fired by the boss.

Ese cheque no será aceptado
por nadie.
—¿Por qué?

That check won't be accepted by
anybody.
Why?

Remember: **Estar** + a past participle does not make a passive voice.
It just describes what a situation is (or was) like after the action
took place.

A las diez la puerta fue abierta.

At ten o'clock, the door was opened.

Cuando llegué, la puerta estaba
abierta.

When I arrived, the door was
(already) open. (Someone had
opened it before.)

D. More about the reflexives

1. In addition to their usual meanings, the reflexives **nos, os,**
and **se** can mean "each other" or "to each other."

¿Se escriben Uds. frecuentemente?

Do you write to each other often?

—No. Nos llamamos todos los días.

No. We call each other every day.

2. The impersonal **se** (One . . .) is another way of expressing the
passive voice, when we don't tell *by* whom or what the
action was done.

No se permite fumar.

Smoking isn't permitted.

Aquí se habla español.

Spanish is spoken here.

3. Very often, the reflexive replaces the true passive, as if the
subject were doing the action to itself.

¿A qué hora se cierran las puertas?

At what time are the doors closed?

—A las doce en punto, y se abren
a las nueve.

At twelve sharp. And they are
opened (they open) at nine.

¿Cuándo se construyó esta casa?

When was this house built?

—En 1975.

In 1975.

II. Vocabulario Activo

a la semana   per week, **9**

aceptar   to accept, **11**

afuera   on the outside, **9**

agencia de empleo   employment
agency, **9**

agitado   upset, **12**

ahorrar   to save (money, etc.), **10**

Al habla . . .   Speaking . . . (on the
telephone), **11**

amable   pleasant, nice, **10**

ambos   both, **10**

apellido   last name, **9**

apretar (ie)   to press, push,
squeeze, **11**

archivo   file (cabinet), **11**

ascender (ie)   to promote; go up, **11**

atender (ie) a   to attend to, wait
on, **11**

atraco   holdup, **10**

aumento   increase, raise, **9**

avisar   to notify, warn, advise,
inform, **12**

ayudante   assistant, **9**

bancarrota   bankruptcy, **10**

banco   bank, **10**

el **batidor**   beater, **10**

billete   bill (money), **10**

Bueno   Hello? (on phone, Mexico), **11**

caja de seguridad   safe deposit box, **10**

cajera, cajero   cashier, **10**

las **calificaciones**   qualifications, **9**

camilla   stretcher, **12**

camionero   truck driver, **9**

capataz   foreman, **9**

carpeta   file (folder), **11**

cirujana, cirujano   surgeon, **12**

cobrar   to charge; collect, **11**; – **un cheque**   to cash a check, **10**; a – collect (phone call), **11**

cola   line (of people); tail, **10**

colocar   to put, place; –**se**   to find a job, position, **9**

comunicar   to connect (on the phone); communicate; **¿Me puede comunicar . . .?**   Can you connect me . . .?, **11**

el **conmutador**   switchboard, **11**

contador(a)   accountant, **9**

cuadra   (hospital) ward; (city) block, **12**

cuenta   bill; "check" (restaurant); account; – **bancaria**   bank account, **10, 11**

culpa   fault, blame, guilt, **11**

el **cumpleaños**   birthday, **9**

cuyo   whose, **10**

el **cheque**   check, **10**

chequera   checkbook, **10**

chófer   driver, chauffeur, **9**

¿De parte de quién?   Who's calling?, **11**

de veras   really, truly, **9**

depositar   to deposit, **10**

depósito   deposit; **en – para**   in trust for, on deposit for, **10**

desmayarse   to faint, **12**

despachar   to send, ship (merchandise), **11**

despacho   private office, **11**

despedir (i)   to fire (someone), send away, **9**

deuda   debt, **10**

devolver (ue) to return, give back, **11**

día feriado   holiday, day off, **9**

Dígame   Hello? (on phone), **11**

digerir (ie)   to digest, **12**

doler (ue)   to hurt, **12**

e (before a word beginning with i or **hi**, but not **hie**)   and, **9**

emocionado   excited, **11**

empleado   employee, **9**

emplear   to employ; use; hire, **9**

empleo   job; employment, **9**

empresa   (business) firm, **11**

encargado   (person) in charge, **11**

encargar to order (merchandise), **11**

encargo   (an) order (for merchandise), **11**

la **enfermedad**   illness, **12**

enfermera   nurse, **12**

entenderse (ie)   to get along (with someone), hit it off, **11**

entrega   delivery, **11**

entrevista   interview, **9**

entrevistar   to interview; –**se**   to be interviewed, **9**

escritorio   desk, **9**

espalda   back (body), **12**

estómago   stomach, **12**

estornudar   to sneeze, **12**

factura   invoice, **11**

faltar   to be lacking, **10**

la **fiebre**   fever, **12**

los **fondos**   funds, **10**

formulario   fill-in "form," **9**

franqueo   postage, **11**

ganancia profit, gain, 10
garganta throat, 12
gasto expense, 10
gerente manager, 9
girar un cheque to write or give a
  check, 10
hueso bone, 12
los ingresos income, receipts, 10
los intereses (bank) interest, 10
la inversión investment, 10
el jarabe para la tos cough syrup,
  12
llorar to cry, 12
manta blanket, 12
mecánico mechanic, repairman, 9
mecanógrafa, mecanógrafo typist, 11
mensual monthly, 9
meter to put (into), 9
muñeca wrist, 12
negocio(s) business, 11
oficinista office worker, 9
pago payment, 11
pasillo hallway, 12
pastilla pill, 12
pecho chest (body), 12
pedido (an) order (for
  merchandise), 11
pérdida loss, 10
la piel skin, 12
por ciento percent, 10
por todas partes everywhere, 10
premio prize, premium, 10
la presión de la sangre blood
  pressure, 12
préstamo loan, 10
puesto position, job; stand
  (newspapers, etc.); post, 9
el pulmón lung, 12
radiografía X-ray, 12
recado message, 11
receta prescription; recipe, 12
recetar to prescribe, 12
recibo receipt, 11

regalo gift, 10
remesa shipment, 11
requisito requirement, 9
resfriado (a) cold, 12
respirar to breathe, 12
responsable responsible, 11
retirar to withdraw, 10
retiro withdrawal, 10
revisar to check (over), examine, 11
sala de operaciones operating
  room, 12
salario salary, 9
saludar to greet, 12
la sangre blood, 12
semanal weekly, 9
señalar to point out, 10
servir (i) de or para to be good for,
  serve as, 11
solicitar to apply (for a job), ask
  for, 9
solicitud application, 9
suave soft, smooth, 10
sueldo salary, 9
tenedor(a) de libros bookkeeper, 9
*tener que ver con to have to do
  with, 9
tipo type, "guy," 9
tobillo ankle, 12
toser to cough, 12
el tostador toaster, 10
trabajador(a) worker, 9
u (before a word beginning with o
  or ho) or, 9
uña (finger or toe) nail, 12
venda bandage; vendita
  bandaid, 12
vendedor(a) vendor, seller, 10
ventanilla (teller's or ticket)
  window, 10
el ventilador fan, 10
volverse (ue) to turn; – loco to
  "go" crazy, 9
yodo iodine, 12

Álbum '4

Vamos en Coche

284

"¡Caramba! ¿No se va
a mover nunca este tráfico?"
. . . "Ramiro, tal vez si tomas la pista
(lane) de la derecha . . ." "Algún día me voy a
retirar al campo, y me compraré un caballo, y . . ."
"Lisa, ¿qué quieres que yo haga? ¿Volar encima de los
otros coches?" . . . "¡Ea, hombre! ¿A dónde piensa que va?". . . "¡Dios
mío! ¡Se me acabó la gasolina! Señor . . . señor policía . . ." "¡Este
!@#$%¢&*! tráfico! Si llego tarde, el jefe me despedirá."
. . . "Señor . . . señor policía . . ."

⊙ Mecánica

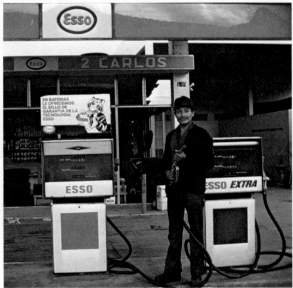

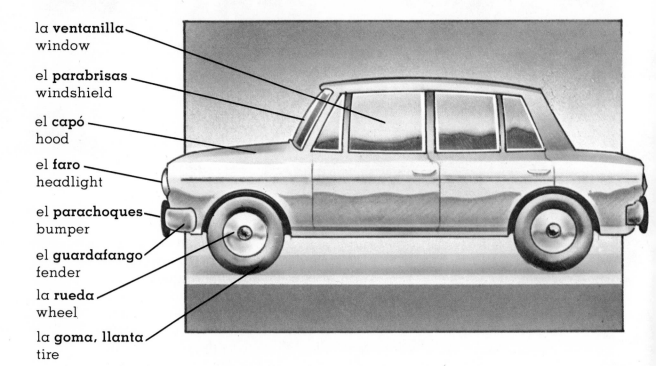

la **ventanilla**
window

el **parabrisas**
windshield

el **capó**
hood

el **faro**
headlight

el **parachoques**
bumper

el **guardafango**
fender

la **rueda**
wheel

la **goma, llanta**
tire

Clínica de Carros

REPARACIONES

desinflado	flat tire	40 p.
pinchazo	blowout	60 p.
batería		70 p.
bujías	spark plugs	100 p.
silenciador	muffler	200 p.
frenos	brakes	250 p.
muelles	springs	300 p.
carburador		350 p.

Dime, ¿cuál es mi problema? ¿Y cuánto costará?

1. Anoche se me olvidó apagar los faros de mi coche. Esta mañana, todavía estaban débilmente encendidos, pero el motor no quiso arrancar (start). No sé por qué.

2. El otro día yo viajaba en carro de aquí a Guadalajara. Hacía nueve horas que andaba a 60 millas por hora cuando de repente, el motor se paró. ¿Qué pasó?

3. El sábado estábamos en el camino. De repente oímos un ruido fuerte atrás y el coche se inclinó hacia un lado. ¿Cómo lo explicas tú?

4. El domingo me ocurrió la cosa más rara. Quise apagar el motor con la llave. Pero el motor seguía en marcha (running) y el coche daba unos saltos (jumps) extraños. Dime, ¿qué no funcionaba?

5. Mi coche no es nuevo pero tampoco es muy viejo. Ahora le está pasando una cosa curiosa. Cuando llego a una luz roja, tarda mucho en pararse. ¿Qué debo hacer?

6. Desde el lunes, mi coche suena como un camión. Cuando estoy en el camino, la gente me grita "¡ . . . !" Pero el carro hace tanto ruido que no oigo nada. ¿Qué crees tú que dicen?

7. Mi coche está muy poco confortable recientemente. Si hay un pequeño bache (pothole) en el camino, por poco se descompone (nearly breaks down) por completo. ¿Cuál es mi problema?

8. Quiero poner mi carro en marcha ahora pero oigo un ruido muy extraño, como de mil petardos (firecrackers) explotando. ¡Dios mío! ¿Qué será?

⊙ ¿Sabes manejar?

Pues, ¿cómo interpretas estas señales (signs) de tráfico?

1 *¿Está permitido o prohibido que los autobuses entren aquí? (Claro. Una curva "cerrada" —very sharp—no deja mucho lugar.)*

2 *Si la calle es de "una vía", ¿en cuántas direcciones va el tránsito? (A propósito, "un sentido" significa lo mismo que "una vía".)*

3 *¿Es para camiones muy grandes este camino? ¿Cuántas toneladas (tons) son el límite? ¿Y a qué horas pueden pasar?*

NO ESTACIONAR NI PARAR
(No Parking or Standing)
VELOCIDAD MÁXIMA: 50 Km.
ESTACIONAMIENTO: De 7 a 11h
DESVIACIÓN (Detour)
CEDA EL PASO (Yield)
NO REBASE (No Passing)
SALIDA 28A

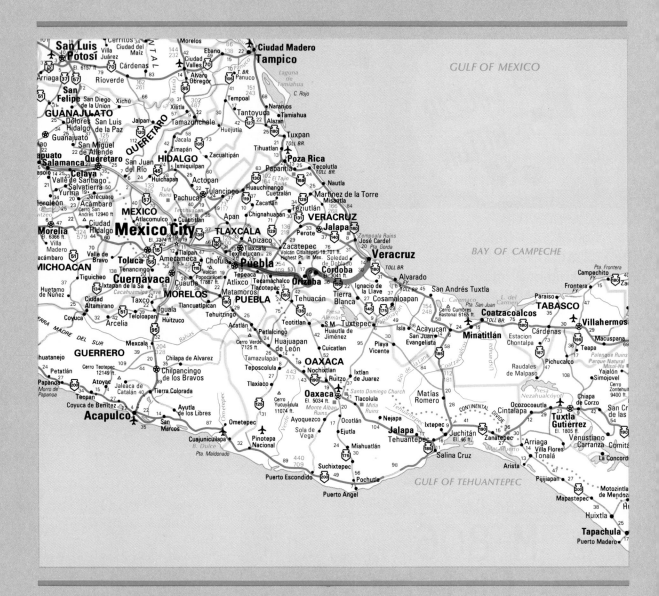

Vera Cruz, el puerto y la Plaza Mayor.

Puebla. Caminando por el parque municipal.

¿Sabes? ¡Estoy furiosa! Déjame contarte lo que me pasó hoy. . . . Esta mañana ahí estábamos Lori y yo en Veracruz, y se me ocurrió que sería una fantástica idea ir a Puebla y volver para la noche. Lori dijo que no, que le encantaba Veracruz, con su puerto tan activo, sus industrias modernas y sus barrios viejos, que era la primera ciudad establecida en tierra firme por los españoles y que todavía había muchas cosas que le gustaría ver.

Pues bien, me fui sola, y para la hora de la siesta ya estaba caminando por las hermosas calles de Puebla, con sus mil y una iglesias (¡un poco de exageración!), y sus mil y una especies de flores, cada una más linda que la otra. A las cuatro sentí hambre y entré a un café para tomar algo antes de comenzar el viaje de regreso.

Y cuando salí del restaurante y me acerqué a mi carro, ¡descubrí que ya no tenía la chapa! Parece que en Puebla, si encuentran un coche estacionado en una zona prohibida, ¡la policía le quita la chapa hasta que se paga la multa (fine)! En fin, aquí tengo que estar hasta la mañana, mirando mi mapa del camino y planeando mi regreso a Veracruz. Oye, ¿me haces un favor? Pues mira el mapa a la izquierda y dime: ¿Qué ruta debo tomar? ¿Por cuáles pueblos debo pasar? ¿Y cuántos kilómetros voy a viajar? . . . Gracias. Nos veremos, ¿eh?

¡Es la ley!
It's the law!

juez

la corte

testimonio
testimony, evidence

jurado
jury

testigo

jurar

abogado

CONTRATO
contract

un acuerdo
agreement

la **propiedad**
property

propietario(a)
proprietor

CITACIÓN
summons

abogada

cliente

Testigo

Ahora, señor(ita), tome asiento en el banquillo (chair) de los
testigos. Levante la mano derecha, y conteste: ¿Jura Ud. decir la
verdad, la entera verdad y nada más que la verdad? . . . Muy bien.
Vamos a comenzar.

1. ¿Hay un abogado (o una abogada) en su familia? ¿Le interesaría
   a Ud. estudiar derecho? ¿Hay una Facultad (School) de Derecho
   cerca de aquí? En su opinión, ¿es ésta una buena profesión para
   mujeres? ¿Por qué?
2. ¿Conoce Ud. personalmente a un(a) juez? ¿Ha estado alguna vez
   en una corte de justicia? ¿Ha dado testimonio? ¿Ha sido Ud.
   testigo de un accidente? ¿de un robo? ¿de un acto de violencia?
   ¿Ha recibido Ud. alguna vez una citación?
3. ¿Ha empleado su familia alguna vez a un abogado? ¿Cuándo?
   Ahora díganos rápidamente: Si un propietario quiere vender una
   propiedad, ¿qué documento se tiene que preparar primero?
   ¿Qué tienen que poner los participantes al final de ese
   documento? Si un contrato no está firmado, ¿es válido?

matrimonio marriage

ponerse de acuerdo to settle

MATRIMONIOS   DIVORCIOS

LEGADOS bequests

DERECHO CIVIL

TESTAMENTO will

José Obregón

legar to bequeath, "will" to someone

derecho right; (code of) law

firmar to sign

firma signature

4. Si una persona quiere legar su propiedad a otra persona, ¿qué documento tiene que firmar? ¿Según la ley, es válido un testamento si no tiene la firma de testigos?

5. ¿Le gustaría a Ud. formar parte de un jurado? ¿Preferiría decidir un caso civil (una cuestión de dinero, de negligencia, de matrimonio, etc.) o un caso criminal? ¿Está Ud. a favor (in favor) de la pena de muerte (death sentence)? ¿Por qué? ¿Podría Ud. sentenciar a morir a un(a) criminal? A propósito, ¿sabía Ud.? Las cortes hispánicas no emplean tradicionalmente el sistema del jurado. Los casos son decididos por un juez, o a veces, por tres o cinco jueces, según su importancia.

6. Finalmente, en su opinión, en el caso de un pleito (lawsuit) civil, ¿es mejor llevarlo a la corte o llegar a un acuerdo entre sí? En los casos criminales, ¿cree Ud. que los jueces deben ser más estrictos o menos estrictos con los delincuentes? ¿Por qué?

EXPERIENCIAS

JURADO

Un día en la corte

Tú eres un miembro del jurado. A ver cómo decides estos casos.

1. Suárez contra Losada

   A la muerte de sus padres, Víctor Suárez, único hijo y heredero
   (heir), decide vender la casa de su familia y vivir en otra ciudad.
   La vende, con todos sus muebles, etc., al Sr. Federico Losada
   por 200,000 pesos. Poco después de vender la propiedad, Víctor
   encuentra una carta vieja de sus padres avisándole que en un
   cajón (drawer) secreto de su cómoda, hay un sobre con 150,000
   pesos que ahorraron para él. Víctor va a hablar con Losada, le
   muestra la carta, y le pide permiso para sacar de la cómoda lo

que era suyo. Losada se ríe: "Pero hombre, ya lo encontré y lo gasté. Además, Ud. me vendió la casa con todo lo que contenía. Ese dinero ya no era suyo. Era mío." Suárez no lo puede creer. Por fin, responde: "Muy bien, Sr. Losada, si ésa es su posición, se la tendrá que explicar a la corte. No voy a permitir que Ud. disfrute del dinero que mis padres me dejaron a mí." Suarez va a un abogado y presenta una **demanda** (claim) contra Losada.

¿Qué dices tú? ¿De quién es el dinero, de Suárez o de Losada?

2. Blanco contra Nardo

En la Calle Páez, en uno de los mejores barrios de nuestra ciudad, viven dos familias que se odian. Una cosa conduce a otra, y por fin la familia Nardo, cuya casa está frente a (facing) la casa de los Blanco, pinta su propia casa con manchas (splotches) de diferentes colores feos, sólo para molestar a sus "enemigos". Desesperados, los Blanco deciden vender su casa e irse a otro lugar. Pero no pueden venderla sino (except) a un precio muy bajo, porque nadie quiere una vista tan fea. Los Blanco inician un **pleito** (start a lawsuit) contra los Nardo, **acusándolos** de **estorbar** (disturbing) su paz y tranquilidad, y de hacer imposible vender su casa a un precio justo. Los Nardo responden que tienen el derecho de pintar su propia casa del color que a ellos les guste.

¿Cuál es tu **veredicto** (verdict)? ¿Es **culpable** (guilty) el Sr. Nardo de **crear un estorbo** (creating a disturbance) a la familia Blanco? ¿Quién tiene razón y quién no?

3. El Estado contra Manuel Rosado

Hace quince años, Manuel Rosado fue **condenado** (condemned) a muerte por un crimen que no cometió. Apeló (He appealed) a todas las cortes superiores, pero en vano. Finalmente, el día de la ejecución, Manuel mató a un guarda de la prisión y se escapó. Tres años después, la policía encontró al verdadero (real) criminal por cuyo crimen Manuel fue sentenciado a morir. Ya no había duda (doubt). Rosado era inocente del primer crimen. Pero todavía lo buscaban por el asesinato (murder) del guarda.

El otro día, lo encontraron. Manuel está casado ahora, tiene tres hijos, y es un miembro respetado de la comunidad. El **proceso** (criminal trial) comienza ya. "Manuel Rosado, acusado de la muerte del guarda Ramón Vereda."

La viuda (widow) del guarda y sus hijos están presentes.
¿Qué decides tú? ¿Lo **absuelves** (acquit) o lo **condenas** (find
him guilty)? Y si lo condenas, ¿por cuánto tiempo lo mandarás
a la cárcel?

4. Almería contra Paredón

La señora Evangelina Almería, artista de televisión, está
desesperada. En estos últimos años sus piernas se han puesto
enormemente gruesas (heavy) y ningún ejercicio, ninguna
dieta la puede ayudar. Consulta a un cirujano y le pide que la
opere. El cirujano se niega (refuses) a operarla, diciendo
que la operación es innecesaria y que puede resultar peligrosa
también. La señora insiste, diciendo que si no la operan,
se va a quitar la vida. No quiere vivir más así. Por fin el
médico consiente, pero la operación no tiene éxito. Hay
complicaciones, y el médico le tiene que amputar la pierna
derecha. Al salir del hospital, la Sra. Almería va a su
abogada, quien presenta una demanda de 5.000.000 de pesos
por negligencia contra el cirujano.

¿Cómo decide Ud. el caso, a favor de la señora o a favor del
cirujano? ¿Por qué?

PALABRAS PRÁCTICAS

absolver (ue) to acquit
acusar to accuse
condenar to condemn, sentence
crear un estorbo to create a
  disturbance
culpable guilty

demanda(r) claim; to make a
  claim against, file a suit against
estorbar (la paz) to disturb (the peace)
pleito lawsuit
proceso (criminal) trial, legal action
veredicto verdict

OBSERVACIONES

29. More about adjectives

A. "First, second, third . . ." — the number adjectives
These are what we call "ordinal" numbers. Normally, we use them in Spanish only from "first" through "tenth," and then we go back to the cardinals ("eleven, twelve, thirteen . . .").

primer(o)	first	**sexto**	sixth
segundo	second	**séptimo**	seventh
tercer(o)	third	**octavo**	eighth
cuarto	fourth	**noveno**	ninth
quinto	fifth	**décimo**	tenth

These number adjectives usually go before the noun. Notice that **primero** and **tercero** become **primer** and **tercer** before a masculine singular noun.

¿Vives en el décimo piso?	Do you live on the tenth floor?
—No, en el doce.	No, on the twelfth.
Ella fue su tercera esposa.	She was his third wife.
Él fue su primer amor.	He was her first love.

With a title, they normally go after the noun.

Parte Primera	Part I
Felipe Segundo	Phillip the Second

With dates of the month, we use only **primero.** Beyond "first," we use the ordinary **tres, cuatro,** etc.

Su cumpleaños es el primero de junio, ¿verdad?	His birthday is June first, isn't it?
—No, es el dos.	No, it's the second.

Actividad

¿Verdad o Mentira?

Preparativos: Escribe en diferentes papelitos los números 1 a 10 y métolos en una caja o bolsa.

Imagínate que hay una exposición fantástica de diamantes y oro en el Museo Nacional. Ahora, siendo tan fabulosa la colección, los directores han decidido admitir sólo a aquellas personas que siempre dicen la verdad. Por eso, cuando una persona llega a la puerta, el guarda le pregunta: "¿Es ésta su primera visita al Museo?" Y la persona tiene que contestar: "Sí, es mi primera visita . . ." o "No, es mi segunda, tercera," etc. El guarda mete entonces la mano en la caja y saca un número. Si el número es el mismo que la persona ha dicho, el guarda anuncia: "¡Es verdad! ¡Pase Ud.!" Pero si el número que saca es otro, el guarda grita: "¡Mentira! ¡Fuera de aquí! (Get out of here!)" ¿Entiendes? Pues vamos a comenzar.

B. Changing the position of an adjective
As you know, the normal position of a descriptive adjective is *after* the noun: **una camisa blanca, una casa moderna,** etc. Whenever we take an adjective out of its normal position, we give it more emphasis or make it more dramatic. Sometimes we even change its meaning. Por ejemplo:

el niño pobre	the poor boy (His family has no money.)
el pobre niño	the poor (pitiful) boy (Oh, what a sad case!)
una amiga vieja	an old friend (She's not young!)
una vieja amiga	an old (long-time) friend (How many years has it been?)

Grande is another special case. When we put it before any singular noun, masculine or feminine, it becomes **gran,** and its meaning changes to "great."

un hombre grande	a big man
un gran hombre	a great man
una cosa grande	a large thing
una gran cosa	a great thing

___ Actividad _____

Categorías

1. ¿Cuál es tu idea de una "gran persona"? Por ejemplo, ¿en qué orden de importancia pondrías estas cualidades?
   _____ un gran interés en otras personas
   _____ una gran inteligencia
   _____ una gran "personalidad"
   _____ una gran capacidad para ganar dinero
   _____ un gran talento artístico o musical

2. Yo vivo en la capital, una ciudad de muchos millones de personas. En mi ciudad hay . . .
muchas oportunidades económicas . . . mucha gente, mucho tráfico, mucho ruido . . . muchos teatros, museos y escuelas . . . mucha industria, muchas huelgas . . . calles limpias y pocos crímenes
Ahora dime: ¿Cuáles de estas condiciones asocias con una "gran ciudad"? ¿Cuáles asocias con una "ciudad grande"? ¿Y con ambas? Y una cosa más: ¿Cómo es la ciudad (o el pueblo) donde viven Uds.?

3. El otro día oí a una persona exclamar: "¡Ay, pobre Manuel!" Y me puse a pensar. ¿Por qué lo llamaban "pobre"? A ver si tú me ayudas, ¿eh? Por ejemplo:
Manuel está mal de salud.
Su esposa está en el hospital.
Manuel no puede encontrar trabajo.
¿Qué más te imaginas tú?

4. Finalmente, el lunes pasado, mientras caminaba por el parque, vi a un viejo maestro mío. ¡Cuánto me alegré de verlo! Te digo la verdad. En mi opinión, era el mejor profesor del mundo. Por ejemplo:
Tenía un gran sentido (sense) de humor.
Era muy amable con todos sus alumnos.
Sabía mucho . . .
¿Me ayudas otra vez a describirlo?

REPASO RÁPIDO

More about adjectives
1. These are the "number adjectives." We generally use them only through "tenth."

primero, segundo, tercero, cuarto, quinto,   first, second, etc.
sexto, séptimo, octavo, noveno, décimo

2. Changing the position of an adjective can give it more impact or can change its meaning.

una familia pobre	a poor (not rich) family
¡pobre familia!	poor (unfortunate) family!
mi profesor viejo	my old (not young) teacher
mi viejo profesor	my old (former) teacher

3. **Grande** becomes **gran** before a singular noun, and its meaning is "great."
   una gran ocasión   a great occasion

Actividades

1 "Ranking"

Liga Interamericana de Fútbol

Equipo	Triunfos	Pérdidas
Argentina	19	5
Bolivia	9	15
Brasil	18	6
Colombia	20	2
Chile	22	2
Ecuador	12	12
México	17	7
Perú	10	14
Uruguay	7	17
Venezuela	16	8

Dinos: ¿En qué orden salieron este año los equipos? ¿Cuál fue el primero? ¿el segundo?, etc., etc.

2 *Estudia por un momento los adjetivos siguientes, y después úsalos para completar el cuento.*

ambos, agitado, antiguo, atestado, culpable, gran(de), peligroso, pobre, viejo

—Señor(ita), ¿Ud. fue testigo de lo que pasó?
—Sí, señor.
—¿Ud. vio a los dos jóvenes acusados?
—Sí, señor.
—Pues nos hará un _____ favor si nos describe exactamente lo que vio.
—Bueno, señor. Los vi a _____ muchachos corriendo por las calles _____ de un barrio _____. Una señora muy _____ salió de una tienda _____ y los señaló con el dedo. "¡Son ellos! ¡Ellos son los _____! ¡Deténganlos! ¡Cójanlos!" Era una situación muy _____. Yo no sabía qué hacer. De repente . . .

¿Puedes tú terminar el cuento con 20 o 30 palabras más?

Sí, quiero desalojarlos. ¡A la calle, todos!

Sí, Sra. Mina, se puede desheredar a los parientes.

La Sra. Romero limpia sus alfombras, por lo cual Riqui Alas . . .

CUENTO LOS ABOGADOS

Las oficinas de Medina e Hija, Abogados, ocupan tres cuartos en un edificio pequeño, tercer piso, Número 5. Leopoldo Medina, un hombre de unos cincuenta años, habla con un cliente.

5 L.M.:   Pero, Sr. Castillo, no lo entiendo. ¿Ud. quiere **desalojar**   evict
a todos los **inquilinos** de su casa?   tenants

  Sr. C.: Sí, señor. ¡A la calle, todos!

  L.M.:   Pero, ¿por qué? **Hoy día** los apartamentos no son tan   Nowadays
fáciles de **alquilar.**   to rent

10 Sr. C.: No importa. Me moriría de hambre **antes que aguantar**   rather than **put up with**
una semana más a esa gente.

  L.M.:   Pero . . . (El teléfono suena.) Con permiso. (Al teléfono)
¿Sí? . . . Sí, Sra. Mina, la ley permite **desheredar** a los   disinherit
parientes . . . Entonces, ¿Ud. desea cambiar su

15   testamento? . . . Ajá. A todos **menos** a su sobrina Tina.   except
Y a su cuñada Hada . . . De acuerdo. En seguida . . .
Adiós . . . Bueno. Sr. Castillo, ¿Ud. decía . . .?

  Sr. C.: Que desde 1963 soy dueño de esa casa, y que nunca, jamás . . .

20 L.M.:   Pero, ¿qué han hecho?

Sí, Sra. Mina. Ni un centavo para su tío Pío.

Quiero que Ud. los lleve a todos a la corte . . .

Todo lo que lee en el periódico, dice que lo hizo.

Sr. C.: Pues escuche Ud. La Sra. Romero, en el apartamento
4B, los lunes, jueves y sábados, después de comer, limpia
las alfombras de su apartamento.

L.M.: ¿Y por eso Ud. quiere . . .?

25 Sr. C.: Déjeme continuar. La Sra. Romero tiene una aspiradora
cuyo motor suena como un tractor. **Lo cual** despierta a los   Which
señores Alas en el apartamento 3B. Y los Alas, para
vengarse, le dicen a su hijo Riqui que toque la trompeta.   get even

L.M.: Ajá.

30 Sr. C.: **Por lo cual** la joven pareja en el apartamento 2B   For which reaso
decide que si Riqui Alas puede tocar la trompeta a esas
horas, ellos pueden poner su música de disco y bailar.

L.M.: ¿Ah, sí?

Sr. C.: Por lo cual los vecinos de los apartamentos 2A, 2C y
35 2D abren las ventanas y comienzan a gritar. (El teléfono
suena otra vez.)

L.M.: Con permiso. (Al teléfono) ¡Cómo no! Ya comprendo,
Sra. Mina. **Ni un centavo** para su tío Pío. Ni para su tía   Not a cent
María.

40 Sr. C.: Por lo cual el Sr. Losada en el 1B coge un martillo
y da **golpes** en el cielo raso y en los radiadores. Por lo   bangs
cual los **tubos** se rompen, y el agua **se derrama** en los   pipes; spills
pasillos y en todos **los demás** apartamentos.   the other

L.M.: ¿Y . . .?

45 Sr. C.: Y a las tres de la mañana, tres veces a la semana,
me llaman a mí y me dicen que si no lo arreglo todo en
seguida, no me pagarán el **alquiler.** Y . . .   rent

● L.M.: ¿Y qué?

Sr. C.: ¡Basta! He tomado mi decisión. (**Se pone a** llorar.)   starts to

50   ¡Fuera, fuera todos! Como Dios es mi testigo, **que** me   let them
devuelvan mi pobre casa de apartamentos, y yo la
ocuparé solo con mi familia, y nadie, jamás . . .

L.M.: Con calma, Sr. Castillo. Ahora déjeme ver si lo he
entendido bien. Según su declaración y testimonio, la

55   **parte de la primera parte** . . .   party of the first
                                                                     part
Sr. C.: Que es . . . ¿quién?

L.M.: . . . que es Ud., hace demanda contra la parte de la
segunda parte, que es la Sra. Romero, porque las partes
de la tercera y de la cuarta parte han incitado a las partes

60   de la quinta, sexta y séptima parte a crear un estorbo
para la paz y tranquilidad de la parte de la octava parte,
que ha **reaccionado causando daños** a la propiedad de la   reacted causing
parte de la primera parte.   **damages**

Sr. C.: Exactamente. Ahora . . . Quiero que Ud. los lleve a la

65   corte, y que el juez los mande a la cárcel, o a una casa de
locos, o a la parte más distante del mundo, y que yo
nunca . . .

La puerta se abre y Ángela Medina, hija y **socia,** entra.   partner

A.M.: Papá . . . **quiero decir,** Sr. Medina, ¿puede Ud. pasar   I mean

70   por un momento a mi despacho? (Los dos pasan a un
cuarto más pequeño al otro lado del escritorio de la
secretaria.) Papá, óyeme. (Señala a un hombre bajito que
está leyendo ávidamente el periódico.) Aquí está otra vez
tu cliente Homero Menguía.

75 L.M.: ¿Qué quiere ahora?

A.M.: Pues dice que ha cometido veinte crímenes más, ¡en
nueve continentes, al mismo tiempo!

L.M.: ¡Caramba! Todo lo que lee en el periódico, el pobre
tipo cree que lo ha hecho él. Si hay un **diluvio** en   flood

80   Afganistán . . . (El bajito levanta los ojos y sonríe
amablemente.)

Bajito: Sí, lo confieso. Lo hice yo.

A.M.: Y otra cosa, papá. La Sra. Mina acaba de llamar. Dice
que quiere legar toda su fortuna a su canario Hilario y a

85   su **gata Rata.** ¡Y nada, absolutamente nada, para su   cat "Rat"
abuela Fela!

1. ¿Dónde están las oficinas de Medina e Hija? ¿Son grandes o pequeñas? ¿Es un abogado muy importante Leopoldo Medina?
2. ¿Quién es el Sr. Castillo? ¿Qué quiere hacer?
3. ¿Quién llama por teléfono al Sr. Medina? ¿A quiénes quiere desheredar la señora?
4. ¿Desde cuándo es dueño Castillo de esa casa de apartamentos?
5. ¿Qué hace la Sra. Romero todos los lunes, jueves y sábados?
6. ¿Qué hacen los Alas para vengarse?
7. ¿Qué decide la joven pareja en el apartamento 2B?
8. ¿Qué hacen los otros vecinos? ¿Qué hace el Sr. Losada? ¿Y qué ocurre?
9. ¿Por qué está furioso el Sr. Castillo?
10. En tu opinión, ¿tienen el derecho de quejarse los inquilinos? ¿Tienen el derecho de no pagar el alquiler?

• 1. ¿Cómo sabemos que el Sr. Castillo está desesperado ya?
2. Si le devuelven su casa de apartamentos, ¿quiénes la van a ocupar?
3. Ahora bien, según el Sr. Medina, ¿quién es la parte de la primera parte? ¿Y la parte de la segunda parte? ¿Y las partes de la tercera y de la cuarta parte? Etc., etc., etc. . . .
4. ¿Qué quiere Castillo que el Sr. Medina haga?
5. ¿A dónde quiere que el juez mande a sus inquilinos?
6. ¿Quién entra ahora? Cierra por un momento los ojos y dinos: ¿Cómo te imaginas a Ángela Medina?
7. ¿Qué cliente está esperando en el otro cuarto? ¿Cómo es él?
8. ¿Qué ha dicho Homero Menguía? ¿Qué confiesa ahora?
9. ¿Quién acaba de llamar otra vez? ¿A quién quiere legar su fortuna?
10. ¿Conoces tú a alguien como el Sr. Castillo? ¿como Leopoldo Medina? ¿como la Sra. Mina?

JUEGOS DE PALABRAS

1. **desheredar**
   disinherit

   Ni un centavo le voy a dejar. ¡La voy a _____!

   Dinos ahora: Si una persona hereda dinero, ¿lo recibe o lo deja a otra persona? ¿Qué es un heredero o una heredera? ¿Qué es una herencia? ¿Has heredado tú algo alguna vez?

2. un **golpe**
   (a) bang, sock, blow

   aguantar
   to stand for,
   put up with

   golpear contra la _____   contra la _____

   ¡Ese ruido! ¡No lo puedo _____!

3. **inquilino**   **alquilar**   ¿Quién alquiló   ¿Quién pagó el **alquiler**?
   tenant   to rent   el apartamento?   rent

   causar **daños**   ¡Los inquilinos causaron muchos _____!
       damage(s)

   desalojar   ¡Fuera de aquí! ¡A la calle! ¡Voy a _____ a todos
   to evict   mis _____!

4. **ponerse a**   La mujer estaba furiosa. Se puso a _____.
   to start to

   El pobre estaba triste. Se _____ a _____.

5. **socio**   Déjame presentar a mi amigo y _____, Gabriel Marcos.
   partner   — Mucho _____.
                A propósito: ¿Qué es una sociedad? ¿Y una asociación?

6. **los demás**
   the rest (of them),   ¿Los demás son para mí?
   the other(s)

   menos   —Pues la mayor parte. Todos _____ uno.
   except

7. **hoy día**   ¿Hoy día los precios son bajos o altos?
   nowadays   ¿Hoy día los apartamentos son difíciles o fáciles de alquilar?
                 Hoy día . . . (Complétalo tú.)

305

Aeropuerto

facturar el equipaje
to check (in) baggage

FACTURACIÓN de EQUIPAJE
Baggage Check-In

el talón
claim check

etiqueta
label, tag

pasajero
passenger

maleta
suitcase

LLEGADAS
VUELO   209
VUELO   305

HORARIO
timetable

llegada
arrival

salida
departure

vuelo
flight

SALIDAS
VUELO   112
VUELO   419

ADUANA
Customs

PUERTA de SALIDA
departure gate

SALA de ESPERA
waiting room

Dinos

1. ¿Hay un aeropuerto cerca de tu casa? ¿cerca de tu escuela?
   ¿Dónde está el aeropuerto más cercano? ¿Se usa sólo para
   vuelos domésticos o para vuelos internacionales también? ¿Has
   sido pasajero alguna vez en un vuelo internacional?

2. ¿Trabaja algún miembro de tu familia para una línea aérea?
   ¿Te gustaría a ti trabajar allí? Te gustaría ser piloto? ¿o asistente
   de vuelo? ¿Por qué?

3. Cuando llegamos al aeropuerto, ¿a dónde llevamos el equipaje?
   ¿Qué necesita cada maleta para ayudarnos a identificarla?
   ¿Qué nos dan cuando las facturamos? ¿Cuándo tenemos que
   presentar los talones, cuando salimos en el viaje o cuando
   llegamos a nuestro destino?

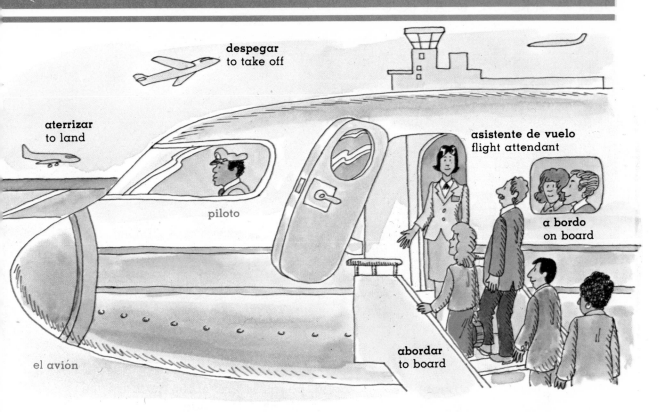

despegar
to take off

aterrizar
to land

piloto

asistente de vuelo
flight attendant

a bordo
on board

abordar
to board

el avión

4. ¿Dónde encontramos información sobre las diversas llegadas y salidas? ¿Usan televisores de circuito cerrado en tu aeropuerto local? A propósito, en tu opinión, ¿cuál es el momento más emocionante, el de despegar o el de aterrizar?

5. Si nos vamos en un vuelo internacional, ¿por dónde tenemos que pasar para mostrar nuestros documentos? ¿Qué más inspeccionan los agentes de Aduana?

6. Después de facturar nuestro equipaje y de presentar nuestros pasajes, pasaportes, etc., ¿dónde esperamos para abordar? Cuando anuncian que el avión está listo para abordar, ¿por dónde salimos? ¿Quién nos saluda a bordo? ¿Qué dice el o la asistente de vuelo cuando el avión está a punto de despegar?

7. Ahora, una pregunta personal: ¿Tienes miedo de volar? ¿Tienes miedo de ser secuestrado (hijacked)? ¿Ha ocurrido recientemente un secuestro (hijacking) de avión? En tu opinión, ¿qué sentencia merece (deserves) un secuestrador?

DESPACHO DE BOLETOS

CIA.	Nº VUELO	DESTINO	SALIDA	EMBARQUE	PUER...
I B	0 2 3	REUS	10. 10	9. 40	
I B	5 8 1	SEVILLA	10. 20	9. 5?	
I C	0 2 5	PALMA DE MALLORCA	11. 05	10	
I B	0 4 3	MADRID	12. 10	11	
A O	1 9 3	PALMA DE MALLORCA	12. 15	11.	
A O	1 7 9	SAN SEBASTIAN	12. 40	12. 10	
I B	6 1 7	BILBAO	13. 25	12. 55	
I B	3 5 7	MADRID	14. 20	13. 50	

SALIDAS NACIONALES

"El Vuelo número 21 para Londres y Nueva York. . . ."

¡Vamos a jugar!

Preparativos:

1. Bolsa A: En papelitos separados, ponga los nombres de todos los
   países hispánicos, cada uno con su capital — Madrid, España;
   Buenos Aires, Argentina . . .

2. Bolsa B: En papelitos separados, ponga los nombres de otras
   ciudades importantes del mundo — Londres, Tokio, Berlín . . .

¡Y a comenzar!

Imagínate que eres agente de boletos de la Línea Aérea
Internacional. Una persona se acerca al Despacho de Boletos. A
ver cómo resulta la conversación.

Tú	Cliente
Saludas cortésmente y preguntas en qué le puedes servir.	*Devuelve el saludo y dice que desea (1, 2 etc.) **plaza(s)** (places) en el Vuelo Número _____ **con destino a** (bound for) (un nombre de la Bolsa A.)*

*Dices que lo sientes mucho, pero ya no hay **espacio** (space) en ese vuelo. Pero sí le puedes **confirmar** (1, 2 etc.) plaza(s) en el Vuelo Número ____, con destino a (otro nombre de la Bolsa A).*

—¡. . .! *No le gusta mucho, pero pregunta si es un vuelo directo (non-stop) o si **hace escala** (a stop) en alguna parte.*

Aprietas unos botones en la computadora, y dices que el vuelo hace escala en (2 o 3 nombres de la Bolsa B).

—¡. . .! *Con desesperación, dice que sí, muy bien.*

*Bueno, señor(ita), aquí tiene Ud. su boleto y su **tarjeta de embarque** (boarding pass). Preguntas ahora si desea pagar con **tarjeta de crédito, a plazos,** o **al contado** (cash).*

Escoge ahora una de estas respuestas, o mejor aún, hace otra respuesta original.
—Con tarjeta de crédito, claro está. ¡No pienso regresar (I don't plan to return)!
—A plazos, por supuesto. No tengo prisa para pagar.
—Al contado, señor(ita). ¡Yo mismo (misma) acabo de hacer estos billetes!

—_____.

PALABRAS PRÁCTICAS

a plazos in installments
al contado cash
con destino a bound for
despacho de boletos ticket office
espacio space
hacer escala to make a stop(over)

plaza place, seat
(re)confirmar to (re)confirm
regresar to return
tarjeta de crédito credit card
tarjeta de embarque boarding pass

OBSERVACIONES

30. Subjunctive again — "I doubt, I don't believe"

¿RECUERDAS?

Until now we've used the subjunctive in two important ways. One is to give orders, directly or indirectly.

A direct command orders someone to do something: ¡Vaya! Go!

An indirect command expresses one person's wish that someone else do something. We want or prefer or suggest, but we don't say directly "Do it!"

Quiero que		I want you to go.
Le ruego que	VAYA.	I beg you to go.
Insisto en que		I insist that you go.
Recomiendo que		I recommend that you go.

The other is to express emotion — how glad, sad, mad, etc. — we are about the action that follows.

Siento que		I'm sorry that you're going.
Me alegro de que	VAYA.	I'm glad that you're going.
Me sorprende que		I'm surprised that you're going.
Me molesta que		I'm annoyed that you're going.

Now here is the third important way. We use the subjunctive when we say "I doubt, I don't believe, I'm not sure" that something is so. In other words, using the subjunctive makes the action somehow unreal.

Dudo que **vengan.**	I doubt that they'll come.
No creo que **seas** tú.	I don't think it's you.
No está segura de que **vuelvan.**	She's not sure that they're returning.
Es posible que lo **haga.**	It's possible that he'll do it. (Maybe he will, maybe he won't.)

Even when we deny that something is so, or say "It's impossible, It's not true," we use the subjunctive for the following action.

Niega que **estén** aquí.	He denies that they're here.
Es imposible que lo **sepan.**	It's impossible that they know it.
No es verdad que **hayamos** mentido.	It's not true that we have lied.

See how different it is when we say "I do believe, I am sure, I don't deny, It is true." We don't need the subjunctive any more!

No dudo que vendrán	I don't doubt that they will come. (I believe, I believe!)
Creo que eres tú.	I think it's you.
Está segura de que volverán.	She is sure that they'll return.
No niega que están aquí.	He doesn't deny that they are here. (He admits: Yes, they are!)
Es cierto que lo hará.	It is certain that he'll do it.
Es verdad que hemos mentido.	It is true that we have lied.

With **¿Cree Ud. . . .?**, you can use either the subjunctive or the indicative, depending on what you're trying to say.

¿Cree Ud. que **sea** tarde?	Do you think it's late? (I don't. I think there's still time.)
¿Cree Ud. que **es** tarde?	Do you think it's late? (What do *you* say? I have no opinion about it.)

So remember: Spanish puts you in the driver's seat. If you want to put an action in doubt, or even to "wipe it out," the subjunctive will help you do it.

Actividades

1 ¿Cree Ud. . . .? —No, no creo . . .

¿Cree Ud. que esto sea difícil?	—No, . . . sea difícil.
¿Cree Ud. que la clase lo entienda?	
Riqui, ¿crees que lloverá hoy?	—No, . . . que llueva.
Amelia, ¿crees que nevará?	
¿Creen Uds. que nos quede tiempo para más preguntas?	—No, no creemos . . .

¿Cree Ud. . . .? —Sí, creo . . .

¿Cree Ud. que el subjuntivo sea difícil?	—Sí, creo que es . . .
¿Cree Ud. que la clase lo entienda?	—Sí, ... lo entiende.
María, ¿crees que lloverá esta tarde?	
Roberto, ¿crees que hará frío?	
¿Creen Uds. que necesitamos más práctica?	—Sí, creemos . . .

2 *Completa usando las ilustraciones:*

1. Dudo que
   la jefe nos . . .

2. Es imposible
   que el juez lo . . .

3. Es verdad que
   nosotros . . .

4. Estamos seguros de
   que todos . . .

   _____ pronto.   _____ bien.   se _____ mucho.

5. Niego que yo . . .

▇ A propósito

Sometimes, the idea that the action is doubtful, uncertain, or
unreal comes from the conjunction (the linking word) that introduces
the action. Por ejemplo:

En caso de que llamen, dígales
donde estoy.

In case they call (Maybe they will,
maybe they won't), tell them
where I am.

A menos que confirmes tu
reservación, no te guardarán la
plaza.

Unless you confirm your reservation
(Will you? I hope so!), they won't
hold your place.

312

Aunque sea difícil, lo haré.　　　Although it may be difficult (Who
　　　　　　　　　　　　　　　　knows? There may be trouble), I'll do it.

Once again, if we don't want to express any doubt or uncertainty
about the following action, we don't need the subjunctive.

Aunque será difícil, lo haré.　　Although it will be hard (and I
　　　　　　　　　　　　　　　　know it will), I'll do it.

No se movió hasta que vio a　　　She didn't move until she saw
　　Luisito.　　　　　　　　　　　Louie. (Well, she finally did. No
　　　　　　　　　　　　　　　　doubt about it.)

REPASO RÁPIDO

The subjunctive expresses three main ideas:
1. An indirect command: "I want you to . . ."
2. An emotion: "¡Oh, how we hope that they . . ."
3. Doubt, uncertainty, unreality

How do we make an action "unreal?" By saying "I doubt, don't
believe, am not sure, deny" that it is so. Or by saying "It's not
true, it's impossible, it may be (but I'm not sure) . . ."

Dudo que lo hagan.　　　　　　　I doubt that they'll do it.
No es verdad que haya regresado.　It's not true that he has returned.
No creen que ganemos.　　　　　They don't think we'll win.

If we don't deny it, if we think it's a sure thing, we use the normal
indicative.

No dudo que lo harán.　　　　　　I don't doubt that they will do it.
Es verdad que han regresado.　　It's true that they have come back.
Creen que ganaremos.　　　　　　They believe that we'll win.

Práctica

Expresa en español, según los modelos:

1. I think they're coming.　<u>Creo que vienen.</u>

   I don't think they're coming.　No _____.
   We doubt that they're going.　Dudamos _____.
   We're sure that they're going.　____ de que ____.

2. Is it possible that it's Jim?　<u>¿Es posible que sea Diego?</u>

   It's impossible that it's you.　_____ Ud.
   I believe that it's you.　_____.
   I can't believe that it's Elisa.　_____.

313

Didi, ¿tu mamá no va a venir?

¿Quién sabe si regresaremos?
Pero Elvira . . .

CUENTO   LA DESPEDIDA

Gente que llega en taxi, en coche, en limosín, en autobús.
Puertas que se abren y cierran con mano invisible. **Carritos**
amontonados con equipaje. Escaleras automáticas. Televisores
de circuito cerrado: "Salidas" "Llegadas". Y los nombres
5 exóticos brillan por un momento en las **pantallas** grises:
París. Cairo. Pekín. Nueva York . . . **Puestos** de periódicos.
Máquinas vendedoras. Y **altavoces,** altavoces. "El Vuelo
Número 32 para Río de Janeiro está abordando ahora en la
Puerta B." "Atención, pasajeros. Último **aviso** para el Vuelo
10 110, con destino a Lisboa y Tel Aviv."

Y hay colas de gente delante de las diferentes ventanillas:
Despacho de Boletos, Selección de Asientos, Facturación de
Equipaje. Voces.

"No, señorita. Dudo que haya más plazas en primera
15 clase . . . Bueno, **aunque** sea difícil, estoy seguro de
que le puedo confirmar espacio en el Vuelo . . ."
"¿La película en el Vuelo 10? Creo que es "El Terror
Rosado". Ahora bien, si Ud. prefiere una comedia
musical . . ."

Carts
piled up

screens
Stands
loudspeakers

call

although

¡Victor! ¡Rafaelito ha desaparecido!

¡Si yo los cojo entre mis manos. . .!

¿Los pasaportes? . . . ¿No los tienes tú?

20 "Lo siento, señor. Pero se permiten sólo 20 kilos en
      Economía."
      "Bueno, aquí tiene Ud. sus talones. Ahora sólo le falta
      pasar por la Aduana, y después . . ."

En la Sala de Espera de la Puerta C, la familia Sender está
25 **reunida**—hermanos, cuñados, primos, sobrinos.   gathered
   Jorge: Entonces, ¿Elvira no viene? Didi, ¿tu mamá no va a
           venir?
   Didi: No, tío Jorge. Por eso he venido yo. Mamá tuvo que . . .
   Jorge: ¡Ajá! (A los otros) ¿No les dije? Elvira no . . .
30 Didi: Pues dijo que les mandaba **muchos cariños** y que a su   lots of **love**
           regreso . . .   return
   Jorge: Está bien. Está muy, muy bien. Todos los demás
           pudieron venir a **despedirnos**. Dámaso y Natalia **hasta**   see us off; even
           cerraron su tienda hoy. Pero Elvira . . .
35 Silvia: Por favor, Jorge. No seas así.
   Jorge: ¿Que yo no sea cómo? ¿Es cosa de todos los días
           irse uno en avión? ¿Quién sabe si regresaremos   for a person to go
           siquiera?   even
   Olga: Jorge, ¿tú crees que hayamos comprado suficientes
40   **seguros**? En caso de que algo nos ocurra . . .   insurance
   Silvia: ¡Qué va! Nada les va a pasar.

315

● Olga: ¿Ah, no? Pues tú sabes lo que son hoy día los aviones. Ayer, ¿no viste en la televisión?, se cayó un avión con treinta personas a bordo.

45 Natalia: Dos aviones. Y otro el día **anterior**.   before

Jorge: ¡Caramba!

Amanda (llamando):   ¡Rafael! ¡Rafaelito! . . . Víctor, ¿dónde está Rafaelito?

Olga: No me digas. ¿Tres accidentes en una semana?

50 Dámaso: Y un **secuestro** también.   hijacking

Amanda: ¿Han visto a Rafaelito?

Dámaso: Pero creo que casi todos se salvaron. Sólo cuando la dinamita **explotó** . . .   exploded

Jorge: ¿¿Qué me cuentas??

55 Víctor (riéndose):   Tranquilo, hombre. No es posible que te ocurra nada. **Dios se lleva** sólo a los buenos. Ahora bien,   God **takes away** en el caso mío . . .

Amanda: Víctor, tú te ríes, y tu hijo **ha desaparecido**.   has **disappeared**

Víctor: No ha desaparecido. Está jugando con Manuelita.

60 Amanda: Entonces, ¿dónde está Manuelita?

Olga: ¿Dónde está . . . quién? ¡Manuelita! ¡¡Manuelita!!

Didi: No te preocupes, tía Olga. Domingo y yo los buscaremos. ¿Vamos, D.P.?

Altavoz: Atención, señores pasajeros. El Vuelo Número 40
65   está listo ahora para abordar.

Jorge: Vamos, Olga. Esos somos nosotros.

Altavoz: Les rogamos presentar su boleto de pasaje junto con su tarjeta de embarque y . . .

Olga: Yo no me muevo de aquí **a menos que vea** a mi Ma . . .   **unless I see**

70 Chalo: Miren. **Ahí** están.   **There**

Los dos niños vienen corriendo hacia la "delegación" Sender, seguidos por Didi, Domingo y el dueño del puesto de revistas.

Raf.:   ¡Mamá! ¡Papá!

Hombre: ¡Si yo los cojo entre mis manos . . .!

75 Olga: Manuelita, ven **acá**, preciosa.   here

Hombre: Déjenmelos por un momento, por un solo mo . . .

Víctor: Pero, ¿qué han hecho? ¿Qué has hecho, hijo?

Raf.:   Yo no hice nada, papá.

Hombre: ¿Ah, no? ¿Y quién **tumbó el puesto de los confites?**   **knocked over** the
80   ¿Y quién . . .?   candy stand

Amanda: Rafaelito, ¿por qué tú siempre . . .?

Raf.:   Fue Manuela, mamá, no yo. Yo estaba mirando los

316

dulces, y ella **me empujó,** y . . .   **pushed** me

Altavoz: Atención, por favor. Último aviso para los
85   pasajeros . . .

Jorge: En fin, vamos, Olga. Es tiempo ya. (Todos se abrazan
       y se besan.)

Silvia: ¡Feliz viaje! Y disfruten, ¿eh?

Natalia: Díganle al piloto que vaya despacio y con cuidado.

90 Víctor: No se preocupen por nada. Nosotros **cuidaremos a**   **we'll take care of**
       Manuelita.

Jorge: Gracias. Les escribiremos. Adiós . . . Adiós. (Jorge y
       Olga se dirigen a la puerta de salida.)

Jorge: ¡Por fin, eh! (Se para.) Olga, ¿tú tienes los **pasaportes?**   **passports**
95 Olga: No, Jorge. ¿No los tienes tú?

___

___ Vamos a conversar _____

1. ¿En qué vehículos llega la gente al aeropuerto?
2. ¿Son manuales o automáticas las puertas del aeropuerto? ¿Y
   las escaleras?
3. ¿Dónde se ve el horario de las llegadas y salidas? ¿Dónde
   brillan los nombres?
4. ¿Qué otras cosas hay en el aeropuerto? ¿Qué oímos
   constantemente?
5. ¿En qué ventanilla se venden los pasajes? ¿En cuál se
   encargan de las maletas?
6. ¿Qué familia está reunida en la Sala de Espera de la Puerta C?
   ¿La recuerdas de otros cuentos? ¿A quiénes recuerdas más?
7. ¿Por qué han venido los Sender? ¿Quién falta? ¿Quién ha
   venido en su lugar?
8. ¿Está contento Jorge de que Elvira no haya venido?
9. ¿Qué hicieron Dámaso y Natalia?
10. En tu opinión, ¿han hecho muchos viajes en avión Olga y
    Jorge? ¿Cómo lo sabes?

● 1. ¿Qué vio Olga ayer en la televisión? ¿Qué le cuenta Natalia?
     Según Dámaso, ¿qué más pasó?
  2. ¿A quién llama Amanda? ¿Cuántos años crees que tiene el
     niño?
  3. ¿Con quién estuvo jugando Rafaelito? ¿Quién es la madre de
     Manuelita?

4. ¿Quién ofrece ir a buscarlos? ¿Quién la acompañará? A propósito, ¿quién es D.P.? ¿Por qué está con Didi?

5. ¿Qué anuncian en el altavoz? ¿Qué deben presentar los pasajeros?

6. ¿Quiénes se acercan ahora corriendo? ¿Quiénes los siguen?

7. ¿Por qué está tan furioso el dueño del puesto de revistas? Según Rafaelito, ¿quién fue responsable?

8. ¿Qué hacen todos los parientes cuando oyen el último aviso?

9. ¿Qué pregunta Jorge en la puerta de salida? ¿Qué contesta Olga? En tu opinión, ¿qué va a pasar ahora?

10. ¿Qué nos dices de la familia Sender?: ¿Te gusta o no? ¿Son así tus parientes?

JUEGOS DE PALABRAS

1.

el altavoz
loudspeaker

notice,
"call"

"**Aviso** a los _____. El Vuelo Número 21 está listo para abordar."

¿Qué verbo está relacionado con la palabra "aviso"? ¿Hay una palabra inglesa similar?

2.

pantalla
screen

¿Dónde encontramos una _____? En el _____ en el _____

3.

el pasaporte
passport

Bueno, señor, ¿quiere mostrarme su _____?

desaparecer (zco)
to disappear

—Muy bien, aquí lo tengo en el bolsillo . . . ¡No! Pues tal vez en el otro . . . ¡No! ¡Dios mío! ¡Ha _____!

llevarse
to take away

—Pero, ¿cómo puede ser?
—No sé. ¡Creo que alguien se lo _____!

4.

regreso
(the) return

¿Te vas hoy? Pues, ¿cuándo vas a _____?
—El lunes.
—Entonces a tu _____, nos veremos.

5.

tumbar
to knock over

Chico, ¿por qué _____ el puesto de los confites?
—Pero la culpa no fue mía.

empujar
to push

—¿Qué me cuentas? Si yo te vi con mis propios ojos.
—Pues es que, es que alguien me _____.

6.

ahí   there,
          near you

acá   here,
          this way

Paquita, ¿qué haces _____? No, niña.
Por favor, ven _____. Pero, ¿qué es eso
que tienes en la mano? ¡Ayyyy!

7.

secuestro
hijacking, kidnapping
tampoco
not . . . either
(opposite of **también**)

Boletín. Se acaba de anunciar el ___ de un _____
de la Línea Nacional, con destino a _____.
—¡Dios mío, no lo creo!
—¡Ni yo _____!

8.

cariño
affection

¡Lo odio! ¡No lo aguanto!
—Pero, ¿cómo puede ser? Si él siempre ha sentido
por ti tanto _____.

aunque
although

—No me importa. _____ él me quiera, ¡yo lo odio!

LECCIÓN 15

Comisaría
Police station

la cárcel

la **prisión**
prison

MULTAS de TRÁNSITO
traffic fines

sargento

celda
cell

el, la **guarda**
guard

jefe

fichero
file cabinet

interrogar

ficha
police record

HOMICIDIO
TENIENTE de DETECTIVES

teniente
lieutenant

CAPITÁN

Dinos

1. ¿Te gustan los cuentos policiales en la televisión? ¿Y los cuentos de detectives? ¿Cuáles son algunos de los más populares? ¿Cuál es tu favorito?

2. ¿Hay un(a) agente de policía en tu familia? ¿Conoces personalmente a algún miembro de la policía? ¿a un sargento? ¿a un teniente? ¿a un capitán? ¿Te gustaría a ti esa profesión? ¿Te gustaría ser guarda de prisión? ¿Por qué?

3. ¿Has visitado una comisaría? ¿Puedes describírnosla? Por ejemplo, ¿dónde se guardan las fichas de los delincuentes? ¿Quiénes interrogan a los presos? ¿Has visto alguna vez la detención de un criminal?

4. ¿Has sido víctima alguna vez de un robo? ¿de un asalto armado? ¿Has sido testigo de un acto de violencia? ¿Qué ocurrió?

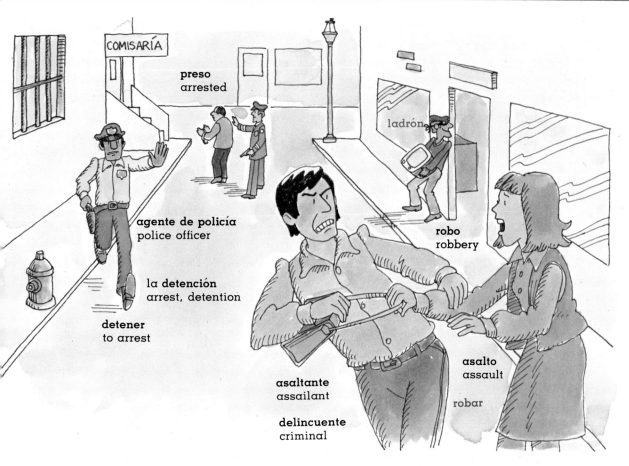

COMISARÍA

preso
arrested

ladrón

agente de policía
police officer

robo
robbery

la detención
arrest, detention

detener
to arrest

asalto
assault

asaltante
assailant

robar

delincuente
criminal

5. ¿Ha ocurrido un homicidio en tu pueblo? ¿Quién fue muerto (killed)? ¿Detuvieron al asaltante? ¿Lo mandaron a la prisión?

6. ¿Crees tú que la policía debe o no debe llevar armas de fuego (pistolas, etc.)? ¿Por qué? ¿Crees que el público debe tenerlas?

7. ¿Has recibido (o ha recibido algún amigo tuyo) una multa de tránsito? ¿A dónde se va para pagarlas, a la corte o a la comisaría? ¿Cuánto cobran por una primera ofensa? ¿Y por la segunda?

8. Finalmente, ¿has visitado alguna vez una cárcel? En tu opinión, ¿cuál es la función principal de la prisión, rehabilitar al delincuente o castigarlo? ¿Crees que la vida del prisionero debe ser más difícil, o menos?

EXPERIENCIAS

DETECTIVE

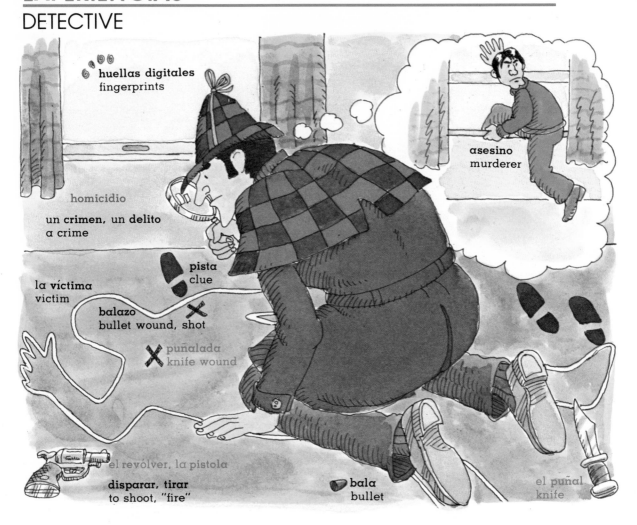

huellas digitales
fingerprints

asesino
murderer

homicidio

un **crimen**, un **delito**
a crime

pista
clue

la víctima
victim

balazo
bullet wound, shot

puñalada
knife wound

el revólver, la pistola

disparar, tirar
to shoot, "fire"

bala
bullet

el puñal
knife

Misterios de un minuto

Imagínate ahora que tú eres teniente de detectives. A ver cómo
solucionas estos casos.

1. Alfonso Cordero, de San José, Costa Rica, ha pasado veinte años
   en la prisión por diferentes delitos—robo, asalto armado, secuestro,
   atracos de banco, etc. Hace poco se escapó de la prisión, y
   usando un pasaporte boliviano falsificado (phony) llegó a
   Balboa, Panamá. Deseando esconderse (hide) de la policía,
   decide buscar trabajo en un barco o en otro lugar junto al mar.
   Un día lee en el periódico que se solicitan trabajadores en la

Zona del Canal. Alfonso se presenta. Le entregan un formulario, y el fugitivo lo llena de la manera siguiente:

Nombre: *Fermín, Juan María*
Apellido/ Nombres de pila

País de origen: *Bolivia*

Experiencia de trabajo: *Marinero (Sailor) – 20 años en la Marina de mi país*

El capataz coge el teléfono y llama a la policía . . . ¿Cómo supo el capataz que Alfonso mentía?
Pista: Consulta un mapa para encontrar la solución.

2. El viejo millonario don Guillermo Palencia ha decidido vender su famosa colección de antiguos artefactos (objects) peruanos. El día de la venta (sale), la casa se llena de compradores. De repente, se oye un grito (scream) en un cuarto interior. Tres sirvientes y uno de los guardas corren a la alcoba de Palencia. Allí lo encuentran muerto de una puñalada (stab wound) al corazón. Su caja fuerte (safe) está abierta, y la incomparable Esmeralda (Emerald) del Inca ha desaparecido. Todas las ventanas y puertas de la casa están cerradas desde adentro, y es cierto (certain) que nadie ha podido salir. Alguien llama a la policía, y tú, teniente de detectives, llegas a la escena del crimen.

Registras (You search) a todos los presentes. Pero nada. La esmeralda no aparece. "¡Ajá!", concluyes (you conclude). "El asesino ha metido la joya (jewel) en alguna cosa que él mismo ha traído a la casa. Él no va a permitir que otra persona compre ese artículo. Pero, ¿cuál es?" Estudias por un tiempo los artículos de la colección—figuras de oro, instrumentos musicales, túnicas de plumas (feathers), telas, una jarra grande con escritura pictográfica (picture writing), ¡mil y una cosas! De repente, te paras y dices en voz baja a tu ayudante: "Ya sé dónde está la esmeralda. Ahora, ¡vamos a esperar al comprador!" . . . ¿Cómo supiste dónde estaba la joya?
Pista: El objeto que el asesino va a comprar es una cosa que no podía ser parte de una colección de artefactos peruanos.

3. Emilio Nicolos, nacido en Grecia, emigró con su familia a Caracas, Venezuela, cuando tenía sólo doce años de edad. Siendo

muy pobre la familia, el niño se dedicó en seguida a trabajar. Con el tiempo llegó a ser dueño de una pequeña parcela de tierra. Un día se descubrió petróleo en su parcela, y Emilio se hizo multimillonario.

Esta mañana Emilio fue encontrado en su cama, muerto de un balazo al cerebro. Tenía una pistola en su mano derecha. Su sobrino y heredero, que vivía en España y que estaba de visita en Venezuela, llamó a la policía. En la mesita de noche al lado de la cama se encontró la nota siguiente: "He decidido quitarme la vida. Soy viejo y estoy enfermo. No quiero que digáis de mí: "¡Pobre Emilio! Era tan fuerte, y ahora está tan débil, tan inútil (useless). Que Dios me perdone si Lo he ofendido, pero no aguanto vivir así. Adiós." Tú estudias por un momento la carta, te vuelves al sobrino y le dices: "Ud. disparó esa bala, no la víctima. ¿Por qué no quiso esperar para heredar su fortuna?" . . . ¿Cómo llegaste a esa conclusión?
Pista: La solución se encuentra en una peculiaridad lingüística.

4. Estamos en los días más calientes del verano. Durante la semana pasada, ha ocurrido una serie de robos en el lujoso Hotel Palacio de la Avenida Real: uno en el piso 42, dos en el 39, uno en el 38 y tres en el 36. El ascensor "express" que sirve aquellos pisos se para primero en el piso 20, y de ahí en todos los demás. Curiosamente, cuando la policía examina ese ascensor después de cada robo, no encuentra huellas digitales en ningún botón después del piso 22.

Tú mandas a tus agentes a vigilar (to watch). A las 11:30 de la noche, doña Lucrecia Olmedo del piso 43 llama histéricamente al gerente. "Alguien acaba de entrar en mi apartamento y se ha llevado mis joyas. Ahora mismo oigo sus pasos (footsteps) acercándose al elevador."

Tú, que estás esperando en la planta baja (ground floor), observas según las luces que el ascensor ha comenzado a bajar ya del piso 43. Se para en el 40, en el 35, en el 25 y en el 20, y de ahí baja directamente hasta donde estás tú. La puerta se abre. Hay seis personas en el ascensor. Te diriges a una de ellas y dices: "Ya ha terminado tu carrera de delitos." . . . ¿Cómo supiste quién era el ladrón?
Pista: La solución tiene que ver con el aspecto físico del delincuente.

(Tu profesor(a) te puede solucionar los misterios.)

OBSERVACIONES

31. "I had gone, you had seen" — the past perfect (pluperfect)

Just as the present perfect ("I have gone") is made up of the present tense of **haber** plus a past participle, the *past* perfect ("I *had* gone") is made up of the *imperfect* tense of **haber** plus a past participle.

(Yo) había ido.	I had gone.
¿Tú habías ido?	Had you gone?
Marisa había ido.	Marisa had gone.
Nosotros habíamos ido también.	We had gone, too.
¿Uds. no habían ido?	Hadn't you gone?
Claro. Pero los otros habían ido antes.	Of course. But the others had gone before.
—¡Dios mío! ¿Y nadie se quedó?	My goodness. And nobody stayed?

In short: The present perfect tells us what *has* happened just now.

¿Está Juanita?	Is Joan here?
—No. Ha salido.	No. She has gone out.

The past perfect (also called "pluperfect") tells what *had* already happened some time before.

Cuando Ud. llegó, ¿estaba Juanita?	When you arrived, was Joan there?
—No. Había salido.	No. She had gone out.
¿Tú abriste las ventanas?	Did you open the windows?
—Yo no. Alguien las había abierto ya.	Not I. Someone had already opened them (before I got there).

Práctica

1 *Cambia al pluscuamperfecto (past perfect):*

1. No lo he visto.
2. ¿Quién las ha roto?
3. ¿Ud. ha usado ya el traje?
4. No hemos dicho nada.
5. ¿Has pagado ya la cuenta?
6. ¿Qué han descubierto?

2 *Contesta ahora según los modelos.* Y recuerda: Your answer is always going to tell what *had happened* some time *before!* Por ejemplo:

¿Llegaste en ese momento? (Did you arrive at that moment?)
(No. Antes.) —No. Había llegado antes. (I had arrived before.)

¿Se despertó Ud. cuando sonó el teléfono?
(No. Ya . . .) —No. Ya me había despertado.

1. ¿Estaban Uds. terminando entonces?
   (No. Ya . . .) —No. Ya habíamos _____.
2. ¿La víctima estaba muriendo cuando llegó la ambulancia?
   (No. Ya . . .) —_____.
3. ¿Te estabas vistiendo todavía?
   (No. Mucho antes.) —No. Me _____.
4. ¿El accidente ocurrió en aquel momento?
   (No. Diez minutos antes.) —_____.
5. ¿El fuego destruía la casa cuando los bomberos vinieron?
   (No. Ya . . .) —_____.

3 *Esta vez, contesta según las ilustraciones, usando el pluscuamperfecto.* Por ejemplo:

1. ¿Qué dijo el pobre?

—Que le habían robado la _____.

—Que le _____ un _____.

2. ¿Qué declaró el testigo?

—Que yo _____ su _____.

—Que nosotros no _____ el _____.

3. ¿Qué descubriste?

—Que mi novio _____ la _____.

—Que el _____ todavía no _____.

4 *Finalmente, lee los diálogos y escoge siempre la conclusión* correcta:

1. Cuando papá volvió, se molestó mucho con nosotros y nos castigó fuertemente.
   —¡Pobres! (¿Qué habían hecho? ¿Por qué no lo habías dejado? ¿Lo habían ascendido?)
2. Me habían entrevistado dos veces antes, y por fin me emplearon.
   —Felicidades. Pero dime, ¿quién (te había desalojado, te había recomendado, te había despachado) para el puesto?
3. Lo habíamos aguantado por quince años. Finalmente decidimos presentar una demanda al dueño de la casa.
   —Seguramente Uds. (se habían acercado primero, habían mostrado mucha paciencia, lo habían apretado demasiado).
4. ¿Por qué te pusieron una multa?
   —Porque (había tosido y estornudado toda la noche, había dejado el vehículo en una zona prohibida, el jefe ya lo había anunciado).
   —¿Sólo por eso?

REPASO RÁPIDO

The past perfect (or pluperfect) tense is formed with the imperfect tense of **haber: había, habías, había,** etc. + a past participle. It means that something *had already happened* before a certain time.

Eran las siete y no habían llegado todavía.	It was seven o'clock, and they hadn't arrived yet.
—¿No habían llamado siquiera?	Hadn't they even called?

Práctica

Haz frases completas usando el pluscuamperfecto. ¡Y trata de ser un poco original!

1. yo/ pedir/ pollo/ ¡y me trajeron . . .!
2. José/ solicitar/ trabajo de (as) . . ./ ¡y le ofrecieron . . .!
3. Nuestra firma/ encargar/ 1000 cajas de . . ./ ¡y nos mandaron . . .!
4. Nosotros/ llegar/ a las . . ./ ¡y las puertas se abrieron . . .!
5. ¿Tú/ acostarte/ cuando . . .? —¡Sí! ¡Y me despertaste!

¡Boletín! El Jefe de Policía anunció la detención de dos hombres.

Señor, ¿qué pensaba Ud. hacer con tanto poporocho?

Alias José Víctor Cordero Pimplón y Salas.

CUENTO   LOS ACUSADOS

Los **titulares** gritan la noticia.   headlines

ASALTANTES DE 100 BANCOS PRESOS
POLICÍA LOS ENCUENTRA EN SAN OLE

Los **locutores interrumpen** los programas.   announcers interrupt

5 1°: ¡**Boletín**! El capitán Ramiro Enseres, Jefe de Policía,   Bulletin!
        anunció esta mañana la detención de dos hombres   announced
        acusados de **realizar** más de cien atracos de banco en   carrying out
        esta ciudad. Los agentes habían pasado meses
        buscándolos cuando . . .

10 2°: Los dos acusados, que **se negaron** a dar su nombre o   refused to
        quitarse la máscara negra que les cubría la cara,
        mantienen firmemente su inocencia, **alegando** que . . .   claiming

    3°: El apartamento de los delincuentes contenía evidencia
        concreta de su participación en aquellos robos— cientos
15   de tostadores, ventiladores, mantas eléctricas, batidores,
        hornillos de poporocho, **relojes pulsera**, raquetas de tenis   corn poppers; wrist
        y . . .   watches

    4°: La policía localizó a los asaltantes **a través de** diez mil   by means of
        boletos de rifa para un fin de semana en Bermuda que los   raffle tickets

Aquí tenemos tu ficha. Junio: dos violaciones de tránsito.

Sí, fuimos nosotros. Pero no lo hicimos por dinero.

¿No se lo dije? ¡Fui yo!

20 acusados habían depositado en uno de los bancos, con su nombre y dirección. Más detalles después.

En la comisaría central de policía, sesenta reporteros **rodean** a un hombre enmascarado que está **parado** delante de una batería de micrófonos.

surround
standing

25 Rep. 1: Señor, ¿por qué no quiere quitarse la máscara?
Rep. 2: Dígame, ¿es la primera vez que está en la televisión?
Rep. 3: ¿Había tenido Ud. otra profesión antes de ésta?
Rep. 4: ¿Qué pensaba Ud. hacer con tanto poporocho?
Rep. 5: Díganos, ¿cuál era el secreto de su **éxito**?

success

30 Mientras tanto, en un cuarto interior, cuatro detectives interrogan a otro hombre enmascarado.
Preso: Soy inocente, inocente.
Det. 1: Entonces, ¿por qué corresponden exactamente sus huellas digitales a **las** que encontramos en la escena de
35 los crímenes?

the ones

Preso: No sé. Yo siempre usaba guantes cuando iba al banco.
Det. 2: Mira, hombre, te hemos cogido **con las manos en la masa.** Aquí tenemos tu firma en diez mil boletos de rifa. ¿Por qué no lo confiesas? Tu nombre es Juan Concepción
40 Silueta Picón y Barro.

red-handed (with your hands in the dough)

Det. 1: Alias José Víctor Cordero Pimplón y Salas.

Sargento: Alias María Rufina Ruiz de Estrada.

Preso: ¡No, no, no!

Det. 2 (sacando de un fichero una carpeta grande):   **No te**   Don't play

45   **hagas** el inocente, Juan.

Det. 1:   José.

Sargento: María.

● Det. 2:   Aquí tenemos tu ficha. Junio de 1979: dos violaciones
de tránsito— **estacionamiento** a cien milímetros **de la**   parking; from the
curb; late

50   **vereda** e inspección **tardía** de vehículo.

Sargento: Septiembre del mismo año: sobre queja de tres
vecinos—multa por tocar el saxofón a la una de la
mañana.

Det. 1:   Abril de 1980: delito—culpable de meter una moneda

55   canadiense en un teléfono público americano. Sentencia
suspendida.

Teniente (al sargento):   **¡No me di cuenta!** El tipo es más   I didn't **realize!**
peligroso **de lo que** habíamos pensado.   than

Sargento: Agosto del mismo: delito . . .

60 Preso: ¡Basta! ¡No aguanto más! Sí, mi socio y yo . . .

Teniente: Un momento, por favor. ¡Rápido! ¡Estenógrafo! (Un
estenógrafo entra y comienza a escribir furiosamente.)

Preso: Sí, fuimos nosotros. Pero no lo hicimos por dinero. Lo
hicimos porque cuando éramos pequeños, en otras casas

65   había batidores, ventiladores, tostadores. Pero nosotros
teníamos que comer el pan **sin tostar.** En otras casas   untoasted
hacían poporocho cuando querían. Pero en las nuestras . . .
No, no lo quiero recordar. Y así, cuando vimos que los
bancos ofrecían esos regalos, formulamos esa idea

70   diabólica. Nosotros también íbamos a tener esos **aparatos.**   appliances
No nos faltaría nada. Tostadas para el desayuno.
Poporocho a la una de la mañana. Y por eso . . .

Teniente: ¡Esperen! ¿Uds. avisaron al delincuente de sus
derechos?

75 Sargento y detectives: No . . . Yo no . . . Yo no . . .

Teniente: Entonces su confesión no vale nada. Nuestro
trabajo ha sido en vano.

La puerta se abre violentamente y dos agentes entran trayendo
a un hombre bajito con sombrero **de ala ancha.**   wide-brimmed

80 Agente: No importa, teniente. Aquí tenemos al **verdadero**   real
ladrón. Acaba de confesarlo todo.

Bajito: ¿No se lo dije? ¡Fui yo! ¡Fui yo!

1. ¿Qué noticia gritan los titulares? ¿Qué hacen los locutores? A propósito, ¿prefieres leer las noticias en el periódico, oírlas en la radio o verlas en la televisión?
2. ¿Qué acaba de anunciar el jefe de policía?
3. ¿Cuánto tiempo había pasado la policía buscando a los ladrones?
4. ¿Qué se negaron a dar los acusados? ¿Qué más se negaron a hacer?
5. ¿Qué evidencia contenía el apartamento de los asaltantes?
6. ¿Dónde habían firmado su nombre los bandidos? Hablando de eso, ¿compraste tú alguna vez un boleto de rifa? ¿Ganaste algo?
7. ¿A dónde se mueve ahora la escena? ¿Dónde está parado el hombre enmascarado?
8. ¿Qué preguntas le hacen los reporteros?
9. Mientras tanto, ¿qué ocurre en el cuarto interior? ¿Por qué no cree el preso que ésas sean sus huellas digitales?
10. Según el Detective 2, ¿cómo se llama el delincuente? ¿Y según el detective 1? ¿Y según el sargento? (!!!)

1. Según la ficha, ¿qué delitos cometió Juan (¿José? ¿María?) en junio de 1979?
2. ¿Por qué le pusieron una multa en septiembre de aquel año?
3. ¿De qué fue culpable en 1980? ¿Qué sentencia le dieron? ¿Qué sentencia le darías tú?
4. ¿Por qué decide confesarse el preso? ¿Según él, ¿cometió los crímenes él solo o con otra persona?
5. ¿Quién viene a tomar su confesión? ¿Cómo te imaginas a este individuo?
6. Según el delincuente, ¿por qué cometieron él y su socio esos crímenes?
7. Cuando eran pequeños, ¿cómo tenían ellos que comer el pan? ¿Qué otra cosa deseaban comer (y les faltaba)?
8. ¿Qué pregunta el teniente a sus detectives? ¿Por qué no vale nada ahora la confesión?
9. ¿Quiénes entran ahora? ¿A quién traen? ¿Qué lleva en la cabeza ese hombre?
10. ¿Qué dice el agente de policía? ¿Y qué dice el bajito? (A propósito, ¿recuerdas a esta persona de otro cuento?)

JUEGOS DE PALABRAS

1 *Por favor, llena los blancos como siempre.*

1. los **titulares**   ¿Has visto los _____?
   headline   —No. ¿Qué noticias trae el _____?   ¿la _____?

2. **locutor(a)**   de _____   de_____
   announcer

   anunciar   ¿Qué anuncia la _____? "**¡Boletín!**"
   to announce   Bulletin

   interrumpir   "_____ este programa para traerles un _____."
   to interrupt

3. **rodear**   "Los acusados estaban _____ por sesenta _____."
   to surround

   miembro   **realizar**   "Según evidencia concreta, los _____ de
   member   to carry out,   la pandilla _____ más de cien atracos
                 achieve   en un período de seis meses."

   éxito   —¡Caramba! ¿Y a qué atribuían su _____?
   success

4. **negarse a**   **alegar**   "Los dos presos _____ a decir la verdad,
   (me niego) to claim,   alegando que eran inocentes. Mientras
   to refuse to   allege   tanto, la policía descubrió en su apartamento
                                   cientos de _____ eléctricos,
   aparato
   appliance,
   gadget

                   como _____, _____, y _____."

332

5. darse cuenta
to understand, realize

estacionamiento
parking

¿Qué pasó? Te pusieron una multa?
—Sí. ¡Qué _____! ¡Y yo era inocente!
—¿No te diste _____? El letrero decía:
"_____ PROHIBIDO"

verdadero
true, real

—¡Y yo creía que tú eras un _____ amigo!

■ A propósito:

¡CUIDADO! Dos "amigos falsos":

1. **Realizar** does *not* mean "to understand" or "come to realize."
   Darse cuenta does!
2. **Éxito** is *not* an exit, but a success! **Salida** is an exit!

---

2 Periódico

**PRECIOS SUBEN 15%
Gobierno Pone Límites**

**Roban 15 millones
en asalto a
camión armado**

**Ocho Heridos
en la Carretera
de Guadalajara**

**LLUVIA CONTINÚA EN MICHOACÁN
Campos Inundados**

**AVIÓN SECUESTRADO
EN MANILA, FILIPINAS**

**Temen Nueva Invasión
de Afganistán**

**Suárez Reelegido Alcalde
de San Miguel**

Noticias. Noticias del mundo. Noticias locales. Estudia por un momento estos titulares y dinos:

1. ¿Cuál tiene que ver con la situación económica? ¿Es un período de inflación o de depresión?
2. ¿Cuáles tienen que ver con crímenes? ¿Qué acto de piratería aérea ha ocurrido? ¿Qué atraco ocurrió?
3. ¿Cuál de estos titulares tiene que ver con un fenómeno natural? ¿Qué pasó?
4. ¿Cuál tiene que ver con un accidente? ¿Con una peligrosa situación internacional? ¿Con una campaña electoral?

Restaurante

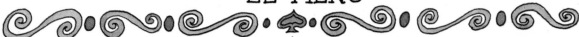

LISTA de COMIDAS
EL MENÚ

Para desayunarse   For breakfast

Jugo de naranja
Tostadas
Cereal con fruta
Panqueques
Huevos con tocino

Para almorzar   For lunch

Sandwiches
Sopa de vegetales
Hamburguesas
Salchichas

Para cenar   Precio Fijo
For dinner   —200 pesos

Primer plato

Jugo de tomate
Melón
Sardinas

Para comer
A la carta

Jamón con queso
Pollo frito a la americana
Fideos con albóndigas
                meatballs
Ensalada de lechuga y tomate

Los postres   Desserts

Helados de vainilla o chocolate
Torta de chocolate
Fruta fresca

Plato principal   Main course

Rosbif al jugo

bien asado
well done

a término medio
medium

a punto
medium rare

poco asado
rare

Bebidas   Drinks

Café
Té

Leche
Chocolate
Sodas variadas

Impuesto: 10%   Tax
Servicio Incluido

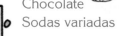

Dinos

1. ¿Tú sabes cocinar? ¿Quién cocina más en tu familia? En tu opinión, ¿quiénes son mejores cocineros, los hombres o las mujeres?

2. ¿Has trabajado alguna vez en un restaurante? ¿Te gustaría ser mesero (mesera)? A propósito, ¿qué otra palabra hay para "mesero"? ¿Qué otra palabra hay para "menú"?

3. En un minuto, ¿cuántas carnes puedes nombrar? ¿cuántos vegetales? ¿y postres? ¿cuántas frutas? ¿o bebidas?

4. ¿Cómo te gusta la carne—bien asada, a término medio, a punto, o poco asada?

5. Ahora, a ver si me puedes ayudar . . .
   a. Quiero hacer una sopa. ¿Con qué empiezo? ¿Qué más le echo?
   b. Quiero preparar una ensalada. ¿Cómo la hago? ¿Qué salsa me recomiendas?
   c. Tengo muchísima prisa. Me quedan sólo quince minutos para almorzar. ¿Qué recomiendas que yo coma? ¿Qué necesito para hacer un buen "sandwich"?
   d. Hoy me duelen los dientes. ¿Qué recomiendas que coma?

6. Imagínate ahora:
   a. Tú vas al supermercado a comprar comida para una familia de cuatro personas. Prepara una lista de todas las cosas que necesitarás, con los precios que tendrás que pagar. ¿Cobran impuestos sobre la comida?
   b. El sábado es el cumpleaños de tu hermana y vas a sorprenderla con una fiesta. ¿A quiénes invitarás? ¿Qué les servirás?
   c. Tú quieres bajar cinco kilos de peso. ¿Cuántas semanas tomará? ¿Qué comerás? . . . Ahora el médico te dice que tienes que engordar (put on weight). ¡Qué maravilla, eh! Pues dinos: ¿Qué comerás?
   d. Te quedan sólo tres dólares para comer todo el día mañana. ¿Qué platos escogerás? ¿Cuál será el plato principal?
   e. El rey de Mesopotamia te ha invitado a su palacio. Tres cocineros están esperando tus órdenes. ¿Qué tomarás para desayunarte? ¿para almorzar? ¿para la comida grande de la tarde? ¿para cenar?

EXPERIENCIAS

RECETAS DE LA COCINA (RECIPES FROM THE KITCHEN)

cocinero
chef

el escalope de ternera
veal cutlet

cocinar

chuletas de cerdo
pork chops

asar
to roast or bake

horno
oven

pavo asado
roast turkey

el bisté a la parrilla
broiled beefsteak

langosta a la plancha
grilled lobster

costillas de cordero
lamb chops

hervir (hiervo)
to boil

freír (frío, fríes)
to fry

¡A cocinar!

Dinos: ¿Cuál es tu plato favorito? ¿Nos puedes enseñar a
prepararlo? Qué ingredientes necesitamos? ¿Tenemos que hervir
agua para empezar? ¿Se fríe en una sartén (frying pan)? ¿Se asa al
horno? ¿Qué condimentos le echamos? ¿Por cuánto tiempo lo
cocinamos (asamos, etc.)? Ahora bien, si no tienes un plato
preferido, posiblemente te gustaría darnos una receta para el plato
más repugnante del mundo. (!)

Y si todavía no tienes ninguna receta que (to) ofrecernos, a ver si
quieres preparar el menú de un restaurante o café . . . ¡y tú serás
el camarero (la camarera)! Bueno, vamos a cocinar.

Sopa de Chorizo

1 chorizo (sausage) cortado en pedazos (pieces)
6 dientes de ajo bien cortados
½ kilo de tomates pelados (peeled) y cortados
1 litro y ½ de agua hirviendo
Aceite
Sal

Fría el chorizo y los ajos en el aceite caliente.
Cuando los ajos estén dorados (browned),
agregue el tomate para que se fría. Añada el
agua hirviendo. Sazone con sal. Deje hervir a
fuego lento media hora. Sirva caliente.

Arroz con Leche

30 gramos de arroz
200 gramos de leche
10 gramos (1 cucharadita) de azúcar
Un trozo de corteza (peel) de limón
Canela en rama (cinnamon stick)

Hierva el arroz en la leche, con el azúcar, la
corteza de limón y un poco de canela en rama.
Remueva (stir) constantemente hasta que el
arroz esté tierno (tender). Deje reposar (set) y
sirva frío.

Chuletas de Cerdo con Mostaza

6 chuletas de cerdo
1 cebolla grande cortada
1 cucharada de harina
1 taza de caldo
  (bullion stock)

1 cucharada de mostaza
  (mustard)
Aceite
Sal
Pimienta

Fría las chuletas en aceite caliente. Sazónelas
con sal y pimienta. Cuàndo estén bien doradas
(browned) sáquelas. Use tres cucharadas del
mismo aceite para freír la cebolla. Agregue la
harina. Cuando esté dorada agregue el caldo.
Tape (cover) y cocine a fuego lento diez
minutos. Ponga otra vez las chuletas en la
salsa. En el momento de servir, coloque las
chuletas sobre un plato caliente. A la salsa
añádale la mostaza y bañe con ella las chuletas.

OBSERVACIONES

32. More about prepositions — por and para

As you know, Spanish has two prepositions that mean "for" — **para** and **por.**

A. When do we use **para?**
Para usually looks ahead ⟶ to the outcome, destination, or goal.

    1. Para means "in order to."
      (Sometimes, the English is just "to.")

Para ser cocinero, hay que saber cocinar.	(In order) To be a chef, one must know how to cook.
—¡Genial!	Brilliant!
¿Qué hago para sacar "A" en esta clase?	What do I do to get an "A" in this class?
—¡Rezas!	You pray!

    2. Para means "headed for, intended for."

¿El regalo es para mí?	The present is for me?
—Sí. ¡Feliz cumpleaños!	Yes. Happy birthday!
El martes salimos para Caracas.	Tuesday we're leaving for Caracas.
—¿Tan pronto?	So soon?
¿Estos vasos son para vino?	Are these glasses for wine?
—No. Para agua.	No. For water.

    3. Para means "by" or "for" a certain point in time.

Le ruego que lo tenga listo para el lunes.	I beg you to have it ready for Monday.
—¡Imposible! Tal vez para la próxima semana.	Impossible! Maybe by next week.
Muy bien, clase. Para mañana, preparen Uds. . . .	All right, class. For tomorrow, prepare. . . .

    4. Para means "considering, compared with."

Para una persona tan inteligente, eres muy tonto.	For a smart person, you're very dumb.
—¡Gracias!	Thanks!
¿Esto le parece difícil?	Does this seem hard to you?
—¡Qué va! Para mí no hay nada difícil . . . ¡Ay! ¿Me puedes ayudar?	Go on! For me there's nothing hard . . . Hey! Can you help me?

Actividades

1 *Contesta según las ilustraciones:*

1. ¿Las cortinas son para la _____? —No. Para _____.

2. ¿Estudia para ser _____? —No. Para ser _____.

3. ¿Ya salió para la _____? —No. Para _____.

4. ¿Quieres papel para _____? —No. Para _____.

5. ¿Le falta líquido para los _____? —No. Para _____.

6. ¿Acabarán para la _____? —No. Para el _____.

2 *Ahora contesta como quieras:*

1. ¿Has comprado algo recientemente para alguien? ¿Has comprado algo para ti mismo (misma)?
2. ¿Qué esperas recibir para tu cumpleaños? ¿Qué recibiste el año pasado?
3. ¿A qué hora sales normalmente para la escuela? ¿A qué hora sales de la escuela para tu casa?
4. ¿Está estudiando ahora para médico un pariente tuyo? ¿para abogado? ¿para ingeniero? ¿para oficinista?

5. ¿Para qué profesión u oficio (trade) te preparas tú?

6. Para ir más rápidamente de aquí a México, ¿se toma el tren, el autobús o el avión?

7. La verdad, para una persona de tu edad, ¿sabes mucho o poco de la vida?

8. Para un estudiante de segundo año, ¿sabes mucho o poco español? ¿De veras?

9. Y para acabar: ¿Qué parte de la lección vamos a estudiar para mañana? ¿Te va a gustar?

B. When do we use **por**?

1. Por means "by" someone or something, "by way of."

¿Por quién fue firmada la carta?	By whom was the letter signed?
—Por el jefe mismo.	By the boss himself.
Lo arreglaron por teléfono, ¿verdad?	They arranged it by telephone, right?
—No. Por correo.	No. By mail.

2. Por means "around, through, along."

¿Por qué puerta entramos?	Through which door do we enter?
—Por ésta. Pasen por aquí.	Through this one. Come this way way (around here).
Dimos un paseo por el jardín.	We took a walk through (around) the garden.
—¡Qué bonito, eh!	Very pretty, isn't it?
Estaban caminando por la calle cuando, de repente . . .	They were walking along the street when suddenly . . .
—¡Ay, no! ¿Qué pasó?	¡Oh, no! What happened?

3. Por means "during" or "for" a period of time.

Me voy mañana por la mañana.	I'm leaving tomorrow (during the) morning.
—¿Por cuánto tiempo?	For how long?
—Por diez días.	For ten days.

4. Por means "in exchange for" or "per."

Me ofrecieron cien pesos por mi bicicleta vieja.	They offered me a hundred pesos for my old bike.
—Véndela.	Sell it.
¿Qué intereses pagan?	What interest do they pay?
—El seis por ciento.	Six percent.

5. Por means "because of, for the sake of, in search of."
In other words, very often, **por** looks back to the reason ◄———.

Hágalo por mí.	Do it for me (for my sake).
—No. ¡Yo no me sacrifico por nadie!	No. I won't sacrifice myself for anybody!
¿Por qué lo hicieron?	Why did they do it?
—Por compasión, nada más.	For (Out of) pity, that's all.
Rápido. Ve por el médico.	Quick. Go for (in search of) the doctor.
—¿Dónde lo encuentro?	Where do I find him?

Recuerda: **¿Por qué?** (For what reason?)
—**Porque . . .** (Because . . .)

Actividades

1 *Otra vez, completa según las ilustraciones, usando siempre **por:***

1. La citación fue firmada ____ el _____.

2. El veredicto será entregado mañana ____ el _____.

3. Las paredes han sido destruidas ____ los _____.

4. Iremos mañana ____ la _____. —Y yo iré mañana ____ la _____.

5. ¿Cómo mandarán el paquete?

— ____ _____ o _____ .

6. Lo hizo ____ _____? —Sí. Haría todo ____ su _____.

7. ¿Quieres caminar ____ el _____? —¡____ supuesto!

8. Me pidieron cien pesos ____ esta _____. —¿Yo la compró?

2   *¿Puedes hallar las conclusiones correctas?*

1	2
Los inquilinos fueron desalojados	por todas partes . . . por una
¿Cuánto van a cobrar	piedra . . . no por algodón . . .
Yo lo tomé por lana	por la cocinera . . . por el
La ventana fue rota	dueño . . . por muchos años . . .
Había grandes letreros	por la garganta . . . por las
Localizaron al ladrón	pastillas azules? . . . por sus
La lista de comidas será preparada	huellas digitales . . . por aquí?
El policía lo cogió	
Estudió en España	
¿Por qué no pasas algún día	

REPASO RÁPIDO

Para (for) generally looks ahead ——→ to the outcome, destination, goal.

It means:

    in order to . . .   **(Para comenzar, comeré ensalada.)**

    headed or intended for . . .   **(Es para ti, para tu cuarto.)**

    by or for (a certain point in time) . . .   **(Para mañana . . .)**

    considering, compared with . . .   **(Para él, no hay nada difícil.)**

Por has a variety of meanings.

Some refer to physical actions: by (someone or something), by
    means of, by way of; in exchange for

Some refer to places: around, through, along

Some refer to periods of time: during, in (the afternoon, etc.)

And some look back to the reason ←—— for an action:
    for the sake of, out of, because of, in search of

Práctica

1 *Completa usando **por** o **para**:*

1. ____ limpiar la alfombra, tienes que usar la aspiradora.
   —Por supuesto.
2. No lo digo ____ molestarte sino ____ ayudarte. —Gracias.
3. ¿____ cuánto tiempo se van a quedar tus suegros? —____ seis
   meses. —¡____ Dios!
4. Quiero que vayas en seguida ____ el médico. —¿____ qué?
   ¿Quién está enfermo?
5. ¿Pagaste mucho ____ esta moto? —Sí. Pero tengo hasta el año
   que viene ____ pagarla.
6. Los asaltantes han sido detenidos ____ la policía. Van a ser
   procesados ____ un gran número de crímenes. —¡____ fin!
7. Mi abuelo es viejo, pero ____ un hombre de su edad, es
   fantástico. —¡____ un hombre de mi edad también!
8. ____ favor, mándennoslo ____ avión. Lo necesitamos ____ el
   15 de este mes.

2 *Ahora emplea en frases originales las expresiones siguientes:*
por correo . . . por ejemplo . . . por suerte . . . para el lunes que
viene . . . para mi familia . . . por aquí

¿Por qué no pedimos las mismas cosas que comimos en nuestra primera cita?

Hoy es nuestro aniversario. Hace quince años ya . . .

No, querida. Yo pedí cerdo . . . no, pato . . . y tú . . .

CUENTO   VIAJE SENTIMENTAL

Viernes. Las diez de la noche. Un restaurante de **"dos tenedores"** — un violinista, y camareros vestidos **de** negro, con servilleta blanca en el brazo izquierdo. Sara y Bernardo Romero han salido esta noche para celebrar su
5 aniversario.

Ber.:   Figúrate, Sarita. ¡Quince años **cumplidos** ya! Me parece que fue ayer.
Sar.:   No, Bernardo. Cuando yo pienso en Toño y Chita, son quince años, ¡completos!
10 Ber.:   Por favor, Sarita, olvídate de ellos por una hora. Están en casa, mirando la televisión. Y han prometido que no van a pelear.
Sar.:   Ni invitar a sus amigos.
Ber.:   Ni molestar a los vecinos. ¿Verdad? Y nosotros, mira,
15 estamos otra vez **de** novios. ¿Qué te parece, Sarita?
Sar.:   Estupendo . . . Óyeme, Bernardo, se me ocurre una idea fantástica. ¿Por qué no pedimos las mismas cosas que comimos en nuestra primera cita? ¿La recuerdas?

a "two-fork" (fairly good restaurant)

in

gone by

like

344

*Chita, te digo que cambies
ese programa.*

*Si pones tu radio, yo pondré
la televisión más fuerte. . . .*

*Riqui, ¿no quieres tocar tu
trompeta?*

    Ber.: ¿Cómo no la voy a recordar? ¿Ya ves? Nada ha
20   cambiado. (Llama al mesero.) Por favor, señor camarero . . .

    El camarero, un hombre de cara alegre, se acerca.
    Cam.: Buenas noches, señor . . . y señorita.
    Sar. (al oído de su esposo): ¿Oíste? ¡Me dijo "señorita"!   **into the ear**
    Ber.: Muy buenas. Sobre todo para nosotros. Hoy es nuestro
25   aniversario. Hace quince años que estamos casados.
    Cam.: ¡No! Y yo los tomé por **recién casados,** sobre todo a   **newlyweds**
       Ud., señori . . ., señora.
    Ber. (con **orgullo**): Pues, ¿sabe Ud.? Esta linda muchacha que   **pride**
       Ud. ve aquí es la madre de dos niños grandes ya.
30 Sar.: Por favor, Bernardo, no tienes que contarle todo eso.
● Cam.: Pues **ver es creer.** En fin, para una ocasión tan feliz,   **seeing is believing**
       ¿qué les parece un poco de champaña **para brindar?**   **to toast**
    Ber.: Gracias, no. Hemos decidido repetir la misma comida
       que tuvimos en nuestra primera cita.
35 Cam.: Magnífica idea. Muy bien pensado. ¿Entonces . . .?
    Ber.: Entonces, empezaremos con un plato de **entremeses**   **mixed appetizers**
       variados, para **compartir.**   **share**
    Sar.: No, mi amor. ¿No recuerdas? Yo pedí langosta a la
       plancha. En la segunda cita, pedimos entremeses
40   variados.

Ber.: ¿Estás segura, **corazón?**   sweetheart

Sar.: Segurísima. Y tú pediste sardinas con **aceite y vinagre,**   **oil and vinegar;**
       y **zanahorias.**   **carrots**

Ber.: Ah, sí. Tienes razón.

45 Cam.: Entonces, señores, ¿Uds. desean . . .?

Ber.: Pero Sarita, ése fue solamente el primer plato. Para el
       principal yo comí rosbif con coliflor y **salsa de cebolla.**   **onion sauce**
       Y tú pediste costillas de cordero con **guisantes** y arroz.   **peas**

Cam.: Entonces, señores, ¿Uds. desean . . .?

50 Sar.: Ah, sí, mi amor. Tienes razón. Pero **si no me equivoco,**   **if I'm not wrong**
       yo pedí habichuelas, no guisantes. Y ternera.   **stringbeans**

Ber.: No, querida. Ésa fue la tercera vez, cuando fuimos al
       restaurante chino. Yo pedí chuletas de cerdo . . . no,
       pechuga de pato, y tú . . .   **breast of duck**

55 Sar.: No, **mi vida.** La tercera vez no fuimos a ningún   **darling**
       restaurante. Comimos en casa de mi tía. ¿No recuerdas?
       Después **dimos un paseo** en el parque, y fuimos   **took a walk**
       atropellados por una motocicleta.   **run over**

Ber.: Pero, ¡qué memoria tienes, Sarita! Muy bien, señor
60   camarero, estamos listos para pedir. Para empezar . . .

ᏣᎨᏣᎨᏣᎨᏣ

Mientras tanto, en el apartamento 4B, Toño y Chita están
mirando la televisión.

Toño: Por última vez, Chita, te digo que cambies ese
        programa.

65 Chita: Yo quiero verlo.

Toño: Y yo no. Es estúpido.

Chita: Yo sí. A mí me gusta.

Toño: ¡Chita! Si tú no . . .

Chita: Mira, Toño, a las once, ¿no pusimos el programa que
70   tú querías?

Toño: Eso era otra cosa. A ti te gustó también.

Chita: No me gustó. Mientes.

Toño: Chita, ¡algún día . . .!

Chita: Se lo voy a decir a mamá.

75 Toño: Pues óyeme, si tú no cambias el programa, yo voy a
        poner mi radio **fuerte, fuerte,** y no lo podrás escuchar.   **good and loud**

Chita: Entonces yo pondré la televisión más fuerte, y tú no
        oirás tu música.

Toño: ¿Ah, sí? Pues yo . . .

80 En el apartamento 3B, la Sra. Alas despierta a su esposo.

Sra.: Pablo, ¿oyes?
Sr.:   ¿Qué?
Sra.: La señora Romero.
Sr.:   ¿Está limpiando sus alfombras?
85 Sra.: Esta vez no. Está haciendo una fiesta. ¿Has oído jamás
       tanto ruido?
Sr.:   ¿A estas horas?
Sra.: ¡A estas horas!
Sr.:   ¿Y a nuestro Riqui, después de las nueve no le
90   permiten . . .?
Sra.: Exactamente.
Sr.:   Pues yo pienso . . .
Sra.: De acuerdo. Ahora mismo llamo al Sr. Castillo.
Sr.:   Ajá . . . Ahora, Riqui . . . ¡Ri-qui! . . . Ven acá, hijo.
95   ¿No quieres tocar tu trompeta?

___ Vamos a conversar _____

1. ¿Por qué han salido esta noche Sara y Bernardo Romero?
2. ¿A qué clase de restaurante van? ¿Puedes describírnoslo?
3. ¿Cuántos años hace que Sara y Bernardo están casados?
   ¿Cuántos años de edad crees que tienen? ¿Cuántos tienen tus
   padres?
4. ¿Cómo se llaman los hijos de Sara y Bernardo? ¿Los recuerdas
   de otro cuento?
5. ¿Dónde están Toño y Chita ahora? ¿Qué han prometido?
6. ¿Qué idea se le ocurre a Sarita para celebrar su aniversario?
7. Según el camarero, ¿se ven jóvenes o viejos los Romero?
   ¿Cómo llama a Sara? Usa la imaginación y dinos: ¿Cómo es el
   camarero?
8. ¿Le gusta a Sara que Bernardo se lo cuente todo al camarero?
9. ¿Qué les recomienda el camarero para brindar? ¿Aceptan la
   idea?
10. ¿Están muy enamorados todavía Sara y Bernardo? ¿Cómo lo
    sabes?

● 1. ¿Con qué van a empezar su comida los Romero?
  2. ¿Qué dice Sara?
  3. Según Sara, ¿qué pidió ella en su primera cita con Bernardo?
     ¿Y qué pidió él?

347

4. Según Bernardo, ¿cuál fue su plato principal aquella vez? ¿y el de Sara?

5. ¿Está de acuerdo Sara? Si ella no se equivoca, ¿qué comió?

6. Según Bernardo, ¿a dónde fueron en su tercera cita? ¿Y qué pidieron?

7. Según Sara, ¿dónde comieron en la tercera cita? ¿Qué les pasó después?

8. Mientras tanto, ¿qué están haciendo Toño y Chita? ¿Por qué comienzan a pelear? La verdad, ¿pelean así tú y tus hermanos?

9. Si Chita no cambia el programa, ¿qué va a hacer Toño? Entonces, ¿qué hará ella?

10. ¿Qué piensan los señores Alas en el apartamento 3B? ¿Por qué despiertan a su hijo Riqui? ¿Qué piensas que va a pasar?

JUEGOS DE PALABRAS

1. **pato**   ¿Cuál te gusta más?   la **pechuga**   la **pierna**
   duck   white meat, breast

2. los **guisantes**   **zanahorias**   **habichuelas**   **cebolla**
   peas   carrots   stringbeans   onion

¿En qué colores piensas cuando hablamos de estos vegetales? De estos vegetales, ¿cuál es el más dulce? ¿el más fuerte? ¿Qué combinaciones puedes hacer? Por ejemplo: zanahorias con. . . .

3. **compartir**   ¿Quieres _____ el _____ conmigo?
   to share   —Muy bien. Mitad (half) para ti, mitad para mí.

348

4. el **aceite** + el **vinagre** = **salsa**
   oil   vinegar   sauce,
                                   dressing

¿Para qué la usamos?   Para la _____.

A propósito, ¿sabes de dónde viene la palabra "vinagre"?
¡De "vino agrio"—sour wine!

5. **cumplir**   una _____ de cumpleaños
   to complete,   ¿Cuándo _____ tú años? ¡Felicidades!
   fulfill

6. **equivocarse**   ¿1392?   ¿Los Yanquis contra   ¿Abrahán   ¡Ah, no!
   to make a mistake,   los Tigres?   Lincoln?   ¡Tú te ___!
   be wrong

7. **al oído**   ¿Qué le dijiste al _____?
   into someone's   —¡Chissss! Es un secreto. ¡No quiero que nadie lo sepa!
   ear

8. **dar un paseo**   ¿Dónde damos _____?   por el _____   por la _____
   to take a walk

Repaso, Lecciones 13–16

I. Repaso General

A. More about adjectives

1. The number adjectives: first, second, third . . .

primer(o)	first	sexto	sixth
segundo	second	séptimo	seventh
tercer(o)	third	octavo	eighth
cuarto	fourth	noveno	ninth
quinto	fifth	décimo	tenth

2. Position

When **grande** goes before a singular noun, it becomes **gran,** and its meaning is "great."

When **pobre** goes before a noun, its meaning becomes "pitiful, unfortunate."

When **viejo** goes before a noun, its meaning becomes "long-standing" or "former," instead of "old in age."

B. The third basic idea of the subjunctive: "unreality"

"I doubt, deny, don't believe, am not sure . . ."

"It's not true, it's impossible, it may be . . ."

Dudo que vengan.	I doubt that they're coming.
No es verdad que los hayamos estorbado.	It's not true that we have disturbed them.
¿Niegas que lo hayas hecho?	Do you deny that you have done it?

C. The past perfect (pluperfect) tense

The past perfect (or pluperfect) tense consists of the imperfect tense of **haber** + a past participle:

había salido	I had left (before something else happened)
habías	
había	
habíamos	
habíais	
habían	

¿Tú estabas allí cuando llegaron?	Were you there when they arrived?
—No. Había salido ya.	No. I had already gone out.

D. Para (for, in order to) and **por** (for, by, along, through, etc.)

1. **Para** looks ahead ⟶ to the outcome, destination, goal.
   It means:
   in order to (**para ir a la ciudad, . . .**)
   headed or intended for (**¿Es para mí?**)
   by or for a certain point in time (**Para el lunes . . .**)
   considering, compared with (**Para una persona como tú . . .**)

2. **Por** has many meanings.

   Some refer to physical actions: by (someone or something), by means of, by way of (**por teléfono**); in exchange for (**¿Cuánto me da por esto?**).

   Some refer to places: around, through, along (**por la playa; Pase por aquí**).

   Some refer to periods of time: during, in (**por la tarde, por seis meses**).

   Others look back to the reason for an action ⟵ :
   for the sake of, because of (**¡Por Dios!**)
   in search of (**Fuimos por agua.**)
   out of (**Lo hice por compasión.**)

II. Vocabulario Activo

a bordo   on board, 14
a plazos   in installments, on "time," 14
a punto   medium rare, 16
a término medio   medium (meat), 16
abordar   to board (a plane), 14

absolver (ue)   to acquit, 13
acá   here, this way, 14
el aceite   oil, 16
acuerdo   agreement; *ponerse de − to come to an agreement, settle, 13
acusar   to accuse, 13

351

aduana Customs, 14
agente de policía police officer, 15
aguantar to stand for, put up with, 13
ahí there, near you, 14
al contado cash (payment), 14
al oído into someone's ear (whisper), 16
alegar to allege, 15
almorzar (ue) to have lunch, 16
alquilar to rent, 13
el **alquiler** the rent, 13
el **altavoz** loudspeaker, 14
anunciar to announce, 15
aparato gadget, set, machine, 15
asaltante assailant, robber, mugger, 15
asalto assault, 15
asar to roast, bake, 16
asesino murderer, 15
asistente de vuelo flight attendant, 14
aterrizar to land (a plane), 14
aunque although, 14
aviso notice, 14
bala bullet, 15
balazo shot; bullet wound, 15
bebida drink, 16
bien asado well done (meat), 16
el **bisté (biftec) a la parrilla** broiled steak, 16
el **boletín** bulletin, 15
camarero waiter, 16
cariño love, affection, 14
cebolla onion, 16
cenar to have supper, 16
la **citación** summons (law), 13
cocinero chef, 16
compartir to share, 16
condenar to convict, condemn, sentence, 13
contrato contract, 13
costillas de cordero lamb chops, 16
crear un estorbo to create a disturbance, 13

el **crimen** crime, 15
culpable guilty, 13
cumplir to complete, fulfill, 16
chuletas de cerdo pork chops, 16
daños damages (law), 13
*****dar un paseo** to take a walk, 16
*****darse cuenta de** to realize, 15
delincuente criminal, 15
delito crime, offense, 15
demanda claim, demand (law), 13
demandar to make a claim, sue, demand, 13
los **demás** the others, the rest (of them), 13
derecho right; law, 13
desalojar to evict, 13
desaparecer (zco) to disappear, 14
desayunarse to have breakfast, 16
desheredar to disinherit, 13
despacho de boletos (o billetes) ticket window (airport), 14
despegar to take off (a plane), 14
destino destination; **con –** a bound for, 14
la **detención** arrest; detention, 15
*****detener** to arrest; detain, stop, 15
disparar to shoot (a gun), 15
empujar to push, 14
el **equipaje** baggage, 14
equivocarse to make a mistake, 16
escala to stop (on a flight); *****hacer –** to make a stopover, 14
el **escalope de ternera** veal cutlet, 16
espacio space, 14
estacionamiento parking, 15
estacionar to park, 15
estorbar (la paz) to disturb (the peace), 13
etiqueta label, tag, 14
éxito success (not "exit"!), 15
facturar to check (in), 14
ficha file; police record, 15
fichero file cabinet, 15

firmar to sign, 13
freír (frío, fríes) to fry, 16
el **golpe** hit, bang, sock, 13
guarda guard, 15
el **guisante** pea, 16
habichuela string bean, 16
hervir (hiervo) to boil, 16
horario timetable, 14
horno oven; al – in the oven, baked, 16
hoy día nowadays, 13
huellas digitales fingerprints, 15
impuesto tax, 16
inquilino tenant, 13
interrumpir to interrupt, 15
jurado jury, 13
langosta a la plancha grilled lobster, 16
legar to leave (in a will), bequeath, 13
la **ley** law, 13
lista de comidas menu, 16
locutor(a) announcer, 15
llegada arrival, 14
llevarse to take away, make off with, 14
maleta suitcase, 14
matrimonio marriage, 13
menos except; less, least; minus, 13
mesera, mesero waitress, waiter, 16
multa (de tránsito) (traffic) fine, 15
negarse a (me niego) to refuse to, 15
pantalla screen, 14
la **parte** part; party (to a deal), 13
pasajera, pasajero passenger, 14
el **pasaporte** passport, 14
pato duck, 16
pavo asado roast turkey, 16
pechuga breast (of chicken, etc.), 16
pista clue; (traffic) lane; (landing) strip, 15
plato principal main course, 16

plaza place, seat, 14
pleito lawsuit, 13
poco asado rare (meat), 16
***ponerse a** to start to, 13
el **postre** dessert, 16
preso arrested person, "suspect," prisoner, 15
la **prisión** prison, 15
proceso criminal trial, legal action, 13
la **propiedad** property, 13
propietaria, propietario proprietor, 13
realizar to achieve, carry out, bring about, make come true, 15
reconfirmar to reconfirm (a reservation, etc.), 14
regresar to return, come back, 14
regreso return, 14
rodear to surround, 15
sala de espera waiting room, 14
salsa sauce, dressing, 16
secuestro hijacking, kidnapping, 14
socia, socio partner, 13
el **talón** baggage check, claim check, 14
tampoco not . . . either (opposite of **también**), 14
tarjeta de crédito credit card, 14
tarjeta de embarque boarding pass (plane), 14
teniente lieutenant, 15
testamento will, 13
testimonio testimony, evidence, 13
tirar to shoot (a gun); to pull; to throw, 15
el **titular** headline, 15
tumbar to knock over, 14
verdadero real, true, 15
veredicto verdict, 13
la **víctima** victim (*always f.*), 15
el **vinagre** vinegar, 16
vuelo flight, 14
zanahoria carrot, 16

5 Álbum de Viaje

VACACIONES DE PASCUA

Cristina Yanosh

Grado 10   Clase de la Sra. Debora Schoman
Escuela Superior Harborfields
Nueva York

¡España!

1 Sábado, 9 de abril. Nuestro primer día en Madrid, y fuimos a ver el Palacio Real (Royal). La foto no le hace justicia. ¡Es el edificio más elegante del mundo!

2 Domingo. Esta mañana fuimos al Rastro (Flea Market). ¡Qué cantidad de cosas había—hasta obras de arte! Yo compré una vieja mantilla de seda por sólo 300 pesetas (unos 4 dólares). ¡Qué ganga, eh!

3 Almorzamos en la cafetería del Hotel de París en la "Puerta del Sol", un viejo barrio comercial de Madrid. Hay otros barrios mucho más modernos pero éste nos pareció más típico.

4 Lunes. Salimos de Madrid por la mañana y en unas dos horas llegamos a Segovia. Este castillo, que se llama "El Alcázar de Segovia" data de la invasión árabe en el siglo VIII.

5 Desde Segovia, fuimos a Ávila, una ciudad amurallada (walled) medieval. Pensé que me encontraba en una época pasada.

6 Martes. Salamanca. La catedral y parte de la ciudad. Lástima que no pueda mostrarte una foto de la universidad, la más vieja y famosa de toda España.

7 "¡Cuidado, hombres! Aquí viene don Quijote!" Hay muchos molinos de viento (windmills) como éstos en Consuegra, La Mancha.

356

8 *En un camino de Andalucía. Ésta es una de mis vistas favoritas. Un labrador (farmer) cultivando la tierra; olivos (olive trees) en fila, y un castillo viejo al fondo.*

9 *Jueves. Aquí estamos en el Patio de los Leones de la Alhambra, en Granada. Este palacio árabe se considera uno de los ejemplos más bellos de la arquitectura antigua.*

10 *Viernes. ¡Semana Santa en Sevilla! ¡Qué emoción por todas partes! Miles de personas. Cientos de ceremonias. Estos jóvenes esperan para tomar parte en una procesión.*

11 *Domingo. Todavía en Sevilla. Visitamos los Jardines de María Luisa, y después fuimos a la Torre de Oro, donde guardaban el oro de América en tiempos coloniales. Mañana termina nuestro viaje. Adiós, España. ¡No! ¡Hasta pronto!*

357

Hacia Tierras del Sur

1 Otro año, otro viaje. Aquí estamos en el Zócalo, la gran plaza colonial de México, D.F. El edificio más grande es la Catedral, iluminada para una noche de fiesta.

2 *Pasamos la tarde hoy en el Museo Antropológico, donde mi amigo Ramón perdió la cabeza por una chica mexicana. . . . En serio, esta cabeza enorme es una escultura antigua de los indios olmeca.*

3 *La Virgen de Guadalupe es la santa patrona de México, y todos los días de la semana se encuentran en su Basílica miles de personas que se acercan de rodillas (on their knees) al hermoso altar.*

4

5

6

7

4 *Martes, 14. Pasamos todo el día explorando las pirámides de Teotihuacán. Ésta, la Pirámide del Sol, es la más grande, porque el sol era el dios principal de las antiguas religiones mexicanas.*

5 *La serpiente emplumada (plumed serpent) era uno de los símbolos legendarios más importantes de los antiguos aztecas. Originalmente, estas figuras estaban pintadas de colores brillantes. ¡Imagínate el espectáculo!*

6 *Viernes. Fuimos a Xochimilco a dar un paseo (take a ride) en sus "jardines flotantes". Por suerte llegamos temprano y las pequeñas barcas cubiertas de flores nos esperaban en el canal. Media hora más tarde, ¡Dios mío, qué congestión de turistas!*

7 *Sábado. Aquí estamos en Taxco, tal vez la ciudad más conocida del mundo por sus fabulosos objetos de plata. Quise comprar algo pero ya no me quedaba mucho dinero. Bueno, la próxima vez. . . .*

8 *Sábado. Decidimos pasar un fin de semana en Acapulco. ¡Y qué lindo todo! El mar verde-azul. La arena, color de oro. ¡Y los turistas también! ¡Qué delicia!*

9 *Un típico pueblo mexicano. Calles angostas (narrow), una plaza con su fuente (fountain) en el centro, y todo cerrado a la hora de la siesta.*

10 *Martes. Llegamos a Oaxaca a tiempo de participar en un festival local. La banda tocaba, la gente comía y bailaba y reía y gritaba. ¡Qué alegría! ¡Qué ruido!*

11 *Aquí estamos en Chichicastenango, Guatemala, ¡y qué lugar más extraordinario! Mira. Este músico tocaba lindas canciones, ¡en un instrumento hecho de calabazas (gourds)!*

12 *Viernes Santo en Guatemala. Las calles estaban llenas de procesiones religiosas, y de "penitentes" vestidos de color violeta. ¡Qué emoción más intensa sentían!*

13 *Pasamos el último día de nuestro viaje visitando la antigua ciudad maya (Mayan) de Chichén Itzá. ¡Qué impresionante! A propósito, la figura a la derecha es nuestro maestro, ¡tomando el sol!*

14 *El fin. Aquí estamos en el avión de regreso. ¡Qué viaje hemos tenido! . . . Óyeme, ¿qué te parece? El año que viene tal vez volveremos . . . ¿tú y yo?*

Appendices

ADDITIONAL PRACTICE

¿Recuerda Ud.?

1 **El gusto es mío.** _____

*Complete usando **el, la, los,** o **las,** ¡sólo si son necesarios! (Complete using **el, la, los,** or **las,** only if necessary!):*

1. Me gustan mucho _____ deportes.
2. Aquí _____ escuelas son muy modernas.
3. ¿A qué hora es _____ programa?
4. ¿Quieres _____ chocolate?
5. No gracias, no me gusta _____ chocolate.
6. ¿Trabajan Uds. _____ sábados?
7. ¿Cuántos _____ discos trae Miguel?
8. _____ clase de ciencia es muy interesante.

- *Complete usando **un, una, unos,** o **unas,** ¡sólo si son necesarios!:*

1. Quiero _____ coche nuevo para mi cumpleaños.
2. Mis abuelos son _____ italianos.
3. Esta semana vamos a _____ fiesta.
4. ¿Es _____ dentista tu hermano?
5. Uds. son _____ chicas muy simpáticas.
6. Ellos son _____ estudiantes.
7. Quiero _____ blusa amarilla.
8. ¿Tienen Uds. _____ coche económico?

2 **¿Qué hay en un nombre?** _____

- *Escriba la forma correcta del presente (Write the correct present tense form):*

Ejemplo: La maestra <u>habla</u> mucho en la clase. (hablar)
1. Mi hermano _____ televisión todos los días. (mirar)
2. ¿_____ Ud. muchas cartas? (recibir)
3. Nosotros no _____ francés en la escuela. (aprender)
4. Mis amigos _____ el tren de las siete. (coger)
5. ¿A qué hora _____ tu familia? (comer)
6. ¿Uds. nunca _____ los platos? (lavar)
7. ¿Dónde _____ tú? (vivir)
8. Yo _____ muchos libros. (leer)
9. ¿Quién _____ la orquesta? (dirigir)
10. Inés y yo _____ mucho dinero. (gastar)

● Conteste según las indicaciones:

Ejemplo: ¿~~A qué hora sales de la escuela~~? (tres)   <u>Salgo de la escuela a las tres.</u>

1. ¿Qué traes hoy? (torta de chocolate)
2. ¿Haces algo esta noche? (No. Nada)
3. En tu opinión, ¿cuánto vales? (un millón de dólares)
4. ¿Conduces bien? (No. Muy mal)
5. ¿Cuántos discos produces cada año? (mil)

● Cambie según el sujeto nuevo (Change according to the new subject):

Ejemplo: ¿*Haces* los ejercicios? (Uds.)   <u>¿Hacen Uds. los ejercicios?</u>

1. ¿Cuántos coches *produce* Ud.? (tú)
2. *Ellos conducen* la banda. (yo)
3. *Nosotras parecemos* más altas. (ellas)
4. En este hospital no *nacen* niños. (nadie)
5. *Yo no caigo* nunca. (tú y yo)
6. *Traen* flores para mamá. (yo)
7. ¿A qué hora *sales* de casa? (Uds.)
8. ¿Dónde *ponemos* los cuadernos? (yo)

● Complete con la forma correcta de **saber** o **conocer**:

1. ¿____ Ud. a una actriz famosa?
2. Nosotras no ____ cocinar.
3. Yo no ____ bien la lección.
4. Mi hermana ya ____ manejar.
5. ¿____ tú San Francisco?
6. Pedro y yo no ____ este museo.
7. ¿____ Uds. a qué hora abren las tiendas?
8. Yo ____ a muchos venezolanos.
9. Ellas no ____ mucho de ciencia.
10. ¿____ tú a mi profesor?

3 Personalidades

● Complete con la forma correcta del verbo en paréntesis:

1. A qué hora ____ Uds. a la escuela? (venir)
2. Nosotros no te ____ muy bien. (oir)
3. Carlos y yo ____ un examen mañana. (tener)
4. ¿Por qué ____ tú eso? (decir)
5. Enrique no ____ este domingo. (venir)
6. ¿____ Ud. una motocicleta? (tener)
7. Yo ____ una guitarra. (oir)
8. Ellas ____ la verdad. (decir)
9. ¿____ tú al cine hoy? (venir)
10. Yo no ____ tiempo. (tener)

● Conteste las preguntas:

1. ¿Tienen Uds. clase mañana?
2. ¿A qué hora vienes al colegio?
3. ¿Dicen tus amigos la verdad siempre?
4. ¿Qué discos oyes tú?
5. ¿Tiene tu padre una tienda?
6. ¿Dices muchos cuentos?
7. ¿Oyen Uds. música todos los días?
8. ¿Viene el profesor a la fiesta?

- *Empareje (Match) los Grupos A y B:*

	A		**B**
1.	Pedro come diez hamburguesas.	a.	Tengo mucha prisa.
2.	Lleva un abrigo y guantes.	b.	Tenemos mucha sed.
3.	Tres sodas, por favor.	c.	Tienes razón.
4.	Hoy es viernes 13.	d.	¡Tiene mucha hambre!
5.	Es muy viejo.	e.	Tiene mucho sueño.
6.	Manejo muy rápido.	f.	Tiene frío.
7.	Quiere ir a la cama.	g.	Tiene noventa años.
8.	Dos y dos son cuatro.	h.	¿Tienes miedo?

- *Exprese en español:*

1. If you're hungry, I'll buy you a sandwich.   <u>Si tienes hambre, te compro un sandwich.</u>
   If you're thirsty, I'll buy you milk.   <u>   </u>.
2. She is never right.   <u>Ella nunca tiene razón.</u>
   They are never sleepy.   <u>   </u>.
3. My father is 39 years old.   <u>Mi padre tiene treinta y nueve años.</u>
   I'm 16 years old.   <u>   </u>.

4   Álbum de familia

- *Complete usando la forma correcta de **ir, dar** o **estar:***

1. Ellas _____ a dormir temprano.
2. ¿Por qué no _____ (tú) una fiesta este sábado?
3. Yo _____ muy ocupado hoy.
4. ¿A dónde _____ Uds. esta noche?
5. Mi maestra siempre _____ exámenes los viernes.
6. ¿Dónde _____ mis guantes?
7. Yo no _____ al concierto hoy.
8. Raúl _____ en su casa.

- *Complete usando **es** o **está:***

1. El televisor _____ para la sala, pero ahora _____ en mi cuarto.
2. Roberto _____ italiano, pero _____ en Francia.
3. El vaso que _____ en la mesa _____ de plástico.
4. ¡Esta sopa no _____ de pollo y _____ fría!
5. Mi padre _____ médico y siempre _____ muy ocupado.

- *Complete usando la forma correcta de **ser** o **estar:***

1. Pedro y yo _____ hermanos.
2. ¿Dónde _____ mi tocadiscos?
3. ¡Mi té _____ frío!
4. ¿De dónde _____ tus padres?
5. Yo _____ de Caracas.
6. Hola, Anita. ¿Cómo _____?
7. Los niños _____ contentos.
8. Ese edificio _____ muy alto.

5 Vamos al cine.

● *Cambie el sujeto a* **yo** *(Change the subject to* **yo***):*

Ejemplo: *Cerramos* la tienda.   <u>Cierro la tienda.</u>

1. *Movemos* el piano.
2. *Servimos* arroz con pollo.
3. *Comenzamos* el examen.
4. *Perdemos* el dinero.
5. No *entendemos* las preguntas.
6. *Volvemos* mañana.
7. *Dormimos* siete horas.
8. *Pedimos* el desayuno.
9. No *queremos* tostadas.
10. ¿*Podemos* ir al cine?

● *Complete usando la forma correcta del verbo más lógico:*

1. Cuando _____ a llover, yo _____ las ventanas. (cerrar, empezar)
2. Ella nunca _____ lo que (ella) _____. (recordar, soñar)
3. Si tú _____ aquí, yo te _____ el desayuno. (sentarse, servir)
4. Yo no _____ abrir la puerta. No _____ la llave. (encontrar, poder)
5. Aquí _____ todo el invierno, pero nosotros no _____ frío. (sentir, nevar)
6. ¿_____ mucho ese coche? —Sí, el dueño _____ mil pesos. (pedir, costar)
7. ¿Qué _____ Ud. de este libro? —Yo no lo _____. (pensar, entender)
8. ¿Por qué no _____ Ud. la silla aquí y _____? (sentarse, mover)

● *Haga frases completas usando estas expresiones:*

1. ¿Cuánto / costar / los discos?
2. Juana / cerrar / las ventanas.
3. Nosotros / pedir / dinero / a papá.
4. ¿Poder / Ud. / repetir / la pregunta?
5. Ellas / no / dormir / por la noche.
6. ¿Recordar / tú / la fiesta de Jorge?

6 Información, por favor.

● *Cambie las preguntas a mandatos (Change the questions to commands):*

Ejemplo: ¿Come Ud. mucho?   <u>¡Coma (Ud.) mucho!</u>

1. ¿Aprende Ud. español?
2. ¿Gasta Ud. su dinero?
3. ¿Escribe Ud. las frases?
4. ¿Coge Ud. el tren?
5. ¿Duerme Ud. ahora?
6. ¿Toca Ud. el piano?
7. ¿Apaga Ud. las luces?
8. ¿Marca Ud. los números?

● *Complete con un mandato, según las indicaciones:*

Ejemplo: No <u>digan</u> Uds, el secreto. (decir)

1. _____ Ud. temprano. (ir)
2. No _____ Uds. el paraguas. (traer)
3. _____ Ud. bueno. (ser)
4. No me _____ Ud. eso. (decir)
5. _____ Uds. compasión. (tener)
6. No se lo _____ Uds. ahora. (dar)

- *Cambie a mandatos negativos, usando el pronombre correcto (Change to negative commands, using the correct pronoun):*

Ejemplo: Compre Ud. *los discos.*   No los compre Ud.

1. Abra Ud. *la ventana.*
2. Hagan Uds. *el desayuno.*
3. Repita Ud. *la pregunta.*
4. Cojan Uds. *el autobús.*

5. Traiga Ud. *las llaves.*
6. Sírvame *la sopa.*
7. Díganme *un cuento.*
8. Tráigannos *el abrelatas.*

- *Cambie según el modelo:*

Ejemplo: Vamos a hacerlo.   Hagámoslo.

1. Vamos a bailar.
2. Vamos a cantarla.
3. Vamos a aprenderlo.
4. Vamos a guardarlas.

5. Vamos a apagarla.
6. Vamos a decírselo.
7. Vamos a sacárselas.
8. Vamos a vestirnos.

7 Corazón de Poeta

- *Cambie a pronombres las palabras indicadas:*

Ejemplo: Traemos *las flores.*   Las traemos.

1. Encontramos *la llave.*
2. Preparo *el desayuno.*
3. ¿Conoces *a Mario?*
4. No necesito *anteojos.*

5. Ayudamos *a mamá.*
6. Invito *a las chicas.*
7. ¿Tienes *mis camisas?*
8. No entiendo *la pregunta.*

- *Conteste según el modelo, usando **le** o **les:***

Ejemplo: ¿Escribes *a tus padres?*   Sí, les escribo.

1. ¿Hablas *a la maestra?*
2. ¿Explica Ud. la lección *a los alumnos?*
3. ¿Piden Uds. el coche *a su padre?*
4. ¿Enseñas la canción *a Marta?*

5. ¿Das chocolate *a los niños?*
6. ¿Deben Uds. mucho *a su familia?*
7. ¿Mandas dinero *a los pobres?*
8. ¿Dice Ud. la verdad *a su amigo?*

- *Complete con el pronombre correcto:*

Ejemplo: Me hablan a mí.

1. _____ sirvo a ti.
2. No _____ traigas nada a ellas.
3. ¿No _____ quieres a nosotros?
4. Siempre _____ piden dinero a él.
5. ¿Por qué _____ quieres a mí?
6. Nunca _____ creen a nosotros.
7. A mis padres _____ gusta manejar.
8. ¿Por qué no _____ gustan a Ud. las hamburguesas?
9. ¿_____ gusta a ti cuando nieva?
10. A nosotros _____ gusta cuando hace fresco.

8 Combinaciones

● *Conteste usando el pronombre correcto (Answer using the correct pronoun):*

Ejemplos: ¿Me compras *los zapatos?* Sí, te los compro.
 ¿Nos traen *la música?* Sí, nos la traen.

1. ¿Me das *el papel?*
2. ¿Me explicas *las preguntas?*
3. ¿Me vendes *la bicicleta?*
4. ¿Me traes *los discos?*

5. ¿Nos pasan *las cosas?*
6. ¿Nos mandan *el paquete?*
7. ¿Nos traen *las llaves?*
8. ¿Nos limpian *los trajes?*

● *Cambie según el modelo:*

Ejemplo: *Les vendemos el televisor.* Se lo vendemos.

1. *Le sirvo el café.*
2. *Les damos los platos.*
3. No *le digo la verdad.*

4. *¿Les compro un tocadiscos?*
5. No *les hace los vestidos.*
6. *¿Le pide Ud. la información?*

● *Exprese de otra manera, según los modelos:*

Ejemplos: Voy a dársela. Se la voy a dar.
 ¿Me lo puedes traer? ¿Puedes traérmelo?

1. Te lo voy a comprar.
2. La están terminando.
3. ¿Vas a enseñármelo?
4. No se lo pueden decir.

5. ¿Puede explicárnoslas?
6. Nunca te los va a mandar.
7. No quiero pedírsela.
8. Está preparándolo ahora.

9 Psicólogo por un día

● *Conteste según las indicaciones:*

Ejemplo: ¿A qué hora te levantas? (a las siete) Me levanto a las siete.

1. ¿Te cuidas mucho? (Sí)
2. ¿Se acuestan temprano tus amigos? (No)
3. ¿Te vistes despacio? (No. Rápidamente)
4. ¿Tus padres se compran un coche todos los años? (Sí)
5. ¿Dónde se divierten Uds. más? (en las fiestas)
6. Tu hermana se casa este año? (No. El año próximo)

● *Complete con la forma correcta del reflexivo—me, te, nos o se:*

Ejemplo: Pedro se acuesta tarde.

1. Adela, ¿por qué (tú) _____ lavas el pelo ahora?
2. Mis abuelos _____ cuidan mucho.
3. ¿Por qué no _____ sientan Uds.?
4. Juana y Roberto _____ casan en junio.
5. Yo siempre _____ pierdo en el centro.
6. Joaquín y yo _____ divertimos mucho.

● *Haga Ud. frases usando las expresiones siguientes:*

1. Siempre / acostarme / temprano.
2. Tú / sólo / pensar / en ti mismo.
3. ¿Divertirse / Uds. / en el cine?
4. ¿Por qué no / vestirse / a sí mismos?
5. Estela y yo / casarnos / en agosto.
6. Yo / ayudarme / a mí mismo.

10 "Damas y caballeros . . ."

● *Complete usando el pretérito del verbo en paréntesis:*

Ejemplo: Ellas <u>estudiaron</u> mucho ayer. (estudiar)

1. Pedro _____ los ejercicios. (escribir)
2. Yo _____ a mis abuelos. (llamar)
3. ¿Cuándo _____ tú la carta? (recibir)
4. ¿A qué hora _____ Uds. el concierto? (oír)
5. ¿Por qué no _____ Ud. el poema? (leer)
6. Yo _____ veinte pesos por esta camisa. (pagar)
7. La clase _____ muy tarde. (empezar)
8. Los chicos no _____ ese cuento. (creer)

● *Cambie según las indicaciones:*

1. Yo no sentí nada.
   Ellos _____.
   _____ pidieron _____.
   Tú _____.

2. ¿Por qué me mentiste tú?
   ¿ _____ Uds.?
   ¿_____ creyeron _____?
   ¿ _____ Ud.?

3. Tú no leíste el libro.
   Uds. no _____.
   _____ empezaron _____.
   Yo _____.

4. Yo dormí ayer.
   Nadie _____ .
   _____ murió _____.
   Todos _____ .

● *Cambie al pretérito:*

Ejemplo: Ellos no me creen.   <u>Ellos no me creyeron.</u>

1. Te *mando* una postal.
2. Mamá *oye* un concierto.
3. No *aprendemos* mucho.
4. ¿*Duerme* Ud. bien?
5. Ellas no *comen* nada.
6. ¿Por que *mienten* Uds.?
7. *Saco* los muebles de la sala.
8. ¿Quién *enciende* la luz?

11 Cuento de fantasmas

● *Complete con el pretérito de ser, ir o dar:*

1. Mi padre _____ gerente de un banco.
2. ¿_____ Uds. al partido de béisbol?
3. Nosotros _____ una fiesta para Ricardo.
4. ¿A qué hora _____ tú al restaurante?
5. Ellos _____ dentistas.
6. ¿Quién te _____ ese tocadiscos?
7. Yo no _____ al cine con ella.
8. Sus padres le _____ una bicicleta nueva.

● *Complete con el pretérito del verbo en paréntesis:*

Ejemplo: Yo <u>vine</u> a la fiesta, pero ellas no <u>vinieron</u> conmigo. (venir)

1. ¿_____ Ud. los discos?   —No, pero creo que ellas los _____. (traer)
2. ¿Por qué le _____ tú el secreto?   —¿Yo? ¡Yo no le _____ nada! (decir)
3. Yo _____ ir al cine, pero mi hermana no _____. (querer)
4. ¿Por dónde _____ Uds.?   —Nosotros _____ por el centro. (andar)
5. ¿_____ Ud. el coche anoche?   —Sí, yo lo _____. (conducir)
6. ¿Quién las _____ en la mesa?   —Yo las _____ allí. (poner)

● *Cambie las frases al pretérito:*

1. Yo no *puedo* terminar este ejercicio.
2. Nosotros no *queremos* hacerlo.
3. ¿*Vienen* Uds. a las cuatro?
4. ¿*Tienes* tiempo para comer?
5. Felipe no *quiere* ir a la fiesta.
6. ¿Por qué le *dice* Ud. todo?
7. ¿Dónde *pongo* mis zapatos?
8. ¿Quién *conduce* la banda?
9. Carlos *está* enamorado de Elena.
10. Ellas *hacen* el desayuno rápidamente.

12   Memorias

● *Escriba las formas correctas del imperfecto (Write the correct imperfect forms):*

1. yo: hablar, aprender, ser
2. tú: cantar, aprender, ir
3. Ramón: soñar, conocer, ver
4. María y yo: se, ir, coser
5. Uds.: permitir, ver, ser

● *Cambie al imperfecto:*

Ejemplo: *Vivimos* en España.   <u>Vivíamos en España.</u>

1. Ella *sale* todos los días.
2. ¿*Caminas* mucho?
3. El coche no *funciona*.
4. ¿*Ven* Uds. muchas películas?
5. *Son* muy simpáticas.
6. ¿Cómo se *llama* su vecino?
7. No *quiero* hacerlo.
8. ¿*Vas* a la iglesia?
9. *Hay* más de veinte estudiantes.
10. Me *despierto* temprano.

● *Complete, escogiendo (choosing) el pretérito o el imperfecto:*

1. Cuando yo _____ (vivir) en San Juan, mis amigos y yo _____ (ir) siempre a la playa.
2. Ayer Marisa no _____ (venir) a clase porque _____ (estar) enferma.
3. ¿Qué hora _____ (ser) cuando Uds. _____ (llegar)?
4. Cuando nosotros _____ (ir) al concierto, _____ (llover) mucho.
5. De repente, Guillermo _____ (entrar) en la sala y _____ (gritar):
   "¡¿Quién _____ (romper) mi tocadiscos?!"
6. ¿_____ (ir) Uds. a la tienda hoy?   —Sí, pero no _____ (quedarse) allí
   por mucho tiempo porque _____ (haber) mucha gente.

Primera parte

LECCIÓN 1

2. The present subjunctive

● *Cambie al presente de subjuntivo (Change to the present subjunctive):*

Ejemplo: guardar   <u>guarde Ud.</u>   <u>guarden Uds.</u>

1. cortar   _____ Ud.   _____ Uds.
2. prometer   _____ Ud.   _____ Uds.
3. escribir   _____ Ud.   _____ Uds.
4. cerrar   _____ Ud.   _____ Uds.
5. encender   _____ Ud.   _____ Uds.
6. marcar   _____ Ud.   _____ Uds.
7. sacar   _____ Ud.   _____ Uds.
8. apagar   _____ Ud.   _____ Uds.
9. volver   _____ Ud.   _____ Uds.
10. empezar   _____ Ud.   _____ Uds.

● *Cambie los verbos al presente de subjuntivo (Change the verbs to the present subjunctive):*

Ejemplo: Ella *escribe*   <u>Ella escriba</u>

1. Yo *entro*
2. Uds. *aprenden*
3. Tú *vives*
4. María *encuentra*
5. Tú y yo *sacamos*
6. Norma y Eduardo *pagan*
7. Yo *llego*
8. Pedro se *pierde*
9. Nosotros *explicamos*
10. Ellas se *sientan*

3. "I want you to . . ."

● *Complete con el presente de subjuntivo:*

Ejemplo: Quiero que Ud. <u>abra</u> (abrir) la ventana.

1. Pepe quiere que Ud. _____ (cortar) la flor.
2. **Recomendamos** que Ud. _____ (estudiar) mucho.
3. Quiere que Ud. _____ (cerrar) la puerta.
4. Lupita prefiere que Ud. _____ (volver) temprano.
5. Quiero que Ud. _____ (practicar) la lección.
6. Le ruego que _____ (apagar) la luz.
7. El jefe quiere que Ud. _____ (comenzar) el programa.
8. Gloria recomienda que Ud. _____ (traer) el impermeable.
9. Quero que me _____ (decir) Ud. el cuento.
10. Marisa quiere que Ud. _____ (coger) el tranvía ahora.

● *Cambie según el pronombre nuevo (Change according to the new pronoun):*

Ejemplo: Quiero que *tú leas* el cuento (Uds.)   Quiero que Uds. lean el cuento.
1. Estela recomienda que *yo vea* la película. (nosotros)
2. Fernando desea que *Uds. lleguen* temprano. *(yo)*
3. Recomendamos que *tú digas* la verdad. (ellas)
4. Mamá prefiere que *nosotros cojamos* el tren. (tú)
5. Insisten en que *Ud. apague* las luces. (nosotras)
6. Quiero que *ellas practiquen* los ejercicios. (Ud.)

● *Escriba la frase otra vez, usando el presente de subjuntivo del verbo entre paréntesis (Rewrite the sentence, using the present subjunctive of the verb in parentheses):*

1. Quiero que Ud. *cante.*
   _____ (estudiar)
   _____ (comer)
   _____ (escribir)
   _____ (pagar)

2. Prefiere que lo *leamos.*
   _____ (ver)
   _____ (cerrar)
   _____ (empezar)
   _____ (sacar)

3. Insiste en que yo la *llame.*
   _____ (ayudar)
   _____ (decir)
   _____ (apagar)
   _____ (traer)

4. Recomiendo que *llamen* ahora.
   _____ (subir)
   _____ (volver)
   _____ (comenzar)
   _____ (practicar)

LECCIÓN 2

4. Special subjunctive patterns

● *Escriba las formas del presente de subjuntivo (Write the present subjunctive forms):*

Ejemplo: yo: decir, venir, salir   diga, venga, salga
1. él: destruir, conocer, ir
2. nosotros: saber, ir, tener
3. tú: hacer, ser, ir
4. Uds.: saber, conocer, ser
5. yo: hacer, destruir, ir
6. ellas: decir, tener, ir

● *Comience cada una de las siguientes oraciones con la expresión **Quiero que** (Begin each of the following sentences with the expression **Quiero que**):*

Ejemplo: Gloria come los fideos.   Quiero que Gloria coma los fideos.
1. Pepe dice la verdad.
2. Ana tiene prisa.
3. Francisco conoce al director.
4. Lupita hace el jugo de naranja.
5. Pepe y Carmen destruyen los exámenes.
6. Gregorio es un caballero.
7. Los alumnos saben las respuestas.
8. Cuqui va a México este verano.

● *Complete con el presente de subjuntivo del verbo entre paréntesis (Complete with the present subjunctive of the verb in parentheses):*

1. Quiero que mi novio _____ rico. (ser)
2. Insistimos en que Pepe _____ al cine con nosotros. (ir)
3. ¿Prefiere Ud. que (nosotros) _____ los papeles? (destruir)
4. Te ruego que (tú) lo _____ ahora. (hacer)
5. Quiere que nosotros _____ todos los verbos. (saber)
6. ¿Recomiendas que los niños _____ esos discos? (oir)
7. Deseo que Uds. _____ muy felices. (ser)
8. Gloria quiere que yo _____ a su jefe. (conocer)
9. Insisten en que nosotros _____ un examen. (tener)
10. ¿Quieren Uds. que ellas _____ en avión? (ir)

5. The present subjunctive of –ir stem-changers

● *Escriba las formas del presente de subjuntivo (Write the present subjunctive forms):*

1. yo: pedir, servir, vestir
2. ella: repetir, sentir, dormir
3. nosotros: pedir, seguir, morir
4. ellos: sentir, preferir, mentir

● *Complete con la forma correcta del presente subjuntivo del mismo verbo (Complete with the correct present subjunctive form of the same verb):*

Ejemplo: Hoy *sirvo* el café, pero mañana quiero que tú lo <u>sirvas.</u>
1. Yo no *miento* nunca, y deseo que Ud. no _____ tampoco.
2. Ellos *se divierten* mucho, y quieren que yo _____ también.
3. Hoy *pido* el coche, pero mañana insisto en que Uds. lo _____.
4. Ella *repite* las preguntas, pero no quiere que nosotros las _____.
5. El maestro *siente* compasión, y quiere que tú _____ compasión también.
6. Yo *duermo* hasta las siete, pero espero que los niños _____ más.

● *Dé la forma correcta en el presente de subjuntivo del verbo entre paréntesis (Give the correct present subjunctive form of the verb in parentheses):*

1. Quiero que los niños _____ (dormir) bien.
2. Pepe quiere que nosotros _____ (pedir) las hamburguesas.
3. Mamá me pide que no _____ (mentir).
4. Lupita no quiere que su mamá le _____ (servir) el desayuno.
5. No queremos que los muchachos _____ (morir) de hambre.
6. Rosa quiere que Ud. _____ (sentir) compasión.

- *Cambie según el sujeto nuevo (new subject):*

  Ejemplo: Quiero que *Ud. repita* el cuento. (ellas)   <u>Quiero que ellas repitan el cuento.</u>
  1. Mamá desea que *yo sirva* la torta. (tú)
  2. Insisto en que *Uds. duerman* mucho. (Pedro)
  3. Prefieren que *tú no sientas* frío. (nosotros)
  4. No quiere que *yo muera* de sed. (Uds.)
  5. Espero que *Uds. se diviertan* en la fiesta. (ella)
  6. No me gusta que *tú mientas.* (Ud.)

6. "Oh, how I hope . . .!"

- *Pepe and Rosa are planning a party. Complete each sentence of the dialog with the present subjunctive of the verb in parentheses:*

  Pepe: Espero que todo el mundo _____ (venir) a la fiesta.
  Rosa: Ojalá que Lupita no _____ (ir).
  Pepe: ¿Por qué?
  Rosa: Temo que ella _____ (hablar) mucho.
  Pepe: Me alegro de que mis padres _____ (volver) esta noche.
  Rosa: Espero que ellos no _____ (querer) ayudarnos con la fiesta.
  Pepe: No me gusta que tú _____ (hablar) así.
  Rosa: Temo que tú no me _____ (entender).
  Pepe: Te entiendo bien.
  Rosa: ¡Caramba!

- *Comience cada una de las frases siguientes con una expresión de emoción. ¡Sea original! (Begin each of the following sentences with an expression of emotion. Be original!)*

  Ejemplo: El examen es fácil.   <u>¡Ojalá que el examen sea fácil!</u>
  1. Vamos al cine esta tarde.   4. Gloria me paga hoy.
  2. Tienen frío.   5. Oscar y Manuel vuelven pronto.
  3. Hace mal tiempo.   6. Tú arreglas el radio.

- *Cambie según las indicaciones:*

  1. ¡Ojalá que ellas se casen pronto!
     ¡_____ tú _____!
     Espero _____.
     _____ Ud. _____.

  2. ¿Se alegra Ud. de que Pedro venga hoy?
     ¿_____ nosotros _____?
     ¿Le molesta que _____?
     ¿_____ yo _____?

3. Temo que los niños tengan frío.

_____ tú _____.

Me sorprende _____ hambre.

_____ él _____.

4. Espero que no sea Rosa.

_____ tú.

¡Ojalá _____!

¡ _____ nosotros!

LECCIÓN 3 ▮▮▮▮▮▮

7. The reflexive with certain verbs

● *Decida cuales frases requieren el pronombre reflexivo, y escríbalas otra vez (Decide which sentences require the reflexive pronoun and rewrite them):*

1. Yo _____ pongo el suéter en la cómoda.
2. Ella _____ pone los zapatos.
3. Eduardo _____ levanta a las ocho de la mañana.
4. Los estudiantes _____ levantan la mano.
5. Raúl _____ baña todos los días.
6. Nosotros _____ bañamos a los niños.
7. Mamá _____ acuesta a mi hermana.
8. ¿A qué hora _____ acuestas tú?

● *Complete, usando el verbo correcto (Complete, using the correct verb):*

Ejemplo: El niño <u>levanta</u> (levantar, levantarse) la mano.

1. Yo _____ (levantar, levantarse) temprano por la mañana.
2. El caballero _____ (sentar, sentarse) a la dama.
3. Pepe _____ (sentar, sentarse) en una silla.
4. Mamá _____ (bañar, bañarse) al niño.
5. Nosotros _____ (bañar, bañarse) con agua caliente.
6. Lupita _____ (acostar, acostarse) a las once de la noche.
7. Yo _____ (acostar, acostarse) a los niños.
8. Gloria _____ (vestir, vestirse) a la niña.
9. Ellos _____ (vestir, vestirse) rápidamente.
10. Yo _____ (acercar, acercarse) a la maestra.

● *Traduzca al español (Translate into Spanish, using the verbs in parentheses):*

1. He puts on his suit. (ponerse)
2. The child falls asleep rapidly. (dormirse)
3. Are you going away? (irse)
4. The jar fell down. (caerse)
5. Are they getting married soon? (casarse)

374

8. The impersonal **se**

● *Escriba otra vez, usando se (Rewrite using se):*

Ejemplo: *Tomamos* el tren.   Se toma el tren.

1. En esta escuela *aprendemos* español.
2. ¿Cómo *llego* a la estación?
3. *Comemos* muy bien en este restaurante.
4. No *permito* gritar en la clase.
5. Aquí *saben* todo.
6. ¿Cómo *enciendo* ese televisor?

● *Escriba las respuestas usando las palabras en paréntesis (Write the answers using the words in parentheses):*

Ejemplo: ¿Se habla español aquí? (No. Inglés)   No. Se habla inglés aquí.

1. ¿Se estudia mucho en este colegio? (Sí)
2. ¿Dónde se puede descansar? (aquí)
3. ¿Se sale temprano o tarde? (temprano)
4. ¿Se come bien aquí? (No. Muy mal)
5. ¿Se sirve tostada aquí? (No)
6. ¿Dónde se coge al autobús? (en la parada)

9. ''Something — nothing''

● *Conteste con el negativo apropiado (Answer with the appropriate negative):*

Ejemplo: ¿Traes *algo* para mí?   No, no traigo nada para ti (Ud.).

1. ¿Comiste *algo* ayer?
2. ¿Quieres que yo te preste *algo*?
3. ¿Conoce Ud. a *alguien* famoso?
4. ¿Hay *alguien* enfermo en la clase hoy?
5. ¿Recibí yo *alguna* llamada hoy?
6. ¿Leyó Ud. *algún* libro este verano?
7. ¿Vieron Uds. *algún* programa interesante?
8. ¿Fue Rosita a *alguna* tienda hoy?
9. ¿Escribiste *alguna* vez una carta al presidente?
10. ¿Estuve yo *alguna* vez en tu casa?

● *Escriba dos respuestas negativas para cada pregunta (Write two negative answers for each question):*

Ejemplo: ¿Alguien nos llama?   —Nadie nos llama.   —No nos llama nadie.

1. ¿Algo va a pasar?
2. ¿Tiene Ud. alguna cosa en la mano?
3. ¿Alguien le prestó a Ud. dinero?
4. ¿Alguna vez va a resultar bien?
5. ¿Fue Ud. alguna vez al cine?

10. The affirmative **tú** commands

● *Escriba mandatos informales con* **tú**. *Después diga la frase en voz alta con mucha expresión (Write informal commands with* **tú**. *Then say the phrase out loud with lots of expression):*

Ejemplo: Pepe abre la puerta. <u>Pepe, abre la puerta.</u>

1. Marisa habla español.
2. Riqui manda la carta.
3. Gregorio repite la frase.
4. David levanta la mano.
5. Mi hijo coge el tranvía.
6. Pepito se viste ahora.

● *Cambie el mandato de* **Ud.** *a un mandato de* **tú**. *(Change the formal command to an informal command):*

Ejemplo: Venga a mi casa. <u>Ven a mi casa.</u>

1. Diga la verdad.
2. Salga rápidamente.
3. Ponga el peine en el baño.
4. Hágame una ensalada, por favor.
5. Sea un(a) buen(a) alumno(a).
6. Vaya a la playa.

● *Contesta usando un mandato informal con* **tú** *(Answer using an informal command with* **tú**):

Ejemplo: ¿Pongo las flores aquí? <u>Pon las flores aquí.</u>

1. ¿Vengo temprano?
2. ¿Hago el café ahora?
3. ¿Digo todo?
4. ¿Salgo más tarde?
5. ¿Voy con ellos?
6. ¿Los pongo en la mesa?
7. ¿La tengo para mañana?
8. ¿Soy tu novio?

11. The negative **tú** commands

● *Cambia el mandato negativo de* **Ud.** *a un mandato negativo de* **tú** *(Change the formal negative command to an informal negative command):*

Ejemplo: No me *llame* mañana. <u>No me llames mañana.</u>

1. No las *haga* ahora.
2. No lo *marque* todavía.
3. No *se ponga* el abrigo.
4. No les *diga* ese cuento.
5. No *vaya* al concierto.
6. No *se levante* muy temprano.
7. No *se olvide* la cartera.
8. No me *dé* el dinero.

● *Cambia los mandatos afirmativos a mandatos negativos (Change the affirmative commands to negative commands):*

Ejemplo: *Abre* la ventana. <u>No abras la ventana.</u>

1. *Escribe* en español.
2. *Lee* este libro.
3. *Gasta* el dinero.
4. *Pon* las flores allí.
5. *Sé* generoso.
6. *Di* la verdad.
7. *Paga* ahora.
8. *Hazlo* mañana.

● Conteste según el modelo (Answer according to the model. You will need
to use the negative **tú** command and change the nouns to pronouns):

Ejemplo: ¿Enciendo *la luz?*   —No, no la enciendas.

1. ¿Corto *la flor?*
2. ¿Gasto *el dinero?*
3. ¿Cierro *la ventana?*
4. ¿Muevo *los muebles?*

5. ¿Me pongo *el traje?*
6. ¿Marco *el número?*
7. ¿Doy *el reloj a Pepe?*
8. ¿Ofrezco *el paraguas a Graciela?*

12. All the commands together

● *Cambia a mandatos de* **tú** *de* **nosotros** *(Change to commands with* **tú** *and* **nosotros***):*

Ejemplo: *Haga* la comida.   Haz la comida.
                              Hagamos la comida.

1. *Apague* el televisor.
2. *Repita* las frases.
3. *Hágalo* ahora mismo.
4. *Guárdelo* en la cartera.
5. *Coja* el tren.

6. *Váyase* de aquí.
7. *Póngaselos.*
8. *Dígaselo.*
9. *Levántese.*
10. *Acuéstese.*

● *Cambia los mandatos afirmativos a mandatos negativos, y vice versa.
No olvides el acento, si es necesario (Change the affirmative commands
to negative commands, and vice versa. Don't forget the accent, if
it's necessary):*

Ejemplos: Estudie Ud. ahora.   No estudie ahora.
          No digas tú la verdad.   Di la verdad.

1. Compra el boleto.
2. No me dé la postal.
3. No lo pongas.
4. Quítame el gato.
5. Vaya al teatro.

6. No le ofrezcas el dinero.
7. Siéntense Uds.
8. No me lo pongas.
9. Guárdalo en el bolsillo.
10. No se despierte temprano.

LECCIÓN 5

13. Past participles

● *Escribe el participio pasado de cada verbo (Write the past participle of each verb):*

1. lavar
2. dormir
3. aprender
4. escribir
5. romper

6. abrir
7. decir
8. ver
9. cubrir
10. morir

- *Escribe en español:*

  1. the opened book
  2. the punished child
  3. the broken chair
  4. the stolen glove
  5. the lost keys
  6. the married men

- *Da el participio pasado del verbo en paréntesis (Give the past participle of the verb in parentheses):*

  Ejemplo: La ventana está <u>abierta</u>. (abrir)

  1. La revista está _____. (terminar)
  2. El cuaderno está _____. (cerrar)
  3. La carta está _____. (escribir)
  4. La ensalada está _____. (hacer)
  5. La toalla está _____ en el baño. (poner)
  6. El frasco está _____. (romper)

- *Completa con la forma correcta del mismo participio pasado (Complete with the correct form of the same past participle):*

  Ejemplo: un ejercicio *escrito*; una carta   <u>escrita</u>

  1. unos paquetes *abiertos*; unas ventanas _____
  2. el piso *cubierto*; los muebles _____
  3. una jarra *rota*; un plato _____
  4. la luz *encendida*; el televisor _____
  5. un ejercicio bien *hecho*; unas camisas bien _____
  6. unas palabras mal *dichas*; una frase mal _____

14. The verb haber

- *Di en español:*

  1. Is there a dog in your house?
  2. How many people are there in your family?
  3. Is there a cat in the classroom now?
  4. Was there an open window in the room?
  5. How many cars were there in your family?
  6. Was there a fireman in your school?

15. The present perfect tense

- *Contesta las preguntas:*

  1. ¿Has llegado tarde a clase hoy?
  2. ¿Has preparado bien la lección?
  3. ¿Has visto a tu mejor amigo(a) hoy?
  4. ¿Han hecho Uds. los ejercicios?
  5. ¿Han escrito Uds. todas las palabras?
  6. ¿Ha estado en el Ejército algún miembro de tu familia?
  7. ¿Te ha llamado hoy tu amigo(a)?
  8. ¿Ha vivido tu familia en otro país?
  9. ¿Han viajado tus padres por España?
  10. ¿Te han invitado a una fiesta tus amigos?

● *Cambia según la indicación:*

Ejemplo: María ha *vuelto.* (salir)   María ha salido.

1. Ramón ha *abierto* la ventana. (romper)
2. Los niños han *gritado* mucho. (crecer)
3. ¿Has *preparado* la ensalada? (hacer)
4. No he *dormido* bien. (descansar)
5. Han *escuchado* Uds. ese programa? (ver)
6. No hemos *puesto* las luces. (apagar)

● *Reescribe las siguientes frases y cambia el verbo indicado al presente perfecto (Rewrite the following sentences and change the indicated verb to the present perfect):*

Ejemplo: Yo no *como* en este café.   (Yo) No he comido en este café.

1. Cuqui *mata* la mosca.
2. Todo *sale* bien.
3. Los niños *pelean* mucho.
4. David *cierra* la ventana.
5. Marisa la *ve* en la clase.
6. Los alumnos *escriben* en el cuaderno.
7. Las *pongo* en los sobres.
8. *Hacemos* el desayuno.
9. ¿Lo *coges* aquí?
10. Francisco *va* a la playa.

LECCIÓN 6

16. Equal comparisons

● *Escribe comparaciones iguales (equal comparisons) con las dos frases:*

Ejemplo: Marisa es simpática. Gloria es simpática también.
        Marisa es tan simpática como Gloria.

1. Lupita está pálida. Gloria está pálida también.
2. Esta clase es fácil. Esa clase es fácil también.
3. Yo estoy cansado. Pepe está cansado también.
4. Mi casa es limpia. Tu casa es limpia también.
5. David es gordo. Francisco es gordo también.
6. Nosotros hablamos rápidamente. Ellos hablan rápidamente también.

● *Contesta con una comparación igual (equal comparison):*

Ejemplo: Paco es paciente, ¿y tú?   Yo soy tan paciente como Paco.

1. La maestra escribe rápidamente, ¿y Uds.?
2. Gabriel está ocupado, ¿y Susana?
3. Los chicos bailaron bien, ¿y las chicas?
4. Tu padre es alto, ¿y tus hermanos?
5. Ellos están locos, ¿y Uds.?
6. El metro está atestado, ¿y la tienda?

17. More equal comparisons

● *Completa usando tanto(a, os, as) . . . como:*

1. Había _____ iglesias _____ museos.
2. Mi hermano conoce a _____ personas _____ yo.
3. Había _____ jirafas _____ leones.
4. Tienen _____ suerte _____ nosotros.
5. ¡Ojalá que me den _____ dinero _____ antes.
6. Clarita come _____ un pájaro.
7. Espero que no haya _____ tráfico _____ ayer.
8. En la calle hay _____ coches _____ autobuses.

● *Escribe comparaciones iguales (equal comparisons) con las dos frases:*

Ejemplo: Eduardo tiene diez pesos. Miguel también.
<u>Eduardo tiene tantos pesos como Miguel.</u>

1. Vendían periódicos. Vendían revistas también.
2. Había policías. Había bomberos también.
3. Gasté mucho dinero. Mi hermana también.
4. Eva tenía hambre. Yo también.
5. Recibimos muchas postales. Uds. también.
6. En esta ciudad hay muchas bibliotecas. Hay muchas iglesias también.

● *Haz frases completas usando tanto(a, os, as) . . . como:*

Ejemplo: Marisa / tiene / amigas / Rosa.
<u>Marisa tiene tantas amigas</u> como Rosa.

1. David / estudia / tú.
2. Lupita / gasta / dinero / Gregorio.
3. Nuestra ciudad / construye / edificios / otras ciudades.
4. Ayer / vimos / catedrales / hoy.
5. Hay / periódicos / en esta biblioteca / en la otra biblioteca.
6. Lupita / sonríe / Rosa.

18. The present perfect subjunctive

● *Completa con el presente subjuntivo (present subjunctive) de **haber:***

1. Siento que Uds. _____ sufrido tanto.
2. Espero que tú _____ terminado el trabajo.
3. No le gusta que yo _____ roto su radio.
4. ¡Ojalá que ellas _____ hecho la comida!
5. Le sorprende que nosotros no _____ ido a la catedral.
6. Me alegro mucho de que ella se _____ casado.

- *Cambia el verbo indicado al presente perfecto de subjuntivo (Change the indicated verb to the present perfect subjunctive):*

Ejemplo: Espero que él no *gaste* todo el dinero.
        Espero que él no haya gastado todo el dinero.

1. Siento que los muchachos *peleen* tanto.
2. Me alegro de que no *vayan* a la cárcel.
3. Ojalá que los ladrones no *roben* más.
4. Nos molesta que *abran* tanto la ventana.
5. ¿Te sorprende que ella *escriba* una carta al testigo?
6. Se alegran de que no *vean* más guerras.
7. Esperamos que los niños no *se despierten* temprano.

- *Completa la frase usando el presente perfecto de subjuntivo (present perfect subjunctive):*

Ejemplo: Ellos *llegaron* temprano.
        Me alegro de que ellos hayan llegado temprano.

1. No *hicieron* nada todo el día.
   Me molesta que _____.
2. Yo *estuve* enfermo.
   Sienten que _____.
3. *Fueron* al jardín botánico.
   Nos sorprende que _____.

4. Tú no te *atreviste*.
   ¡Ojalá que _____!
5. Nos *acostamos* temprano.
   Se alegra de que _____.
6. Pedro se *divirtió* en la fiesta.
   Esperamos que _____.

LECCIÓN 7

19. The future tense (singular)

- *Completa con la forma correcta del futuro:*

Ejemplo: (estudiar) Pepe estudiará mañana.

1. (escribir) Gloria _____ las lecciones.
2. (mandar) Yo _____ la carta más tarde.
3. (asistir) Gregorio _____ al colegio en el otoño.
4. (ir) Ud. _____ a la catedral este domingo.
5. (construir) ¿Tú _____ el edificio con ladrillos?
6. (quedarse) Riqui _____ en casa mañana.

- *Cambia el verbo indicado al futuro:*

Ejemplo: Mañana *voy a cocinar*.   Mañana cocinaré.

1. *Voy a ir* temprano a la escuela.
2. Mi padre *va a ganar* más este año.
3. ¿Cuándo *vas a escribir* los ejercicios?
4. Mañana *va a llover* mucho.
5. La niña se *va a vestir* sola.
6. Lo *voy a leer* por la noche.
7. Él nunca lo *va a aprender*.
8. ¿Quién nos *va a ayudar*?

● *Contesta las siguientes preguntas usando el tiempo futuro (Answer the following questions using the future tense):*

1. ¿Viajarás a México este verano?
2. ¿Descansará Ud. después de clase?
3. ¿Necesitarás mucho dinero?
4. ¿Quién de tu familia se afeitará mañana?
5. ¿Te vas a duchar mañana?
6. ¿Qué vas a hacer esta noche?

20. The future tense (plural)

● *Da el futuro del verbo en paréntesis (Give the future of the verb in parentheses):*

Ejemplo: (estudiar) Ellos <u>estudiarán</u> español.

1. (terminar) Nosotros _____ las lecciones mañana.
2. *(vivir)* Ellos _____ en México el próximo año.
3. (ir) Cuqui y David _____ a la fiesta.
4. (construir) Ellos _____ el museo en el parque.
5. (bañarse) Nosotros _____ mañana.
6. (callarse) Cuqui y yo _____ en la biblioteca.

● *Escribe las frases otra vez, cambiando el verbo indicado al futuro (Rewrite the sentences, changing the indicated verb to the future):*

Ejemplo: Ellas no *trabajan* aquí.   <u>Ellas no trabajarán aquí.</u>

1. Esas flores *crecen* mucho.
2. Nosotros *arreglamos* el televisor.
3. Mis padres me *prestan* el coche.
4. ¿A qué hora se *levantan* Uds.?
5. Nosotros *vamos* a España.
6. Los chicos se *acuestan* temprano.
7. ¿*Cogen* Uds. el autobús?
8. Nosotros se lo *prometemos*.

● *Haz plural las palabras indicadas:*

Ejemplos: Yo te *lo daré*. <u>Nosotros te los daremos.</u>
           Ella escribirá la carta. <u>Ellas escribirán las cartas.</u>

1. *Ud. viajará* en avión.
2. ¿*Tú* me *invitarás*?
3. Se *lo arreglaré* mañana.
4. ¿Cuándo *comenzará Ud. la lección*?
5. *Me bañaré* todos los días.
6. ¿Se *olvidará Ud. la pregunta*?
7. ¿*Tú te quedarás* en casa?
8. ¿Se *atreverá Ud.* a llamarlo?

21. Special future patterns

● *Cambia según las indicaciones:*

Ejemplo: *Yo saldré* con ellas. (Pepe)   Pepe saldrá con ellas.

1. *Nosotros vendremos* a las cuatro. (yo)
2. *¿Sabrás* hacerlo? (Uds.)
3. Lo *tendré* listo para mañana. (nosotros)
4. *Marisa y Ana* no *podrán* venir. (él)
5. *¿Qué harán Uds.* la próxima semana? (Tú)
6. No le *diremos* la verdad. (yo)
7. *Tomás se pondrá* las botas. (Tomás y yo)
8. Te *querré* más que antes. (ellas)

● *Cambia los verbos indicados al futuro (Change the indicated verbs to the future):*

Ejemplo: *Voy* al museo.   Iré al museo.

1. ¿Quién *sabe* la verdad?
2. No *puedo* estudiar esta noche.
3. Cuqui *hace* una excursión la próxima semana.
4. Les *decimos* el cuento mañana.
5. *¿Vienes* a la oficina hoy?
6. *Ponen* el mantel sobre la mesa.
7. *Salgo* de la fábrica a las cinco.

● *Completa con el futuro del verbo más lógico:*

1. Yo no le _____ la verdad, pero él la _____ mañana. (decir, saber)
2. Ellos _____ los discos, y nosotros _____ a bailar. (empezar, poner)
3. Mi hermana _____ la torta, y sus amigas _____ una fiesta. (tener, hacer)
4. Eduardo _____ temprano, pero yo _____ mi trabajo en casa. (salir, hacer)
5. Ellas _____ la lección y _____ pasar el examen. (poder, saber)

LECCIÓN 8

22. The conditional tense (singular)

● *Cambia al condicional (Change to the conditional):*

Ejemplo: Iré   Iría

1. vivirá
2. prometeré
3. ofrecerás
4. castigará
5. sorprenderás
6. llenaré
7. me peinaré
8. te acercarás
9. se abrazará

● *Cambia al condicional:*

Ejemplo: Yo no lo *entregaré*.   Yo no lo entregaría.

1. Ella te *ayudara*.
2. *¿Vivirás* en San Juan?
3. Yo no *iré* a esa tienda.
4. ¿Cuándo *llamarás* a la policía?
5. *¿Castigará* Ud. a sus alumnos?
6. Jamás se lo *prestaré*.
7. Tu padre no lo *creerá*.
8. ¿Qué *dirá* tu jefe?

23. The conditional tense (plural)

● *Escribe la forma apropiada del condicional:*

1. Creía que ellas _____ (ir) a la fiesta.
2. Dijo que los muchachos no me _____ (escribir) más.
3. Les dije que nosotros las _____ (ayudar).
4. Creíamos que los niños _____ (vestirse) rápidamente.
5. Uds. prometieron que los niños no _____ (quejarse).
6. Escogí la ciudad donde nosotros _____ (construir) la casa.

● *Haz plurales las palabras indicadas:*

Ejemplo: *Yo no la invitaría.*   Nosotros no la invitaríamos.

1. *¿Trabajaría Ud.* en un museo?
2. *Ella no te contestaría.*
3. *¿Qué comerías* en un restaurante chino?
4. *Él nunca pediría* ayuda.
5. *¿A qué hora se levantaría Ud.?*
6. *Jamás me reiría* de ti.
7. *¿Te acercarías* a una persona extraña?
8. *¿Construiría Ud.* una casa en este barrio?

● *Cambia según el verbo nuevo:*

Ejemplo: Dijimos que se lo *daríamos.* (prestar)   Dijimos que se lo prestaríamos.

1. Juraron que me *invitarían.* (escribir)
2. Tu prometiste que los chicos *se divertirían.* (bañarse)
3. Elena pensó que *nos olvidaríamos* de ella. (reírnos)
4. ¿Me *prestarían* Uds. su coche? (mostrar)
5. Creía que nosotros *nos casaríamos.* (perdernos)
6. Sus padres jamás lo *permitirían.* (recomendar)

24. Special conditional patterns

● *Da el condicional del verbo en paréntesis (Give the conditional of the verb in parentheses):*

1. ¿_____ (poder) Ud. decirme el nombre de su ciudad?
2. Con tiempo y dinero, ¿qué _____ (hacer) Ud.?
3. Si hace sol hoy, ¿_____ (salir) tú de la casa?
4. ¿_____ (tener) tú y yo muchos o pocos años en el año 2000?
5. ¿Me _____ (decir) Ud. siempre la verdad?
6. ¿_____ (saber) ellos el nombre de todos los países hispanos?

● *Cambia los verbos indicados al condicional:*

Ejemplo: ¿*Puede* Ud. traer los paquetes?   ¿Podría Ud. traer los paquetes?

1. Ella los *pone* sobre la mesa.
2. ¿Con quién *salen* Uds.?
3. ¿Cuánto *vale* ese coche?
4. ¿Qué *haces* con tanto dinero?

5. Yo no *digo* nunca la verdad.
6. ¿*Hay* bastante comida?
7. *Tienes* que quejarte más.
8. Nosotros lo *sabemos* arreglar.

● *Completa la frase con la forma apropiada del condicional (Complete the
sentence with the appropriate conditional form of the verb):*

Ejemplo: Dice que *vendrá.*
        Dijo que vendría.

1. Dice que nunca los *querrá.*
   Dijo que _____.
2. Pienso que tú lo *sabrás.*
   Pensaba que _____.
3. ¿Crees que nosotros *diremos* tu secreto?
   ¿Creías que _____?
4. Jura que lo *hará* en seguida.
   Juró que _____.
5. ¿Prometes que la *tendrás* lista?
   ¿Prometiste que _____?
6. Creo que *vendrán* mañana.
   Creía que _____.

Segunda parte

LECCIÓN 9

25. Hace . . . and the present tense

● *Contesta usando* **hace . . . que** *y la expresión entre paréntesis (Answer
using* **hace . . . que** *and the expression in parentheses):*

Ejemplo: ¿Cuánto tiempo hace que vives aquí? (tres años)
        Hace tres años que vivo aquí.

1. ¿Cuánto tiempo hace que estás enferma? (una semana)
2. ¿Cuánto tiempo hace que Uds. estudian español? (dos años)
3. ¿Cuánto tiempo hace que tu padre es gerente? (cinco meses)
4. ¿Cuánto tiempo hace que ellas buscan trabajo? (tres semanas)
5. ¿Cuánto tiempo hace que nosotros nos conocemos? (muchos años)
6. ¿Cuánto tiempo hace que espera? (dos horas)
7. ¿Cuánto tiempo hace que estás loco por ellas? (cuatro meses)
8. ¿Cuánto tiempo hace que ellas te ayudan? (dos semanas)

● *Completa usando **hace** . . . **que:***

1. For three days I have been looking for work.
   _____ que busco trabajo.
2. For five years Juan has been an employee of this store.
   _____ Juan es empleado de esta tienda.
3. We have been waiting for three hours.
   _____ esperamos.
4. My brother has been a mechanic for ten weeks.
   _____ que mi hermano es mecánico.

LECCIÓN 10

26. More about **le, les,** etc.

● *Contesta afirmativamente (Answer in the affirmative):*

1. ¿Te quedan sólo diez minutos para acabarlo?
2. ¿Me queda tiempo para ir al banco?
3. ¿Les quedan a Uds. fondos para pagar las deudas?
4. ¿Nos queda dinero para girar un cheque?
5. ¿Le falta a Ud. un sello para mandar la carta?
6. ¿Te falta gasolina para el coche?
7. ¿Nos faltan tres meses para las vacaciones?
8. ¿Les falta a Uds. trabajo?

● *Cambia la frase según el sujeto nuevo (new subject):*

Ejemplo: *Nos* faltan cinco pesos. (yo)   Me faltan cinco pesos.

1. ¿Cuántos días *les* faltan para el examen? (tú)
2. No *me* queda más remedio que comprarlo. (nosotros)
3. ¿Qué *te* falta hacer ahora? (Uds.)
4. *Nos* falta llenar el formulario. (yo)
5. ¿Cuántos millones *le* quedan a *Ud.* en su cuenta? (ellas)
6. *Me* faltan dos huevos para hacer la torta. (él)
7. ¿*Te* queda tiempo para ir al cine? (nosotros)
8. ¿Cuántos meses *nos* faltan para la Navidad? (yo)

● *Expresa en español, según los modelos:*

1. I'm missing my wallet!   ¡Me falta la cartera!
   I'm missing three checks!   ¡_____!
   I have three checks left.   _____.

2. We have no sizes left.   No nos quedan números.
   We have no capital left.   _____.
   We are missing capital.   _____.

386

3. Are you short of ideas?   ¿Le faltan a Ud. ideas?
   Are you short of time?   ¿_____?
   Do you have any time left? ¿_____?

● *Completa con la persona indicada:*

Ejemplo: Por favor, ¿**me** quieres abrir una cuenta? (for me)

1. Si te gusta, _____ lo compramos. (for you, pal)
2. ¿_____ puedes depositar el cheque? (for him)
3. Elena, ¿_____ lo guardas hasta mañana? (for us)
4. Si desean _____ mando las cartas ahora mismo. (for you, pl.)
5. Por favor, muchachos, ¿_____ pueden abrir la puerta? (for her)
6. ¿_____ buscas una copia de este libro? (for me)
7. Ayer _____ robaron el televisor. (from them)
8. Si Ud. quiere _____ lo tengo listo para la una. (for you)

LECCIÓN 11

27. One more use of **ser** — the passive voice

● *Completa con el participio pasado (past participle) del verbo entre paréntesis:*

Ejemplo: Las remesas fueron despachadas el lunes. (despachar)

1. La cuenta fue _____ ayer. (pagar)
2. Los pedidos serán _____ mañana. (procesar)
3. Este cheque no ha sido _____ todavía. (cobrar)
4. Las carpetas fueron _____ por la secretaria. (inspeccionar)
5. La información será _____ por la computadora. (procesar)
6. El cheque fue _____ en un sobre. (poner)
7. Los sueldos serán _____ este mes. (aumentar)
8. La carta ha sido _____ por el gerente. (escribir)
9. Los paquetes fueron _____ por el empleado. (hacer)
10. El archivo fue _____ por la dueña de la empresa. (abrir)

● *Cambia según la indicación:*

1. La remesa fue recibida ayer.
   Los pedidos _____.
   Las cuentas _____.

2. Las entregas serán hechas mañana.
   La factura _____.
   Los pagos _____.

3. Los recibos han sido escritos.
   La carta _____.
   El cheque _____.

4. La mecanógrafa será despedida.
   El estenógrafo _____.
   Los contadores _____.

5. Ese edificio fue construido este año.
   Esa iglesia _____.
   Esas computadoras _____.

6. La cuenta has sido abierta.
   Los archivos _____.
   El paquete _____.

● *Escribe de otra manera, usando la voz pasiva (passive voice):*

Ejemplos: El dependiente *mandó* la remesa.   La remesa fue mandada por el dependiente.

El cartero *entregará* el paquete.   El paquete será entregado por el cartero.

Ella *ha hecho* un suéter.   El suéter fue hecho por ella.

1. Mamá *preparó* la ensalada.
2. Ellos *apagaron* las luces.
3. La gerente *pagará* las cuentas.
4. El banco *aumentará* los intereses.
5. Un cliente *ha encontrado* la carpeta.
6. El secretario *ha despachado* el pedido.

LECCIÓN 12

28. More about the reflexives

● *Completa con la forma correcta del reflexivo:*

Ejemplo: ¿Uds. se aman? Sí, nos amamos mucho.

1. ¿Ellos se conocen? Sí, _____ muy bien.
2. ¿Los novios se besan mucho? Sí, _____ siempre.
3. ¿Tus padres y tú se entienden? Sí, _____ muy bien.
4. ¿Carlos y su novia se escriben? Sí, _____ todos los días.
5. ¿Uds. se ven mucho? No, no _____ nunca.
6. ¿Tere y Susana se pelean? No, no _____ mucho.

● *Completa según las indicaciones:*

1. Eduardo y yo nos odiamos.
   Uds. _____.
   _____ besan.

2. Estela y yo nos vamos a casar.
   ¿Uds. _____?
   ¿_____ escribir?

3. El ladrón y el policía se pelean.
   Mi hermano y yo _____.
   _____ matamos.

4. Nosotras siempre nos escribiremos.
   Paco y Tito _____.
   _____ llamarán.

● *Cambia a la voz pasiva (Change to the passive voice, using the "impersonal* **se**"):

Ejemplo: *Dicen* que nevará.   Se dice que nevará.

1. *Creen* que hará calor.
2. No *permiten* fumar aquí.
3. No *pueden* gritar en la biblioteca.
4. *Llamaron* a los bomberos.
5. *Servirán* hamburguesas mañana.
6. No *repetirán* las preguntas.
7. Le *avisaron* ayer.
8. ¿Cuándo le *dijeron* la verdad?

● *Cambia la frase según el modelo:*

Ejemplo: *El banco se cierra a las cinco.* (las tiendas)
  Las tiendas se cierran a las cinco.

1. *Estas cartas se mandan por avión.* (este paquete)
2. *La televisión se apaga a la medianoche.* (las luces)
3. *Mi escuela se abre a las ocho.* (los teatros)
4. *¿Cuándo se pagarán las deudas?* (cuenta)
5. *¿Por qué no se usaron las vendas?* (el termómetro)
6. *¿Se han recibido ya los cheques?* (la factura)

● *Contesta afirmativamente, usando la voz pasiva con **se**:*

Ejemplo: *¿Ese cheque fue cobrado ayer?* Sí, ese cheque se cobró ayer.

1. *¿Tu casa fue construida recientemente?*
2. *¿El espejo fue roto?*
3. *¿Las carpetas fueron perdidas esta tarde?*
4. *¿La temperatura será tomada por la mañana?*
5. *¿Los recibos serán escritos el viernes?*
6. *¿El hospital será cerrado temprano?*

LECCIÓN 13

29. More about adjectives

● *Completa la frase con el número cardinal (cardinal number) entre paréntesis:*

1. Vivo en el _____ (tenth) piso.
2. Pablo es su _____ (second) novio.
3. Es nuestro _____ (seventh) viaje.
4. Es el _____ (first) de marzo.
5. Ella fue su _____ (fifth) esposa.
6. La _____ (third) carta era de mis padres.
7. ¿Cuándo recibiste la _____ (second) citación?
8. ¿Les gustó el libro sobre Carlos _____ (the Fifth)?
9. Los chicos se sentaron en la _____ (eighth) fila.
10. El abogado firmó el _____ (third) contrato.

● *Escribe en español:*

1. the first marriage
2. the seventh person
3. the first of July
4. his tenth year
5. her third will
6. the fifth law
7. the second signature
8. the eighth month

● *Empareja (Match) los Grupos **A** y **B**:*

A	**B**
1. ¿Conoces a Miguel?	a. ¡Qué familia grande!
2. ¿Sabes que a Clarita le robaron la cartera?	b. Sí, es una gran ciudad.
3. ¿Te gustaría vivir en Los Angeles?	c. ¡Claro! Es un viejo amigo mío.
4. Mis abuelos tienen 7 hijos y 32 nietos.	d. Ni uno. Era un hombre pobre.
5. ¿Cuántos millones te legó tu tío?	e. ¡Ay, pobre chica!

● *Expresa en español:*

1. a great man
2. a poor (not rich) town
3. a large house
4. the poor (pitiful) dog
5. my old (former) girlfriend
6. an old woman
7. a great actress
8. the poor (unfortunate) family

LECCIÓN 14

30. Subjunctive again — "I doubt, I don't believe"

● *Completa con el presente de subjuntivo del verbo entre paréntesis:*

1. Dudo que ellos _____ a tiempo. (llegar)
2. No creemos que Daniel _____ a la fiesta. (ir)
3. Es posible que María lo _____. (hacer)
4. Niego que ellas _____ aquí. (estar)
5. No está segura de que yo la _____. (amar)
6. Es imposible que nosotros lo _____ en una hora. (aprender)
7. No creemos que los chicos _____. (dormir)
8. No es posible que tú no _____ un abrigo. (tener)
9. Dudo que yo lo _____ hacer ahora. (poder)
10. Es imposible que ella _____ la verdad. (saber)

● *Completa usando el verbo correcto:*

Ejemplo: Es cierto que ella <u>vendrá</u> mañana. (venga, vendrá)

1. Dudamos que Roberto _____ tiempo. (tenga, tendrá)
2. Me sorprende que Ud. me _____. (mienta, miente)
3. Estoy segura de que tú lo _____ bien. (harás, hagas)
4. Creo que Rosita _____ una gran actriz. (sea, será)
5. Es verdad que yo siempre _____ tarde. (llego, llegue)
6. No creen que _____ hoy. (llueve, llueva)
7. No niega que _____ frío. (tenga, tiene)
8. Es cierto que _____ enfermos. (están, estén)

- *Escribe otra vez, expresando duda y usando el presente de subjuntivo*
  (Rewrite, expressing doubt and using the present subjunctive):

  Ejemplo: Estoy segura de que llamarán hoy.   No estoy segura de que llamen hoy.

  1. Creo que pasarán el examen.
  2. Es cierto que trabajan mucho.
  3. No dudan que tú lo construirás.
  4. Estamos seguros de que todos están aquí.
  5. Es verdad que Miguel dice mentiras.
  6. No niego que ellos se divierten.

- *Escribe en español, según las indicaciones:*

  1. In case it rains, I'll bring the car.   En caso de que llueva, traeré el coche.
     Unless it rains, I'll bring the car.   A menos que _____.
     Although it might snow, I'll bring   Aunque _____.
       the car.

  2. Unless you come now, we won't   A menos que vengas ahora, no te
       take you.   llevaremos.
     Although he might come now, we   Aunque _____.
       won't take him.
     In case he comes now, we will   En caso de que _____.
       wait for him.

  3. Although it might be expensive,   Aunque sea costoso, comprará los
       she will buy the tickets.   boletos.
     Although it will be expensive,   Aunque _____.
       she will buy the tickets.
     In case it's expensive, she won't   En caso de que _____.
       buy the tickets.

LECCIÓN 15

31. The past perfect (pluperfect)

- *Cambia al pluscuamperfecto (past perfect):*

  Ejemplo: Ella ha roto un vaso.   Ella había roto un vaso.

  1. Los niños han estudiado mucho.
  2. Hemos dicho la verdad.
  3. Me han robado la cartera.
  4. El policía ha interrogado al ladrón.
  5. He perdido la ficha.
  6. Hemos visto un asalto.
  7. ¿Ud. ha pagado la multa?
  8. ¿Qué has encontrado?

● *Completa en el pluscuamperfecto con la forma correcta del verbo:*

Ejemplo: El ya <u>había pagado</u> la cuenta. (pagar)

1. Ellos _____ los anteojos. (perder)
2. Cuando llegué, Marisa ya _____. (salir)
3. Dijo que yo le _____ . (mentir)
4. El avión todavía no _____. (aterrizar)
5. Ella declaró que nosotros no lo _____. (hacer)
6. ¿Quiénes _____ en ese accidente? (morir)
7. Yo ya _____ . (levantarse)
8. Nosotros _____ antes. (ir)

● *Contesta en el pluscuamperfecto según las indicaciones:*

Ejemplo: ¿El asalto ocurrió a las ocho?   —No, <u>había ocurrido</u> media hora antes.

1. ¿Lo hiciste en ese momento?   —No, ya lo _____ antes.
2. ¿Comieron Uds. mucho en la fiesta?   —No, ya _____ en casa.
3. ¿Fue la primera vez que la entrevistaron?   —No, ya la _____ dos veces antes.
4. ¿Trabajaron ellos en una oficina?   —Sí, pero antes _____ en un hospital.
5. ¿Te despertaste cuando te llamé?   —No, ya _____ hace una hora.

LECCIÓN 16

32. More about prepositions – **por** and **para**

● *Escoje las conclusiones correctas:*

1. Hay que estudiar ciencia.	a. para el sábado.
2. El sofá nuevo es	b. para un estudiante de primer año.
3. Lo tendré listo	c. para San Juan.
4. Mañana salimos	d. para ser médico.
5. Sabe mucho	e. para la sala.

● *Completa usando **por** o **para**:*

1. Damos un paseo _____ el parque.
2. El traje estará listo _____ el lunes.
3. El contrato fue firmado _____ el gerente.
4. ¿Cuánto pagaste _____ ese coche?
5. Estas flores son _____ ti.
6. No tengo tiempo _____ limpiar la cocina.
7. Lo hice _____ ellos.
8. _____ una chica de su edad, es muy alta.
9. ¿Cuándo saldremos _____ el cine?
10. Nos iremos _____ una semana.
11. Rápido. Corre _____ un policía y llama a la ambulancia.
12. Nos avisaron _____ teléfono.
13. Este banco paga diez _____ ciento de interés.
14. Está estudiando _____ ingeniero.

ANSWERS TO REPASOS RÁPIDOS

LECCIÓN 1

I. 1. Ud.: a. jure b. confiese c. golpee d. moleste
   2. Uds.: a. rompan b. saquen c. viajen d. corten
   3. Lisa y yo: a. llamemos b. encendamos c. apaguemos d. lleguemos

II. ☐1 1. Mosca, quiero que Ud. destruya a nuestros enemigos. 2. Te digo siempre que limpies la nevera. 3. Mamá dice que apaguemos las luces de la sala. 4. ¿Por qué no pide Ud. al dueño que se lo quite? 5. Recomendamos que Uds. vuelen en helicóptero.
   ☐2 1. Bárbara, quiero que trabaje Ud. / trabajes conmigo esta tarde. 2. (. . .), le/te ruego que me explique Ud. / me expliques la lección. 3. (. . .), (les) recomiendo que visiten México este verano. 4. Nelson, le/te pedimos que cante/cantes para la clase. 5. (. . .), le ruego que no nos dé (un) examen esta semana.

LECCIÓN 2

I. 1. Yo quiero que vayas al cine con (free response). 2. Papá no quiere/desea/etc. que durmamos (free response). 3. ¿Qué quiere/recomienda/prefiere/etc. Ud. que (yo) escuche (free response)? 4. ¿Tú deseas/quieres/etc. que (nosotros) sirvamos (free response)? 5. La Mosca Biónica prefiere/dice/etc. que destruya/destruyamos/destruyas a (free response).
II. ☐1 (all free response)
   ☐2 1. Me alegro de que (free response) hoy. 2. Me molesta que (free response). 3. Me sorprende que esto no sea muy difícil. 4. ¡Ojalá que (free response) pronto!

LECCIÓN 3

I. ☐1 1. Paquita, ¿por qué no te quitas ese sombrero? ¿por qué no te pones estos zapatos? ¿por qué te olvidas de tu bolsa? 2. Por favor, ¡no se duerma Ud.! ¡no se caiga! ¡no se vaya Ud.!
   ☐2 1. ¿Por dónde se entra? 2. ¿Se toma el tren aquí? 3. ¿Cómo se sabe todo eso? 4. ¿Se aprende mucho en esta clase? 5. Si se trabaja, se gana dinero.

II. 1. No quiero que me digas nada. 2. Espero que (ellos/ellas) nos visiten alguna tarde. 3. Créame/Créeme, ¡no hay nadie como él! 4. ¿No tiene Ud. / tienes ningún amigo español? 5. ¿No la visitó Ud. / visitaste nunca en casa? ¿No la visitó Ud. / visitaste alguna vez en casa?

LECCIÓN 4

I. ☐1 1. descansa 2. viaja 3. vuela 4. ríete 5. cose 6. corre 7. póntelo 8. quítatelo
   1. fumes 2. limpies 3. golpees 4. acerques 5. pagues 6. robes 7. destruyas 8. (te) caigas
   ☐2 1. (. . .), espérame después de la clase. 2. (. . .), préstame (free response). 3. (. . .), cuídate esta tarde. 4. (. . .), no vengas tarde mañana. 5. (. . .), por favor, no hagas mucho ruido.

II. 1. Démelo. Dénselo. No se lo den. 2. No mientas. No mientan. ¡No mintamos! 3. Vaya al cine. ¡Váyase (Ud.)! ¡No se vayan (Uds.)!

LECCIÓN 5

I. [1] 1. dormido 2. casados 3. escrita 4. peinada 5. sentados 6. salvado
[2] 1. una comedia bien hecha / un drama bien hecho una función mal hecha un vestido mal cosido 2. algunos platos rotos los platos lavados el dinero robado

II. [1] 1. El pobre ha muerto. 2. ¿Has abierto el paquete? 3. Los han cubierto aquí.
4. No le he escrito nunca. 5. Nosotros no hemos visto nada. 6. ¿Las han salvado?
[2] 1. El gazpacho ha llenado ya las (free response). —(free response) 2. Mientras tanto, (free response) ha estado en mucho peligro. (free response) 3. El (La) (free response) ha llamado a (free response). —¿Por qué? ¿Qué ha pasado? 4. Miriam y yo hemos cubierto (free response) con un(a) (free response) verde. —(free response)
5. ¿Tú has escrito todas las (free response)? —¡Ay, no! Me he olvidado.

LECCIÓN 6

I. [1] 1. ¿Has comprado tantos sellos como necesitas? 2. ¿Pagaste tanto dinero como pedían? 3. Vendían tantas revistas como periódicos. 4. No está tan gordo ahora como antes. 5. Las tiendas no estaban tan atestadas como temíamos. 6. No están tan enamorados como dicen.
[2] 1. Hay tantas motocicletas (motos) como coches en el camino. 2. Había tantas bibliotecas como museos en esa ciudad. 3. ¿Había tantas paradas de autobús como estaciones de metro? 4. Soy tan feliz. —Y nosotros somos tan felices como Ud. (tú).
5. ¿Por qué está Ud. (estás) tan cansado(a)? —Porque he trabajado tanto hoy.

II. [1] 1. ¡Ojalá que el niño haya nacido! se haya dormido! se haya divertido! 2. Nos alegramos de que Uds. hayan venido. hayan llamado. lo hayan escogido. 3. No es justo que tú hayas pagado tanto. lo hayas destruido. hayas golpeado a (. . .).
[2] 1. Me alegro mucho de que (free response). 2. ¿Te sorprende que yo haya (free response)? 3. No les gusta que nosotros hayamos (free response). 4. ¡Ojalá que todo el mundo haya (free response)!

LECCIÓN 7

I. 1. ¿El televisor? Yo lo arreglaré. 2. ¿Los papeles principales? David y yo los ensayaremos. 3. ¿La tela verde? Si quieren, el dependiente se la traerá. 4. ¿En ese barrio? ¡No! Allí mi esposa y yo no viviremos. 5. ¡Cuidado con aquellos vasos!
—¡Qué va! Yo no los romperé. 6. ¿Me prometes que no te olvidarás? —Claro. Yo no me olvidaré. 7. ¡Ojalá que nadie lo vea! —Está bien. Nadie se fijará. 8. ¿Quiénes irán? —Mucha gente. Pero Riqui y tú serán los primeros.

II. 1. No sé si yo tendré suficiente dinero. 2. ¿Las pondrán Uds. en esta jarra o en la otra? 3. ¿A qué hora saldrás (tú) del colegio? 4. ¿Quién sabrá lo que ha pasado?
5. ¿Me hará Ud. un gran favor? 6. ¿Qué les diremos Adela y yo? 7. Tú vendrás primero y yo vendré después, ¿verdad?

LECCIÓN 8

I. [1] 1. ¡No lo creo! El jefe nunca entregaría al enemigo nuestros secretos. 2. Es verdad que hizo mal. Pero seguramente sus propios padres la perdonarían. 3. No nos gusta mucho el barrio. Nosotros no construiríamos aquí una casa tan costosa. 4. Lo siento, señor, pero ya no se puede arreglar este coche. Yo le recomendaría un coche nuevo. 5. ¡No me digas! ¿Tú te atreverías a hacer una cosa tan peligrosa?

2 1. Lola dice que su vida futura aparecerá en el espejo mágico. Lola dijo que su vida futura aparecería en ese espejo. 2. ¿Sus hijos llevarían sólo una camisa de algodón y zapatos de cartón? ¿Sus hijos vivirían en una casa vieja de madera con ventanas de papel?

II. 1 1. ¿Lana? ¿Algodón? ¿Nilón? ¿Quién sabría la diferencia? 2. Por supuesto, un reloj de oro valdría más que un reloj de plata. 3. Sin trabajo y sin dinero, ¿qué haríamos Neli y yo? 4. Yo, en tu lugar, saldría de la oficina ahora mismo. 5. Por suerte, no saben lo que pasó. —!Dios mío! ¿Qué diría? 6. ¿No te dije que (tú) no tendrías bastante tiempo? 7. El médico prometió que vendría en seguida, y todavía no ha llegado.

2 1. Yo me pondría un abrigo de cuero. 2. La guía sabría dónde está la iglesia (catedral). 3. ¿Harían huelga los bomberos? 4. Seguramente habría un buzón cerca de aquí. 5. ¿Qué harías tú con toda esa basura? —La echaría en una canasta grande.

LECCIÓN 9
1. Hace un año que solicito ese empleo. Hace cinco años que pagan el mismo salario. 2. Hace seis meses que mi tío es ahora gerente del banco. ¿Cuánto tiempo hace que Ud. es capataz de esta fábrica?

LECCIÓN 10
1 1. Nos falta capital para hacer la inversión. Nos queda capital sólo para pagar nuestras deudas. 2. Me gustan los bancos que pagan intereses altos. Pero no me queda dinero para abrir una cuenta bancaria. ¡Me faltan diez pesos!
2 c, e, a, b, f, d

LECCIÓN 11
1. Nuestra casa fue/será construida en (free response). 2. Muchas casas son/fueron/ han sido/serán destruidas por (free response). 3. La oficina es/fue/ha sido/será (free response). 4. Los pedidos son/fueron/han sido/serán despachados (free response). 5. La remesa es/fue/ha sido/será devuelta por (free response).

LECCIÓN 12
1. ¿Se ha depositado ya el cheque? 2. ¿Se permite fumar? —Por favor, no. Es malo para los pulmones. 3. ¿Se han recibido ya las carpetas? —Sí, pero no se han encontrado los pedidos. 4. Si una persona tose y estornuda, se dice que tiene un resfriado. —Es verdad. Y se debe guardar cama por un día o dos.

LECCIÓN 13
1 El primero fue Chile; el segundo fue Colombia; el tercero fue Argentina; el cuarto fue Brasil; el quinto fue México; el sexto fue Venezuela; el séptimo fue Ecuador; el octavo fue Perú; el noveno fue Bolivia; el décimo fue Uruguay
2 gran; ambos; viejas; antiguo; agitada; atestada; culpables; peligrosa; (free response).

LECCIÓN 14

1. No creo que vengan. Dudamos que vayan. Estamos seguros de que van. 2. Es imposible que seas tú (sea Ud.). Creo que eres tú (es Ud.). No creo que sea Elisa.

LECCIÓN 15

1. Yo había pedido pollo, ¡y me trajeron (free response)! 2. José había solicitado trabajo de (free response), ¡y le ofrecieron (free response)! 3. Nuestra firma había encargado 1000 cajas de (free response), ¡y nos mandaron (free response)! 4. Nosotros habíamos llegado a las (free response), ¡y las puertas se abrieron (free response)! 5. ¿Tú te habías acostado cuando (free response)?

LECCIÓN 16

1 1. Para 2. para, para 3. Por; Por; Por 4. por; Por 5. por; para 6. por; por; Por 7. para; Para 8. Por, por; para 2 free response

TABLE OF PRONOUNS

SUBJECT OF A VERB

	Singular		Plural	
1	**yo**	I	**nosotros** **nosotras**	we
2	**tú**	you	*vosotros* *vosotras*	you
3	**él**	he	**ellos**	they
	ella	she	**ellas**	
	Ud.	you	**Uds.**	you

AFTER A PREPOSITION

Object of Preposition

	Singular		Plural	
1	(para) **mí***	(for) me	(para) **nosotros** **nosotras**	(for) us
2	**ti***	you	*vosotros* *vosotras*	you
3	**él**	him	**ellos**	them
	ella	her	**ellas**	
	(**Ud.**)	you	(**Uds.**)	you

* After the preposition **con**, **mí**, **ti**, and **sí** become **-migo**, **-tigo**, **-sigo**.

Reflexive Object of Preposition

	Singular			Plural	
1	(para) **mí***	(for) myself	(para) **nosotros** **nosotras**	(for) ourselves
2	**ti***	yourself	**vosotros** **vosotras**	*yourselves*
3	**sí***	himself herself yourself	**sí**	themselves yourselves

---

OBJECTS OF A VERB

Direct

		Singular			Plural
1	**me**	me	**nos**	us
2	te	you	os	*you*
3	**lo**	him, it, you (**Ud.**)	**los**	them, you (**Uds.**)
	la	her, it, you (**Ud.**)	**las**	

Indirect

		Singular			Plural
1	**me**	to me	**nos**	to us
2	te	to you	os	*to you*
3	**le**	to him, to her, to you (Ud.), to it	**les**	to them, to you (Uds.)

Reflexive

		Singular			Plural
1	**me**	(to) myself	**nos**	(to) ourselves
2	te	(to) yourself	os	*(to) yourselves*
3	**se**	(to) himself, herself, yourself (Ud.), itself	**se**	(to) themselves, yourselves (Uds.)

* After the preposition **con**, **mí**, **ti**, and **sí** become **-migo**, **-tigo**, **-sigo**.

VERBS

REGULAR VERBS

Infinitive

hablar to speak	**comer** to eat	**vivir** to live

Present Participle

hablando speaking	**comiendo** eating	**viviendo** living

Past Participle

hablado spoken	**comido** eaten	**vivido** lived

Present Tense

I speak, am speaking	I eat, am eating	I live, am living
hablo	como	vivo
hablas	comes	vives
habla	come	vive
hablamos	comemos	vivimos
habláis	*coméis*	*vivís*
hablan	comen	viven

Imperfect

I was speaking, used to speak	I was eating, used to eat	I was living, used to live
hablaba	comía	vivía
hablabas	comías	vivías
hablaba	comía	vivía
hablábamos	comíamos	vivíamos
hablabais	*comíais*	*vivíais*
hablaban	comían	vivían

Preterite

I spoke, did speak	I ate, did eat	I lived, did live
hablé	comí	viví
hablaste	comiste	viviste
habló	comió	vivió
hablamos	comimos	vivimos
hablasteis	*comisteis*	*vivisteis*
hablaron	comieron	vivieron

Future

I shall (will) speak	I shall (will) eat	I shall (will) live
hablaré	comeré	viviré
hablarás	comerás	vivirás
hablará	comerá	vivirá
hablaremos	comeremos	viviremos
hablaréis	*comeréis*	*viviréis*
hablarán	comerán	vivirán

Conditional

I should (would) speak	I should (would) eat	I should (would) live
hablaría	comería	viviría
hablarías	comerías	vivirías
hablaría	comería	viviría
hablaríamos	comeríamos	viviríamos
hablaríais	*comeríais*	*viviríais*
hablarían	comerían	vivirían

Present Subjunctive

(that) I (may) speak	(that) I (may) eat	(that) I (may) live
hable	coma	viva
hables	comas	vivas
hable	coma	viva
hablemos	comamos	vivamos
habléis	*comáis*	*viváis*
hablen	coman	vivan

Present Perfect Tense

I have spoken	I have eaten	I have lived
he hablado	he comido	he vivido
has hablado	has comido	has vivido
ha hablado	ha comido	ha vivido
hemos hablado	hemos comido	hemos vivido
habéis hablado	*habéis comido*	*habéis vivido*
han hablado	han comido	han vivido

Pluperfect (Past) Perfect

I had spoken	I had eaten	I had lived
había hablado	había comido	había vivido
habías hablado	habías comido	habías vivido
había hablado	había comido	había vivido
habíamos hablado	habíamos comido	habíamos vivido
habíais hablado	*habíais comido*	*habíais vivido*
habían hablado	habían comido	habían vivido

Present Perfect Subjunctive

(that) I (may) have spoken	(that) I (may) have eaten	(that) I (may) have lived
haya hablado	haya comido	haya vivido
hayas hablado	hayas comido	hayas vivido
haya hablado	haya comido	haya vivido
hayamos hablado	hayamos comido	hayamos vivido
hayáis hablado	*hayáis comido*	*hayáis vivido*
hayan hablado	hayan comido	hayan vivido

── Chart of Direct Commands ──

	Affirmative	**Negative**
tú	3rd person singular present indicative: **habla, come, vive**	Present Subjunctive: **no hables, no comas, no vivas**
vosotros	Infinitive: final r > d: *hablad, comed, **vivid***	Present Subjunctive: *no habléis, no comáis, no viváis*
Ud., Uds.	Present Subjunctive: **hable(n), coma(n), viva(n)**	Present Subjunctive: **no hable(n), no coma(n), no viva(n)**
nosotros	Present Subjunctive: **hablemos, comamos, vivamos** or *Vamos a* + infinitive	Present Subjunctive: **no hablemos, no comamos, no vivamos**

STEM-CHANGING VERBS

1. The -ar and -er Stem-Changing Verbs

Pattern of the Present Tense

$\rightarrow$ e>ie   o>ue
$\rightarrow$ e>ie   o>ue
$\rightarrow$ e>ie   o>ue
$\leftarrow$
$\leftarrow$
$\rightarrow$ e>ie   o>ue

pensar	perder	contar	mover
pienso	pierdo	cuento	muevo
piensas	pierdes	cuentas	mueves
piensa	pierde	cuenta	mueve
pensamos	perdemos	contamos	movemos
pensáis	*perdéis*	*contáis*	*movéis*
piensan	pierden	cuentan	mueven

The present subjunctive follows exactly the same pattern, except that -a endings change to -e, -e endings to -a. Other common verbs of this type are:

acostarse	encontrar	recordar
comenzar	entender	rogar
costar	jugar	sentar(se)
despertar(se)	llover	sonar
empezar	mostrar	soñar
encender	negar	volver

2. The -ir Stem-Changing Verbs

Type I: Those whose stressed e changes to ie, whose stressed o changes to ue. Common verbs of this type are:

consentir	mentir	preferir
dormir	morir	sentir

Type II: Those whose stressed e changes to i. Common verbs of this type are:

pedir	repetir	servir
(son)reír	seguir	vestir(se)

A. The Present Indicative of -ir Stem-Changing Verbs
The pattern is exactly the same as that of all other stem-changing verbs.

Type I (e → ie, o → ue)		Type II (e → i)
sentir	**dormir**	**pedir**
siento	duermo	pido
sientes	duermes	pides
siente	duerme	pide
sentimos	dormimos	pedimos
sentís	*dormís*	*pedís*
sienten	duermen	piden

B. The Present Subjunctive of -ir Stem-Changing Verbs
Notice that here we have a new change in the **nosotros** and **vosotros** forms as well.

sienta	duerma	pida
sientas	duermas	pidas
sienta	duerma	pida
sintamos	durmamos	pidamos
sintáis	*durmáis*	*pidáis*
sientan	duerman	pidan

C. The Preterite of -ir Stem-Changing Verbs
Notice the change in the 3rd person: **e → i, o → u.**

sentí	dormí	pedí
sentiste	dormiste	pediste
sintió	durmió	pidió
sentimos	dormimos	pedimos
sentisteis	*dormisteis*	*pedisteis*
sintieron	durmieron	pidieron

Remember: The preterite of -**ar** and -**er** verbs has no stem change.

D. The present participle of -ir stem-changing verbs changes the stem vowel **e** to **i**, **o** to **u**:
sintiendo, durmiendo, pidiendo.

SPELLING-CHANGING VERBS

1. Verbs ending in **-car** change **c** to **qu** before **e**.

   sacar   to take out
   Preterite: saqué, sacaste, sacó, etc.
   Present Subjunctive: saque, saques, saque, saquemos, *saquéis*, saquen

2. Verbs ending in **-gar** change **g** to **gu** before **e**.

   pagar   to pay
   Preterite: pagué, pagaste, pagó, etc.
   Present Subjunctive: pague, pagues, pague, paguemos, *paguéis*, paguen

3. Verbs ending in **-zar** change **z** to **c** before **e**

   gozar   to enjoy
   Preterite: gocé, gozaste, gozó, etc.
   Present Subjunctive: goce, goces, goce, gocemos, *gocéis*, gocen

4. Verbs ending in **-ger** or **-gir** change **g** to **j** before **o** and **a**.

   coger   to catch
   Present Indicative: cojo, coges, coge, etc.
   Present Subjunctive: coja, cojas, coja, cojamos, *cojáis*, cojan

   dirigir   to direct
   Present Indicative: dirijo, diriges, dirige, etc.
   Present Subjunctive: dirija, dirijas, dirija, dirijamos, *dirijáis*, dirijan

5. Verbs ending in **-guir** change **gu** to **g** before **o** and **a**.

   seguir   to follow
   Present Indicative: sigo, sigues, sigue, etc.
   Present Subjunctive: siga, sigas, siga, sigamos, *sigáis*, sigan

6. Verbs ending in **-eer** change unstressed **i** to **y** between vowels.

   leer   to read
   Preterite: leí, leíste, leyó, leímos, *leísteis*, leyeron
   Participles: Present, leyendo; Past, leído

7. Verbs ending in **-eír** lose one **i** in the third person of the preterite and in the present participle.

   reír   to laugh
   Present Indicative: río, ríes, ríe, reímos, *reís*, ríen
   Preterite: reí, reíste, rió, reímos, *reísteis*, rieron
   Present Participle: riendo

NOTE: Only the tenses containing irregular forms are given. The conjugation of verbs ending in **-ducir** may be found under **conducir**; those ending in a vowel +**cer** or +**cir** are found under **conocer**.

andar   to walk, go
Preterite: anduve, anduviste, anduvo, anduvimos, *anduvisteis*, anduvieron

caer   to fall
Present Indicative: caigo, caes cae, caemos, *caéis*, caen
Preterite: caí, caíste, cayó, caímos, *caísteis*, cayeron
Present Subjunctive: caiga, caigas, caiga, caigamos, *caigáis*, caigan
Present Participle: cayendo
Past Participle: caído

conducir   to conduct (similarly, all verbs ending in **-ducir**)
Present Indicative: conduzco, conduces, conduce, conducimos, *conducís*, conducen
Preterite: conduje, condujiste, condujo, condujimos, *condujisteis*, condujeron
Present Subjunctive: conduzca, conduzcas, conduzca, conduzcamos, *conduzcáis*, conduzcan

conocer   to know (similarly, most verbs ending in a vowel +**cer** and +**cir**)
Present Indicative: conozco, conoces, conoce, etc.
Present Subjunctive: conozca, conozcas, conozca, conozcamos, *conozcáis*, conozcan

construir   to build, construct (similarly, all verbs ending in **-uir**, except those ending in **-guir** and **-quir**)
Present Indicative: construyo, construyes, construye, construimos, *construís*, construyen
Preterite: construí, construiste, construyó, construimos, *construisteis*, construyeron
Present Subjunctive: construya, construyas, construya, construyamos, *construyáis*, construyan
Present Participle: construyendo
Imperative: construye, *construid*

creer   (*see* **leer**, p. 000)

dar   to give
Present Indicative: doy, das, da, damos, *dais*, dan
Preterite: di, diste, dio, dimos, *disteis*, dieron
Present Subjunctive: dé, des, dé, demos, *deis*, den

decir   to say, tell
Present Indicative: digo, dices, dice, decimos, *decís*, dicen
Preterite: dije, dijiste, dijo, dijimos, *dijisteis*, dijeron

Future: diré, dirás, dirá, diremos, *diréis*, dirán
Conditional: diría, dirías, diría, diríamos, *diríais*, dirían
Present Subjunctive: diga, digas, diga, digamos, *digáis*, digan
Present Participle: diciendo
Past Participle: dicho
Imperative: di

estar to be
Present Indicative: estoy, estás, está, estamos, *estáis*, están
Preterite: estuve, estuviste, estuvo, estuvimos, *estuvisteis*, estuvieron
Present Subjunctive: esté, estés, esté, estemos, *estéis*, estén
Imperative: está, *estad*

haber to have
Present Indicative: he, has, ha, hemos, *habéis*, *han*
Preterite: hube, hubiste, hubo, hubimos, *hubisteis*, hubieron
Future: habré, habrás, habrá, habremos, *habréis*, habrán
Conditional: habría, habrías, habría, habríamos, *habríais*, habrían
Present Subjunctive: haya, hayas, haya, hayamos, *hayáis*, hayan

hacer to do, make
Present Indicative: hago, haces, hace, hacemos, *hacéis*, hacen
Preterite: hice, hiciste, hizo, hicimos, *hicisteis*, hicieron
Future: haré, harás, hará, haremos, *haréis*, harán
Conditional: haría, harías, haría, haríamos, *haríais*, harían
Present Subjunctive: haga, hagas, haga, hagamos, *hagáis*, hagan
Past Participle: hecho
Imperative: haz, *haced*

ir to go
Present Indicative: voy, vas, va, vamos, *vais*, van
Imperfect Indicative: iba, ibas, iba íbamos, *ibais*, iban
Preterite: fui, fuiste, fue, fuimos, *fuisteis*, fueron
Present Subjunctive: vaya, vayas, vaya, vayamos, *vayáis*, vayan
Present Participle: yendo
Imperative: ve, *id*

oír to hear
Present Indicative: oigo, oyes, oye, oímos, *oís*, oyen
Preterite: oí, oíste, oyó, oímos, *oísteis*, oyeron
Present Subjunctive: oiga, oigas, oiga, oigamos, *oigáis*, oigan
Present Participle: oyendo
Past Participle: oído
Imperative: oye, *oíd*

oler   to smell

Present Indicative: huelo, hueles, huele, olemos, *oléis*, huelen
Present Subjunctive: huela, huelas, huela, olamos, *oláis*, huelan
Imperative: huele, *oled*

poder   to be able

Present Indicative: puedo, puedes, puede, podemos, *podéis*, pueden
Preterite: pude, pudiste, pudo, pudimos, *pudisteis*, pudieron
Future: podré, podrás, podrá, podremos, *podréis*, podrán
Conditional: podría, podrías, podría, podríamos, *podríais*, podrían
Present Subjunctive: pueda, puedas, pueda, podamos, *podáis*, puedan
Present Participle: pudiendo

poner   to put, place

Present Indicative: pongo, pones, pone, ponemos, *ponéis*, ponen
Preterite: puse, pusiste, puso, pusimos, *pusisteis*, pusieron
Future: pondré, pondrás, pondrá, pondremos, *pondréis*, pondrán
Conditional: pondría, pondrías, pondría, pondríamos, *pondríais*, pondrían
Past Participle: puesto
Imperative: pon, *poned*

querer   to wish

Present Indicative: quiero, quieres, quiere, queremos, *queréis*, quieren
Preterite: quise, quisiste, quiso, quisimos, *quisisteis*, quisieron
Future: querré, querrás, querrá, querremos, *querréis*, querrán
Conditional: querría, querrías, querría, querríamos, *querríais*, querrían
Present Subjunctive: quiera, quieras, quiera, queramos, *queráis*, quieran

(**reír** *see* p. 000)

saber   to know

Present Indicative: sé, sabes, sabe, sabemos, *sabéis*, saben
Preterite: supe, supiste, supo, supimos, *supisteis*, supieron
Future: sabré, sabrás, sabrá, sabremos, *sabréis*, sabrán
Conditional: sabría, sabrías, sabría, sabríamos, *sabríais*, sabrían
Present Subjunctive: sepa, sepas, sepa, sepamos, *sepáis*, sepan

salir   to go out, leave

Present Indicative: salgo, sales, sale, salimos, *salís*, salen
Future: saldré, saldrás, saldrá, saldremos, *saldréis*, saldrán
Conditional: saldría, saldrías, saldría, saldríamos, *saldríais*, saldrían
Present Subjunctive: salga, salgas, salga, salgamos, *salgáis*, salgan
Imperative: sal, *salid*

ser to be

Present Indicative: soy, eres, es, somos, *sois*, son
Imperfect Indicative: era, eras, era, éramos, *erais*, eran
Preterite: fui, fuiste, fue, fuimos, *fuisteis*, fueron
Present Subjunctive: sea, seas, sea, seamos, *seáis*, sean
Imperative: sé, *sed*

tener to have

Present Indicative: tengo, tienes, tiene, tenemos, *tenéis*, tienen
Preterite: tuve, tuviste, tuvo, tuvimos, *tuvisteis*, tuvieron
Future: tendré, tendrás, tendrá, tendremos, *tendréis*, tendrán
Conditional: tendría, tendrías, tendría, tendríamos, *tendríais*, tendrían
Present Subjunctive: tenga, tengas, tenga, tengamos, *tengáis*, tengan
Imperative: ten, *tened*

traer to bring

Present Indicative: traigo, traes, trae, traemos, *traéis*, traen
Preterite: traje, trajiste, trajo, trajimos, *trajisteis*, trajeron
Present Subjunctive: traiga, traigas, traiga, traigamos, *traigáis*, traigan
Present Participle: trayendo
Past Participle: traído

valer to be worth

Present Indicative: valgo, vales, vale, valemos, *valéis*, valen
Future: valdré, valdrás, valdrá, valdremos, *valdréis*, valdrán
Conditional: valdría, valdrías, valdría, valdríamos, *valdríais*, valdrían
Present Subjunctive: valga, valgas, valga, valgamos, *valgáis*, valgan
Imperative: val(e), *valed*

venir to come

Present Indicative: vengo, vienes, viene, venimos, *venís*, vienen
Preterite: vine, viniste, vino, vinimos, *vinisteis*, vinieron
Future: vendré, vendrás, vendrá, vendremos, *vendréis*, vendrán
Conditional: vendría, vendrías, vendría, vendríamos, *vendríais*, vendrían
Present Subjunctive: venga, vengas, venga, vengamos, *vengáis*, vengan
Present Participle: viniendo
Imperative: ven, *venid*

ver to see

Present Indicative: veo, ves, ve, vemos, *veis*, ven
Imperfect Indicative: veía, veías, veía, veíamos, *veíais*, veían
Present Subjunctive: vea, veas, vea, veamos, *veáis*, vean
Past Participle: visto

VOCABULARIOS

The Spanish-English vocabulary has all the active words from Books I and II, plus other words you might want to look up, either for their meaning, spelling changes, or gender.

The English-Spanish vocabulary, in addition to including the active vocabulary of Books I and II, offers a handy assortment of extra words to fill your conversation needs. It may not have every one you want, but chances are that you'll find most. Try it and you'll see.

Now here are some special notes:

1. Active vocabulary for both books is shown in color.
2. These are the abbreviations that we use:

adj.	adjective	*n.*	noun
adv.	adverb	*pl.*	plural
conj.	conjunction	*prep.*	preposition
f.	feminine	*pron.*	pronoun
infin.	infinitive	*sing.*	singular
m.	masculine	*v.*	verb

3. For pronouns, see the Table of Pronouns on page 396. Gender is shown for all nouns, except masculine nouns that end in –o, feminine nouns that end in –a, and nouns referring to male or female beings. Irregular verbs are marked with an asterisk: *tener, *venir, and their full conjugation appears in the Verb Appendix. Stem-changing verbs have the change indicated in parentheses: **cerrar (ie), contar (ue), pedir (i)**. Verbs like **conocer** have (zco) in parentheses, and those ending in –eer follow the pattern of **creer**. Spelling-changing verbs show the affected consonant in italics: **cog er, sacar**.

Español — Inglés

a to; – **bordo** on board; – **la semana** per week; – **la una** at one o'clock; – **menos que** unless; – **plazos** on "time," in installments; – **propósito** by the way; – **punto** medium rare (meat); – **término medio** medium (meat); – **veces** at times

abajo down, below; downstairs

abierto *adj.* open

abogada, o lawyer

abordar to board (a plane, etc.)

abrazarse to hug (each other)

abrelatas *m. sing.* can opener

abrigo overcoat

abrir to open; –**se paso** to make one's way

abrochar to fasten

absolver (ue) (*past part.* **absuelto**) to acquit

abuela, o grandmother, grandfather

aburrido bored; boring

acá here, this way

acabar to finish; – **de** + *infin.* to have just (done something)

acabóse *m.* the far out end

aceite *m.* oil (food)

aceptar to accept

acera sidewalk

acercarse a to approach

acero steel

acondicionador de aire *m.* (air) conditioner

aconsejar to advise

acordarse (ue) de to remember (about)

acostarse (ue) to go to bed

actriz actress

actual present, current

actuar (úo) to act

acuerdo agreement; *ponerse de – to come to an agreement, settle

acusado defendant (law)

acusar to accuse

además besides; – de besides

adentro on the inside

adivinar to guess

¿a dónde? (to) where?

aduana customs, customs house

aeropuerto airport

afeitar(se) to shave

afuera (on the) outside

agarrar to seize, grab

agencia agency

agente de policía policeman or woman

agitado upset

agua f. (But: **el agua**) water

aguantar to stand for, put up with

aguja needle

ahí there (near you)

ahora now; – bien well, now; – mismo right now

ahorrar to save (money)

ahorros savings; **banco de –** savings bank

aire m. air; – **acondicionado** air conditioning

ajustar to adjust, fix

al to the; – + *infin.* upon (doing something); – año per year; – contado (by) cash; **Al habla.** Speaking! (telephone); – oído into someone's ear; – principio at first

alcalde mayor

alcoba bedroom

alegar to allege

alegrarse (de) to be glad; Me alegro I'm glad

alegre happy, merry, joyful

alegría joy

alfombra rug

algo something

algodón m. cotton

alguien someone, somebody

algún, alguna, algunos, algunas some; several

alguna vez ever, at some time

almacén m. store; warehouse; department store

almorzar (ue) to have lunch

almuerzo lunch

alojamiento lodging, accommodations

alquilar to rent

alquiler m. rent

alrededor (de) around

altavoz m. loudspeaker

alto high; tall; loud; upper; **Alto.** Stop! (road sign)

aluminio aluminum

alumna, o pupil

allí there

amable pleasant, nice

amar to love

amarillo yellow

ambos both

amistad f. friendship

amor m. love

ancho wide; quedar – to be too large, fit loosely

*andar to walk; run, go (a car, machine, etc.)

andino Andean, referring to the Andes region

ánimo(s) courage

anoche last night

anteojos m. pl. eyeglasses; sunglasses

anterior previous

antes *adv.* before(hand), first, earlier; – de *prep.* before; –de que *conj.* before

antifaz m. surgical mask

antiguo old, ancient; former; antique

anunciar to announce; advertise

anuncio announcement; advertisement

año year; al – per year; *tener –s de edad to be . . . years old; ¿Cuántos –s tienes? How old are you?

apagar to turn off or out, put out, shut off

aparato appliance, gadget, set, machine

aparecer (zco) to appear, turn up

apellido last name

apetecer (zco) to appeal to, like (food); ¿Le apetece . . . ? Would you like some . . . ?

apodo nickname

apostar (ue) to bet

aprender to learn

apretar (ie) to press, push, squeeze

aquel, aquella that (over there); aquellos, as those

aquí here; **por –** this way

araña chandelier, ceiling fixture; spider

árbol m. tree

archivo file (cabinet)

arena sand

armario closet, wardrobe

arreglar to arrange; fix

arreglo arrangement; repair

arriba up; above; upstairs

arroz m. rice

artista artist; performer

asado roast(ed)

asaltante assailant, mugger; robber, criminal

asalto assault, attack

asar to roast
ascender (ie) to promote; go up
ascensor *m.* elevator
aseo public restroom
asesinato murder
asesino murderer
así so; like this; **así, así** so-so; **– que** so (that)
asiento seat
asistente de vuelo *m.* o *f.* flight attendant
asistir a to attend (a function, class, etc.)
aspecto aspect; **– físico** appearance
aspiradora vacuum cleaner
astro star
ataque *m.* attack
atender (ie) a to attend to, wait on
aterrizar to land (a plane)
atestado crowded
atraco holdup
*atraer to attract
atrás behind; backwards; **por –** in back; **hacia –** backward
atreverse a to dare to
aumentar to increase
aumento increase; raise
aun even
aún still
aunque although
autobús *m.* bus
avenida avenue
aviador(a) aviator
avión *m.* airplane
avisar to notify, inform, advise, warn
aviso notice
ayer yesterday
ayuda help
ayudante assistant, helper
ayudar to help
azúcar *m.* sugar
azul blue

bailar to dance
baile *m.* dance
bajar to go down; lower
bajo low; short (in height); deep (voice)
bala bullet
balazo bullet wound, shot
balcón *m.* balcony
bancarrota bankruptcy
banco bank
bandera flag
bañar(se) to bathe
baño bath; bathroom
barato cheap
barco ship
barrio neighborhood
Basta. Enough!, That's enough.
bastante enough; quite; rather
basura garbage
bata bathrobe; housecoat
batidor *m.* beater
beber to drink
bebida drink
beneficiario beneficiary, inheritor
besar to kiss
beso kiss
biblioteca library
bicicleta bicycle
bien *adv.* well; **está –** all right; **– asado** well done (meat)
bienvenido welcome
billete *m.* ticket; banknote
bisté *m.* steak; **– a la parrilla** broiled steak
blanco *adj.* white; *n.* blank
blusa blouse
boca mouth; **– de riego** fire hydrant
boda wedding
bodega grocery store, food market; wine cellar
boletín *m.* bulletin
boleto ticket (Span. Am.)

bolsa bag; purse
bolsillo pocket
bomba gasoline pump; hose; bomb
bombero fireman
bombilla light bulb
bonito pretty
bordado embroidered; bordered
borrar to erase
bota boot
botella bottle
botón *m.* button
brazo arm
breve brief, short
brillar to shine
brindar to toast (drink)
buen(o) good; **¿Bueno?** Hello? (telephone, Mex.)
bujía spark plug
buscar to look for
buzón *m.* mailbox

caballero gentleman
caballo horse
cabeza head
cabinera stewardess
cachorro puppy
cada each, every
*caer to fall; **dejar –** to drop; **–se** to fall down
café **café**; coffee
caja box; **– de seguridad** safe deposit box; **la Caja** cashier's window
cajera, o cashier
cajón *m.* drawer
calcetín *m.* sock
caliente warm, hot
calificaciones *f. pl.* qualifications
calma calm; **¡Con –!** Take it easy!
calor *m.* heat; *hacer – to be hot or warm out; *tener – to feel hot or warm
calvo bald

callarse   to be quiet, hush up
calle *f.*   street
cama   bed
camarera, o   waitress, chambermaid; waiter, steward
cambiar   to change; exchange
camilla   stretcher
caminar   to walk
camino   road; way
camión *m.*   truck
camionero   truck driver
camisa   shirt
camiseta   T-shirt
campaña   campaign
campesino   farmer
campo   country (opp. of city); field
canasta   basket
canción *f.*   song
cansado   tired
cantar   to sing
cantidad *f.*   quantity
capataz   foreman
capital *f.*   capital city; *m.* capital (money)
capó *m.*   hood (car)
cara   face
¡Caramba!   Well, I'll be . . . !
carbón *m.*   coal
cárcel *f.*   jail
cariño   affection, love
cariñoso   affectionate
carne *f.*   meat; flesh
carnicería   butcher shop
carpeta   (folder) file
carpintería   carpenter's shop
carrera   career; race
carretera   highway
carta   letter; a la – a la carte
cartel *m.*   poster, bill; **No Fijar Carteles**   Post No Bills
cartera   wallet
cartero   mailman
cartón *m.*   carton; cardboard
casa   house; home; en – at home; ir a – go home

casarse (con)   to marry
casi   almost
caso   case; **en – de que**   in case
castigar   to punish
casualidad *f.*   coincidence
catedral *f.*   cathedral
cebolla   onion
ceder   to yield; **Ceda el Paso**   Yield (traffic)
ceja   eyebrow
celda   cell
cenar   to eat supper
centro   center; downtown area; city
cepillo   brush; – dental toothbrush
cerca *adv.*   nearby, close; – de *prep.*   near, close to
cercano *adj.*   close, neighboring
cereal *m.*   cereal
cerebro   brain
cerrado   closed
cerrar (ie)   to close
cielo   sky; – raso   ceiling
cien(to)   100
cigarrillo   cigarette
cine *m.*   (the) movies; movie house
cinta   tape; ribbon
cirujana, o   surgeon
cita   date, appointment
citación *f.*   summons
ciudad *f.*   city
claraboya   skylight
claro   clear; light (colored), fair; ¡Claro!   Of course!
clase *f.*   class; classroom; type, kind
clavo   nail (metal)
cliente   client; customer
clima *m.*   climate
cobrar   to charge; collect; – un cheque   to cash a check; a – collect (phone call)
cocina   kitchen

cocinar   to cook
cocinera, o   cook, chef
coche *m.*   car
coger   to catch
cola   line (of people); tail
colegio   school; high school
colocar   to put, place; –se to find a job, position
comedia   play, comedy
comedor *m.*   dining room
comenzar (ie)   to begin
comer   to eat; –se   to eat up
comida   meal; dinner; food
comisaría   police station
como   like, as
¿Cómo?   How? What (did you say)?; ¿– se llama?   What's your name?
cómoda   chest of drawers
cómodo   comfortable
compañero   companion
compañía   company
compartir   to share
*componer   to compose; fix (*past part.* **compuesto**)
compra   purchase
comprar   to buy
comprender   to understand
compromiso   engagement
común   common
comunicar   to communicate; connect (telephone); ¿Me puede – . . . ?   Can you connect me . . . ?
condenar   to convict; condemn
*conducir   to conduct, lead
confesar (ie)   to confess
confirmar   to confirm
confites *m. pl.*   sweets, cakes
confitería   sweet shop, candy store, bakery
conmigo   with me
conmutador *m.*   switchboard
*conocer (zco)   to know (a person or place), be acquainted with
consejo(s)   advice

consentir (ie) to consent
*construir (uyo) to build
contador(a) accountant
contaduría accounting
contar (ue) to count; tell
– con to count on
contento pleased, satisfied,
content(ed)
contestación f. answer
contestar to answer
contigo with you
contra against
contrario contrary; al – on
the contrary; lo – the
opposite
contrato contract
convencer to convince
*convenir en to agree to
copa stem glass, goblet
coquetear to flirt
corazón m. heart; sweetheart
corbata necktie
cordón m. cord, rope
correo mail; Casa del or de
Correos Post Office
correr to run
cortar to cut
corte f. court; m. cut; – de
pelo haircut
cortés polite
cortesía courtesy
cortina curtain
corto short (in length)
cosa thing
coser to sew; máquina de –
sewing machine
costar (ue) to cost
costillas de cordero lamb
ribs, chops
costoso expensive, costly
costumbre f. custom, habit
costura seam
crear to create, make; – un
estorbo to create a
disturbance
crecer (zco) to grow
*creer to believe, think

crema cream; – dental
toothpaste
crimen m. crime
cruzar to cross
cuaderno notebook
cuadra (city) block; (hospital)
ward
¿Cuál(es)? Which . . . ?,
What . . . ?
cualquier any (at all)
cuando when; ¿Cuándo?
When?
¿Cuánto(s)? How much?, How
many?
cuarto quarter; fourth; room
cubierto de covered with or by
cubrir (past part. cubierto)
to cover
cuchara spoon
cucharita teaspoon
cuchillo knife
cuenta bill; "check"
(restaurant); account;
– bancaria bank account;
*darse – de to realize, take
into account
cuento story
cuerda cord, rope
cuero leather
cuerpo body
cuidado care; *tener – to be
careful; ¡Cuidado! Watch
out!
cuidar(se) to take care
culpa guilt; fault; blame
culpable guilty
cumpleaños m. sing. birthday
cumplir to complete, fulfill
cuñada, o sister, brother-in-
law
cuyo whose

champú m. shampoo
chapa license plate
chaqueta sport jacket
cheque m. check
chequera checkbook

chica, o girl, boy
chocar con to collide with,
crash into, bump into, hit
chofer, chófer driver,
chauffeur
chuletas de cerdo pork chops

dama lady
daño(s) damage(s) (law)
*dar to give; – a luz to give
birth; – un paseo to take a
walk; –se cuenta de to
realize
de of; from; – nuevo again;
¿De parte de quién? Who's
calling; – repente suddenly;
– una vez once and for all,
right off, all at once; – veras
really, truly; – vez en cuando
from time to time
debajo de under, below
deber to owe; to oblige to,
should, ought to
débil weak
décimo tenth
*decir to say; tell
dedo finger; toe
dejar to leave (behind); let,
allow; – caer to drop; – de
to stop (doing something);
– en paz to let someone
alone
delantal m. apron
delante de in front of
delgado slim, thin
delincuente criminal
delito crime
demanda demand; claim
demandar to demand, make
a claim against, file a suit
against
(los) demás the others, the
rest (of them)
demasiado too much; pl. too
many
dentro adv. inside; – de prep.
inside of, within

412

depender de   to depend on
dependiente   salesperson
deporte m.   sport
depositar   to deposit
depósito   deposit; en – para in trust for, on deposit for
derecho   right; law (as a whole); a la derecha   on the right
derramarse   to spill
desalojar   to evict
desaparecer (zco)   to disappear
desayunar(se)   to have breakfast
desayuno   breakfast
descansar   to rest
descanso   rest
descubrir (past part. descubierto)   to discover
desde   from; since
desear   to desire, wish, want
deseo   desire, wish
desesperado   desperate
desheredar   to disinherit
desinflado   flat tire
desmayarse   to faint
despacio   slow(ly)
despachar   to send, ship, dispatch
despacho   office; – de boletos (o billetes)   ticket office, window (airport)
despedir (i)   to fire, dismiss; send away; –se de   to say goodbye to
despegar   to take off (a plane)
despertar(se) (ie)   to wake up
después adv.   then, later, after(wards); – de prep.   after
destino   destination; con – a bound for
*destruir (uyo)   to destroy
detalle m.   detail
detención f.   arrest, detention
*detener   to detain; arrest; –se to stop

detrás adv.   behind; – de   in back of, behind
deuda   debt
devolver (ue) (past part. devuelto)   to return, give or send back
día m.   day; Buenos –s   Good morning; – feriado   day off, holiday; todo el –   the whole day; todos los –s   every day
diamante m.   diamond
diario adj.   daily
dictado   dictation; escribir al –   to take dictation
dicho   said, told
diente m.   tooth
difícil   difficult, hard
Dígame.   Hello? (telephone)
digerir (ie)   to digest
dilema m.   puzzle, dilemma
dinero   money
Dios   God; ¡– mío!   My goodness!
dirección f.   address; direction
dirigir   to direct, lead
disco   record
disculpar   to excuse; Disculpe   Excuse me
disfrutar (de)   to enjoy
disparar   to shoot (a gun)
disparo   shot
dispuesto   willing, ready
divertir (ie)   to amuse; –se   to have a good time
doblar   to double; turn (a page, corner, etc.) No Doblar   No Turns! (traffic)
doble   double
dólar m.   dollar
doler (ue)   to hurt
dolor m.   pain
domicilio   residence, home
domingo   Sunday
donde   where
¿Dónde?   Where?
dormir (ue)   to sleep; –se   to fall asleep

drama m.   drama, play
ducha   shower
ducharse   to take a shower
dudar   to doubt
dueña, o   owner
dulce   sweet
durante   during
durar   to last
duro   hard

e   and
echar   to throw, throw out
edad f.   age
edificio   building
ejército   army
electricista   electrician
emocionado   excited
emocionante   exciting
empezar (ie)   to begin
empleado   employee
emplear   to employ, hire; use
empleo   employment; job
empresa   business, company, firm
empujar   to push
en   in; on; at; – casa   at home
enamorado (de)   in love (with)
encargado   person in charge
encargar   to order (merchandise); to put in charge; –se de   to take charge of
encargo   order (merchandise)
encender (ie)   to light up, turn on
encerrar (ie)   to lock up, enclose
encima adv.   on top; above; – de prep.   over, on top of
encintado   curb (sidewalk)
encontrar (ue)   to find; meet
enemigo   enemy
enfadarse   to get angry
enfermedad f.   illness, disease
enfermera   nurse
enfermo   sick

engrase *m.* lubrication
enojarse to get angry
ensalada salad
ensayar to rehearse; try out
enseñar to teach
entender (ie) to understand; —se to get along well, hit it off
entero entire, whole
entonces then
entrada entrance
entrar a (Sp. Am.), en (Spain) to enter, go in
entre between, among
entrega delivery
entregar to deliver; hand over
entremeses *m. pl.* hors d'oeuvres
entrevista interview
entrevistar to interview; —se to be interviewed
envolver (ue) (*past part.* envuelto) to wrap; involve
equipaje *m.* baggage
equipo team
equivocarse to make a mistake
escala stop; stopover; *hacer — to make a stop (over) (flight)
escalera stairway; —automática escalator
escalope de ternera veal cutlet
escoger to choose
escondite *m.* hideout
escribir (*past part.* escrito) to write
escritor(a) writer
escritorio desk
escritura writing; — jeroglífica picture writing
escuchar to listen (to)
ese, esa *adj.* that (near you); esos, esas those; ése, etc. *pron.* that one, those

eso that (in general); por — that's why, therefore
espacio space
espalda shoulder; back
espejo mirror
esperar to hope; expect; wait for
esposa, o wife, husband
esquina (street) corner
estación *f.* station; season
estacionamiento parking
estacionar to park
*estar. to be (in a place, condition, or position); to be "in" (at home); — de vuelta to be back
este, esta *adj.* this; estos, as these; éste, etc. *pron.* this one, these
estenografía stenography
estenógrafa, o stenographer
esto this (in general)
estómago stomach
estorbar to disturb, bother
estorbo disturbance
estornudar to sneeze
estornudo sneeze
estrella star
estudiar to study
estudio studio; study
estufa stove
etiqueta label, tag
excursión *f.* strip, tour
éxito success; *tener — to be successful
expedir (i) to ship, send
explicar to explain
exterior *m.* outside, exterior; el — foreign land, abroad
extranjero foreigner; foreign
extraño strange

fábrica factory
fabricante manufacturer
fácil easy
factura invoice
facturar to check (baggage)

falda skirt
faltar to be lacking or missing; Me falta . . . I'm short, I need . . .
familia family
fantasma *m.* ghost
farmacia pharmacy
faro headlight
favor *m.* favor; por — please
fecha date (of the month)
¡Felicidades! Congratulations
feliz (*pl.* felices) happy
feo ugly
feroz fierce, ferocious
ficha index card; police "record"; file
fichero card catalog; file cabinet
fideos *m. pl.* spaghetti
fiebre *f.* fever
fiesta party; holiday
fijar to post, paste, tack up —se (en) to notice
fila row
fin *m.* end; en — anyway, to sum up; por — at last, finally; — de semana weekend
firma signature; firm, business
firmar to sign
flaco skinny
flor *f.* flower
fondo back; background; bottom; fund los —s funds
formulario form (to fill in)
foto *f.* photo
franqueo postage
frasco small bottle; flask; jar
freír (ío) (*past part.* frito) to fry
freno bake
frente *m.* front; — a, en — de facing, in front of
fresco cool; fresh; Hace — It's cool out.
frijoles *m. pl.* beans

frío cold; Hace –. It's cold out. Tengo mucho –. I feel (am) very cold.

frito fried

fruta fruit

fuego fire

fuente f. fountain

fuera adv. outside; – de prep. outside (of)

fuerte strong

fuerza force; strength; Fuerza Aérea Air Force

fumar to smoke

función f. function; performance; show

funcionar to "work," "run," function

fundador(a) founder

ganancia gain, profit

ganar to win; gain; earn

ganga bargain

garganta throat

gasa gauze

gastar to spend (money)

gasto expense

gata, o cat

gaucho "cowboy" of the Argentinian pampa

genial brilliant

gente f. sing. people

gerente manager

girar to circulate; – un cheque to write, give, or make out a check

golpe m. hit, blow, stroke, bang, sock

golpear to hit, bang, strike

goma rubber; tire; gum

gordo fat

gracioso funny

gran great

grande big, large; great

gripe m. grippe, flu, cold

gris gray

gritar to shout

grito shout

grueso thick; heavy

guante m. glove

guapo handsome

guarda guard

guardafango fender

guardar to keep; guard

guerra war

guía guide

guisante m. pea

gustar: –le algo a alguien to like something

gusto pleasure; taste; Mucho – Pleased to meet you; Con mucho – I'd be glad to

*haber (a helping verb) to have (done something)

había there was, there were

habichuela stringbean

habilidad f. ability

habitación f. room

hablar to speak, talk

hace (with a verb in the past) ago; – una hora an hour ago

*hacer to make; do; – calor, fresco, frío to be warm, cool, cold out; – sol, mucho viento to be sunny, very windy

hacia toward; – atrás backward

hacienda ranch; estate

Haga . . . Make . . . , Do . . .

hambre f. (But: el hambre) hunger; *tener mucha – to be very hungry

hamburguesa hamburger

hasta prep. until; up to; – luego, – pronto so long; – que conj. until

hay there is, there are; – que + infin. one must

hecho done, made; el – de que the fact that

helado(s) ice cream

heredar to inherit

hermana, o sister, brother

hermoso beautiful

hervir (ie) to boil (water)

hierba grass

hija, o daughter, son

hilo thread

hoja leaf

hombre man

homicidio murder

hora hour; time (of day); – de consulta office hour (doctor); ¿Qué – es? What time is it?; ¿A qué –? At what time?

horario timetable

hormiga ant

horno oven

hoy today; – día nowadays

huelga strike

huelo (see oler)

huellas digitales fingerprints

hueso bone

huevo egg

*huir (uyo) to flee, run away

idioma m. language

iglesia church

imaginarse to imagine

impedir (i) to prevent, impede

impermeable m. raincoat

importar to import; to be important, matter; No importa. It doesn't matter.

impuesto tax

incluso including

ingeniero engineer

Inglaterra England

ingresos m. pl. income, receipts

inquilino tenant

instante: al – instantly

interés m. interest; los intereses bank interest

interrumpir to interrupt

inversión f. investment

invierno winter

invitado guest
*ir to go; –se to go away
izquierdo left; a la izquierda on the left

jabón *m.* soap
jamás never; not . . . ever
jamón *m.* ham
jarabe *m.* syrup; – para la tos cough syrup
jardín *m.* garden
jarra jar
jefe boss; chief
jersey *m.* T-shirt
joven (*pl.* jóvenes) young; young person
joya jewel
juego game
juez judge
jugar (ue) to play (a game)
jugo juice; – de naranja orange juice
junto (often *pl.*) together; – a *prep.* next to; – con along with
jurado jury
jurar to swear
justo fair, just

kilo 2.2 lbs.
kilómetro .6 of a mile

labio lip
lado side
ladrido bark
ladrillo(s) brick(s)
ladrón, –ona thief
lámpara lamp
lana wool
langosta lobster; – a la plancha grilled lobster
lápiz *m.* (*pl.* lápices) pencil
largo long
lástima pity; ¡Qué –! What a pity!
lata can; ¡Que –! What a mess!

lavandería laundry; cleaners' shop
lavar to wash
leche *f.* milk
lechería dairy, milk bar
lechuga lettuce
*leer to read
legado bequest, legacy (in a will)
legar to leave, will (to someone), bequeath
lejos *adv.* far away; – de *prep.* far from
lema *m.* motto
lento slow
letrero sign
levantar to raise, lift up; –se get up, rise
levis *m. pl.* jeans
ley *f.* law
libra pound
libre free
licencia license; – de manejar driver's license
licuadora blender
limpiaparabrisas *m. sing.* windshield wiper
limpiar to clean
limpio clean
lindo beautiful
línea line; – aérea airline
lista list; – de comidas menu
listo ready; smart
lo cual which (not a question!)
lo que what
loco crazy
locutor(a) announcer, speaker
loro, lorito parrot
luego then; hasta – so long
*lucir (zco) to shine
lugar *m.* place
luna moon
luz *f.* (*pl.* luces) light

llamada (phone) call

llamar to call; name; –se to be named
llanta tire
llave *f.* key
llegada arrival
llegar (a) to arrive (at or in)
llenar to fill, fill out
lleno de full of, filled with
llevar to carry; take; wear; –se to take away, carry off, make off with
llorar to cry
llover (ue) to rain

madera wood
madrina godmother; – de **boda** bridesmaid
maíz *m.* corn
mal *adv.* badly; *adj.* bad
maleta suitcase
mal(o) bad; ill
mancha stain, smear
mandar to send; order
manejar to drive
manera manner; way; de alguna – in some way, somehow; de ninguna – no way
mano *f.* hand
manta blanket
mantel *m.* tablecloth
mantequilla butter
manzana apple
mañana tomorrow; *f.* morning; – por la – tomorrow morning
máquina machine; – de coser sewing machine
mar *m.* sea
maravilla marvel; ¡Qué –! How marvelous!, Fantastic!
marca brand
marcar to dial a number; mark
marcharse to go away, leave
marina navy
marinero sailor

martillo hammer

más more, most; – que (de *before a number*) more than; ¿Qué –? What else?

masa mass; dough; **con las manos en la** – red-handed

mascar to chew; **goma de** – chewing gum

máscara mask

matar to kill

materia subject (in school); material

matrimonio marriage

mayor older; larger; greater; major; oldest, etc.

mecánica mechanics; auto repair shop

mecánico repairman

mecanógrafa, o typist

media stocking

medianoche f. midnight

médico doctor

medio half; middle; means; **por** – **de** by means of

mediodía m. noon

¡Me encanta! I love it!

mejor better, best

menor younger, youngest; smaller, smallest; minor

menos less; least; minus; except; **por lo** – at least

mensaje m. message

mensual monthly

mentir (ie) to lie

mentira lie

menú m. menu

mercado market

mes m. month; **al** – per month

mesa table; desk

mesera, o waitress, waiter

meter to put (into)

metro subway

miedo fear; *tener – to be afraid

miembro member

mientras (que) while; – tanto meanwhile

mil (*pl.* miles) 1000

milímetro millimeter (small fraction of an inch)

millón m. million

mío mine, of mine

mirar to look at; watch

mismo same; itself; very (intensifier)

mitad f. half

moda fashion, style

molestar to bother, annoy

molestia bother, trouble

moneda coin

montaña mountain

moreno brunet(te), dark-haired

morir (ue) (*past part.* muerto) to die

mosca fly

mostrar (ue) to show

moto(cicleta) motorcycle

mover(se) (ue) to move

mozo young man; waiter; bellhop; porter

muchacha, o girl, boy

mucho much; *pl.* many

mueblería furniture store

muebles m. pl. furniture

muelles m. pl. springs

muerte f. death; **pena de** – death penalty

muerto dead

mujer woman; wife

multa fine; – de tránsito traffic ticket

multitud f. crowd

mundo world; todo el – everybody

muñeca wrist

museo museum

*nacer (zco) to be born

nacimiento birth

nada nothing; De –. You're welcome.

nadie nobody, no one; (not) anyone

naranja orange

nariz f. nose

navaja razor

necesitar to need

negar (ie) to deny; –se a to refuse to

negocio(s) business

negro black

nevar (ie) to snow

nevera refrigerator

ni . . . ni neither . . . nor; – siquiera not even

nieta, o grandchild

niña, o girl, boy

ningún, ninguna none

noche f. night; **de** – at night

nombre m. name; noun; a – de in the name of; – de pila given name

nota note; grade (school)

noticia(s) f. pl. news

noveno ninth

novia, o sweetheart, fiancé(e)

nuevo new; de – again

número number; size

nunca never

o or; o . . . o either . . . or

obra work (of art, etc.)

octavo eighth

ocupado busy; occupied

ocurrir to happen

odiar to hate

oficina office

oficinista office worker

oficio trade, occupation

*ofrecer (zco) to offer

*oír to hear

¡Ojalá . . . ! Oh, if only . . . !

ojo eye

¡Olé! ¡Olé! Hooray!

oler (huelo) to smell

olvidar(se) (de) to forget (about)

olla pot

oración f. sentence; prayer

orden *f.* order, command; *m.* orderliness; order (in succession)

oreja ear

orgullo pride

oro gold

orquesta orchestra

otoño autumn

otro other, another; otra vez again

paciente patient

pagar to pay (for)

página page

pago payment

país *m.* country, nation

pájaro bird

palabra word

pálido pale

palo stick

pampa Argentine prairie

pan *m.* bread

pandilla gang

pantalones *m. pl.* pants

pantalla screen

papa potato; –s fritas french fries

papel *m.* paper

paquete *m.* package

par *m.* pair

para for; in order to; intended for; by (a certain time or date); compared with

parabrisas *m. sing.* windshield

parachoques *m. sing.* bumper

parada stop

parado standing; stopped

paraguas *m. sing.* umbrella

parar(se) to stop; stand up

pardo brown

*parecer (zco) to appear, seem; ¿Qué le parece? What do you think of it?

pared *f.* wall

pareja couple

pariente relative

parque *m.* park

parrilla grill, broiler; a la – broiled

parte *f.* part; party (law); ¿De – de quién? Who's calling?; **por otra –** on the other hand; por todas –s everywhere

partido (athletic) game; (political) party

pasado past; last; la semana pasada last week

pasaje *m.* passage, fare

pasajero passenger

pasaporte *m.* passport

pasar to pass; go on; **Pase Ud.** Come in.; – a máquina to type up

paseo stroll; *dar un – to take a walk

pasillo hallway; aisle

paso step; footstep; **abrirse –** to make one's way; *dar un – to take a step

pastilla pill; bar (of candy)

pato duck

pavo turkey; – asado roast turkey

paz *f.* peace

pecho chest (body)

pechuga breast (of fowl), white meat

pedido order

pedir (i) to ask for; order

peinar(se) to comb one's hair

peine *m.* comb

pelea fight; argument

pelear to fight

película movie; film

peligro danger

peligroso dangerous

pelo hair

pena pain; sorrow; penalty

pensar (ie) to think; – + *infin.* to plan, intend to; – de to have an opinion of; – en to think about

peor worse, worst

pequeño small

perder (ie) to lose; waste; –se to get lost

pérdida loss

Perdón. Excuse me.

perdonar to forgive, excuse

perfume *m.* perfume

periódico newspaper

permiso permission; **Con –** Excuse me

pero but

perro dog

persona (always *f.*) person; *pl.* people

pesar to weigh

pescado fish (food)

peso weight; unit of currency in Mexico and several other countries

pestaña eyelash

petróleo oil

pie *m.* foot

piedra stone

piel *f.* skin, fur

pierna leg

pieza piece; part; room

pijama pajama

pimienta pepper

piña pineapple

piso floor; story

pista clue; track; lane (road); field

pizarra blackboard

placa license plate

plancha grill; iron; a la – grilled

planta plant; floor

platillo volante flying saucer

plata silver

plato plate; dish; – principal main dish; **primer –** first course

playa beach

plaza place (reserved seat, etc.); town square

plazo: a plazos in installments

pleito   lawsuit
pluma   pen; feather
pobre   poor; pitiful
poco   little (in amount);
   – asado   rare (meat); – a –
   little by little; por –   almost,
   nearly; pl.   few
*poder   to be able, can
policía m.   policeman; f.
   (the) police
pollo   chicken
*poner   to put; turn on; –se
   to become; to put (something)
   on –se a   to begin to;
   –se de acuerdo   to agree
poporocho   popcorn
por   by; for; by means of; for
   the sake of; during; through;
   because of, out of; – ciento
   percent; – eso   therefore, for
   that reason, that's why; – la
   mañana   in the morning;
   – todas partes   everywhere
postal f.   postcard
postre m.   dessert
precio   price; – fijo   fixed
   price (whole dinner at a
   restaurant)
precioso   precious; cute
pregunta   question; *hacer
   una –   to ask a question
preguntar   to ask, inquire
premio   prize; award;
   premium
preocupar(se)   to worry
presentar   to present;
   introduce (a person)
presión de la sangre   blood
   pressure
preso   prisoner; adj.   arrested
préstamo   loan
prestar   to lend
prima, o   cousin
primavera   spring
primer(o)   first
principio   beginning; al –   at
   first

prisa   hurry; *tener mucha –
   to be in a big hurry
prisión f.   prison
problema m.   problem
procesar   to put on trial
proceso   trial (criminal), legal
   action
*producir   to produce
profesor(a)   teacher
programa m.   program
prometer   to promise
pronto   soon; hasta –   so long
propiedad f.   property
propietaria, o   proprietor
propio   (one's) own
propósito: a –   by the way
próximo   next
prueba   test; proof
psiquiatra   psychiatrist
público   public; people;
   audience
pueblo   town; people
puerta   door; gate; – de salida
   departure gate
puerto   port
puesto   position, post; job;
   stand
pulmón m.   lung
punto   point; a – de   about to
puñal m.   knife, dagger
puñalada   knife wound, stab
puño   fist; cuff

que   who, that, which; than;
   lo –   what
¿Qué? What?, Which?; ¿– tal?
   How goes it?; ¡Qué . . .!
   What a . . .!; ¡– bien! How
   great!; ¡– cosa! What a
   thing!; ¡– demonios! What
   the devil!; ¡– lata! What a
   mess!; ¡– lástima! What a
   pity!; ¡– maravilla!
   Fantastic!; ¡– rico! How
   great!; ¿– te (le) parece?
   What do you think?, How do
   you like that?

quedar   to be left or
   remaining; to fit; to fit
   someone loosely, be too big;
   –se   to stay on, remain
queja   complaint
quejarse (de)   to complain
   about
*querer   to want; like, love (a
   person); – decir   to mean to
   say
querido   dear
queso   cheese
quien(es)   who; whom
¿Quién(es)?   Who?
quinto   fifth
quiosco   news or tobacco stand
quitar   to take away; –se   to
   take off

ración f.   portion
radiografía   X-ray
raza   race of people
razón f.   reason; *tener –   to
   be right
realizar   to realize, bring
   about, make real, achieve,
   carry out
rebasar   to pass (on the road)
recado   message
receta   recipe; prescription
recetar   to prescribe
recibir   to receive
recibo   receipt
recién casados   newlyweds
recio   husky, stocky
(re) confirmar   to (re) confirm
recordar (ue)   to remember
rechazar   to reject
redondo   round
regalo   gift, present
reglamento   rule
regresar   to return
regreso   return
reír (ío)   to laugh; –se de   to
   laugh at
reloj   watch; clock; – pulsera
   wristwatch

remediar to remedy

remedio remedy; medicine; alternative, choice

remesa shipment

repartir to distribute

repasar to review

repente: de – suddenly

repetir (i) to repeat

representante representative; traveling salesperson

requisito requirement

reserva (ción) *f.* reservation

resfriado cold (illness)

respirar to breathe

responsable responsible

resultado result

resultar to result, turn out

retirar to withdraw

retiro withdrawal

reunido(s) gathered together

reunir (úno) to put together; –se to meet, get together

revisar to check (over), examine

revista magazine

rey king

rezar to pray

rico rich; delicious; "great"

rifa raffle

río river

robar to rob, steal

robo robbery

rociar (ío) to sprinkle, spray

rodear to surround

rodilla knee

rogar (ue) to beg; pray

rojo red

romper (*past part.* roto) to break

ronda police "beat"

ropa clothing, clothes

rosado pink

rosbif *m.* roast beef

roto broken

rubio blond

rueda wheel

rugido roar

ruido noise

*saber to know (a fact or how to)

sacar to take out

saco (suit) coat or jacket; bag

sacudir to shake; dust (furniture)

sal *f.* salt

sala living room; – de espera waiting room; – de operaciones operating room

salario salary

salchicha sausage, hot dog

salida exit; departure

*salir to go out; leave, go away; turn out to be; come out

salón hall, large room

salsa sauce; salad dressing

saltar to jump; skip

salto jump; *dar un – to take a leap

salud *f.* health; ¡–! God bless you!; To your health!

saludar to greet

saludo greeting

salvar to save (a life, etc.)

sangre *f.* blood

secador hair dryer

seco dry

secuestrar to hijack; kidnap

secuestro hijacking; kidnapping

sed *f.* thirst; tener mucha – to be very thirsty

seda silk

seguida: en – immediately

seguir (sigo) to follow; continue, keep on

según according to

segundo second

seguro sure; safe; *estar seguro de to be sure

seguros *m. pl.* insurance

sello stamp

semáforo traffic light

semana week; a la – per week

semanal weekly

sencillo simple; single

sentado sitting, seated

sentarse (ie) to sit down

sentido sense; direction; **Tránsito: Un Sentido One-Way Traffic**

sentir(ie) to feel, sense; feel sorry, regret; –se + *an adj.* to feel (tired, etc.)

señal *f.* sign, signal

señalar to point out

séptimo seventh

*ser to be (someone or something); to be (characteristically)

serio serious; en – seriously

servilleta napkin

servir (i) to serve; – de or para to be suitable for, used for, good for

sexto sixth

si if; whether

sí(*after a prep.*) himself, herself, etc.

siempre always

siglo century

siguiente following

silla chair

sillón *m.* armchair

simpático nice

sin without

sino but (on the contrary); except

síntoma *m.* symptom

siquiera even; ni – not even

sirena siren

sirviente servant

sistema *m.* system

sobre on; over, above; about; *m.* envelope

sobrina, o niece, nephew

socia, o partner

sofá *m.* sofa

sol *m.* sun; Hace mucho –. It is very sunny out.

solamente only

solicitar to apply (for a job), ask for; solicit

solicitud *f.* application; request

solo alone

sólo only

soltar (ue) to let loose

soltero, a bachelor

sombrero hat

sonar (ue) to sound; ring

sonido sound

sonreír (ío) to smile

sonrisa smile

soñar (ue) (con) to dream of

sopa soup

sorprender to surprise

suave soft; smooth

subir to go up; rise; raise

sucio dirty

suegra, o mother-, father-in-law

sueldo salary

sueño dream; sleep; *tener – to be sleepy

suerte *f.* luck; *tener – to be lucky

sufrir to suffer; undergo

sumar to add up

supuesto supposed; por – of course

suspirar to sigh

susurrar to whisper

suyo his, of his, hers, etc.

tablero game board; instrument panel

tacón *m.* heel (of shoe)

tal such a; – vez perhaps, maybe; con – que provided that; ¿Qué –? How are things?

talón *m.* baggage claim check; heel (of foot or stocking)

también also, too

tampoco not . . . either (opp. of **también**)

tan so, as; – . . . como as (nice, etc.) as . . .

tanque *m.* tank

tanto so much, as mucho; – . . . como as much (many) as . . .

tarde *adv.* late; *f.* afternoon

tarjeta card; – de crédito credit card; – de embarque boarding pass

taza cup

té *m.* tea

teatro theater

técnico technician; technical

techo roof

tela cloth

telefonista telephone operator

teléfono telephone

televisor *m.* TV set

temblar (ie) to tremble

temer to fear, be afraid of

temprano early

tenedor *m.* fork

tenedor(a) de libros bookkeeper

***tener** to have: – . . . años (de edad) to be . . . years old; – calor, frío to be hot, cold; – hambre, sed to be hungry, thirsty; – miedo, sueño to be afraid, sleepy; – prisa to be in a hurry; – que ver con to have to do with; – que + *infin.* to have to; – razón to be right

teniente lieutenant

terminar to end, finish

termómetro thermometer

testamento will

testiga, o witness

testimonio testimony

tía, o aunt, uncle

tiempo time; weather; ¿Qué – hace? How's the weather?

tienda store

tierra land; earth

tijeras *f. pl.* scissors

tinto red (wine)

tipo type; kind; "guy"

tirar to throw; pull; shoot (a gun)

titular *m.* headline

tiza chalk

toalla towel

tobillo ankle

tocadiscos *m. sing.* record player

tocar to play (an instrument); touch

tocino bacon

todavía still; – no not yet

todo everything; all; *adj.* all, every; – el mundo everybody; –s los días every day

tomar to take; eat, drink

tomate *m.* tomato

tonto silly, stupid

tornillo screw

toro bull

torta cake

tos *f.* cough

toser to cough

tostada toast

tostador *m.* toaster

tostar (ue) to toast (bread); **sin –** untoasted

trabajador(a) worker; hard-working

trabajar to work

trabajo work; job

***traer** to bring

traje *m.* suit; outfit; – de baño bathing suit; – de novia wedding gown

tranquilo calm, peaceful

tranvía *m.* trolley

tratar to treat; – de to try to

tren *m.* train

trepar to climb

triste sad

tumbar to knock over
tuyo yours, of yours

u or
último last
único only; unique
uña fingernail; toenail
útil useful

vacío empty
*valer to be worth; cost
valiente valiant, brave
valioso valuable
¡Vamos! Come on!, Go on!
vano: en – in vain
valor *m.* value; courage
vaso (drinking) glass
vecina, o neighbor; neighboring, nearby
vegetal *m.* vegetable
velocidad *f.* speed; – máxima speed limit
vena vein
venda bandage
vendedor(a) vendor; peddler; seller; *adj.* vending
vender to sell
vendita bandaid
vengarse to take revenge
*venir to come
venta sale; a la – for sale
ventana window
ventanilla ticket window, car window, etc.

ventilador *m.* electric fan
*ver (*past part.* visto) to see
verano summer
veras: de – really, truly
verdad *f.* truth; de – really, truly
verdadero true, real
veredicto verdict
vestido dress; *pl.* clothes; *adj.* dressed
vestirse (i) to get dressed
vez *v.* (a) time, instance; a la – at the same time; de una – once and for all; de – en cuando from time to time; en – de instead of; otra – again; a veces at times; dos veces twice, two times
vía way; Una – One Way
viajar to travel
viaje *m.* trip; agencia de viajes travel agency; cheques de – traveler's checks; *hacer un – to take a trip
viajero traveler
víctima (always *f.*) victim
vida life
vidrio glass (substance)
viejo old
viento wind; Hace mucho –. It is very windy.
vigilar to watch (over)

vinagre *m.* vinegar
vino wine
virar to make a turn; No Vire a la Izquierda No Left Turn
vista sight; view
viuda widow
vivir to live
vivo alive; lively; bright (color); vivid
volante *m.* steering wheel; *adj.* flying; platillo – flying saucer
volar (ue) to fly
volver (ue) (*past part.* vuelto) to return, go back; – a + *infin.* to do (something) again; –se to turn (pale, crazy, etc.); –se a to turn to (someone)
voz *f.* voice
vuelo flight
vuelta return

y and
ya already; – no no longer, not any more
yodo iodine

zanahoria carrot
zapatería shoe store
zapatilla slipper
zapato shoe; – de goma rubber; – de lona (o de tenis) sneaker

Inglés — Español

about de, sobre (a topic)
above encima de, sobre
accept aceptar
accident accidente, *m.*
accommodations alojamiento (hotel)
according to según
account cuenta; **bank —** cuenta bancaria
accountant contador(a)
accuse acusar
achieve realizar
acquit absolver (ue) (*past part.* absuelto)
address *n.* dirección, *f.*
adjust ajustar
advantage ventaja
advertise anunciar
advertisement anuncio (comercial), propaganda
affection cariño
affectionate cariñoso
afraid: to be — *tener miedo, temer
afternoon tarde, *f.*
again otra vez, de nuevo, **to do something —** volver a + *infin.*
against contra
agency agencia
ago hace (+ *a period of time*); **an hour —** hace una hora
agree llegar a un acuerdo, *estar de acuerdo; **to — to** *convenir en
agreement acuerdo; **to come to an —** *ponerse de acuerdo
air aire, *m.*; **in the open —** al aire libre; *adj.* aéreo; **Air Force** Fuerza Aérea; **— conditioning** aire acondicionado
air conditioner acondicionador de aire, *m.*
airplane avión, *m.*

airport aeropuerto
all *adj.* todo(a,os,as); *n.* todo (everything); **— day** todo el día
allege alegar
almost casi
alone solo
along with junto con
already ya
also también
although aunque
always siempre
among entre
and y; e (before a word beginning with **i** or **hi**)
angel ángel
angry enojado, enfadado, furioso; **to get —** enojarse, enfadarse
ankle tobillo
announce anunciar
announcement anuncio
announcer (radio), locutor(a)
annoy molestar; **to be or get annoyed** molestarse
annual anual
another otro(a)
answer *n.* contestación, respuesta; *v.* contestar, responder
ant hormiga
any algún (alguno); **not —** ningún (ninguno)
anyone, anybody cualquier persona; **not —** nadie
anything cualquier cosa; **not —** nada
appeal *v.* apelar; apetecer(le a uno)
appear aparecer (zco); parecer (zco) (to seem)
appliance aparato
application solicitud, *f.* (for a job
apply aplicar; **— for** solicitar

approach acercarse a
arm brazo
army ejército
arrange arreglar
arrangement(s) arreglo(s)
arrest *v.* *detener, prender; *v.* detención, *f.*
arrival llegada
arrive llegar
artist artista *m.* and *f.*
as como (like); tan; **— good —** tan bueno como; **— much (many) —** tanto(s) . . . como
ask preguntar; **— for** pedir (i)
asleep dormido
aspirin aspirina
assailant asaltante
assault asalto
assist ayudar
assistant ayudante
at en; (sometimes) a; **— noon** a las doce
attend asistir a (a class, etc.); **— to** atender (ie) a
attract *atraer
auction subasta
audience auditorio, público
aunt tía
autumn otoño
avenue avenida
award premio

back *n.* espalda; **to be —** *estar de vuelta; **to come —** volver (ue) (*past part.* vuelto); **to give or send —** devolver (ue); **in — of** detrás de
bacon tocino
bad mal(o)
badly mal
baggage equipaje, *m.*; **— check-in** facturación de equipaje; **— claim check** talón, *m.*
bakery confitería (sweets)

ball pelota
ball game partido
bandage venda
bandaid vendita
bang v. golpear; n. golpe, m.
bank banco; – **account** cuenta bancaria
bankruptcy bancarrota
bargain ganga
baseball béisbol, m.
basket canasta, cesta
bath baño
bathe bañar(se)
bathing suit traje de baño, m.
bathroom (cuarto de) baño
battery batería
be *ser (refers to who or what the subject is or what it is really like); *estar (tells how or where the subject is); **Is John in?** ¿Está Juan?
beach playa
beans frijoles m. pl.
beat v. golpear, pegar; vencer (a team); **police "beat"** ronda
beater batidor, m.
beautiful hermoso, lindo
because porque
become *hacerse; *ponerse
bed cama; **go to** – acostarse (ue)
bedroom alcoba
bee abeja
beefsteak biftec, bisté
before adv. antes; prep. antes de; delante de (in front of); conj. antes de que
beg rogar (ue)
begin comenzar (ie), empezar (ie); ponerse a
behind prep. detrás de
believe *creer
below adv. abajo; prep. debajo de
besides además

best adj. (el, la) mejor; (los, las) mejores; adv. mejor
bet v. apostar (ue)
better adj. mejor(es); adv. mejor
between entre
bicycle bicicleta
big gran(de)
bill cuenta; factura (invoice); billete, m. (money); cartel, m. (poster)
bird pájaro
birthday cumpleaños m. sing.
black negro
blackboard pizarra
blanket manta
block (city) cuadra, manzana
blond rubio
blood sangre, f.; – **pressure** presión (f.) de la sangre
blouse blusa
blow n. golpe, m. (hit)
blowout pinchazo
blue azul
board v. abordar; **on** – a bordo
boarding pass tarjeta de embarque
body cuerpo
boil hervir (ie)
bone hueso
bookkeeper tenedor(a) de libros
boot bota
bored aburrido
boring pesado, aburrido
born: to be – nacer (zco)
boss jefe, patrón, patrona
both ambos, los dos
bother v. molestar
bottle botella; frasco (small)
bound for con destino a
box caja; casilla (post office, individual mail box, etc.)
boyfriend novio
bra sostén, m.

brain cerebro
brake n. freno
brand n. marca
bread pan, m.
break romper (past part. roto)
breakfast n. desayuno; **to have** – desayunar(se)
breast (fowl), pechuga
breathe respirar
brick ladrillo; adj. de ladrillos
bridal gown traje de novia, m.
bring *traer
broiled a la parrilla
brother hermano; –**in-law** cuñado
brown pardo, castaño
brunet(te) moreno, morena
brush cepillo
build *construir (uyo)
building edificio
bulb bombilla
bullet bala; – **wound** or **shot** balazo
bulletin boletín, m.
bumper parachoques, m. sing.
bus autobús, m.; camión, m. (Mex.)
bus stop parada del autobús
business negocio(s)
busy ocupado; **to be** – (telephone) comunicar
but pero; sino (on the contrary)
butcher shop carnicería
butter mantequilla
button botón m.
buy comprar
by por; – **the way** a propósito

cake torta; **birthday, wedding** – torta de cumpleaños, de boda
call v. llamar; n. llamada
calm adj. tranquilo; **Calm down** ¡Con calma!

campaign campaña

can (be able) *poder; *n.* lata; – **opener** abrelatas

capital capital, *f.* (city); capital, *m.* (money)

capsule cápsula

car coche, *m.*, carro, automóvil, *m.*

carburetor carburador, *m.*

card tarjeta

cardboard cartón, *m.*

careful: to be – *tener cuidado; **Be** –! ¡Cuidado!

carpet alfombra

carrot zanahoria

carry llevar; – **out** realizar

case caso; **in** – en caso de que

cash *v.* cobrar (a check); **to pay** – pagar al contado

cashier cajera,o; **cashier's window** la Caja

cat gato

catch *v.* coger

cathedral catedral

ceiling cielo raso

cell celda (jail)

cent centavo

cereal cereal, *m.*

certain cierto

chair silla; sillón, *m.*

chambermaid camarera

chandelier araña

change *v.* cambiar; *n.* vuelta (after a payment); monedas (coins)

charge *v.* cobrar; cargar; **to put in** – encargar; **in** – **of** encargado de

charming precioso

cheap barato

check *n.* cheque, *m.* cuenta; **write a** – girar un cheque; *v.* revisar (look over); facturar (baggage)

checkbook chequera

cheese queso

chef cocinera,o

chest pecho (body); cómoda (furniture)

chicken pollo

chief jefe, jefa

child niña, niño

chocolate chocolate, *m.*

choose escoger

Christmas Navidad, *f.*

church iglesia

cigarette cigarrillo

city ciudad, *f.*

claim *n.* demanda; – **check** talón, *m.*; *v.* demandar (law)

clasp *n.* broche, *m.*

class clase *f.*; –**room** (sala de) clase

clean *adj.* limpio; *v.* limpiar

clock reloj *m.*

close *adv.* cerca; –**to** cerca de; *v.* cerrar (ie)

closed cerrado

closet armario

cloth tela

clothes, clothing ropa

clue pista

coal carbón *m.*

coat abrigo; saco (of a suit)

coffee café *m.*

coin moneda

cold *adj.* frío(a, os, as); *n.* frío; **a** – un resfriado; **to be very** – (**out**) *hacer mucho frío; **to be or feel very** – (a person) *tener mucho frío

collect cobrar; – **call** una llamada a cobrar

collide chocar (con)

comb *n.* peine, *m.*; *v.* peinar(se)

come *venir; – **back** volver, regresar

commit cometer; – **suicide** suicidarse, quitarse la vida

company compañía, empresa, firma; *abbrev.* Cía.

complain quejarse (de)

complete *v.* completar, cumplir

compose *componer

concert concierto

condemn condenar

condition condición, *f.*

confess confesar (ie)

confirm confirmar

confused confuso, confundido

Congratulations! ¡Felicidades!

connect conectar; comunicar (telephone)

contain *contener

contract *n.* contrato

convict *v.* condenar

cook *n.* cocinera, o; *v.* cocinar

cool fresco; **It's** – **out** Hace fresco

cord cuerda; cordón *m.* (electric)

corn maíz *m.*

corner esquina (street)

cost *n.* coste, *m.*; *v.* costar (ue), *valer

cotton algodón, *m.*

cough *n.* tos, *f.*; *v.* toser; – **drop** pastilla para la tos; – **syrup** jarabe (*m.*) para la tos

count *v.* contar (ue); **to** – **on** contar con

country país, *m.*, patria; campo (opp. of city)

couple pareja; **a** – **of** un par de

course curso; plato (food); **first** – primer plato; **main** – plato principal; **of** – por supuesto, claro, como no

court corte *f.*

cousin primo, prima

cover *v.* cubrir

covered with cubierto de

crazy loco

cream crema
create crear
credit card tarjeta de crédito
crime crimen, m., delito
criminal criminal, delincuente
crowded atestado
cry v. llorar
cuff puño; doblez, m. (pants)
cufflinks gemelos
cup taza
cure v. curar; n. cura
curtain cortina
customer cliente
Customs la Aduana
cut v. cortar; n. corte, m.
cute precioso

dairy lechería
damage daño
dance n. baile m.; v. bailar
danger peligro
dangerous peligroso
dare (to) atreverse a
dark oscuro; – **haired** moreno
date cita (appointment); fecha (of the month)
daughter hija
day día m.
dear querido; costoso
debt deuda
delicious delicioso, rico, sabroso
deliver entregar
delivery entrega; **special –** entrega inmediata
demand demanda
dentist dentista
deny negar (ie)
department store almacén, m., bazar, m.
departure salida
depend depender; – **on** depender de
deposit v. depositar; n. depósito; **on – for** en depósito para

desert n. desierto
desk mesa, escritorio
dessert postre, m.
destination destino
destroy destruir (uyo)
dial v. marcar (un número)
die morir (ue)
digest v. digerir (ie)
dining room comedor, m.
dinner comida
direct v. dirigir; adj. directo
direction dirección, sentido
dirty sucio
disappear desaparecer (zco)
discover descubrir (past part. descubierto)
dish plato
disinherit desheredar
dispose *disponer
distract *distraer
disturb estorbar; molestar
disturbance estorbo; molestia
do *hacer
doctor médico, médica
dog perro
dollar dólar, m.
domicile domicillo
done hecho; **well –** bien asado (meat)
door puerta
double v. doblar; adj. doble; **– room** cuarto de matrimonio
doubt v. dudar; n. duda
down abajo
downtown el centro
dream n. sueño; v. **about or of** soñar (ue) con
dress n. vestido; v. vestirse (i)
dressed (in) vestido (de)
dressing salsa (salad)
drink v. beber; tomar; n. bebida
drive manejar
driver chofer, chófer
drugstore farmacia
duck pato

during durante

each cada
ear oreja (outer); oído (inner); **into one's –** al oído
early temprano
earn ganar
easy fácil
eat comer
egg huevo
eighth octavo
either . . . or o . . . o; **not . . . either** tampoco
elephant elefante
elevator elevador, m., ascensor, m.
employ emplear
employee empleada, o
empty vacío
end n. fin m.; v. acabar, terminar
enemy enemigo
English inglés (inglesa)
enjoy disfrutar; – **oneself** divertirse (ie)
enlist alistarse
enough bastante; –! ¡Basta!
enter entrar (en or a)
entire entero
entrance entrada
envelope sobre m.
escalator escalera automática
escape v. escapar(se)
even prep. hasta, aun; **not –** ni siquiera
evening tarde f.; noche f.; **Good –** Buenas tardes (noches); **in the –** por la tarde, por la noche; de noche
ever alguna vez; **not –** nunca, jamás
every cada; todos los, todas las
everybody todo el mundo; todos
everywhere en or por todas partes

evict desalojar
evidence (law) testimonios
exam examen, m.
example ejemplo
except excepto, menos, sino
excited emocionado
exciting emocionante
excuse n. excusa;
   v. excusar, disculpar,
   perdonar; **Excuse me**
   Perdón, Perdone, Disculpe
exit salida; – **gate** puerta de
   salida
expense gasto
expensive costoso, caro
explain explicar
eye ojo
eyebrow ceja
eyelash pestaña

face n. cara
factory fábrica
faint desmayarse
fair justo; claro (light), blanco,
   rubio
fall n. otoño; v. *caer;
   to – **down** *caerse
family familia
fan ventilador
far lejos; – **from** lejos de
fare pasaje m.
fashion moda
fast rápido, rápidamente
fat gordo
father-in-law suegro
fault culpa; falta
favorite favorito, preferido
feel sentir (ie); – **sorry** sentir;
   – (sick, tired, etc.)
   sentirse . . .
fender guardafango
fever fiebre, f., temperatura
few pocos
fifth quinto
fight v. pelear; n. pelea
file carpeta; – **cabinet**
   archivo; fichero

fill llenar; – **out or in** llenar
film película
find encontrar (ue), hallar
fine n. multa; **traffic** – multa
   de tránsito
finger dedo
fingernail uña
fingerprint huella digital
finish v. acabar, terminar
fire n. fuego; incendio;
   v. despedir (i)
fireman bombero
firm firma, empresa
first primer(o)
fish pescado (food)
fit quedar (bien, mal, etc.)
   (clothing)
fix v. arreglar, ajustar
flag bandera
flat desinflado (tire)
flight vuelo; – **attendant**
   cabinera
flirt v. coquetear
floor piso; **ground** – planta
   baja
flower flor, f.
fly n. mosca; v. volar (ue)
folder carpeta
foot pie, m.
football fútbol, m.
footwear calzado
for para (to be used for,
   headed for); por (for the sake
   of, because of, in place of)
foreman capataz
forget olvidar(se) (de)
forgive perdonar
fork tenedor, m.
form forma; formulario (to fill
   in)
fourth cuarto
frankfurter salchicha
French francés, –esa
fried frito
from de; desde (since)
front n. frente, m.; pechera
   (shirt); adj. delantero;

in – **of** delante de, en frente de
fry freír (ío) (past part. frito)
full lleno
fun: to **have** – divertirse (ie)
fund(s) fondo(s)
funny gracioso
furniture muebles, m. pl.;
   – **store** mueblería

gadget aparato
game juego; partido (match)
garage garage, m.
garbage basura
garden jardín, m.
gas gas, m.; gasolina
gas station estación de
   servicio, gasolinera
gather reunir(se) (úno)
generator generador, m.
gentleman caballero
get *obtener; – **along with**
   someone entenderse (ie);
   – **dressed** vestirse (i); – **lost**
   perderse (ie); – **married**
   casarse con; – **up** levantarse
gift regalo
girlfriend novia
give *dar; – **back** devolver
   (ue) (past part. devuelto)
glad contento; alegre; to **be** –
   alegrarse (de); **I'm** – Me
   alegro
glass vaso (for drinking);
   vidrio (material)
glove guante, m.
go *ir; *andar, funcionar
   (work, run); – **away** *irse,
   marcharse; – **crazy**
   volverse (ue) loco; – **down**
   bajar; – **in** entrar; – **out**
   *salir; – **up** subir,
   ascender (ie)
gold oro
good buen(o); to **be** – **for**
   servir (i) para
goodbye: to **say** – **to**
   despedirse (i) de

good-looking guapo
grade grado; nota (school)
gradually poco a poco
grandchild nieta, nieto
grandfather abuelo
grandmother abuela
grandparents abuelos
grass hierba
gray gris
great gran(de)
green verde
greet saludar
grilled a la plancha
grocery store bodega, tienda de comestibles
ground suelo; piso, tierra
grow crecer (zco); aumentar (increase)
guard n. guarda
guest invitado
guide guía
guilty culpable; **to declare –** condenar
guitar guitarra
gun pistola, revólver, rifle; **shot** or **wound** balazo
guy tipo
gymnasium gimnasio

hair pelo
half n. mitad, f.; adj. and adv. medio; **– past one** la una y media
hallway pasillo
ham jamón m.
hamburger hamburguesa
hammer martillo
hand n. mano f.; **to – over** entregar
handsome guapo
happen pasar, ocurrir
happy contento; feliz (pl. felices); **to be – about** alegrarse de
hard difícil(es); duro (not soft); **to work –** trabajar mucho
hard-working trabajador(a)

hat sombrero
hate v. odiar; n. odio
have *tener; **to – to do with** tener que ver con; **to – just** (done something) acabar de (+ infin.); **to – to** tener que (+ infin.); **– a good time** divertirse (ie)
head cabeza
headlight faro
headline titular, m.
health salud, f.
hear *oír
heart corazón, m.
heel tacón, m. (shoe)
Hello? (phone) ¿Bueno? (Mex.); Dígame . . .
help n. ayuda; v. ayudar
helper ayudante
hem n. ruedo, dobladillo
here aquí; acá
high alto
highway carretera
hijacking secuestro
hire emplear; alquilar (a place, etc.)
hit v. golpear
holdup atraco
holiday día feriado, día de fiesta
home casa; **to go –** *ir a casa; **at –** en casa
homework tarea
hood (auto), capó, m.
hope v. esperar; **How I –!** ¡Ojalá (que) . . .!
horse caballo
hot caliente; **to be – out** *hacer (mucho) calor; **to be or feel –** (a person) *tener (mucho) calor
hour hora
house casa
How? ¿Cómo?; **– are you?** ¿Cómo está? ¿Qué tal?; **– much?** ¿Cuánto(a)?; **– many?** ¿Cuántos(as)?

hug v. abrazar (se)
hungry: to be (very) – *tener (mucha) hambre
hurry: to be in a – *tener (mucha) prisa
hurt doler (ue)
husband esposo, marido

ice cream helado(s)
idea idea
ill enfermo
illness enfermedad, f.
imagine imaginarse
important importante
impose *imponer(se)
in en; **– the morning** por la mañana; **at 8 in the morning** a las ocho de la mañana
including incluso
income ingresos, m. pl.
increase v. aumentar; n. aumento
inform avisar
inside dentro (de); **on the –** adentro
instalments: in – a plazos
instead of en lugar de, en vez de
insurance seguros, m. pl.
intend pensar
interest interés, m.; (bank) intereses
interrupt interrumpir
interview v. entrevistar; n. entrevista
introduce presentar (a person); *introducir
investment inversión, f.
invoice factura
iodine yodo

jacket saco (suit); chaqueta (sport)
jail cárcel, f., prisión, f.
jar jarra
jeans levis, m. pl.
job trabajo, empleo, puesto

judge juez
juice jugo
jump v. saltar; n. salto
jury jurado
just justo (fair); **to have –** acabar de + infin.

keep guardar
key llave, f.
kidnapping secuestro
kill matar
kiss v. besar; n. beso
kitchen cocina
knife cuchillo; puñal (dagger); **– wound** puñalada
knock over tumbar
know *saber (a fact, how to, know by heart); *conocer (zco) (know or be familiar with someone or something)

lady señora; dama
label etiqueta
lamb cordero; **– chops** costillas de cordero
lamp lámpara
land n. tierra; v. aterrizar (a plane)
landlord dueño, a; propietario, a (de la casa)
language lengua, idioma, m.
large grande (not largo)
last v. durar; adj. último; pasado; **– night** anoche; **– week** la semana pasada
late tarde
later más tarde, después
laugh v. *reír (río); **– at** reírse de
laundry lavandería
law ley; derecho (general)
lawsuit pleito
lawyer abogada, o
lead v. dirigir
leaf hoja
lean v. inclinarse
learn aprender

least adj. (el, la, los, las) menos . . .; adv. menos; **at –** por lo menos
leather cuero
leave *salir, irse, marcharse; dejar (leave behind); legar (leave in a will); **– someone alone** dejar en paz
left adj. izquierdo; **on the –** a la izquierda; **to have – (over)** quedar(le)
lend prestar
letter carta; letra (alphabet)
lettuce lechuga
library biblioteca
license licencia; **– plate** placa, chapa
lie v. mentir (ie); n. mentira
lieutenant teniente
life vida
lift levantar, subir
light (up) v. encender (ie); n. luz (f.)
like prep. como; **– this, – that** así; v. *querer a (a person); gustarle (algo a alguien); apetecer (zco) (food); **Would you like . . .?** ¿Le apetece . . .?
line línea; cola
lion león, leona
lip labio
listen escuchar
little pequeño (in size); poco (in amount); **a –** un poco (de); **– by –** poco a poco
live v. vivir
living room sala
loan v. prestar; n. préstamo
lobster langosta
lodging alojamiento
long largo
longer: no – ya no
look v. *estar (seem), parecer (zco); **– at** mirar; **– for** buscar
lose perder (ie)

loss pérdida
lot: a– mucho, muchísimo
lottery lotería
love n. amor m.; v. amar, *querer; **– in love with** enamorado de; **I love it!** ¡Me encanta!
loudspeaker altavoz, m.
low bajo
lower v. bajar
luck suerte, f.
lunch n. almuerzo; v. almorzar (ue)
lung pulmón, m.

machine máquina
magazine revista
mail n. correo
mail box buzón, m.
mailman cartero
maintain *mantener
make v. *hacer; n. marca (brand)
manager gerente
manner manera
manufacture fabricar
manufacturer fabricante
many muchos
map mapa, m.
mark n. nota (school)
market mercado
marriage matrimonio; boda (wedding), casamiento
married casado, a
marry casarse con
matter n. cuestión, f., asunto; v. importar; **It doesn't –** No importa
maybe tal vez
mayor alcalde
meanwhile mientras tanto
meat carne, f.
meatball albóndiga
mechanic mecánico
mechanics mecánica
medium a término medio (food); **– rare** a punto

meet encontrar (ue); conocer (zco); **Pleased to – you.** Mucho gusto.

melon melón, *m.*

member miembro

menu menú, carta, lista (de comidas)

message mensaje, *m.*, recado

microphone micrófono

midnight medianoche, *f.*

mile milla

milk leche, *f.*

mirror espejo

missing: to be – faltar

mistake error, equivocación; **to make a –** equivocarse

mix (up) *v.* confundir

money dinero

month mes, *m.*

monthly mensual, al mes

moon luna

more más; **not any –** ya no; **the –, the better** cuanto más, tanto mejor

morning mañana; **in the –** por la mañana; **at 8 in the morning** a las ocho de la mañana; **Good –** Buenos días.

most *adv.* más

mother madre, mamá; **—in-law** suegra

motor motor, *m.*

motorcycle motocicleta

mouth boca

move mover(se) (ue)

movie película

movies el cine

much mucho; **very –** muchísimo

muffler silenciador, *m.* (car)

mule mula

murder homicidio, asesinato

murderer asesino

museum museo

music música

must: one – hay que

my mi(s); **My goodness!** ¡Dios mío!

nail clavo; uña (finger or toe)

name nombre, *m.*; **What's your –?** ¿Cómo se llama Ud.?; **last –** apellido

napkin servilleta

navy marina

near *adv.* cerca (nearby) *prep.* cerca de (near to); *adj.* cercano

need *v.* necesitar

needle aguja

negligence negligencia

neighbor vecina, o

neighborhood barrio, vecindad, *f.*

neither . . . nor ni . . . ni; **Neither am I** Ni yo tampoco

nephew sobrino

never nunca, jamás

new nuevo

news noticia(s)

newspaper periódico

next próximo; **– to** junto a

nice simpático, amable

nickname apodo

niece sobrina

night noche, *f.*

ninth noveno

nobody, no one nadie

noise ruido

none ningún (ninguno)

Nonsense! ¡Qué va!

non-stop directo

noon mediodía, *m.*

nose nariz, *f.*

not . . . either tampoco

notebook cuaderno

nothing nada

notice *n.* aviso; *v.* fijarse en

notify avisar

now ahora; **right –** ahora mismo

nowadays hoy día

nurse enfermera

obtain *obtener

offer *v.* ofrecer (zco); *n.* oferta

office oficina, despacho; **– worker** oficinista

oil aceite, *m.* (food and other); petróleo

OK. De acuerdo, Está bien

old viejo; antiguo; **to be . . . years –** *tener . . . años (de edad)

older, oldest mayor; más viejo

once una vez; **– and for all** de una vez; **– in a while** de vez en cuando

onion cebolla

only sólo, solamente; **– one** único

open *v.* abrir; *adj.* abierto

operating room sala de operaciones

or o; u (before a word beginning with o or **ho.**)

orange naranja (fruit)

orchestra orquesta

order *v.* mandar (command); pedir (i), encargar (merchandise); *n.* mandato; pedido, encargo; **to give an –** *hacer un pedido (business)

other otro

others los demás

ought to deber

outside afuera; **– of** fuera de

oven horno

over *prep.* sobre, encima de

overcoat abrigo

owe deber

own *adj.* propio (belonging to)

owner dueño, propietario

ox buey, *m.*

package paquete, *m.*

pain *n.* dolor, *m.*; *v.* doler (ue)

paint *v.* pintar

painter pintor(a)

pair pareja; par, *m.*

pajamas pijama

pale pálido

pants pantalones, *m. pl.*

paper papel, *m.*; periódico (news)

parents padres

park *n.* parque, *m.*; *v.* estacionar

parking estacionamiento

part parte, *f.*

partner socia, o

party fiesta; partido (political)

passage pasaje, *m.*

passenger pasajero

passport pasaporte, *m.*

patient paciente, enfermo

pay *v.* pagar

payment pago

peace paz, *f.*

peas guisantes, *m. pl.*

pen pluma

pencil lápiz *m.* (*pl.* lápices)

people personas *f. pl.*; gente *f. sing.*; pueblo

pepper pimienta

percent por ciento

performance función *f.*

perfume perfume *f.*

perhaps tal vez

person persona (*always f.*)

per week a la semana

phone *n.* teléfono; – **call** llamada telefónica; *v.* llamar por teléfono, telefonear

photo foto, *f.*

photocopy fotocopia

pig cerdo

pill pastilla, píldora

pilot piloto

pink rosado

pity compasión, lástima; **What a –!** ¡Qué lástima!

place *n.* lugar; plaza (reservation); *v.* colocar

plant *n.* planta

plate plato

platform plataforma

play *n.* obra de teatro, comedia, drama, *m.*; *v.* tocar (instrument); jugar (ue) (a game)

pleasant agradable, amable

please por favor

pleased contento

pleasure gusto; **It's a – to meet you** Mucho gusto

pocket bolsillo

point punto; – **out** señalar

police la policía; **–man, woman** (agente de) policía; – **record** ficha

poor pobre

pork chop chuleta de cerdo

porter mozo (hotel); maletero

position posición, *f.*; puesto (post, job)

post *n.* puesto; *v.* fijar

post card tarjeta postal

Post Office (Casa de) Correos

postage franqueo

poster cartel, *m.*

pot olla

potato papa, patata

prescribe recetar

prescription receta

present *n.* regalo; *v.* presentar

pretty bonito

price precio

prison prisión, *f.*, cárcel, *f.*

prisoner preso

prize premio

problem problema, *m.*

produce *v.* *producir

profit ganancia

program programa, *m.*

promise *n.* promesa; *v.* prometer

promote ascender (ie)

property propiedad, *f.*

proprietor propietaria, o

public público

pull tirar

pump bomba

punish castigar

pupil alumna, o

purchase *n.* compra; *v.* comprar

purse bolsa, bolso

push empujar; apretar (ie) (a button, etc.)

put *poner; colocar; – **in(to)** meter; – **up with** aguantar

qualifications calificaciones

question *n.* pregunta; **to ask a –** preguntar

quiet: to be –, hush up callarse

radio radio *m.* or *f.*

rain *v.* llover (ue)

raincoat impermeable, *m.*

raise *v.* levantar, subir; *n.* aumento

rare raro; poco asado (meat)

raw crudo

razor navaja; afeitadora eléctrica

read *leer

ready listo

real verdadero

real estate bienes raíces, *m. pl.*

realize *darse cuenta de; realizar (fulfill, make real)

really de veras, de verdad

receipt recibo

receive recibir

recipe receta

recommend recomendar (ie)

reconfirm reconfirmar

record disco; – **player** tocadiscos, *m. sing.*; **police –** ficha

red rojo; **–handed** con las manos en la masa

reduce *reducir; bajar de peso (weight)

refrigerator nevera
refuse *v.* rechazar; – **to** negarse a (ie)
rehearse ensayar
relative pariente
remain quedar(se)
remedy *n.* remedio
remember recordar (ue), acordarse de (ue)
rent *n.* alquiler, *m.*; *v.* alquilar
repair *n.* arreglo; *v.* arreglar
repairman mecánico
repair shop mecánica
repeat repetir (i)
reporter periodista, reportero
requirement requisito
resemble parecerse (zco) a
reservation reserva(ción)
residence domicilio
responsible responsable
rest *v.* descansar; *n.* descanso; **the** – los demás; el resto (remainder)
return volver (ue) (*past part.* vuelto), regresar (come back); devolver (give back); *n.* vuelta, regreso
rice arroz, *m.*
rich rico
right derecho; **on the** – a la derecha; **to be** – *tener razón; – **now** ahora mismo; – **away** en seguida
ring *v.* sonar (ue)
river río
road camino
roast *v.* asar; – **turkey** pavo asado
roast beef rosbif, *m.*
rob robar
robbery robo
robe bata
role papel, *m.*
roof techo
room cuarto, pieza, habitación, *f.*

round redondo
row *n.* fila
rubber goma, caucho
rubbers zapatos de goma
rug alfombra
run correr; funcionar, *andar (a machine); – **away** fugarse

sad triste
safe seguro
safe deposit box caja de seguridad
saint San(to)
salad ensalada
salary salario, sueldo
salt sal, *f.*
same mismo
sand arena
sardine sardina
satisfied contento
sauce salsa
sausage salchicha
save salvar; ahorrar (money)
say *decir
scene escena
school escuela, colegio
scissors tijeras, *f. pl.*
screen pantalla
screw *n.* tornillo
sea mar, *m.*
seam costura
season estación, *f.*
seat asiento, silla; fondillos, *m. pl.* (pants)
seated sentado
second segundo
see *ver
seem parecer (zco)
sell vender
seller vendedor(a)
send mandar, despachar; – **back** devolver (ue) (*past part.* devuelto)
sense sentido
sentence sentencia; **death** – pena de muerte
servant sirviente, criada, o

serve servir (i); – **as** servir para
set *n.* aparato (TV, etc.)
seventh séptimo
sew coser; **sewing machine** máquina de coser
shampoo champú, *m.*
share *v.* compartir
shave *v.* afeitar(se)
shine brillar
ship *n.* barco; *v.* despachar
shipment remesa
shirt camisa
shoe zapato; – **store** zapatería
shoot disparar, tirar (a gun)
shop tienda; – **window** escaparate, *m*; *v.* ir de compras
short corto, breve (length); bajo (height); **to be** – **of** faltarle . . .
shot *n.* disparo
should deber
shoulder espalda
shout *n.* grito; *v.* gritar
show *n.* función (de teatro) *f.*; *v.* mostrar (ue)
shower *n.* ducha; *v.* ducharse
shrimp camarón, *m.*
sick enfermo, malo
side lado
sign *n.* letrero; señal, *f.* (traffic); cartel, *m.* (poster); *v.* firmar
signature firma
silk seda
silly tonto
silver plata
simple sencillo
since *prep.* desde
sing cantar
singer cantante
sister hermana; —**in-law** cuñada
sit down *v.* sentarse (ie)

sixth   sexto
skin   piel, *f.*
skirt   falda
sky   cielo
skylight   claraboya
sleep   dormir (ue)
sleepy: to be –   *tener sueño
slim   delgado, a
slipper   zapatilla
slow   despacio, lento
small   pequeño
smell *v.*   oler (huelo)
smile *v.*   sonreír (sonrío)
smoke *v.*   fumar
smooth   suave
snake   serpiente, *f.*
sneakers   zapatos de lona, de
   tenis
sneeze *v.*   estornudar;
   n. estornudo
snow *v.*   nevar (ie)
so   tan; así (in this way)
So long   Hasta luego, Hasta
   pronto
so much, many   tanto(s)
soap   jabón, *m.*
sock *n.*   calcetín, *m.*
sofa   sofá, *m.*
soft   suave; blando
some   algún (alguno)
somebody, someone   alguien
somehow   de alguna manera
something   algo
somewhere   en alguna parte
song   canción, *f.*
soon   pronto
sorrow   pena
sorry: to be –   sentir (ie);
   I'm –   Lo siento
sound *n.*   sonido; *v.* sonar
   (ue)
soup   sopa
space   espacio
spaghetti   fideos, *m. pl.*
spark plug   bujía
speak   hablar
"Speaking . . ."   Al habla.

speed   velocidad, *f.*; – limit
   velocidad máxima
spend   gastar
spoon   cuchara
sport   deporte, *m.*
spray *v.*   rociar (rocío)
spring *n.*   primavera
springs   muelles, *m. pl.*
stairway, stairs   escalera
stamp *n.*   sello
stand   pararse; – (for)
   aguantar
standing   parado
star   estrella, astro
start *v.*   empezar (ie),
   comenzar (ie), *ponerse a
station   estación; gas –
   estación de servicio o
   gasolinera; subway –
   estación de metro
stay *v.*   quedarse; – in bed
   guardar cama
steak   bisté, *m.*
steal   robar
steel   acero
steering wheel   volante, *m.*
stenographer   estenógrafa, o
stewardess   cabinera
still   todavía
stocking   media
stolen   robado
stomach   estómago
stone   piedra
stop   parar(se); (road sign)
   Alto; stopover   escala
store   tienda, almacén *m.*
story   cuento; piso (house)
stove   estufa
strange   extraño
street   calle, *f.*
strength   fuerza
stretcher   camilla
stringbeans   habichuelas
strong   fuerte
student   estudiante
studio   estudio
study *v.*   estudiar; *n.* estudio

stupid   tonto, estúpido
style   estilo
subject   materia (school)
subway   metro
success   éxito; to be successful
   *tener éxito
suddenly   de repente
sugar   azúcar, *m.*
suit   traje, *m.*; bathing –
   traje de baño
suitcase   maleta
suffer   sufrir
summer   verano
summons   citación, *f.*
sun   sol, *m.*
sunny: to be –   *hacer sol
supper   cena; to have –   cenar
sure   seguro
surgeon   cirujano
surname   apellido
surprise *n.*   sorpresa;
   v. sorprender
surround   rodear
swear   jurar
sweet   dulce; *pl.* dulces,
   confites, *m. pl.*
switchboard   conmutador, *m.*
symtom   síntoma, *m.*

T-shirt   jersey, *m.*; camiseta
table   mesa
tablecloth   mantel, *m.*
tag   etiqueta
tail   cola
take   tomar (food or an object);
   llevar (a person); – away
   quitar, llevarse; – care
   cuidar(se); – off   quitarse
   (clothes); despegar
   (airplane); – out   sacar
talk *v.*   hablar
tall   alto
tax *n.*   impuesto
teach   enseñar
teacher   maestra, o;
   profesor(a)
teaspoon   cucharita

433

technician técnico, a

telephone teléfono; – **call** llamada telefónica

television televisión, *f.*; – **set** televisor, *m.*

tell *decir; contar (ue)

tenant inquilino, a

tennis shoes zapatos de lona o de tenis

tenth décimo

test *n.* examen, *m.*, prueba

testimony testimonio

than que; de (before a number)

that *adj.* ese, esa; aquel, aquella (far away); *pron.* eso (in general); ése, aquél, etc.; *conj.* que

theater teatro

then entonces; después, más tarde

there allí; ahí (near you); – **is, are** hay; – **was, were** había

therefore por eso

thief ladrón, ladrona

thin delgado; flaco (skinny)

thing cosa; **Poor** –! ¡Pobre!

think *creer (believe); pensar (ie); – **about** pensar en; – **of (opinion)** pensar de

third tercer(o)

thirsty: to be (very) thirsty *tener (mucha) sed

this este, esta; esto (in general); – **one** éste, ésta

those *adj.* esos, esas; aquellos, aquellas (far); *pron.* ésos(as), aquéllos (as)

thousand mil; *pl.* miles

thread hilo

throat garganta

throw echar, tirar

ticket boleto, billete, *m.* (Spain); **traffic** – multa de tránsito; – **office or window** despacho de boletos, ventanilla

tie *n.* corbata

tiger tigre

time tiempo (period of time); **at the same** – al mismo tiempo, a la vez; **from** – **to** – de vez en cuando; **on** – a tiempo; a plazos (instalments); hora (time of day); **At what** –? ¿A qué hora?; vez, *f.* (a time, instance); **two** –**s** dos veces; **to have a good** – divertirse (ie)

timetable horario

tire *n.* llanta, goma, neumático; **flat** – desinflado

tired cansado

toast *n.* tostada; *v.* tostar (ue)

toaster tostador, *m.*

today hoy

toe dedo (del pie)

toenail uña

together juntos; **get** – reunir

tomato tomate, *m.*

tomorrow mañana; – **morning** mañana por la mañana

tonight esta noche

too también (also); – **much, many** demasiado(s)

tooth diente, *m.*, muela

top cima; la parte de arriba; jubón, *m.* (of a dress)

toward hacia

town pueblo

traffic tráfico, tránsito

traffic light semáforo

train *n.* tren, *m.*

travel *v.* viajar

traveling salesman representante

tree árbol, *m.*

trial proceso (criminal); pleito (civil)

trip viaje, *m.*; **to take a** – *hacer un viaje

trolley tranvía, *m.*

trouble molestia

truck camión, *m.*; – **driver** camionero

true verdadero; **It's** – Es verdad

truly de veras, de verdad, verdaderamente

truth verdad, *f.*

try *v.* tratar; – **on** (clothes) probarse (ue); **to** – **to** tratar de

turkey pavo

turn *v.* volver (ue) (*past part.* vuelto); doblar (a corner); virar; – **on** (a light, etc.) encender (ie); – **off** apagar; **out** resultar, salir; – **to** volverse a (ue)

typist mecanógrafa, o

ugly feo

umbrella paraguas, *m. sing.*

uncle tío

understand comprender, entender (ie)

united unido(s)

unless a menos que

until *prep.* hasta; *conj.* hasta que

up arriba

upset agitado

use *v.* usar, emplear; *n.* uso

vacation vacaciones, *f. pl.*

vacuum cleaner aspiradora

veal cutlet escalope de ternera

vegetable vegetal, *m.*, legumbre, *f.*

verdict veredicto

very muy

victim víctima (always *f.*)

view vista

vinegar vinagre, *m.*

visit *v.* visitar; *n.* visita

visitor visitante, visita

voice voz, *f.*

wait *v.* esperar; **to – for** esperar a (a person); **– on** atender (ie)

waiter camarero, mesero

waiting room sala de espera

waitress camarera, mesera

wake up despertar(se) (ie)

walk *v.* caminar, *andar; **– back and forth** pasearse; *n.* paseo; **to take a –** *dar un paseo

wall pared, *f.*

wallet cartera

want *v.* *querer, desear

war guerra

ward cuadra (hospital)

warm caliente; **to be – out** *hacer calor; **to feel –** (a person) *tener calor

wash *v.* lavar(se); **washing machine** máquina de lavar

watch *n.* reloj *m.*; *v.* mirar (look at); **– out!** ¡Cuidado!

water agua, *f.* (But: el agua)

way manera; **in some –** de alguna manera; **no –** de ninguna manera

weak débil

wear llevar, usar

weather tiempo, clima, *m.*; **How's the –?** ¿Qué tiempo hace?

wedding boda

week semana; **last –** la semana pasada

weekend fin de semana, *m.*

weekly semanal, a la semana

weight peso

welcome bienvenido

well bien; pues bien, ahora bien; **– done** bien asado (meat)

what lo que

What . . .? ¿Qué . . .? ¿Cuál(es)? (Which one or ones?); **– is your name?** ¿Cómo se llama Ud.?; **What a . . .!** ¡Qué . . .!

wheel rueda

when cuando; **When?** ¿Cuándo?

where donde; (a) donde (*with* ir); **Where?** ¿Dónde?, ¿A dónde?

whether si

which que

Which? ¿Cuál(es) . . .?, ¿Qué . . .?; **– one(s)?** ¿Cuál(es)?

while mientras (que)

white blanco

who quien(es), que

Who? ¿Quién(es)?

Who's calling? (phone) ¿De parte de quién, por favor?

whole entero; todo; **the – day** todo el día

whose cuyo

Why? ¿Por qué?

wide ancho

will *n.* testamento; *v.* legar (law)

win *v.* ganar

wind viento

window ventana; ventanilla

windshield parabrisas, *m. sing.*; **– wiper** limpiaparabrisas, *m. sing.*

windy: to be – *hacer viento

wine vino

wish *v.* desear; *n.* deseo

with con; **– me** conmigo; **– you** (pal) contigo

withdraw retirar

withdrawal retiro (bank)

within *prep.* dentro de

without sin

witness testiga, testigo

woman mujer

wood madera

wool lana

word palabra

work *v.* trabajar; funcionar, *andar (a machine); *n.* trabajo; obra (of art, etc.)

worker trabajador(a), obrero

world mundo

worry *v.* preocupar(se)

worse, worst peor(es)

worth: to be – *valer

wrist muñeca; **– watch** reloj pulsera, *m.*

write escribir

writer escritor(a)

written escrito

X-ray radiografía

year año

yellow amarillo

yesterday ayer

yet todavía; **not –** todavía no

young joven (*pl.* jóvenes)

younger, youngest menor(es), más joven (jóvenes)

INDEX